반건축

반건축 反建築

조르주 바타유의 사상과 글쓰기

드니 올리에   배영달·강혁 옮김

열화당

이 책 탄생의 기원에 있는
미셸 레리스에게

차례

일러두기

- 이 책은 다음 프랑스어 원서의 1993년 재판을 저본으로 삼아 번역했다. Denis Hollier, *La prise de la Concorde: Essais sur Georges Bataille*, Paris: Gallimard, 1974. '콩코르드 광장의 점령: 조르주 바타유론'으로 해석되는 이해하기 어려운 본래의 제목 대신 영문판 제목 'Against Architecture'를 참고해 한국어판 제목을 '반건축'으로 붙였다.

- 서문 「인생의 일요일(Les dimanches de la vie)」은 1989년 영문판의 출간을 위해 저자가 따로 쓴 것이나, 1993년 재판 당시 '미국판 서문'이라는 말과 함께 프랑스어판에도 책 끝에 수록되었다. 영문판 서문의 제목은 '피의 일요일(Bloody Sundays)'이라고 달리 붙여져 있다.

- 본문에 삽입된 [ ]로 묶인 작은 글자는 이해를 돕기 위해 옮긴이가 추가한 내용이며, [ ]로 묶여 기울임체로 된 긴 단락들은 원서에서 이탤릭체로 적용된 부분을 그대로 반영한 것이다.

- 본문에서 고딕체는 원서에서 이탤릭으로, 굵은 명조체는 대문자로 강조된 부분을 반영한 것이다.

서문
인생의 일요일

미국에서 흔히, 포스트구조주의라 불리는 것과 조르주 바타유(Georges Bataille)를 연관 짓곤 하는 데는 묘하게 시대착오적인 지점이 있다. 두말할 것도 없이 그는 구조주의 이전의 작가이다. 그럼에도 불구하고 미국에서 바타유와 이를 종종 연결하는 것은, 1960년대의 어원학에서 라틴어 동사 **구축하다**(struere)를 통해 구조주의적 영감과 건축의 연결을 계속 환기시킬 때라면 일면 타당해 보인다. 1968년 5월의 사건은 제도권 건축과 특권적 지식계급으로서의 구조주의자들 사이 공모에 대한 반란으로 종종 해석되곤 한다. 포스트구조주의와 그 동의어인 해체는 이 사건에서 대부분의 영감을 얻었다. 돌이켜보면 바타유의 경우에서 드러나는 건축 비평의 중요성은, 그를 구조주의 이전이자 이후의 작가로 간주하는 일을 가능하게 한다.

1929년 출간된 『도퀴망(Documents)』[1]에 실린 사전을 위해 바타유가 쓴 간결한 항목 '건축(Architecture)'은 이 책 『반건축(La prise de la Concorde)』[2]을 위한 나의 출발점이었다. 두 페이지에 걸친 이 항목에서 바타유는 초현실주의적 대담함으로 건축을 '감옥의 간수'라 칭하면서 권위적 위계와의 공모를 비난한다. 말하자면 건축은 사회의 초자아를 표상하는 심급(instance)이라는 것이다.(오로지 훈작 기사의 건축이 있을 뿐, 그밖에는 아무것도 없다.)[3] 오래전부터 사람들은 건축의 기원을 집, 신전, 무덤 등 어디에서 찾아야 하는지에 대해 논쟁해 왔다. 바타유는 건축의 기원이 감옥에 있다고 주저 없이 말한다. "건축은 사회의 존재 그 자체를 표현한다." 그러면서 다음과 같이 자신의 견해를 분명하게 밝힌다. "오로지 사회의 이상적인 존재, 즉 권위와 더불어 명령하고 금지하는 존재만이 건축적 구성 가운데 표현된다. (…) 위대한 기념비적인 건축은 모든 모호한 요소들에 위엄과 권위의 논리로 대처하면서 장애물로 서 있다. 말하자면 대성당과 궁전의 형태로 교회나 국가는 대중에게 호소하거나 침묵을 강요한다. 사실 기념비적 건축이 사회적 선행을 고취하고 때로는 진짜 공포마저 불러일으킨다는 점은 분명하다. 바스티유 감옥의 점령은 이러한 사태를 상징적으로 나타낸다. 말하자면 진정한 지배자라 할 기념비적 건축물에 대한 민중들의 증오 외에는 달리 군중의 이런 운동을 설명하기란 어렵다."[4]

징벌 체계에 관해 쓴 푸코의 책 『감시와 처벌: 감옥의 탄생(Surveiller et punir. Naissance de la prison)』은 또한 건축에 대한 비평으로 소개되는데, 이 비평은 감옥 제도에 대한 분석에 근거한다. 『광기의 역사(Histoire de la folie à l'âge classique)』에서 푸코는 광기의 고안과 그것의 건축적인 생산, 정신병원의 분류에 따른 광기의 증대를 일찌감치 기술했다. 그럼에도 불구하고 바타유의 비평과 푸코의 비평에 연루된 건축에 대한 견해 사이에는 상당한 차이가 존재한다. 바타유의 감옥은 장대하고 과시적인 건축물에 속한다. 말하자면 그것은 가시적인 건축이다. 반면 푸코의 감옥은 숨어서 관찰하고 주시하는 건축물, 즉 훤히 보이기보다는 오히려 경계하고 감찰하는 건축에 속한다. 바타유의 건축물(볼록하고 정면 돌파하며 외향적인, 외부로 알리는 건축물)은 푸코의 건축물(오목하고 남을 꾀는 데 적절한, 치료나 훈육의 목적을 위해 포위하고 에워싸며 수용하고 감금하는 건축물)을 거의 부정하다시피 한다. 둘 모두 효과적일 테지만, 하나는 주의를 끌면서 작동하고, 다른 하나는 어둠 속에 머물러 그렇게 한다. 하나는 억누르는(침묵을 강요하는) 반면, 다른 하나는 표현한다(말하게 한다). 둘 사이의 차이는 『감시와 처벌: 감옥의 탄생』의 서두에 언급된, 구체제에서 공공연하게 형벌을 연출하는 것과 근대사회의 지각되지 않는 훈육 제도를 분리하는 차이와 비슷하다. 바타유가 권위적인 표상이라는 말로 생각할 때, 푸코는 공간의 개발, 제도화, 권력의 기술이라는 말로 생각한다. 가령 『감시와 처벌: 감옥의 탄생』의 중요한 삽화인 벤담(J. Bentham)의 원형 감옥[판옵티콘]은 '개인을 변화시키는 조종자'[5]로서의 건축이라는 개념을 적용한다. 말하자면 그것은 단순한 그릇이나 움직이지 않는 그릇이 아니라, 용기의 내용물에 영향을 미치고, 그 안에 든 무언가에 작용하면서, 모종의 행위를 수행하도록 하는 취급의 장소이다.

그렇다면 감옥을 건축 활동을 총칭하는 산물로 만들 수 있을까? 바타유의 경우처럼 사회적 선행을 부추기지 않거나, 푸코의 훈육 공장처럼 개인의 광기나 범죄를 낳지 않는 건축물을 상상할 수가 있을까? 푸코에 따르면 건축 장치는 주체를 생산한다. 그러나 정반대로, 그것이 주체의 형성이나 주체성이 제도화되기 이전의 어떤 공간을 유발하면서 정확히 역방향으로 작동하고 있지는 않은가? 거주지를 지정하면서 광기의 확산을 방지하는 대신에 어떤 건축은 광기와 이성이 분리되기 이전의 공간으로 향할 수도 있을 것이다. 이런 건축은 주체를 수행하기보다 간격 두기를 수행할 수 있을 것이다. 다시 말해서 의미 이전의 공간, 즉 간격을 둠으로써 주체가 될 시간을 남겨 놓지 않는 건축, 말하자면 교화시키지 않는 건축의 반주체적이고 의미 없는 공간을 연출할 수 있을 것이다.

베르나르 추미(Bernard Tschumi)는 이러한 건축 표현을 통해 라 빌레트 공원의 개발 계획을 제시했다.[6] 바타유는 1929년의 글에서 바스티유 감옥의 점령을 기념비적 건축에 대한 군중의 반항으로 설명했다. 라 빌레트 공원은 건축 그 자체에 의한, 건축의 역설적인 점령일 것이다. 바스티유의 경우도 그러한 점령과 결코 다르지 않아 보인다. '그 자체에 반하는 건축', 즉 건축에 반하는 건축이라고 건축가 베르나르 추미는 말한다.7 훈작 기사의 권위에서 해방되어, 건축은 의미를 상실하는 디오니소스적 공간에 접근할 준비를 할 것이다. 추미는 '건축의 모든 구조에 내재하는' 어떤 의미의 필연성을 비판한다. 그러나 자신이 만든 미로의 설계도를 잃어버린 것에 대해 기뻐하는 다이달로스8를 상상해야 하는가? 게다가 미노타우로스 없는 미로를 상상할 수 있는가? 피가 없는 미로를 상상할 수 있는가? 결국 이런 사태가 실제의 공간, 즉 현실의 도시에서 발생하기 때문에, 공간의 수행적 해방이 파리 지도상의 분명한 지점인 라 빌레트에서 일어나기 때문에, 우리는 도살장이라는 우회적인 수단을 통해 바타유를 발견할 수 있을 것이다.

바타유의 [건축에 대한] 공격성이 발현되는 지점은 근본적으로 신인동형설(anthropomorphisme)9을 향한다. 여기서 그는 인간화 과정의 최종 단계, 즉 일종의 집단적 거울 단계를 본다. 다시 말해서 그는 라캉(J. Lacan)의 유명한 명제와 유사하게 변화하는, 우리 인간의[사회적 이미지의] 형성 기능으로서 '건축 단계'라 불릴 수 있는 것을 본다. 비록 바타유가 건축이 인간에게 행사한 억압을 폭로한다 할지라도, 그가 실제로 비판하는 대상은 은유인데, 그것은 인간의 형성이 건축과 분리될 수 없다는, 즉 인간은 오로지 건축으로서만 인간의 형상 그 자체로 체화된다는 은유이다. 감옥이 건축을 총칭하는 형식이라면 무엇보다 우선 인간 자신의 형상이 인간의 최초의 감옥이기 때문이다. 달리 말해 감옥 반대편에 그저 자유로운 인간을 두기란 불가능하다. 네소스의 사자가죽에 묻은 독 피는 헤라클레스의 살갗에 흡수되었다.10 마찬가지로 감옥에 대한 인간의 저항은 자신의 형태에 대한, 인간의 형상에 대한 반항이다. 이는 정확히 바타유가 아세팔(Acéphale)11이라는 신화적 인물을 통해 보여주려던 것이다. 말하자면 인간의 입장에서 건축물을 짓는 죄수로부터 벗어나는 유일한 방법은 바로 자신의 형상에서 벗어나는 것, 자신의 머리를 잃어버리는 것이다. 인간 자신의 형상에 대한 이러한 '점령'은 단순한 파괴보다 더 교활하고 수상쩍은 전략을 필요로 한다. 그러므로 아세팔은 상이성을 유발하는 형상이자 반(反)기념비적인 광기에 관련한 부정적 이마고(imago)이다. 화가 앙드레 마송 (André Masson)[12]은 이런 아세팔의 형상을 묘사했으며, 바타유는 다음과 같은 경구로 자신의 글을 구성한다. "죄인이 자신의 감옥에서 벗어나듯 인간은 자신의 머리에서 벗어난다."[13]

바타유는『도퀴망』에 실린 사전에 몇 가지 다른 기여를 했다. 이 기여들 중에서 두 가지 항목, 즉 '도살장(Abattoir)'과 '박물관(Musée)'은 건축과 낭비(dépense) 사이의 유기적 연결을 명확히 밝힐 수 있게 한다. '도살장' 항목에는 엘리 로타르(Éli Lotar)가 라 빌레트에서 찍은 일련의 잔인한 사진들이 실려 있다.[14]『도퀴망』이 특별한 점은 이런 종류의 설명적인 삽화에서 비롯한다. 그 노골적인 부분에서 초현실주의 출판물이 지켜온 성애의 미학화는 거칠게 무시된다. 이는 또한 오늘의 독자로 하여금 동시대의 건축 스스로가 외면한 바로 그 장소에서 피를 흘리며 죽어 가는, 꿈틀거리는 육체가 있었음을 상기하게 한다. 바타유가 말하고자 한 게 정확히 그것이다.

신화학자들의 관점에서 영웅 테세우스의 미노타우로스 살해는 고대적인 것과 괴기한 것을 완전히 제거하는 희생 제의로 간주되곤 한다. 테세우스에 힘입어 사회는 미로 시대의 암흑에서 벗어날 수 있기 때문이다. 그러나 바타유는 희생에 대한 정반대의 해석을 제시한다. 말하자면 희생 행위는 신체와 기관의 이마고의 완전한 형태를 구체적으로 훼손하기 때문에 인간을 미로에 이르게 한다. 마르셀 모스(Marcel Mauss)의 희생 이론에 기대어, 바타유는 라 빌레트의 도살장이 근대의 공간 내에서 종교적, 희생적 기능을 다하고 있음을 장엄하게, 그리고 기묘하게 암시한다. 그 도살장은 내버려진, 무의식의 종교 제단이다. 이제 아무도 희생 제의에 참가하기 위해 도살장 건물로 가지 않는다. "고대의 신전이 기원(祈願)과 동시에 도살이라는 이중의 목적으로 사용되었다는 점에서 도살장은 종교의 영역에 속한다. (…) 오늘날 도살장은 콜레라를 실어 옮기는 배처럼 격리되고 저주의 대상이 된다. (…) 이 저주의 희생자는 동물도 도살업자도 아니고 선량한 사람들인데, 즉 청결이라는 병적인 욕구에 부응하는 추함, 결국 그들 자신의 추함을 견뎌낼 수밖에 없는 선량한 사람들이다."[15]

'도살장' 항목은 따라서 어떤 동물을 죽이기 직전의 종교적 반감, 성스러운 혐오감이라는 감정의 움직임을 묘사한다. '박물관' 항목은 정반대의 움직임을 묘사한다. 반감이 사라지면 매력이 생겨난다. 도살장의 희생 장면을 회피해 자신의 추함 속으로 도망친 사람들, 도살장을 수용하는 추함에 깨끗한 추함을 바라는 희망으로 대항한 사람들, 도살장에서 생겨나는 해체의 이미지를 받아들이지 못한 사람들은 박물관으로 가서 스스로를 재구성해 자아를 회복하고 자기를 드높일 것이다. 그들은 박물관의 아름다움을 통해 도살장의 전유할 수 없는 추함으로부터 도피할 것이다. 바타유는 이렇게 기술한다. "일요일 오후 다섯시 루브르박물관의 출구에서 수많은 관람객을 경탄스레 바라보는 것은 흥미로운 일이다. 그들은 눈을 홀릴 정도의 경이로운 환영과 비슷해지려는 욕망으로 완연히 고무되어 있다." "박물관은 대도시의 허파와 같다. 군중들은 일요일마다 피처럼 박물관으로 흘러들면서, 순화되고 생기발랄하게 다시 살아난다."[16]

도살장-박물관이라는 장치는 따라서 성스러운 핵심을 특징짓는 양면성을 구성한다. 도살장은 반감을 야기하는 부정적인 극, 중앙으로부터 이탈하는 주변적인 극이다. 반면에 박물관은 매력적이고 구심적인 극이다. 그러나 하나의 중심부에는 다른 하나가 숨어 있다. 말하자면 아름다움은 지각되지 않는 아득한 옛날의 어떤 살해라는 상처에 의해 창조된다. 따라서 바타유는 국민의회의 과업인 루브르의 박물관화[17]가 왕의 역할에 대한 무관심에서 비롯되었다는 점을 상기시킨다. 박물관은 왕의 처형에 뒤이은 공포정치에 의해 만들어졌다. "근대 박물관의 기원은 따라서 단두대의 발전과 연결되어야 할 것이다."

박물관의 이런 기원은 토지대장의 해독하기 어려운 글자로, 이질학적 장치의 두 극의 결합에 의해서가 아니라 그 간격에 의해 표현된다. 한 극은 다른 극 없이는 안 되지만, 또한 한 극은 다른 극과 어울리지 않는다. 뒤이은 고찰은 이 간격에 연결된, 이데올로기적이고 도시계획적인 차원의 어떤 문제에 할애될 터이다. 그것은 도살장과 박물관이 전적으로 다른 기능을 담당함에도 불구하고 도살장이 폐쇄될 때마다 마치 기이한 숙명으로 그 터에 박물관이 생겨나는 것처럼, 박물관이 그림자처럼 기묘한 방식으로 도살장을 모방하듯 따른다는 사실과 연결된다.

우리는 바타유의 낭비 이론[18]에 비추어 혐오감을 일으키는 것에 대한 이러한 문화적 전유와 개선을 설명할 수 있다. 이 이론은 엄밀한 의미에서 낭비 이론이라기보다는 낭비의 욕망에 대한 이론이다. 그것은 낭비의 가능성과 낭비적 삶을 믿으려는 욕구에 부응한다. 다시 말해서 삶은 순수한 낭비 가운데 이루어진다는 것, 소진과 소비 사이에는 차이가 존재한다는 것, 그리고 잃어버린 시간과 모호한 장소, 비생산적인 낭비, 사람들이 벗어나지 못하는 것, 보상되지 않는 실수, 재활용되지 않는 폐기물이 존재한다는 것을 믿으려는 욕구에 부응한다. 이런 관점에서 도살장과 박물관, 종교와 예술은 경제적 연속 한가운데에 두 가지 형식의 독립된 영역을 구성한다. 한편으로 도살장의 희생적 성격과 다른 한편으로 사람들이 일요일에 박물관을 관람하러 간다는 사실이 도살장과 박물관 모두를 안식일 또는 일요일의 리듬에 연결한다.

다시 말해서 일곱번째 날의 휴식과 관련된 시간 사용의 문제에 서로를 연결한다. (일하는 것이 금지될 때 노동자는 무엇을 하겠는가?) 그러나 낭비의 이 두 형태 중에서 하나는 청결하고, 다른 하나는 더럽다. 말하자면 하나는 호감을 사고, 다른 하나는 혐오감을 일으킨다. 따라서 문제는 낭비 이론이 '청결한'과 '더러운' 사이의 차이를 회피할 수 있는지에 달려 있다. 그리고 무엇보다 두 낭비 사이의 차이에 대한 이론, '청결한'과 '부적절한[더러운]' 낭비 사이의 차이에 대한 이론, 다시 말해서 어떤 식으로든 도살장과 박물관 사이의 차이에 대한 이론임을 아는 것이다. 그런데 도살장을 박물관으로 전환시키는 데 주도적 역할을 하는 것은 바로 이 차이다. 이때 전환은 낭비가 완전히 전유 가능하다는 가정에 기대를 걸고, 마치 그 낭비가 어떠한 혐오감도 일으키지 않는, 폐해 없는 낭비로서, 그리고 마치 어떤 공적 공간에서든 공공연히 정당한 낭비로서 제시될 수 있다는 듯이, 그렇게 낭비하는 것이 가능하다고 가정한다.[19]

라 빌레트 공원은 어떤 점에서 십구세기 박애주의에 의해 구상되었던 수많은 계획들과 구별되는가? 후자는 노동자의 낭비를 건전하게 만들기 위해 그들의 비노동 시간, 특히나 휴무일과 일요일을, 한편으론 허용하면서도 통제해 위험한 노동자 계급을 길들이고자 했다. 또한 라 빌레트 공원은 어떤 점에서 기독교적이고 사회주의적인 온갖 종류의 시도들과 다른가? 후자는 노동자가 일하지 않을 때 그들을 계도해 나들이옷을 입고 사람들 앞에 나서게 했다. 전유 메커니즘의 부산물이라 할, 낭비할 여력이 없는 이들의 낭비, 청결하고 고상한 것에 대한 접근이 거부된 이들의 낭비에 적합했다. 하지만 여기서 바타유는 잠깐 놔둔 채 세기말의 파리와 관련된 위대한 문화적 프로젝트로 시선을 돌려 보자.

1867년 에밀 졸라(Émile Zola)는 시평 하나를 『르 피가로(Le Figaro)』에 기고한다. 그 글은 미래의 공적 공간을 위한 시도에 바친 것으로, 「소공원(Les squares)」이라는 제목을 가졌다. 시평은 다음과 같이 시작된다. "최근 포팽쿠르라는 옛 도살장의 터에 세워진 파르망티에라는 새로운 소공원이 대중을 위해 철책을 풀고 개장할 것이다." 이 터무니없는 노상시설, 즉 폐결핵에 걸린 도시인에게 전원을 상기시키고자 하는 잔디밭에 대한 두 페이지에 걸친 풍자가 이어진다. "이 조그마한 자연 공간은 잘못 조성되어서 마치 감옥에 갇힌 듯했다."[20] 소공원은 박물관이 아니라 가벼운 낭비의 장소인데, 파리 노동자가 노동의 철칙에서 벗어나게 되는 곳, 바로 철책 사이의 독립된 영역이다. 거기서 그는 신선한 공기를 마시며 산책한다.(바타유가 관찰했던 박물관 관람객처럼 그는 폐를 재생시킨다.)

따라서 라 빌레트 도살장의 최근의 전환은 완전히 새로운 것은 아니다. 강경한 낭비에서 가벼운 낭비로의 변화는 오스만(G. E. Haussmann) 이래 근본적으로 바뀌지 않은 도시 공간의 근대화라는 논리 속에 편입된다. 파리 여러 구역의 모든 도살장들처럼 포팽쿠르 도살장도 제2제정 아래 레 알(Les Halles) 중앙 시장과 라 빌레트 도살장의 동시 설립과 함께 절정에 달했던 파리 식량 보급 기관들의 집결로 피해를 입었다.[21] 한 세기 후 라 빌레트의 중앙 도살장이 과학 산업의 공원으로 재활용되었듯이, 폐쇄된 도살장들은 녹지 공간으로 혹은 도시공원으로 재활용되었다. 이러한 전환 덕분에 이중의 교체가 실행되었다. 즉, 더러운 낭비에서 청결한 낭비로 바뀌었고, 노동자는 관람객으로 바뀌었다. 도살장이 제거되고 교화적인 공원이 대신 들어섰다. 바로 이곳에서 휴일을 즐기는 노동자들 앞에 그들의 노동의 의미가 현시되는 것이다.

오스만의 도시개발 전체에서 보자면 단지 세부에 불과한 소공원에 대한 이러한 풍자에도 불구하고, 졸라는 파리 근대화의 옹호자가 된다. 무엇보다 졸라에게 자연주의는 기차역, 백화점, 전시장, 그리고 특히 대로(boulevard)와 더불어 제2제정기 파리에 대한 (도덕적이진 않을지라도 미학적인) 찬양이었다. 그의 최초의 진정한 자연주의 선언인 『파리의 배(Le ventre de Paris)』는, 옛 파리의 특이한 비위생에 향수를 느끼는 낭만주의자들을 표적으로 삼는 반(反)『파리의 노트르담(Notre-Dame de Paris)』[22]이다. 제2제정이 무너지자 졸라는 거리낌 없이 파리 시장 오스만의 도시계획을 찬양했다. [졸라의 소설 속] 클로드 랑티에는 거리에서 보이는 오스만식 도시[23]의 높은 파사드, 아르누보 양식[24]의 광고를 좋아했다. 정연하게 줄지어 있는 상태는 청결함의 미학에 속한다. 말하자면 일직선의 큰 가로(avenue)는 우울한 기분에 대한 효과적인 치유책이다. 피가 잘 순환하기 위해서는 넓은 동맥이 필요하다. 노동 세계의 수도인 이 근대도시는 모든 사람이 활발히 움직이는 조직체이다. 거기에 있는 모든 것은 무엇인가 해야 할 것을 지니며 어떤 역할을 다한다. 무위(無爲)와 쓰레기를 항상 동일시했던 졸라에게 근대도시는 특유의 공간적 아름다움을 지니는데, 이때 아무 쓸모도 없는 것은 더 이상 존재 이유를 갖지 못한다. 유용한 공간을 흉한지로 남겨 놓는 일이기에, 그는 소공원에 의한 도시 조직의 중단을 비난한다. 작업 중인 도시만큼 아름다운 것도 없고, 오로지 일할 때에만 도시는 아름답다. 졸라는 소공원에 유달리 과민한 반응을 보인다. 왜냐하면 도시는 거기서 휴식을 취하고 있기 때문이다. 아니, 더 정확히 말해서 소공원이 제공하는 무위의 특정한 지역이 도시이기 때문이다. 졸라는 노동이 멈추는 것에 원칙적으로 반대하지 않지만(노동자는 휴식할 권리가 있다), 도시에서 노동이 멈추는 것에는 반대한다. 사람은 일하기를 멈추는 순간 파리를 떠나야 한다. 여름에 교외의 작은 숲이나 섬으로 낭비가 전파되는 구심적 운동에 힘입어 낭비는 개선된다.

　『근대 생활의 회화(The Painting of Modern Life)』라는 인상주의에

관한 책에서, T. J. 클라크(T. J. Clark)[25]는 두 장(章)을 할애해 졸라의 작품 속에서 주요한 두 항목을 이루는 파리의 여가에 대해 논한다. 이 여가는 도시로 외출하기 혹은 도시에서 벗어나기, 폴리베르제르의 바(bar) 혹은 파리 근교, 도시 혹은 교외의 즐거움, 내적 혹은 외적 즐거움으로 구성되어 있다. 클라크에 따르면 인상주의의 대두는 이런 구별이 희미해지기 시작하는 순간과 관련이 있다. 교외는 여가와 산업화의 결합 작용으로 도시화되기 때문이다. 클라크의 해석에 의하면 모네의 정원에서 관찰되는 일종의 닫혀 있는 정원(hortus conclusus)으로의 향수적 회귀는 풍경의 변화에 대한 도상적 저항을 나타내며, 사유지 울타리 내부의 자연의 현존을 강화하면서 교외의 변질을 부정하는 한 가지 방식이다.[26]

자신의 소설을 통해, 졸라는 똑같은 일을 한다. 그 역시 파리의 영향이 도시와 시골의 구분을 침해하는 순간에 그 점을 강조한다. 인상파 화가의 풍경에서처럼, 그의 풍경은 오염을 기록하기를 거부한다. 그가 보여주는 시골 지역은 실제의 어떤 시골보다 더 전원적인 교외 속에 펼쳐지는 곳이다. 그러나 그의 저항의 근원은 파리 근교의 도시화보다는 오히려 파리 자체 안에서 발생하는 무언가에 있다. 그것은 낭비들이 뒤섞일 수 있다는 생각에 대한 자신의 불안 속에, 시골의 좋은 낭비와 도시의 나쁜 낭비를 구별하려는, 그리고 도시 조직이 내부에서 무위를 쏟아내고 흘려보낼 수 있는 외적 배출구를 마련하게 하려는 자신의 욕구 속에 자리잡고 있다. 그에게 항상 중요한 것은 노동자로 하여금 도시에서 휴식을 취하지 못하게 하는 것일 테다.

T. J. 클라크는, 생투앙 근교에서의 일요일 소풍에서 돌아와서 졸라가 1868년 10월 18일 『라 트리뷘(La Tribune)』에 기고한 만문(漫文)에 관해 언급한다.[27] 어떤 면에서 이 글은 소공원에 관한 시평과 큰 차이가 없다고 할 수 있다. 휴일에 근무 중이던 이 저널리스트는 그에게 꽤

나 좋아 보였던, 노동자의 낭비하는 광경을 목격했다. "나는 저녁 늦게까지 나들이를 하던 사람들 한가운데에 있었다. 그들 대부분은 작업복을 입고 있었고 외출복은 거의 걸치지 않았다. 말하자면 쾌활하고 거침없는 노동자들, 바늘에 찔린 상처투성이의 손을 드러낸 헝겊 모자를 쓴 젊은 여자들과 거친 손에는 연장의 흔적이 있는 면직 옷을 입은 남자들이 있었다. 이 사람들의 기쁨은 건강에 좋은 것이었다. 나는 단 한 번의 싸움 소리도 듣지 못했으며, 단 한 명의 술꾼도 보지 못했다. (…) 그것은 착한 어린이들의 쾌활함, 솔직한 폭소, 부끄러움 없는 즐거움이었다." 졸라는 노동자들의 기쁨에 대한 찬가로 계속 말을 이어 간다. "그것은 민중의 기쁨이라는 선하고 아름다운 것이다. 나는 이 세상의 불쌍한 사람들, 즉 딱딱한 빵을 먹고 다락방에서 자는 사람들의 웃음을 듣기 좋아한다. 가난한 이들이 즐거우면, 가난은 이 땅에서 사라진다."[28] 졸라에게 작업 중인 도시 전경 다음으로 그 어떤 풍경도, 느긋하게 안식일을 누리는 노동자의 휴식처럼 아름다운 것은 없다. 진정한 즐거움은 돈으로 살 수 있는 것이 아니다. 아무것도 갖지 못하는 사람들에게 확보된 고유한 즐거움은 오염될 수 있는 것이 아니다. 이런 즐거움은 추가의 비용 없이 얻어지며 폐기되어야 할 것 없이 소진된다. 졸라는 단 한 명의 술꾼도 보지 못했고, 단 한 번의 싸움 소리도 듣지 못했다. 가난한 이들에게서 모든 것을 탈취할 수 있지만 거저의 기쁨은 뺏을 수 없다. 생투앙 공원은 경제적으로 기적의 장소이다. 이 공원은 아무것도 갖지 못한 사람들에게 스스로 낭비하는 방법을 제시한다.

시골의 정기시장과 도시의 소공원 사이의 대조는 전원시에서 두드러지는 두 환영(phantasme)에 의해 강조된다. 이 두 환영은 불건전한 일요일의 낭비를 대상으로 삼는다. 일요일의 낭비는 도시적이기 때문이다. 첫번째 환영의 배경은 파리 내의 또 하나의 공원인 불로뉴 숲인데, 이는 오스만의 여가 정책에 따른 (소공원보다 더 큰 규모의) 도시

공원의 또 다른 실패이다. 바로 그곳에서 일요일에 수도 파리의 모든 한가한 사람들, 나른한 티를 내는 멋쟁이와 매춘부들이 으스대고 뽐낸다. 졸라는 이렇게 충고한다. "노동자는 공원의 이 길을 피해야 한다. (…) 그들은 몹시 화가 날 수도 있으며, 저 불량배들이 많은 것을 탈취할 때 자신은 거의 버는 것이 없는 이유를 묻게 될 것이다"²⁹ 두번째 환영은 노동자들이 오래 머무르는 변두리 지역(무프타르, 생탕투안)의 '좁고 진흙투성이인 구역'에 있다. "맑은 공기를 좀 마시러 어디로 가야 할지를 모르는 채 일요일이 다가오면 그들은 선술집 깊숙한 곳의 탁자에 앉는다. 변두리 비탈길은 위험하고 노동은 휴식을 요구한다. 돈이 없고 전망이 불투명할 때, 사람들은 가까운 데서 쾌락을 찾는다." 알코올중독을 다룬 소설인 『목로주점(L'assommoir)』이 시내 밖에서 자신의 일요일, 즉 자신의 나들이를 갖지 못하는 파리 사람에 관한 졸라의 유일한 소설이라는 점을 우리는 기억할 것이다. 여기서 계급 간의 대립은 부차적인 것으로 남는다. 불로뉴 숲의 특권층에게나 무프타르의 불쌍한 사람들에게나 일요일에 도시를 떠나지 못하는 것은 모두의 건강에 좋지 못한 일이다.

T. J. 클라크는 1868년 10월의 시평에서 오스만에 의해 실시된 대중 여가정책에 대한 졸라의 공격을 발견한다. 졸라는 목청을 한껏 높여 공격한다. "나는 오스만이 대중 축제를 좋아하지 않는다는 것을 알고 있다." 그러나 이 정책은 이중적이었다. 그것은 부정적인 면을 지녔는데, 예를 들면 제2제정기 파리가 합병한 주변의 코뮌에서 열리던 전통적인 장(foire)을 금지시켰다. 그러나 이 정책은 또한 긍정적인 면을 지녔다. 바로 도시 안에 소공원들과 불로뉴 숲 같은 여가 공간을 연 것이다. 졸라의 말마따나 오스만이 대중 축제를 좋아하지 않는다면, 그 역시 거리를 두고서나 그것을 좋아할 수 있었다. 천생 도시인으로서 졸라는 축제가 도시적으로 변하는 것을 혐오했다. 물론 졸라가 거기에

가는 일이 있긴 했지만 참여하기 위해서가 아니고 탐방 기자로서였다. 그는 기자증을 갖고 있다. 도시에서의 무위를 제도화하는 것은 그의 마음속 오래된 불안을 되살아나게 할 것이다. 그의 초기 단편소설 중 하나인 「나를 좋아하는 여자(Celle qui m'aime)」는 1864년, 오스만이 아직 금지시키지 않았던 변두리 지역 축제 하나를 배경으로 삼고 있다. 그 축제는 알코올중독과 매춘의 분위기 그리고 야심한 환경으로, 생투앙에서의 프롤레타리아적이고 건강한 옥외 분위기와는 대조적이다. '나들이옷을 입은' 사람들의 수상쩍은 말에 화자는 불편해하고 우려하면서 안절부절못한다. 졸라는 이렇게 쓰고 있다. "나는 막연한 불안을 느끼지 않고서 군중의 큰 무리 속에 결코 있지 못했다."[30] 부르주아인 졸라의 강렬한 광장공포증은 프롤레타리아의 여가 공간을 교외에 제공해야 한다는 그의 공화주의자적 캠페인과 깊이 맞닿아 있다. "지평을 여세요. 시 바깥으로 사람들을 부르세요. 야외에서 축제를 여세요. 그러면 점차 선술집 의자를 떠나 푸른 풀밭을 향하는 사람들을 보게 될 겁니다." 이렇게 푸른 풀밭으로 갈 것을 호소하는 일은 여러 모로 하멜른의 피리 부는 사나이가 마술 피리로 쥐를 쫓아내는 모양새를 따르는 것이다. 말하자면 낭비의 중심으로부터 벗어나려는 정화 운동은 낭비를 추방해 그로부터 보호하려는 것이다. 멀리 거리를 둘 때만 대개, 낭비는 깨끗해진다. 이는 근본적으로 모든 낭비에는 규율을 따르지 않고 통제되지 않는 힘에 대한 조짐이 있기 때문이며, 모든 낭비, 모든 비노동 자체에는 동화될 수 없는 폭력의 위협이 있기 때문이고, 시골에서든 도시에서든 더러운 낭비로 바뀔 위험이 없는 낭비는 없기 때문이다.

전원의 환경이라고 해서 부적절한 낭비가 아니라는 완벽한 보장은 없다. 졸라가 『르 피가로』에 기고한 시평은 생투앙 근교에서의 일요일 산책 때 쓴 최초의 이야기가 아니다. 오스만을 겨냥한 프롤레타리아적 전원시를 쓰기 몇 달 전, 동일한 환경이 졸라에게 훨씬 불길한 일화의 배경이 되었다. 『테레즈 라캥(Thérèse Raquin)』은 1867년 12월에 출판되었다. 이 소설의 11장 역시 생투앙에서 10월 햇빛이 빛나던 어느 일요일을 이야기한다. 그러나 이번에는 졸라가 그린 수많은 실패한 화가들 중의 한 사람인 로랑이 그의 정부의 남편을 살해한다. 스스로 하루를 낭비하는 사람들의 건강한 기쁨 한가운데서 말이다. 축제 도중에 죽음이 뜻하지 않게 등장하는 것이다. 그럼에도 불구하고 십 개월이 지난 후 1868년 10월에, 모든 것은 망각된다. 범죄의 모든 흔적은 사라져 버린다. 노동자들의 일요일에 대한 최고의 묘사를 다시금 인용해 보자. "이 사람들의 기쁨은 건강에 좋은 것이었다. 나는 단 한 번의 싸움 소리도 듣지 못했으며, 단 한 명의 술꾼도 보지 못했다. (…) 그것은 착한 어린이들의 쾌활함, 솔직한 폭소, 부끄러움 없는 즐거움이었다."

나는 이 사면, 즉 이 소설적 살해가 저널리스트에 의해 대중의 환희 속으로 사라지는 방식을, 사십 년이 더 지난 1901년에 졸라의 마지막 소설인 『노동(Travail)』에 나타나는 어느 장면과 연결하고자 한다. 사실주의적이기보다는 상징주의적인 이 교향시는 산업 세계에서 사회 정의의 승리를 묘사한다. 즉, 노동이 모든 행복, 모든 아름다움, 모든 선행, 모든 부유함, 모든 삶의 원천이라는 것을 결국 인정하게 되는 셈이다. "무위 속에 안주할 수 있는 어떤 존재도, 어떤 사물도 없다."[31] 존재한다는 것은 곧 일하고 있다는 것이다. 이제 남은 것은 범죄 혹은 죄악, 자연에 반하는 유일한 타락, 즉 무위뿐이다. 그래서 최고의 지위를 차지했던 일하지 않는 자들, 구체제의 대표자들은 차례로 사라져 버렸다. 이 기생충 같은 존재의 제거는 꿈쩍 않는 신의 전당이자 그저 쓸모없고 뒤처진 영역인, 교회의 붕괴로 끝이 났다. 그곳은 푸리에주의자[32]들이 부산하게 움직이는 마지막 휴한지이자 일의 보람도 없는 마지막 고립 지대였다. 그 제거는 비어 있는 긴 의자 앞에서 성무일도를 바치고 있는 마를 신부에게도 덮쳐 왔다. 아무도 이러한 제거를 어쩌지 못했다. "빛나는 태양 아래 거대한 잔해 더미만이 남았는데, 그 더미 속에서 마를 신부의 육체는 발견되지 않았다. 부서진 제단의 잔해들이 신부의 살을 먹고 그 피를 마신 것처럼 보였다. (…) 나중에 그 잔해들이 치워졌을 때, 그곳에는 향기로운 잔디밭 사이로 아름다운 나무와 그늘진 산책 길이 있는 공원이 조성되었다. (…) 행복한 일하는 날 이후, 온갖 수풀에서 자라난 장미가 만개했다. 그리고 가난과 죽음, 그들 종교의 잔해가 숨겨져 있는 이 즐거운 공원에는 인간의 환희, 즉 넘쳐나듯 꽃피는 시절의 삶이 펼쳐지고 있었다."[33] 다음 장(章)은 하지인 6월 21일을 찬양하는 노동절에 관해 말하고 있다. 제7일에 노동으로 살아가는 사람들은 일을 멈추고 자신을 되돌아보며, 자기 일을 숙고하면서 잘했다 생각한다.

졸라의 후기 소설들에 나타난 반가톨릭 사상은 많은 논의를 선한 취향의 목록에서 차용하고 있다. 모든 세대의 독자에게 혐오의 감정을 주고 난 후에, 졸라는 이제 조악한 도상이 있는 종교 서적과, 표면이 손상된 그리스도와 성스러움으로 멍든 그의 사도 앞에서도 똑같이 군다. 그는 다른 소설에서 이렇게 말한다. "내장, 근육과 피가 있는 도살장."[34] 사실 바타유처럼, 졸라는 마침내 종교와 도살장을 연결한다. 그러나 바타유가 도살장과의 친연성을 인정하지 않는 종교를 비난하는 반면, 졸라는 그 사실을 드러내는 종교를 비난한다. 이런 점으로 보아 『노동』에서 교회를 공공 공원으로 대체하는 것은 도살장이었던 라 빌레트를 산업 과학 공원으로 대체하는 것을 예시한다. 이 유사성은 마를 신부의 최후를 묘사하기 위해 교단과 도살장의 명부를 뒤섞어 놓는 졸라의 어휘에 의해 더욱 강조된다. 제단의 잔해들이 '그의 살'을 먹고 '그의 피'를 마셨다고 졸라는 말한다. 그러나 그 잔해는 어디로 사라졌는가? 더 이상 그 잔해에 남아 있는 것은 없다. 생투앙 근교에서 로

랑이 저지른 범죄가 대중적 낭비의 뻔뻔한 즐거움의 찬가로 승화되어 『테레즈 라켕』에서 『르 피가로』로 옮겨 가면서 사라지는 것과 마찬가지다. 마를 신부의 육체가 기이한 종교적 희생으로, 잔재도 흔적도 없는 순수한 소멸로, 어떤 표시도 어떤 추억도 남기지 않는 피로 물든 완전한 희생으로 점차 사라지는 것과 마찬가지다. 피를 흘리지 않는 일요일, 피 없는 일요일.

~

건축이란 무엇인가? 아돌프 로스(Adolf Loos)[35]의 정의는 잘 알려져 있다. "숲을 산책하다가 세로 육 피트에 가로 삼 피트인 피라미드 형상으로 세워진 묘지를 발견하게 될 때 당신은 심각함에 사로잡혀서 스스로에게 말하게 될 것이다. 여기 누군가가 묻혀 있구나. 이것이 건축이다."[36] 그러므로 건축은 놀이공원과 루나 파크(Luna Park) 같은 유원지가 제공하는 것과는 매우 다른 정서를 자아낸다는 데서 우선 구별된다. 말하자면 건축은 사람을 진지하게 만든다. 건축의 직설법은 보이지 않는 현존이나 지각할 수 있는 부재를 추측하게 하는, 즉 여기에 살고 있지 않은 누구이거나 혹은 지금 살아 있지 않은 누군가에 대한 환기를 유발하는 일종의 '아르카디아에도 나는 있다(Et in Arcadia ego)'[37]일 것이다. 마치 거기서 살도록 만들어지지 않은 집, 누구의 것도 아닌 집, 어느 누구를 위해서도 만들어지지 않은 집처럼 말이다. 로스에게 건축은 교묘한 조작이 없는 건립에서 시작된다.

반면에 [졸라의 소설 속] 크레셰리 공원 속으로 들어가면 건축적인 감동은 일어나지 않는다. 『노동』에서 사회주의 도시의 건설자인 뤽이 직업 건축가인 만큼 사태는 더욱 놀랍다.[38] 유토피아가 본래 배제된 것이 없는 공간, 따라서 폐기물, 방치되어 있는 곳, 부재하는 것을 무시하는 공간이기 때문에 졸라가 작성한 도시 목록 속에는 어떠한 묘지도 나타나지 않는 것이 사실이다. 종교는 죽었지만, 아무도 종교가 죽었다고 상복을 입지는 않는다. 이 죽음에는 죽음의 이미지를 자기에게 대입하는 무의식적 과정인 투입(introjection)이나 우울한 동일시가 수반되지 않았다. 어떠한 고고학자도 도처에 공허한 울림을 낼 위험이 있는지 면밀히 파악하지 못하는 땅에서 축제는 절정에 이른다.

바로 이곳이 졸라의 일요일과 바타유의 일요일 사이 가장 큰 차이가 발생하는 지점이다. 이 책의 프랑스어 제목 '콩코르드 광장의 점령'은 바타유의 상상력을 통해 파리의 어떤 장소에 대한 중요성을 나타내고 있다. 콩코르드 광장은 여러 측면에서, 그 기원과 역사에서 크레셰리 공원과 비교된다. 말하자면 콩코르드 광장과 크레셰리 공원은 다른 어떤 것으로 대체할 수 없는 체계의 중요한 형식이 붕괴되는 것을 목격했던 장소(한 경우는 공포정치에 의해 그곳에서 왕이 처형되었고, 다른 경우는 최후의 미사가 바로 그곳에서 행해졌다)로 지정되었다. 그러나 이 사건들이 일어난 후에는 사정이 달라졌다. 그 축제 광장 위에서, 졸라가 묘사한 '화합과 평화의' 도시는 인생의 일요일을 찬양한다. 거기에는 더 이상 그 어떤 공허도 없다. 그러나 그것은 상실이 아니다. 결핍과 무(無)가 제거된 후에는 아무것도 부족하지 않다. 그 어떤 것도 무가 사라진 것을 간과하게 하지 않는다. 결핍은 제거되고 그 어떤 기념물도 남기지 못한다. 어떠한 몰상식한 사람도 신이 죽었다고 알리는 니체의 전언과의 세속적인 조화를 방해하지 못한다. 이와 반대로, 바타유에게 콩코르드 광장은 결핍된 존재인 인간이 상실의 순간을 직면하는 장소이다.

십구세기 전반에 콩코르드 광장은 도시계획가와 정치인들에게 심적 불편함을 야기하는 난제였다. 광장을 웃음과 망각의 장소, 아니면 기념물과 속죄의 장소로 만들어야 했을까? 피, 그것도 왕의 피가 흘러내렸던 곳에 사람들은 어떤 걸음으로 걸어가야 했을까? 장기 계획이 없었던 관계로 일시적인 시장 가건물이 개념 없이 모호하게, 목적도 없이 이 공간에 설치되었다. 하지만 샤토브리앙(F. R. Chateaubriand) 같은 군주제 지지자들조차 이런 식의 재배치에서 몰상식한 게 뭔지 전혀 알지 못할 것이다. "사람들이 샹젤리제에 춤추러 갈 때, 정의의 피로 물든 광장에서 폭죽을 터뜨릴 때, 그들은 루이 16세의 교수대를 기억해야 할 것이다."[39] 빅토르 위고(Victor Hugo)는 이보다 덜 낙관적이다. 그는 기념제를 믿지 않는다. 민중은 즐기면서 잊어버리기 때문이다. 위고의 『빛과 그늘(Les Rayons et les ombres)』속 한 시[40]는 그곳에서 펼쳐지는 공공 축제 한가운데서 건축적 감동에 사로잡히고 생각에 잠긴 듯한 민중을 보여준다. 아르카디아에도 위고는 있다. 샤토브리앙에 의해 알려진, 희생의 기원을 의식하는 축제는 더 이상 문제가 되지 않는다. 그러한 축제는 졸라가 묘사한 크레셰리 축제와 매우 비슷할 것이다. 아무도 기억하지 못하기 때문이다. 아무도 부재하는 것을 생각하지 않으며, 아무도 피 흘리며 죽어 간 사람들을 생각하지 않는다.(사람들은 죽은 사람의 피 위에서 춤추게 된다.) 그러나 졸라가 이 무관심을 찬양하는 반면, 이 무관심 앞에서 위고는 우울해지며 심각해진다. 위고에게 결핍은 없으며, 그의 시의 목적은 바로 대중의 충만함 속에 결핍을, 조화를 깨뜨리는 것(피의 결핍이나 출혈)을 다시 도입하는 것이다.

샤토브리앙과 위고의 광장과 대비되는 바타유의 콩코르드 광장에 대해 말하자면, 그것은 봄 축제의 장소가 아니다. 카니발(carnaval)은 겨울 축제이다. 루이 16세가 처형된 것은 1월 21일이었다. 왕의 죽음과 카니발의 결합은, 사회학회 시절 바타유가 민주주의의 카니발적 기원에 관한 책을 쓸 계획을 갖게 하기에 충분할 만큼 그의 관심을 끌었다.[41]

그렇다고 해서 바타유의 카니발과, 동일한 시기에 바흐친(M. Bakh-tin)이 라블레(F. Rabelais)에 관한 자신의 책[42]에서 찬양했던 카니발을 혼동해서는 안 된다. 바흐친에 대해 한 비평가는 이렇게 말했다. "카니발의 시간은 낭비한 시간에 속하지 않는다. 그것은 심오한 체험이 풍부한, 충만한 시간이다."[43] 실제로, 아무도 거기에서 '아르카디아에도 나는 있다'는 말을 듣지 않는다. 그러나 이는 무엇보다 아무도 더 이상 나(je)라고 말하지 않기 때문이며, 일인칭이 사라져 버렸고, 봄의 정화가 집단적 대화 형식 가운데 주체들을 사로잡았기 때문이다. 말하자면 다른 것으로 대체할 수 없는 문법은 축연(festivité)에서 추방되었기 때문이다. 이와 반대로 바타유의 카니발은 나(je)가 자신의 상실을 보는, 즉 상실로서 자신의 모습을 보는 순간이다. 그것은 충만한 시간이 아니라 시간의 공허가 느껴지는 시간이다. 그것은 되찾은 순수함이 아니라 깊이 없는 죄의식이다. 설사 카니발이 사회 조직에 내는 '균열'이라 할지라도, 사회체제나 개인 모두에게 드러난 '균열'과 '틈'과 '구멍'에 대한 찬양이라 할지라도, 그것을 찬양하는 최상의 방법이 진정 그 구멍을 메우는 것인가? 충만함이 그 자체로서의 틈을 찬양하는 결과가 될 수 있는가? 아세팔의 형상은 단지 뒤집히고 거꾸로인 기괴한 승리를 재현하는 것만이 아니라 위[고귀함] 없는 아래[비천함]라는 더욱 심오한 이미지를 표현한다. 이질학(hétérologie)의 개념, 즉 바타유에게서 유래하는 이 신조어는 그저 단순히 타자성과의 긍정적이고 안온한 관계를 나타내지 않는다. 타자성의 체험은 오직 쾌락과 오락의 문제만은 아니다. 상실 없는 카니발은 존재하지 않는다. 도살장이 지각되지 않는다면 루나 파크는 존재할 수 없다.

헤겔적 구조물

죽음, 우리가 이 비현실을 그렇게 부르고자 한다면,
그것은 가장 끔찍한 것이며, 죽음의 행위를 견뎌내는 일은 가장 위대한 힘을
요구한다. 무기력한 아름다움은 지성을 증오하는데, 왜냐하면 지성은
그 아름다움에게 불가능한 것을 요구하기 때문이다. 그러나 정신적 삶은
죽음 앞에서 도망치려고 하고 파괴로부터 자신을 보호하는 삶이 아니라,
죽음을 감당하고 그 안에서 스스로를 유지하는 삶이다.[1]
— 헤겔(G. W. F. Hegel).

단순한 시작

> "오로지 단순한 것만이 시작을 이룬다."
> — 헤겔, 『논리학(Wissenschaft der Logik)』 1권.

> "하지만, 단순한 시작은 개념상 너무 의미 없는 것이어서 철학적 사유에서 볼 때 한낱 우연한 일의 가치만을 지닌다."
> — 헤겔, 『미학 강의(Vorlesungen über die Ästhetik)』 제3권의 「건축(Die Architektur)」편 서문.

우리는 건축으로부터 시작할 것이다. "최초의 예술이라는 지위는 예술의 본질적 성격 자체에 따라 마땅히 건축에 부여되어야 한다"고 헤겔은 말한다.

우리는 헤겔처럼 체계를 구축하고, 미학을 구성하며, 순수예술의 체계를 구상하려는 기획을 갖고 있지 않다. 우리의 기획은 건설적인 것의 수립이라기보다 오히려 구조물로서의 기획을 파괴하려는 시도에 가깝다. 우리는 구조를 대략적으로 보여주기보다 오히려 계획을 좌절시키며 기념비적 건축물에 타격을 주는 균열을 추적해 활용하고자 한다.

우리는 건축으로부터 시작할 것이다. 이는 최초의 시작, 즉 아르케(arche)[2]로부터 시작하기 위함이다. 그러나 이 시작은 그것이 나타내는 맥락을 지배하지 않는다. 최초의 가치라는 이유로 아르케가 절대적인 가치로 받아들여지는 것 역시 아니다. 아르케는 나중에 자의성과 우발성과 우연성의 모든 흔적을 그로부터 사라지게 할 수 있을 어떤 텔로스(telos)³를 미리 지배하지 못한다.

따라서 우리는 헤겔이 자신의 『미학 강의』에서 그랬듯이 건축, 상징적 예술로서의 특권을 부여받은 형식으로부터 시작할 것이다. 헤겔처럼 시작하지만, 동시에 그처럼 시작하면서도 완전히 헤겔적으로 시작하지는 않을 것이다. 우리는 다른 이유로 그처럼 시작할 것이다. 이는 건축을 따르거나 그에 동반하는 예술들의 아르케, 즉 직접성과 단순성의 양태로 그 자체에 일반적으로 존재하는 미학적 행위나 예술적 활동의 아르케를 다시 발견하기 위해서가 아니다. 오히려 이런 아르케의 매듭을 풀기 위해서이다. 다시 말해 이 시작을, 허울뿐인 시작에 다름 아닌 단순한 시작으로 만들어 풀어헤치기 위해서다. 이는 마치 헤겔적으로, 그러나 은유적으로 이루어질 것이다.

헤겔적 구조물

1818년과 1829년 사이에 헤겔은 미학 강의를 진행했는데, 그가 사망한 후 제자들이 강의 내용을 토대로 1835년에 책으로 출간했다. 정확히 말해 이 강의는 건축으로부터 시작하지는 않는다. 제1권은 일반 미학 개론이고, 제2권은 미의 개념에 할애된다. 그러나 그는 [제3권에서] 미학의 대상인 예술의 시작으로 건축을 지정하고 있다. 강의는 이를 두 번 되풀이하는데, 먼저 미학적 세 시기(상징적, 고전적, 낭만적)의 범위 안에서, 그 다음에는 다섯 가지 특수한 예술의 순서(건축·조각·회화·음악·시) 속에서이다. 각 예술 형식은 저마다 세 시기를 거친다.(건축, 회화 등은 낭만적 시기 이전에 차례로 먼저 상징적 시기를, 그 다음으로 고전적 시기를 거친다.) 따라서 엄밀한 의미에서 예술의 시작은 가장 순수한 형태로, 가장 고유한 시기 안에서 상징적 건축에 의해 이루어진다. 왜냐하면 건축은 헤겔에 의해 탁월한 상징적 예술로 정의되기 때문이다.

> 따라서 특수한 예술에 대해 말하면서 우리가 건축으로부터 시작하는 것은, 순전히 개념적인 관점에서 건축이 모든 예술 중 제일 먼저 고려되어야 하는 예술이기 때문만이 아니라, 존재론적 차원에서도 건축이 다른 모든 예술에 앞선 것임을 우리가 증명하려 하기 때문이다.[4]

헤겔의 말을 따르면, 역사와 개념, 연대기와 논리학, 사실과 당위는 미학적 관점에서 건축에 최초의 가치를 부여해야 함을 전적으로 인정하도록 했다. 그러나 책 가운데 헤겔의 강의에 할애된 부분에서 강하게 느껴지는 인상은, 건축적 대상에 대한 확실한 서술에서 비롯된 평온함보다는 오히려 사라져 버리는 대상을 파악하려는 불안감이다. 그런 불안은 다음과 같은 맥락에서 더욱 잘 이해되는데, 그의 사후에 출판된 책이 다른 시기에 씌어진 강의 노트들로부터 재구성된 것이며, 문장들 사이 그리고 단락들 사이의 연관 속에서 불확실한 동요가 다듬어지지 않았기 때문이다. 따라서 예술의 시작에 관한 헤겔의 담론은 불분명하며, 담론을 전개하면서 그가 느끼는 어려움은 다른 어느 곳에서보다 건축에 할애된 제1편의 1장, 즉 '독자적이고 상징적인 건축(Die selbständige, symbolische Architektur)'[5] 부분에서 감지된다. 이 부분은 헤겔의 관점에서 맨 앞자리를 차지하는 건축이 상징적 예술로서의 가장 순수한 지위를 갖던 시기에 대해 기술하고 있다.

이는 헤겔이 당위의 필요성과 사실의 명백함을 일치시키는 데 어느 정도 어려움을 느끼기 때문이다. 단순한 시작은 그 자체를 기원으로 삼는 것을 가능하게 하는 단순성을 갖지 않는다. 시작에는 기원이 빠져 있다. 헤겔은 건축을 기술하는 것 이상으로 이 기원의 결핍에서 벗어나는 데 전념한다. 사실 그의 모든 구성이 그러하듯, 『미학 강의』의 모든 구조 역시 각 시대가 자신의 선례를 넘어선다는, 다시 말해서 없애긴 하지만 동시에 보존하는 지양(Aufhebung)[6]의 논리에 근거한다. 이 논리는 특히 예술의 계승을 지배하는데, 예술은 제각기 어떤 지양에 의해 물질성을 추구하는 이전 예술에 대한 승리를 입증한다. 조각에서부터 최후의 예술인 시에 이르기까지[7] 이루어지는 추월은 그것들을 예술의 영역으로부터 벗어나게 하고 철학적 반성의 계기로서 미학 그 자체(예술에 관한 담론)를 구성한다. 궁극적으로는 '사유의 산문'

에 의한 시와 예술의 지양이 이루어지는데, 헤겔에 따르면 정신은 이러한 산문에 의해 물질을 의미하는 외재성에 호소할 필요 없이 스스로와 직접 접촉하게 된다. 실로 개념이 전개되기 위해 말과 글자를 필요로 하지 않게 되는 것이다. 이 산문의 가장 확실한 예가 바로 헤겔의 담론과 그 체계이다. 이 체계와 관련된 『미학 강의』는 과거의 것이자 동시에 사멸한 것으로 예술을 설정함으로써 예술의 추월을 구성하고 있다. "예술은 자신을 추월해 산문이 된다."[8] 절대적 정신의 첫번째 시기(『철학강요(Enzyklopädie der philosophischen Wissenschaften im Grundrisse)』의 제3권의 제3부 참조)로서의 예술은 먼저 계시 종교에, 그 다음에는 철학에 자리를 양보한다. "절대를 표현하는 데 소용되는 방식의 위계에서, 이성에서 비롯된 문화와 종교는 예술의 단계를 능가하는 가장 높은 단계를 차지한다."[9]

예술은 죽었다. 자신의 『미학 강의』로 헤겔은 예술의 종말을 구축하며, 예술의 묘비를 세운다. 종말을 구축하는 것으로 시작한 예술은 역시 종말로 끝난다. 따라서 건축에 관한 부분은 미학을 전적으로 미자나빔(mise en abyme), 즉 격자구조화[10]하고, 이 미학이 포함되는 체계 전체를 넓은 의미에서 또한 격자구조화한다. 이 두 경우에 죽음과의 어떤 관계는 구축적 실천으로 표현된다. 건축은 죽음을 가리키고 또한 감추기 위해 그 자리에 대신 나타나는 것, 즉 죽음의 승리이자 죽음에 대한 승리이다. 이는 건축으로 하여금 예술들 중에서 첫번째 예술인 돌 구조물[11]이라는 경험적이고 제한된 형태가 되게 하는 동시에 예술의 죽음, 즉 헤겔적 구조물이라는 중대하고 승화된 형태가 되게 한다. 지양은 텔로스에서 아르케로의 회귀와 아르케의 해방으로 기능한다. 그러나 이 최종적인 결합은 아르케가 그 자체로 추월 속에서 계승의 흔적 없이 되돌아오는 단순성을 지닐 때만 가능하다. 이 결합을 이루기 위해서는 헤겔 담론이 요구하는 기원과 시작 사이의, 사실과 당위 사이의 동일성을 유지해야 한다. 그러나 적어도 이 동일성이 직접적으로 나타나지 않는다는 점을 인정해야 한다.

바벨탑

사실 건축의 시작, 혹은 적어도 전통을 통해 우리에게 전해진 이 시작에 대해 우리가 알고 있는 것은 예술 개념이 그러하리라 기대하는 것과는 거리가 있다. 건축의 시작은 다음과 같다. "건축의 첫 시작을 탐구하면서, 우리는 먼저 인간의 주거인 오두막, 신과 그를 섬기는 신도들의 공동체를 맞아들일 내부를 지닌 신전을 발견한다. 그 너머로 가는 것은 불가능하다."[12] 오두막과 신전을 넘어 시대를 거슬러 올라가는 것은 불가능하다. 또한 부질없는 짓이기도 한데, 어쨌든 오두막과 신전으로 인해 우리는 아직 예술적인 공간 안에 있지 않기 때문이다. 우리는 예술의 기원을 파악하지 못할 것이다. 시작은 기원을 앞선다. 적어도 전통이라는, 이미 알려진 사실에 만족하는 사람에게는 그러하다. 헤겔은 전통에 만족하지 않을 것이지만, 전통에 대한 비판을 통해 그 스스로 건축의 기원을 창시하게 될 것이다. 본디의 뜻으로서 독창적인 시작, 즉 본래의 모든 자리에 내포된 단순성과 직접성의 특성을 지닌 시작을 정하려고 애쓰면서 말이다. 반면에 집과 신전은 매개의 복잡한 구조에 따라 구성된다. 실제로,

> 집과 신전, 여타의 건축물을 본질적으로 특징짓는 것은 그것들
> 이 외적 목적을 위한 단순한 수단이라는 사실이다. 오두막과 신
> 전은 거주자로 인간과 성상(聖像)을 전제하는데, 바로 그들을

위해 이 건축물들이 건립되었다.[13]

두 주제는 건축의 시작에 대한 다음과 같은 비판 가운데 서로 겹쳐진다. 첫째, 오두막과 신전은 수단이다. 둘째, 오두막과 신전은 미학적 목적이 아니라 예술 외부의 목적을 위한 수단이다. 그리하여 오두막과 신전이 지니는 아름다움은 언제나 부수적인 것이 된다. 그러나 이 두 주제 사이의 단순한 구별은 헤겔의 설명을 통해 끊임없이 문제시될 것이다.

예술은 미적 관념을 그 목적으로 표명하는 경우에 한해서만 적절한 개념이 된다. 집이나 신전이 다른 목적을 전제로 한다는 사실과, 무엇보다도 비예술적인 목적의 산물이라는 사실 때문에, 그것들은 예술의 외부에 남을 수밖에 없다. 당장에 추위와 비로부터 안전한 피난처를 스스로 지으려는 욕구를 비롯해 물질적인 삶의 욕구들 사이에 있을 수 있는 차이는 그다지 중요하지 않다.(집을 짓는 것은 앞의 욕구에 따르는 것이며, 신전은 숭배 욕구를 표명하는 것이다.) 헤겔은 오로지 수단으로서 어떤 목적에 종속된 모든 건축물을 예술에서 배제하기 위해 목적의 외재성을 고려할 뿐이다.

그러나 첫번째 비난을 되풀이하면서 예술의 시작에 대한 전통적 해석에 가해진 두번째 비난은, 그 논증 체계의 균형을 잃게 한다. 왜냐하면 목적의 위치(미학의 외부에 있는지 혹은 내부에 있는지)를 결정하지 않은 채 수단의 지위를 고려할 뿐이기 때문이다. 사실 모든 수단은 어떤 목적을 위한 수단이다.(수단은 목적과 구별되며, 목적은 수단과 무관하다.) 이는 목적의 성격에 따라 달라지는 우연한 이유가 아니라 수단의 지위에 본질적으로 연결된 필요성에 의한 것이다. 달리 말하자면, 외재성은 더 이상 목적의 지형도가 지니는 기능이 아니다. 외재성은 단지 예술의 외재성이 아니라 오히려 수단과 목적 사이에 교묘하게 스며들어 모든 본래적 입장을 거부하는, 명시되지 않은 외재성 자체이다. 따라서 오두막과 신전이 미학 외부의 목적에 따르는 한, 그것들은 예술과 무관한 것이 된다. 그러나 다른 한편으로는, 수단으로서의 오두막과 신전은 기원의 모든 시기에서 배제된다. 매개는 오직 파생될 수밖에 없다.(그리고 매개는 언제나 파생되어야 된다.)

> 우리가 찾고 있는 기원은 이러한 구분으로 추적할 수 없다. 왜냐하면 기원은 우리가 방금 이야기한 구분이 내포하는 관계와 상대성을 지니지 않고 직접적이고 단순한 특성을 지니기 때문이다. 따라서 우리는 이 구분을 파악하지 못한 채 어떤 문제를 규명해야 한다.[14]

서술적 평온은 규범적 긴장으로 대체되고, 이때의 긴장은 사실을 따르는 당위의 결정에서 비롯된 것이자 동시에 당위와 사실의 불일치를 나타낸다. 가령 이 불일치는 오두막과 신전의 분석을 통해 밝혀진 수단과 목적 사이의 구분을 '파악하지 못함' 속에서 지각될 수 있다. 혹자는 이 '파악하지 못함'이 어떻게 이미 언급된 오두막과 신전 '너머로' 거슬러 올라갈 수 없음과 일치하는지 의아하게 생각할 수 있다. '파악하지 못함'은 논리적 가치를 지니는데, 그것은 논리적으로 이 구분보다 앞선 한 시기를 가리킨다. 연대기상 이 퇴보가 한편으로는 불가능하고 무엇보다도 쓸모없는데도 말이다. 왜냐하면 오두막과 신전으로는 우리가 아직 예술의 공간 안에 있지 않기 때문이다. 이러한 미결정은 어떤 결정의 징후로, 다시 말해서 예술의 기원에 건축을 두려는 결정의 징후로 읽혀야 한다. 그리고 그 비약적인 결정은 우리에게 건축에 관해 헤겔이 말해 준 것보다 훨씬 더 많은 것을 가르쳐 줄 것이다.

건축은 예술의 기원이어야 한다. 설령 모든 것이 예술의 영역에서 건축을 배제하는 듯 보인다 할지라도 말이다. 실용적인 공간에서 벗어나 오로지 미학적 목적만을 갖는 건축물을 상상하기는 어렵기 때문이다. 『미학 강의』에는 이런 결정에 대한 다른 징후도 있다. 건축이라는 용어가 내포하는 가치에 대한 거의 물신숭배적 집착, 그리고 그 집착에 이 결정이 얼마나 긴밀히 연결되어 있는지를 강조하는 부분에서 그렇다.

그러므로, 건축적인 생산에서 예술작품의 개념과 최초의 시기에 관한 개념 모두에 상응하는 어떠한 건축물도 발견할 수 없었기 때문에, 헤겔은 조각에서 그 모델을 차용하지 않을 수 없게 된다.

> 우리는 조각작품과 같이 독자적이며 완전히 자율적으로 존재하는 건축물, 어떤 외적인 목적이나 요구로부터가 아니라 그 자체로 의미를 지니는 건축물을 탐구하기 시작해야 한다.[15]

여기서 의미의 문제가 매개의 문제를 은밀히 대신한다는 데 만족하자. 어쨌든 헤겔이 건축에 요구하는 모든 특성들(그러나 그는 건축에서 그것을 발견하지 못한다)이 그가 그 특성들을 요구하지 않는 조각에 의해 문제없이 제시된다는 사실은 주목할 만한 일이다. 게다가 조각은 예술 개념에 부합하는 건축물의 탐구에 조정자 역할을 할 것이다. 이러한 역설적 상황으로 말미암아, 헤겔은 더 나아가 바람직한 예술의 위계를 벗어나 첫번째 예술인 건축을 두번째 예술인 조각의 한 유형으로 정의하게 될 것이다. 즉, 그는 독자적인 건축을 '비유기적인 조각'[16]이라 부를 수 있다고 말한다.

집과 신전은 속이 비어 있다. 건축물의 의도된 목적, 즉 헤겔이 생각하는 건축물의 외재적 목적을 구성하는 인간이나 성상 같은 거주자가 머무는 곳이 바로 이러한 집과 신전의 벽 내부이다. 그러므로 최초의 건축물 내부의 빈 공간, 즉 이 움푹한 곳으로 외재성이 스며드는데, 이 외재성으로 인해 그 건립물은 건축으로 접근하지 못하며, 또한 외재성에는 단순성이 결여되어 있으므로 예술의 기원에서 배제된다. 헤겔이 탐색하는 진정한 시작은 이런 기원의 결핍에서 벗어나 구멍 난 곳을 막고, 빈 곳을 메우는 데서 비롯될 것이다. 그것이 채워져야만[말이 나왔으니 지적하자면, 집이나 신전과 마찬가지로 동굴, 공동(空洞) 등은 배제한다] 이런 결함으로 시작이 점거되지 않을 것이다. 즉, 목적의 외재성이 깃들 수 있는 파열에, 즉 목적과 수단의 외재성을 구성하는 내적 분열에 사로잡혀서는 안 될 것이다. 이 시작은 그 자체로 목적을 지닐 뿐만 아니라, 시작의 목적은 자신의 동질성과 자기 존재의 직접성을 파괴하지 못할 것이다. 헤겔에 따르면, 이것이 바로 비유기적인 조각으로서 독자적인 건축이 해야 하는 일이다.

위협받은 단순성을 기원으로 하여금 되찾게 하기 위해서, 그리고 건축이 아르케와 토대로서 자신의 가치를 발견할 수 있도록 하기 위해서, 헤겔은 집도 신전도 아닌 구조물, 그 어떤 예술 외부의 목적도 갖지 않는 구조물, 매개의 부정성(否定性)에 의해 침식되지 않는 구조물을 탐구하기 시작한다. 헤겔은 메소포타미아에서 그러한 건축물을 발견한다.

"성스러운 것이란 무엇인가?"라고 괴테는 묻는다. 그리고 그는 곧 이렇게 대답한다. "그것은 영혼들을 결속하는 것이다." 이러한 정의로부터 출발해, 우리는 결속의 목적으로서 그리고 결속 자체로서 성스러운 것이 독자적인 건축의 최초의 내용을 구성한다고 말할 수 있다. 바벨탑의 전설에서 가장 일반적인 예를 들 수 있다. 유프라테스강에서 멀리 떨어진 계곡에 인간은 거대한 건축물을 건립한다. 거기서 모든 인간은 공동으로 작업을 하는데, 이 공동체야말로 건축물의 목적과 내용을 아울러 이루

는 것이다.[17]

우리가 『미학 강의』에서 확실한 결론을 이끌어내려면 그 텍스트의 구성에 관해 알고 있는 것보다 더 많은 것을 알아야 할 것이다. 그러나 제2권의 '상징적 예술형식(Die symbolische Kunstform)' 장에서 바벨탑이나, 같은 유형의 건축물에 대해 한 마디도 언급되지 않았다는 사실을 지적할 필요가 있다. 그와 반대로 같은 장의 '엄밀한 의미에서의 상징주의(Die eigentliche Symbolik)'라는 부분에서는 이집트의 피라미드가 문제시되는데, 이후 제3권의 「건축」 편에서는 이 바벨탑이 이집트 피라미드의 본보기가 된다. 사실 이 바벨탑과 함께 '독자적이고 상징적인 건축' 부분이 시작된다. 여기서 바벨탑은 독자적인 건축에서 고전적인 건축으로 이행하는 한 형태에 지나지 않는 피라미드를 앞선다.(우리는 나중에 그것이 무슨 자격으로 앞서는지를 살펴볼 것이다.) 이론의 여지없이, 『미학 강의』의 한 부분에서 다른 부분에 이르는 동안, 피라미드가 상징적 본보기가 되어야 하는 일은 줄어들었다. 상징적 구조에 의해 마땅히 상징의 상징이 되어야 하는 본보기는 더 이상 피라미드가 아닌 바벨탑이다.

따라서 바벨탑은 전형적인 상징적 예술작품이 된다. 다시 말해 독자적인 건축 혹은 엄밀한 의미에서의 건축, 건축이라는 이 상징적 예술의 상징적인 시기이다. 이러한 시기 이후에 남근적 기둥인 오벨리스크 따위의 건축과 조각 사이의 매개적인 건축물이 생겨날 것이다. 그런 다음에 인도와 이집트의 지하건축물, 피라미드 같은 죽은 자들을 위한 거처, 실용적인 건축물과 함께 독자적인 건축에서 고전적인 건축으로의 이행이 이루어질 것이다. 건축의 기원, 즉 건축의 본원적인 상징성은 바벨탑에서 발견된다.

상징

"상징은 무엇보다도 기호이다."[18] 그러나 상징은 어떤 기호라도 상관없다는 의미에서의 기호는 아니다. 일상적 기호는 '감각적 형태'를 지니는데, 그것은 그 자체를 나타내지 않고 그와 반대되는 것, 즉 있는 그대로의 감각적 형태와는 다른 어떤 것인 '내용'을 나타낸다. 이 내용은 기호의 바로 그 구조로 인해 그것을 표현하는 감각적 형태 외부에 있다. "이것[내용]은 그것[감각적 형태]과 아무 관계가 없다."[19] 외재성은 기호의 자의성에 대한 하나의 이름에 불과하다. "의미와 의미의 표현 사이에 존재하는 관계는 순전히 자의적이다."

의심할 것 없이 헤겔에게 상징은 무엇보다도 기호이다. 하지만 매우 특수한 기호이다. 상징은 방금 우리가 기호를 특징짓는 데 사용한 특성의 부재에 의해 정의되기 때문이다. 상징에서 발견되지 않는 것은 감각적 형태의 외재성, 감각적 형태에 의해 표현되는 관념적 내용의 외재성, 의미와 의미의 표현 사이 자의적 관계이다. 상징의 감각적 형태, 즉 그 물질성은 이미 그 자체로 **자신**의 의미작용에 의해 어떤 의미로 가득 차 있다. 이는 그 의미작용이 외부에서 결정되지 않고 자연적인 성향에 의해 발생하기 때문이다. 이 경우 의미작용은 정확히 그 형태 속에 **포함**되며 그 형태에 의해 초래된다. 상징은 그 자체를 나타내는 감각적 형태이다. 형태와 내용을 분리하는 불연속성도 외재성도 없다. 스스로 의미작용하는, 말하자면 그 자체로 의미작용하는 형태가 있을 뿐이다. "이런 의미로 파악된 상징은 순전히 자의적인 기호가 아니다. 반대로, 상징이 환기시키고자 하는 표현의 내용을 외형상 있는 그대로 이미 포괄하는 기호이다."[20]

기호에서 형태와 내용의 외재성은 비미학적인 건축, 거주라는 외적 목적에 따르는 건축을 설명하기 위해 헤겔이 찾아낸 표현들로 묘사된다. 따라서 이 두 경우의 외재성이 상징성에 의해 추월당하는 것은 우연한 일이 아니다. 기호와 수단의 문제, 즉 의미와 목적론의 문제는 추월의 방식에 의해 동일한 관점 속에 자리잡는다. 상징이 그 자체를 나타내고 스스로 그 안에 자신의 의미를 지니듯이, 상징적 건축은 그 자체만을 가리키고, 스스로만을 표현하며, 있는 그대로만을 말할 것이다.

사실상 헤겔의 텍스트에서 모든 것이 그렇게 분명하지는 않다. 그 점에 관해서는 또한 체계의 필요성과 연결된 결정의 흔적이 발견된다. 바벨탑을 다루고 있는 장의 제목은 '사람들의 집회 장소로 세워진 건축물(Architekturwerke, zur Vereinigung der Völker erbaut)'인데, 이 제목이 표명하는 바는 헤겔식 설명이라는 측면에서 몇 가지 문제를 제기한다. 이 문제는 다음과 같이 두 범주로 정리될 수 있다.

첫째, 바벨탑이 그것을 세운 사람들에게 '집회 장소로 사용될 목적이었다'는 사실과, 독자적이고 상징적인 건축물의 본보기 역할(헤겔은 바벨탑에 이러한 역할을 부여한다) 사이에는 무슨 관계가 있는가? 이러한 목적은 어떻게 바벨탑의 물질성 가운데 직접 존재하며 즉각적으로 나타나는가? 어떤 의미에서 그런 목적이 미학적 영역에 속하며, 따라서 건축을 예술로 간주하게 하는가?

헤겔이 상징적 예술 중에서 가장 순수하고 덜 오염된 형태, 즉 가장 상징적인 형태, 말하자면 최상의 상징성에 부합하는 것을 기술하는 이 장에서, 실제로 상징체계가 아닌 인간 공동체가 문제되는 만큼, 더욱 더 이러한 물음이 제기된다. 상징적이란 말은 거의 사용되지 않고 있다. 제목에도 없고, 글 안에서 그저 세 번 등장할 뿐이다. 두 번은 바알(Baal) 신전[21]과 엑바타나(Ecbatana)[22]의 건축물에서 발견되는 '숫자 7'의 상징체계에 관한 것이고, 마지막 다른 한 번은 바벨탑에 관한 것이다. 바벨탑의 경우에는 바벨탑이 상징체계의 영역과 맺는 연관을 정당화하기 위해서이다. 다시 말해서 바벨탑이 집회의 장소로 사용된다는 사실과, 그 상징적 특성에서 추론되는 결론 사이의 언뜻 보면 매우 놀라운 연관성을 명료하게 밝히기 위해서이다. 그런데 이 서두르는 듯한 언급 속에서, 상징은 그 자체를 기호와 구별하면서 스스로를 정의하는 데 사용했던 차이를 잃어버릴 것이다.

> 이와 같은 건축물은 동시에 상징적이기도 한데, 성스러운 것,
> 즉 인간들을 결합하는 관계를 순전히 외적인 형태 아래 오직
> 암시적인 방법을 통해서만 표현한다는 점에서 그렇다.[23]

따라서 상징은 이제 형태가 표현하는 것과 관련해 그 외재성에 의해 정의된다. 헤겔이 바로 전에 외재성을 비상징적 기호의 특징으로 기술했음에도 불구하고 말이다. 책에서 상징과 기호의 구별은 불확실한 만큼이나 근본적인 것으로 드러난다. 이러한 구별은 실상 구별의 효과가 가장 기대되는 곳에서, 다시 말해서 구별이 결정적인 것처럼 보이는 곳에서는 발견되지 않는다. 만약 그러한 곳에서 구별이 즉각 이루어진다면, 이는 구별을 산출하는 것을 가능하게 한 차이를 없애기 위해서이다. 상징의 개념은 시니피앙[기표]과 시니피에[기의]의 외재성을 축소하게 된다. 이러한 축소가 매우 긴급한 바로 그곳에 헤겔은 외재성을 다시 끌어들이는데, 상징 자체를 수단으로 사용함으로써 그렇게 한다.

둘째, 외재성에 관한 이같은 동요는 내용과 내용을 표현하는 형태 사이에 존재하지 않고, 목적과 수단 사이에 존재한다. 바벨탑은 집회의 장소로 사용되는데, 바벨탑의 용도, 즉 바벨탑의 궁극적인 목적은 '영혼들을 결합하는 것', 괴테에 따르자면 '성스러운 것'이 된다. 그런데 우리는 종교적 목적에 의존하는 신전이 예술의 영역에 속하지 않는다는 이유로 독자적인 건축에서 배제되었으며, 건축의 기원이 되고자 하는 바람을 상실했다는 사실을 기억한다. 그러나 헤겔은 미의 관념에 대한 최소한의 고려도 하지 않은 채, 특히나 바벨탑 같은 유형의 건축물에 종교적 목적을 부여한다.

> 따라서 이런 유형의 건축물의 주된 목적은 한 민족 혹은 여러 민족에게 집회의 중심지로 사용되는 것이다. 이 목적에는 건축물에 부여된 형태를 통해 인간을 결속하는 관계를 구성하는 것, 즉 여러 민족의 종교적 표상을 보여주는 목적이 결부된다.[24]

종교적 목적에 복무한 결함이 있는 신전을 대신해 헤겔이 새로 발견한 기원은 역시 이같은 종교적 목적에 따르고 있다. 바벨탑을 정의하는 중요한 요소는 신전의 경우처럼 종교적 목적이 아니라, 그것이 집회의 장소로 사용된다는 사실이다. 그러나 이렇게 종교적 목적에서 물러남으로써 얻은 소득으로 분명해진 건 아무것도 없다. 헤겔이 이미 신전 자체를 '신과 그를 섬기는 신도들의 공동체를 맞아들이는 내부'[25]로, 다시 말해서 사람들을 위한 집회의 장소로 정의했기 때문이다.

방금 전에 기호와 상징이 때로는 구별되기도 하고 때로는 동일한 것이었던 것과 마찬가지로, 이제 종교와 사람들을 결합하는 것은 상황에 따라 예술 영역의 외부 혹은 내부의 것으로 대립되거나 동일시된다.

이 두 경우에서 얻게 된 것은 불분명하며, (다시) 결합하는 것을 가능하게 했던 아르케는 사라진다. 자의적인 욕망을 숨김없이 드러낼 뿐인 이 부질없고 모순적인 행위들의 체계 속에서, 피라미드를 예술의 기원으로 간주하지 않으려는 의지 속에서, 우리가 읽을 수 있는 것은 글자 그대로의 기원을 충족시킬 만한 환상의 존재 같은 무언가이다. 피라미드도 집이나 신전처럼 속이 비어 있다.[26] 죽은 자나 죽음이 그 안에 거주한다. 반면에 탑은 속이 가득 차 있다. "중앙에는 견고한 조적식 탑〔속이 비어 있지 않고 꽉 찬, 육중한 탑($\pi\acute{\upsilon}\rho\gamma o\varsigma\ \sigma\tau\varepsilon\rho\varepsilon\acute{o}\varsigma$)[27]〕이 우뚝 서 있었노라고, 이 거대한 작품을 보았던 헤로도토스는 이야기한다." 바벨탑은 피라미드의 결함[공동]을 메우려 한다. 즉, 헤겔적 구조물이 되려 하는 이 죽음의 무덤을 허물어 버릴 위험한 결함을 그 총체성으로 채우려는 것이다.

건축적 은유

랭스의 노트르담 대성당[1] (1)

이 시작은 불가피해 보인다. 하지만 그것이 두 가지 의미에서 그렇다는 것을 인정해야 한다. 언뜻 보기에 이 시작은 조르주 바타유에 관한 문제가 아니기에 불가피한 듯하다. 사실 그가 건축 이론가이고자 했다는 것도, 가장 학구적인 형태의 미학적 고찰이 그의 관심을 끌었다는 것도 파악되지 않는다. 헤겔에 관해서라면, 바타유는 알렉상드르 코제브(Alexandre Kojève)[2]가 해석한 헤겔의 텍스트 중에서도 『정신현상학(Phänomenologie des Geistes)』의 두 단락 내지 세 단락만을 알았을 뿐,『미학 강의』에는 별 신경을 쓰지 않았던 것 같다.(그렇지 않으면 그는 '예술의 탄생'이라는 라스코 동굴에 관한 자신의 연구의 부제목이 얼마나 반헤겔적인지에 민감했을지도 모른다.[3] 그 연구는 최초의 건축물로부터가 아니라 최초의 그림으로부터 '예술의 탄생' 연대를 추정했다. 더구나 최초의 그림이란 울퉁불퉁한 지하 동굴의 벽면에 직접 그려져 있는 것으로, 건축과는 전적으로 무관했다.) 그러나 우리에게 이런 시작은 필연성의 의미에서 불가피한 듯하다. 왜냐하면 바타유는 건축으로부터 시작했기 때문이다.

바타유의 텍스트 중에서 처음으로 출간된 것의 제목은 『랭스의 노트르담 대성당(Notre-Dame de Rheims)』이었다.[4] 그것은 성당이란 용어의 의미와 형태, 그리고 그 용어의 가장 종교적인 취지를 따라 이루어진, 대성당에 관한 성찰이다. 바타유는 이 텍스트의 존재에 대해 언급한 적이 없었다. 국립고문서학교(École nationale des chartes) 동기생이었던 도서관 사서 앙드레 마송(André Masson)에 의한, 신문에 실린 부고 기사를 통해 암시적으로 알려졌을 뿐이다. 의심의 여지없이, 이 텍스트는 1920년 이전에 씌어진 것이다. 바타유가 가톨릭과 관계를 끊은 게 바로 그 해이기 때문이다. 텍스트는 1918년 여름으로 거슬러 올라가는 듯한데, '테 데움(Te Deum)[5]의 번민에 찬 기다림'이라는 언급에서는 전쟁의 종말이 감지된다. 만일 우리가 1922년에 학위논문으로 국립고문서학교에서 펴낸 13세기의 운문으로 된 설화「중세 기사 수도회(L'ordre de chevalerie)」와 중세 풍자시(fatrasies)에 관해『초현실주의 혁명(La révolution surréaliste)』에 기고한 1926년의 단평, 그리고『아레튀즈(Aréthuse)』[6]를 위해 1926년과 1929년 사이에 쓴 고전학에 관한 단평과 논문들을 제쳐 놓는다면, 오직 직업상의 이유로 깨진 바타유의 십 년간의 침묵은『랭스의 노트르담 대성당』을 그의 초기 작품들과 구분 짓게 한다. 그의 초기 작품들로는『눈 이야기(Histoire de l'œil)』(1928),『태양의 항문(L'Anus solaire)』(1931),「사라진 아메리카(L'Amérique disparue)」, 그리고『도퀴망(Documents)』에 실린 초기 글들이 있다.(초기의 두 글인「학구적인 말(Le cheval académique)」과「생 세베르의 묵시록(L'Apocalypse de Saint-Sever)」[7]은 그 주제에서, 특히「생 세베르의 묵시록」의 경우 그 형식에서, 도서관 사서로서의 그의 관심사와 직접적인 관련이 있다.)

십 년간의 침묵 이후 이 텍스트는 거론되지 않은 채 묻혀 버릴 것이었다. 그러나『랭스의 노트르담 대성당』의 여섯 페이지가 다시 발견되어, 이 침묵은 깨질 수 있게 되었다. 우선 이 침묵 속에서 파열을 읽어내야 한다. 이 파열을 통해 바타유의 글쓰기가 행해졌던 것이다. 바타유의 글쓰기는 이 대성당의 파괴를 겨냥하며,[8] 대성당을 침묵의 상태에 이르게 하기 위해 그는 이 텍스트에 반(反)하는 글을 쓰게 될 것이다. 이는 일종의 원죄에 물신숭배적으로 집착하는 가운데 오로지 이 텍스트에 반하는 글, 돌이켜 보건대 부적절하고 엉뚱하기까지 한 이 여섯 페이지에 반하는 글을 쓰는 것이 아니다. 오히려 그는 암암리에 이 텍스트를 지배하는 이데올로기적 필연성에 반하는, 텍스트가 완전히 사로잡혔던 엄청 거대하고 비밀스러운 대성당(이 때문에 그는 이 글을 쓰지 못했고 결국 그 이후에야 글쓰기를 할 수 있었다)에 반하는 글을 쓸 것이다. 또한 이 텍스트와 건설의 가치를 지닌 억압적인 건축에 반하는 글을 쓸 것이다.

랭스의 노트르담 대성당[9]
조르주 바타유

오트 오베르뉴의 젊은이들에게,

여러분은 샹파뉴 평원의 대도시인 랭스에 관한 소문을 들었을 것입니다. 이 도시는 아주 오랜 역사를 지녔지요. 생 레미(Saint-Rémy)에게서 세례를 받은 야만인 클로비스(Clovis)[10]가 이 선한 기독교 도시에 경건함의 명성을 부여했으며, 이곳에서 프랑스의 왕들이 축성되었습니다. 잔 다르크 시대에, 이곳은 소박하고 가족적인 기쁨을 나타내던 수많은 각진 지붕의 집과 성벽이 있는 안전한 부르주아지의 도시였습니다. 아주 새롭고 하얀 대성당은 울어대는 양 떼를 지키는 목동처럼 밤새워 도시를 지키는 듯했습니다.

그리고 축복을 받은 잔 다르크가(내가 오래된 길가의 모퉁이에서 본 적 있는) 구불구불한 길들 사이로 입성했을 때, 그곳에는 프랑스의 선한 사람들, 즉 자신의 아이들에게 용맹한 전사인 젊은 성녀와 왕을 보여주려는 어머니들, '노엘(Noël)'을 외치면서 뛰어다니며 기뻐하는 사람들이 있었습니다.

그때 그 성녀는 친절한 환영을 잊지 않았지요. 그래서 그녀는 신앙심이 깊은 기독교도인 랭스의 선한 사람들 곁에서 영원히 잠들고 싶다고 말했답니다. 그리고 신의 목소리들로 환한 정원에서 살던 그녀가 새 사명을 받아 다시 말을 타게 됐을 때, 틀림없이 이 축성식의 기억을 종종 떠올려 보곤 했을 겁니다. 경건한 환희와 희망으로 기뻐서 어쩔 줄 몰라 하던 사람들, 열렬한 환영을 나타내는 듯한 거대한 흰 빛의 대성당, 마치 노트르담의 장식된 현관[포치][11]이 열리듯 주님의 이름으로 온 모든 사람들에게 개방된 도시 전체를 떠올리곤 했겠지요.

내가 이 오래된 도시에 살고 있었을 때, 나 역시 천국에 이르고자 하는 우리의 꿈처럼 아름다운 환상을 지녔답니다. 그 당시 새로 난 길에는 꽤나 시끄러운 소음과 요란한 불빛이 있었습니다. 하지만 거기엔 언제나 대성당이 있었고, 대성당은 항상 돌[石]의 승리로 존재했습니다. 대성당의 양쪽 탑은 백합 다발처럼 하늘을 향해 곧게 서 있었으며, 현관 아래로 엄숙한 법의를 입고서 영원의 제스처와

함께 한 번도 웃어 본 적 없는 돌처럼 기쁜 표정을 짓고 있
는 성자들 사이로 환영하는 군중의 이미지가 스며들었답
니다. 대성당의 정면 현관에 있는, 높은 왕관을 쓴 성모상
은 너무도 장엄하고 자애로운 어머니의 모습이어서 모든
신자들이 아이처럼, 형제처럼 즐거워했습니다. 성당의 모
든 돌들은 모성적이고 신성한 선함으로 둘러싸여 있었습
니다.

그래서 나는 사람들이 살아가기 위해서는 이 빛이 반짝
이는 것을 봤어야 한다고 생각합니다. 우리에게는 너무도
많은 고통과 어둠이 있으며, 모든 것이 죽음의 그림자 속
에서 확장되고 있습니다. 목소리와 희망으로 가득 찼던 잔
다르크는 감옥과 화형대로 갔습니다. 우리에겐 슬픈 날이
오게 될 것이고, 죽음의 날은 도적처럼 우리 동정을 살피
고 있습니다. 따라서 우리는 위안을 갈망하는 사람들입니
다. 하느님의 빛이 우리 모두를 위해 빛나고 있는 것은 사
실입니다. 하지만 우리는 싸늘한 침실의 먼지처럼, 11월의
안개처럼, 날마다 비참 속에서 방황하고 있습니다. 그런데
내가 이 비참을 궁상스레 불평하던 어느 날, 한 친구가 나
에게 랭스 대성당을 잊지 말라고 말했습니다. 나는 내 기
억에 장엄하게 자리잡은 대성당을 갑작스레 떠올려 보았
는데, 나 자신에게서 벗어나 언제나 새로웠던, 그 빛 속으
로 투사되는 것 같았습니다. 나는 대성당을 하느님이 우리
에게 남겨 놓은 가장 숭고하고 경이로운 위안으로 여겼습

니다. 대성당이 폐허 상태로라도 지속되는 한 그것은, 우리가 목숨을 바칠 어머니로 남을 것이라고 나는 생각했습니다. 이는 하느님의 축복을 받은 잔 다르크를 감옥의 긴 고통 가운데서 위무해 준 환상입니다. 가장 절망적인 시기에도 랭스 대성당의 종은 여전히 그녀를 위해 울리고 있었습니다. 그 때문에 어느 누구보다, 어떠한 비참보다 더 큰 욕망을 가진 채, 그녀는 갈망했던 승리의 빛 가운데 있을 수 있었습니다. 그리고 사 년이 지난 뒤에도 나 자신에게 여전히 감명을 주는 잔 다르크의 환상은, 바로 햇빛의 세례로 충만한 랭스의 노트르담 대성당처럼 내가 여러분의 욕망에 제공하는 빛입니다.

다만 오늘날 대성당은 팔다리를 잃은 채 비탄 속에 서 있습니다.

나는 1914년 8월의 열기 속에서 대성당 최후의 장엄한 날을 목격했습니다. 기꺼이 전사할 준비가 되어 있는 군인들로 가득 찬 대성당의 중앙 홀을 보았습니다. 신도들은 기도하거나 불안에 떨면서 그곳에 모여 있었습니다. 오전에는 추기경이 침묵 속에서, 하지만 뜨거운 열의로 프랑스를 위한 미사를 올리러 왔습니다. 마치 순교의 전날인 듯 했습니다. 우리가 너무도 대단한 것을 기원했기 때문입니다. 신자들이 불안해했기에 추기경은 그들과 함께 기도하기를 원했습니다. 스테인드글라스를 통과해 들어온 반짝이는 빛을 받은 그는, 최후의 날의 평화 속 후광에 둘러싸인 채 이미 인간을 초월해 우리를 축복하기 위해 온 존재로 보였습니다.

이 갑작스러운 환상(그러고 나서 추기경은 교황선거회에 참석하기 위해 로마로 떠났습니다)은 랭스의 평화로운 최후의 빛인 듯했습니다. 곧 도시에 공포가 엄습해 왔습니다. 공습이 몰고 온 도망자의 행렬은 인간의 비참함만큼이나 처량한 비탄이기도 했습니다. 가구를 높이 쌓아 올려 그 위에 일가족이 탄 짐수레들이 차례로 뒤따랐습니다. 희망을 잃은 이들이 그렇듯이, 길에는 절망을 드러내는 불쌍한 사람들로 혼잡했습니다. 그곳에는 미쳐 버린 여자들도 있었습니다. 도망치다가 자기 아이를 잃어버렸기 때문입니다. 랭스에는 엄청나게 끔찍한 공포가 덮쳤습니다. 아르덴에서 전투를 벌이다가 아군이 퇴각해 버리는 일도 있었습니다. 피를 흘리는 부상자들이 탄 이륜마차들은 도시 전체에 임박한 전투에 대한 두려움을 퍼뜨리고 있었습니다. 갑작스러운 열기 속에서, 어떤 이들은 집단 탈출을 감행했고 다른 이들은 전쟁이 그러하듯 냉혹한 독일군의 침략을 감당해야 했습니다.

나는 이 최초의 결말도, 뒤이어 온 승리의 결말도 직접 보지는 못했습니다. 당시 기뻐서 눈물을 흘리는 온 국민의 영광으로, 기진맥진했지만 한편으론 활력을 회복한 우리의 초연함이 도시 전체에 넘쳤습니다. 그러나 랭스에는 불행이 지속되었습니다.

9월 19일에는 아이와 여자와 노인들을 사지로 몰아넣은 고통스러운 포격이 있었습니다. 탁탁 소리를 내며 타는 불길은 길가를 온통 휩쓸어 버렸답니다. 집들이 무너져 버렸고, 사람들은 붕괴된 집의 잔해에 짓눌려 산 채로 불에 타 죽어 갔습니다. 그런 다음 독일군이 대성당에 불을 질렀습니다.

한 도시를 불태워 버리는 것보다 더 고통스러운 혼란도 불안도 없습니다. 이 어처구니없는 광경을 목격하면서 극도의 불안에 떨었고 마음으로부터 분노가 솟구쳤습니다. 그때 붉게 물든 불길과 매운 연기 속에 나타난 것은 바로 전쟁의 상징으로, 하늘을 뒤덮은 연기처럼 어둡고 불처럼 잔혹한, 광기 어린 것이었습니다. 삶의 빛나는 균형은 깨져 버렸습니다. 강한 불길의 반사로 인해 눈에 손상을 입지 않은 사람이 없었으며, 피비린내 나는 잔인함에 살이 다치지 않은 사람도 없었기 때문입니다. 대성당이 불타는 것을 본 모든 이들은 너무나 큰 고통으로 무너졌습니다. 그 일로 그들은 전 세계가 상처받고 찢기는 환상, 그들의 삶과 기쁨을 구성하던 모든 것이 절망적으로 고통스러운 타격을 받는 환상을 갖게 되었습니다.

그래서 대성당의 그늘 아래 하느님이 우리에게 주신 삶과 기쁨으로 내가 다시 거듭났던 이 도시에 되돌아왔을 때, 내가 발견한 것은 죽음과 비탄의 징조뿐이었습니다. 대성당이 받은 피해에도 불구하고 나는 과거의 영광과 환희가 반영된 자태를 다시 한 번 보길 바랐습니다. 대성당은 군데군데 깨지고 검게 탄, 돌로 된 가장자리 장식 가운데 장엄함을 간직하고는 있었지만, 굳게 닫힌 문과 부서진 종들의 파편으로 활기를 잃어버렸습니다. 성인과 성모의 조각상들은(그것이 지닌 소박한 기쁨은 경이로운 위안으로 나를 감쌌습니다) 더 큰 파괴로부터 보호하려고 쌓아 놓은 모래주머니 더미들 사이로 사라져 버렸습니다. 랭스의 노트르담 대성당처럼 그 장엄함이 거대한 큰 공동(空洞)으로 남은 부서진 교회가 그러하듯, 나는 잔해 자체가 죽음을 반영하는 건 아니라고 생각했습니다. 사실, 그것은 예전에 마치 사람의 얼굴처럼 생생하던 돌이 그곳에 생겨난 균열로 인해 짓는 얼굴을 찌푸린 해골의 미소였습니다.

대성당은 성모마냥 그것이 주었던 위안과 예전의 영광을 그리워하게 하는 비통한 생애를 지녔습니다. 대성당은 그 자비심이 우리 안에 거하는 실제 성모 마리아 자신이었고, 대성당의 갈라진 골조와 얼룩진 정면[파사드]을 보는 괴로움은 매우 쓰라린 것이었습니다. 11월의 안개 속에서, 대성당은 공허한 바다에 선원도 없이 부서진 돛대와 표류물만 있는 유령선이었습니다. 대성당은 우리로 하여금 살고자 하는 모든 희망을 꺾어 버렸습니다.

그렇다면 우리는 세상이 몰락해 가는 것을 바라만 보고, 지상에서 원했던 모든 것, 경이롭게 욕망했던 모든 것이 사라지는 것을 체념하며 받아들여야 했던지요? 우리 생명의 모든 피는 영원한 침묵 속으로 가라앉는 무수한 시체들의 갈라진 상처를 통해 흘러가 버렸는지요? 그날, 죽음처럼 둔탁한 대포 소리는 계속해서 땅을 뒤흔들어 놓았고, 그에 대한 대답은 가차 없었습니다.

그러나 거기에는 죽음보다 더 강한 하나의 불빛, 프랑스가 있었습니다. 프랑스는 적이 다시 랭스로 입성하는 것을 원치 않았으며, 랭스를 눈앞에 두고 독일군 사단은 무력하고 피 흘리며 기진맥진했습니다. 붕괴된 채 텅 비어 보기에 흉하게 된 대성당은 여전히 프랑스의 일부였습니다. 대성당의 잔해가 드러나 보이는 것은 절망이 아닙니다. 대성당의 고통은 오직 해방과 재생을 열광케 할 테 데옴의 번민에 찬 기다림 속에 있을 뿐입니다.

대성당의 돌들 가운데 과거와 죽음에 속하는 것을 찾아서는 안 됩니다. 대성당의 장엄한 침묵 속에는 그 모습을 변모시키는 빛이 있으며, 이 빛은 바로 희망의 빛입니다. 물론 대성당은 평화도 없이, 드넓은 묘지 같은 평원 속에 시체처럼 펼쳐져 있습니다. 그러나 나는 부활의 커다란 함성이 대성당 안에 있다는 것을 알았습니다. 광적인 열정 가운데 대성당은 너무나 고결하고 숭고해서 더러운 죽음에 사로잡혀 있을 수 없었습니다. 그리고 대성당은 그를 에워싸는 모든 죽은 이들에게 그들이 빛 속에 묻혔노라고 외쳐대고 있습니다. 대성당은 그들의 죽음을 대성당의 고통 속에 간직된 영원한 승리라고 부릅니다. 앞선 시대에 하느님 안에서 그런 희망이 되살아난 일은 결코 헛되지 않았습니다. 내가 여러분을 위해 환기시킨 빛은 희미해지지 않으며, 단지 고통과 불안에 의해 변형될 뿐입니다.

여러분은 대성당이 부활을 고대해 마지않는 바로 그 사람입니다. 왜냐하면 대성당은 바로 성모 마리아의 의지 표명이기 때문입니다. 대성당은 그리스도에 이르는 길을 따라 당신에게 빛을 비춰 줍니다. 그 밖의 사람들은 피 흘리는 손이 아니고는 써 나갈 수 없는 고통을 통해 해방을 꿈꾸지만, 진실로 오직 그리스도만이 자신의 피로 그러한 고통을 쏠 수 있습니다. 여러분은 당신을 위해 고통을 겪는 이들을 존중해야 합니다. 그들을 위해, 그들에게 피의 대가를 가르칠 수 있도록, 십자가에 달리신 예수께 기도해야 합니다. 무엇보다 여러분은 행복한 평화의 시절에 그들이 당신을 위해 열어 놓은 길을 걸어가야 합니다.

세상이, 지상에서 평화롭게 살아계신 하느님을 지켜 온 빛이 꺼져 가는 것을 목격했다고 믿었기 때문에 고통받았던 것을 기억하세요. 그 빛은 당신들 청춘의 욕망 속에서만 또 다시 환히 빛날 것입니다. 평화는 격동 이후에 오는, 짓누르는 듯한 피곤한 잠이 아닙니다. 평화는 여러분이 새로운 열정으로 사랑할 것이기에 삶과 그 모든 아름다움과 선함을 눈뜨게 할 것입니다. 여러분은 우리 주님을 사랑할 것입니다. 당신의 희망이 고통 속에서 사라지지 않도록, 당신을 위해 자신의 피를 흘리기에 이르기까지 주님은 여러분을 사랑했기 때문입니다. 그리고 또한 여러분은 서로 사랑할 텐데, 왜냐하면 사람들은 서로 사랑하는 법을 잊어버려 너무나 큰 고통을 겪었기 때문입니다.

그리고 여러분은 과거에 당신들보다 훨씬 탁월했던 선조들을 모방할 것입니다. 그들은 하느님의 하늘 아래 대성당을 건립했습니다. 그것은 우리 가운데 사셨던 그분을 향해 주님의 이름으로 다가오는 이들에게 빛나는 길을 열어 두기 위해서입니다. 그리고 하느님께로 이끄는 빛이 언제나 여러분 안에 반짝일 수 있도록 여러분은 여러분의 마음속에 신성한 교회를 세울 것입니다. 여러분은 성모의 행복한 자손이 될 것이며, 나는 그대들보다 더 훌륭한 젊은이를 결코 보지 못할 것입니다.

『랭스의 노트르담 대성당』(2)

> "거세 공포가 이 대체물을 창조하면서 하나의 기념물을 건립했다."
> ─지그문트 프로이트(Sigmund Freud), 「페티시즘(Fetischismus)」.

"여러분은 샹파뉴 평원의 대도시인 랭스에 관한 소문을 들었을 것입니다." 이것은 바타유가 발표한 첫번째 문장이 된다. 글은 "오트 오베르뉴의 젊은이들에게" 헌정되었다.

글머리에 적힌 두 가지 지형학적 언급은 우리의 주의를 끌 만하다. 이 언급은 전기적 가치를 지니지만(바타유는 오베르뉴에서 태어났으며, 랭스의 고등학교에서 공부했다), 공간의 외재성과 전기적 우연성을 동시에 은폐하는 방식으로 작용한다. 대성당은 종교적 열정에 의한 충동으로 관통되는, 지극히 순수하고 투명한 상징에 불과한데, 오베르뉴 역시 애국적이면서 기독교적인 부흥의 희망을 지닌 곳이기 때문이다. 대성당은 묘사의 대상이 아닌 '환상(vision)'의 대상이다. 텍스트 전체는 역진적인 방식으로 작동하며, 연속성을 복원시키고 외재성을 축소하는 모성적 이미지에 의해 지배되고 있다.

이 텍스트는 문체에서도 연속성을 지닌다. 아니 오히려 그것은 문체의 효과를 증대시키는 텍스트(의심의 여지없이 바타유가 그렇게 쓴

63

유일한 글)이다. 바르트(R. Barthes)가 정의한 바 있듯이, 문체는 정확히 말해 텍스트의 불연속성을 감추기 위해, 다시 말해 글쓰기 작업을 감추기 위해 텍스트에 균일하게 흩어져 있는 그럴듯한 외양 같은 것이다. 서정적 어조와 유사 중세적 어휘는 부드러운 감정 표현과 영혼을 결합시키는 반면, 글의 짜임은 각 구두점 다음마다 끊임없는 성찰의 흐름으로 활력을 불어넣고 있다. 가령 처음 두 문단에서만 두 문장이 등위접속사 '그리고(et)'로 시작되는데, 등위접속사 '그리고'의 반복("그리고 축복을 받은 잔 다르크…" "그리고 (…) 다시 말을 타게 됐을 때")은 구두점에 의해 중단된 담론의 연속성에 활력을 불어넣는다. 마찬가지로 텍스트의 모든 단락은 선행하는 것과의 명백한 연관("그때 그 성녀는…" "나 역시 (…) 지녔답니다." "그래서 나는 (…) 생각합니다." "다만 오늘날…")을 맺고 있다.

이 문체의 연속성은 메시지의 절대적인 필요성에 근거를 두고 있다. 사실 이 텍스트가 지니는 의미는 거의 오로지, 불연속성과 고통 가운데 존재하는 악의 제거, 상처의 사라짐, 단절에 대한 부정이다. 이는 바로 헤겔의 세 단계 점진적 변화 속에서 명백히 나타난다.(바타유는 그때까지 헤겔의 사상을 전혀 접하지 않았다. 그러한 무지 가운데 그가 그의 글들 중 헤겔의 변증법적 도식을 따른 유일한 텍스트를 쓸 수 있었음은 매우 주목할 만하다.) 첫번째, 정(These): 연속성과 선함, 그리고 젊음과 신앙의 상징인 대성당. 두번째, 반(Antithese): 동시대의 유물론과 결부된, 대성당을 파괴하는 전쟁. 세번째, 오트 오베르뉴의 젊은이들에게 호소하는 권고 형태의 합(Synthese): 전쟁이라는 대성당의 부정에 대한 부정, 그것은 신앙의 연속성을 다시 확립한다. "그리고 하느님께로 이끄는 빛이 언제나 여러분 안에 반짝일 수 있도록 여러분은 여러분의 마음속에 신성한 교회를 세울 것입니다."

대성당은 이 연속성의 상징이며, 프랑스의 모든 역사와 지리를 연결해 묶는 신비스러운 발현 속에서 연속성을 구현한다. 이는 영원한 마음에 고무됨으로써 시간과 죽음에서 벗어나 프랑스를 영광스럽게 부활한 거대한 집단, 확고한 모성적 집단으로 만들기 위함이다. 대성당은 그 주변의 긍정적인 수식들을 증대시킨다. 선함〔첫 페이지에서만 'bon(선함, 친절함)'은 네 번이나 나온다. "선한 기독교 도시." "프랑스의 선한 사람들" "랭스의 선한 사람들" "친절한 환영"〕, 흰 빛과 새로움(대성당은 "아주 새롭고 하얀" "거대한 흰 빛"이다), 안전(대성당 아래 랭스는 "성벽이 있는 안전한 부르주아지의 도시였습니다") 등이 그러한 수식들이다. 이 수식들의 통일성은 모성적 존재에 의해 지배된다. 이는 모든 집처럼 대성당이 출생 전의 장소를 상징하고 성모에게 헌증되었기 때문만이 아니라, 대성당 그 자체가 하느님의 어머니("대성당은 (…) 실제 성모 마리아 자신이었고"[12]), 즉 절대적인 힘을 지닌 어머니인 성모 마리아이기 때문이다. 대성당의 정면 현관에 있는 성모상은 "장엄하고 자애로운 어머니"로 묘사된다. "이곳에서 프랑스 왕들이 축성되었"던 것은 무엇보다도 절대적인 힘이 성모에 의해 주어진다는 것을 나타내기 위해서이다. 왕, 하느님, 그리스도는 오로지 여성(노트르담, 잔 다르크, 성모 마리아, 교회, 프랑스 등)[13]을 향한 이러한 찬가 속에 등장할 뿐이다.

그 다음에 전쟁이 터진다. "나는 1914년 8월의 열기 속에서 대성당 최후의 장엄한 날을 목격했습니다." 바타유는 1914년 8월의 이 삽화적 사건에 대해 다른 이야기도 하는데, 다른 전쟁(이차대전) 동안에 쓴 다른 판본을 내놓았다. "1915년 11월 6일 독일군 방어선에서 사 내지 오 킬로미터 떨어져 있는, 폭격을 맞은 도시에, 나의 아버지는 죽은 채 버려져 있었다. 내 어머니와 나는 1914년 8월 독일군이 전진해 올 때 그를 버렸다."[14] 이 새로운 판본에서 바타유는 더 이상 대성당에 대해 말하지 않는다. 첫번째 판본에서 그가 자신의 아버지에 대해 전혀 언급하지 않은 것처럼 말이다. 모든 여성적이고 모성적인 가치가 지배하는 『랭스의 노트르담 대성당』은 아버지의 이름을 축소시켜 침묵에 이르게 한다. 그리고 그 가운데 사라짐의 행위와 그 행위의 직접적인 결과, 즉 아버지의 실제 죽음을 묵인한다. 이 글의 맹점인 사라짐은 종교와 전쟁이라는 두 극단 사이에서 나뉠 수 있는 다양한 동기들의 충돌에 의해 이루어진다.

첫째, 종교: 『르 프티(Le petit)』에서 바타유는 동일한 사건들에 관해 종교를 환기한다. "신앙이 없는 나의 아버지는 죽어 가는 와중 신부를 만나기를 거부했다. 사춘기 때 나 자신도 신앙이 없었다.(내 어머니는 종교에 무관심했다.) 그러나 1914년 8월에 나는 신부를 만나러 갔고, 1920년까지 잘못을 고백하지 않은 채 일주일을 보낸 적은 좀처럼 없었다! 1920년, 나는 다시 심경이 변하여 내 행운 이외의 다른 어떤 것도 믿지 않게 되었다."[15] 따라서 그가 개종한 것은 1914년 8월이다. 한편으로는 전쟁이 선포된 때였지만, 다른 한편으로는 전장의 위험을 무릅쓰고 자신의 어머니를 따라 신앙이 없는 자신의 아버지를 버릴 준비를 하고 있던 때였다. 그의 개종은 『랭스의 노트르담 대성당』에서 이루어진 사라짐, 그리고 아버지의 이 살해의 첫번째 요인이다. 사라짐, 한 문장이긴 하지만 한 마디가 그것을 지적하고 있다. 바타유는 자신이 "하느님이 우리에게 주신 삶과 기쁨으로 다시 거듭난" 것은 대성당의 그늘 아래서라고 말한다. 성모 성당의 품으로 들어감으로써 새로운 탄생은 아무리 은유가 진부해도 부자 관계를 이루는 어떤 경우와 밀접한 관련이 있음을 분명하게 말해 준다. 1914년 8월, 바타유는 열일곱 살이 된다.

둘째, 전쟁: 프랑스어로 전쟁은 아버지의 성 바타유(Bataille)와 동의어다. 이 성은 바타유의 가명(로드 오슈[16], 루이 트랑트, 피에르 앙젤리크)으로 출간된, 성애를 다룬 텍스트들에 의해 다른 방식으로 정정될 것이다. 『랭스의 노트르담 대성당』에서 부정(否定)은 시니피에로 작용한다. 즉, 이 글은 평화의 메시지라는 것이다. 그러나 전쟁은 아버지의 성과 동의어일 뿐만 아니라 또한 아버지의 한 속성(무신앙, 무종교)의 결과다. 프랑스에는 더 이상 충분히 강한 신앙이 없기 때문에, 종교가 더 이상 프랑스에 살아 있지 못해서 전쟁이 터지고 대성당이 훼손된 것이다.[17] "세상이, 지상에서 평화롭게 살아계신 하느님을 지켜 온 빛이 꺼져 가는 것을 목격했다고 믿었기 때문에 고통받았던 것을 기억하세요."

열일곱 살 때 바타유는 자신의 아버지를 버리면서 어머니와 함께 떠난다. 그의 형〔역시 호전적인 이름을 지닌 그는 마르시알(Martial)[18]이라 불렸다〕은 그들과 함께 있었는가? 아니면 랭스에 남아 있었는가? 그 점은 문제가 되지 않는다. 그러나 우리는 약 오십 년이 지난 후 이 형이 바타유가 『눈 이야기』에서 자신의 아버지에 대해 어떻게 묘사했는지를 알고서 대단한 충격을 받았다는 사실을 지적해야 할 것이다.[19]

바타유는 평화, 종교, 대성당을 위해 자신의 아버지를 버린다. 그리고 그는 어머니와 함께 떠난다. 이러한 상황 가운데 아버지의 모습은 어머니의 이미지 작용에 의해 둘로 나뉘고 분열된 채 나타난다. 한편으로 훌륭한 아버지가 있다면, 그는 한 여인에 의해 보호받을 때만 자신의 절대적인 힘을 지닌다.(잔 다르크는 샤를 7세가 랭스에서 축성을 받도록 했다.) 다른 한편으로는 『눈 이야기』의 「무의식적 기억(Réminiscences)」[20]에서 서술되고 있는 혐오스럽고 음흉하고 신앙이 없는 아버지, 즉 어머니의 질서에서 벗어나는 아버지가 있다. 잔 다르크를 둘러싼 사람들 가운데 샤를 7세와 대립을 이루는 질 드 레(Gilles de Rais)[21]의 모습을 떠올려 보자. 한편에는 범죄가 있고, 다른 한편에는 법이 있다. 그러나 법은 어머니에게 사로잡혀 길들여진 아버지의 법이다. 왕, 즉 훌륭한 아버지는 모성에 의해 영속성을 부여받는다. 대성당을 둘러싸고, 말하자면 기념비적 건축을 둘러싸고 조직된 모든 이데올로기적 체계는 이 아버지의 거세에 근거를 두고 있다.

1914년 여름에 있었던 사건에 관련된 바타유의 두 판본, 즉 두 전쟁 사이의 결정적인 시기에 의해 구별된 판본들(『랭스의 노트르담 대성당』은 아마도 1918년 여름으로 거슬러 올라가며, 1943년에 간행된『르 프티』는 1942년으로 거슬러 올라간다) 중에서 두번째 판본은 첫번째 판본의 고발처럼 작용하며 그것이 감추고 있던 침묵을 드러낸다. 우리는 이 두번째 판본이 다른 방식으로 숨기고 있던 일련의 트라우마를 기술하고 있다고 말할 수 있다. 특히 이 판본의 기술은 분명히 전쟁을 다루고, 전쟁의 함의를 통해서 버림받은 아버지와 자신이 동일시되는 관계를 확립하고 있다. ("오늘날, 나는 내가 지나치게 '맹목적'이며 노트르담에서 내 아버지처럼 지상에서 '버림받은' 사람임을 알고 있다."²²) 그는 아버지의 죽음으로 되돌아가지는 않지만, 거기엔 교회, 대성당, 기념비적 건축의 모태인 어머니의 형체에 가해진 공격이 더해진다.

어떤 측면에서 바타유의 작업 전체는 이 최초의 텍스트를 다시 쓰는 작업이 될 것이다. 다시 말해서, 시작이라 할 수 있는 이 최초의 텍스트를 해체하고 그것의 침묵을 들춰내는 다시 쓰기인 것이다. 그러나 한 번 더 말하건대, 이는 혼란스러운 죄의식 때문이 아니다. 오히려 이 텍스트 자체가 건축에 의해 상징되고 유지되는 거대한 이데올로기적 체계의 거의 알려지지 않은(이런 이유로 무시해도 좋은) 결과이기 때문이다. 위계적인 동시에 위계를 만들어내는 구조를 흐트러뜨리기 위해, 바타유는 글 쓰는 작업을 끌어들일 것이다. 이런 의미에서 글쓰기는 근본적으로 반건축적인 행위, 비구축적인 행위이지만, 그와 반대로 교화하고자 하는 의도를 갖는 모든 것을 약화시키고 파괴하는 행위일 것이다.

이는 움푹한 곳이나 동굴에 주목하며, 구멍을 다시 뚫는 일의 문제다. 즉, 건축 작업으로 막아 놓은 구멍을 다시 여는 문제이다. 자체로 둘러싸인 채 임신되기 위해, 더 이상 아무것도 부족하지 않기 위해, 즉 완결되기 위해서 여자, 곧 어머니가 스스로에게 동화시킨 아버지의 남근을 되찾아야 한다. 성모는 바로 아버지의 남근의 자기 억제에 힘입어 그대로 보존된 여자이다.[23] 그리고 신앙으로 대성당이 지탱된다는 의미에서 신은 어머니의 남근의 다른 이름에 지나지 않는다. 바타유의 글쓰기의 목적은 엄밀히 말해서 어머니의 거세이다. 어머니 대성당의 건립을 통해 남근을 점유한 후 맨 위에, 신전 지붕 꼭대기, 즉 피너클 (pinacle)[24]에 구멍을 만들어 보여주는 것이다.

피너클은 예루살렘 신전의 둥근 지붕[큐폴라]에 부여된 이름이다. 이 둥근 지붕의 꼭대기에는 (신전이 숭배하는 그리스도의 승천을 상기시키기 위해) 구멍이 뚫려 있었다. 피너클은 피나(pinna)[25]에서 유래하는 반면, 피네알(pinéal)[26]은 솔방울을 뜻하는 피니어(pinea)에서 유래한다. 그렇다면 바타유에게 송과안(l'œil pinéal)[27]은 꼭대기의 구멍을 보여줄 것이다.

바타유에 관하여

"전쟁: 인간 짐승들의 살육."
— 미셸 레리스(Michel Leiris),[28] 『어휘사전: 나는 거기
에 나의 주석을 단다(Glossaire: j'y serre mes gloses)』.

이것은 (그래서) 바타유에 관한 연구가 될 수 있을까?

그러나 '-에 관한(sur)' 담론은 [자신의 입장을] 확신하는(sûr) 담론의 전형이다. 그것은 자신이 점유한 영역, 그러니까 전적으로 안전하다는 것을 확신하기 위해 무엇보다 먼저 그것을 장악한 후, 분류해 정리된 영역 내에서 전개된다. 이 담론은 최소한의 위험도 무릅쓰려 하지 않는다. 그것은 미래에 대해 불안해하지 않고, 동요되지도 않은 채 전개된다. 사람들은 대상을 선택하고 그것에 근거를 둔다. -에 관하여 쓴다는 것은 백지의, 분화되지 않은 동질적인 표면에 펜을 도전적으로 사용해 길을 트거나 내는 것이 아니다. 오히려 여행자처럼, 나 있는 길을 따라 가기로 결심하고 어디든지 놀랄 정도로 돌파해 통과하는 것이다. -에 관하여 쓴다는 것은, '자기' 하인을 장악한 주인마냥 거의 항상 자신의 영지를 둘러보고 있지만, 동시에 그걸 교묘히 감추는 재주를 부리는 것이다.

우리는 -에 관한 담론에 자극을 주는 '이카로스식[29]' 행위를 다시 발견할 것이다. 「늙은 두더지」 그리고 초인과 초현실주의자라는 단어에

서의 접두사 초(La 'vieille taupe' et le préfixe sur dans les mots surhom-me et surréaliste)」[30](이하 「'늙은 두더지'」로 약기)에서 바타유는 이런 확신에 근거한 안전성이 착각임을 증명했다. 하지만 우리는 우선 이러한 형식의 담론이 바타유와 관련있을 때, 그것이 얼마만큼 적절하고 또 어떤 결과를 초래할 수 있는지 의문을 던져야 한다.

어떤 형식을 붙잡아 두는 일은 언제나 유혹적이다. 형식은 담론의 유혹이다. 담론은 구체화됨으로써 전개되고, 그러고 나서는 스스로를 고정시키며 인정받게 한다. 어떤 면에서 바타유는 그렇게 하지 않았다. 즉, 형식의 유혹에 그는 욕망의 맹렬함으로 맞설 줄 알았다. *[여기서 우리는 이 거부로부터 바타유 읽기를 제안한다. 이 거부는, 담론이 이상으로 추구하는 연속성과는 대조적으로, 글쓰기라는 말이 가리키는 이질성(hétérogénéité)을 산출한다. 그러나 모든 것을 이 거부로 귀결시키거나 글쓰기를 새로운 총체성의 장소로 삼는 것은 문제가 되지 않는다. 글쓰기에 담론의 특권을 부여하는 것도 문제가 되지 않는다. 글쓰기는 어떠한 특권도 인정하지 않으며 또한 그 자체를 위한 특권도 인정하지 않는다. 그것은 결핍을 유지하는 것으로 규정되어야 한다. 아니 오히려 총체성이 불완전하게 되는 어떤 공동(空洞)을 산출하는 것으로 규정되어야 한다. 이 경우 글쓰기라는 말은 담론의 형식 속에서 형식이 거부한 불완전함의 출현, 그리고 욕망과 '그' 불만족 간의 파괴할 수 없지만 늘 억압된 관계를 나타내는 데 소용된다.]* 아마도 바타유의 작업은 형식의 유혹을 거부하는 데서 그의 가장 큰 힘을 발견할 듯하다. 이러한 거부 때문에 그의 작업은 애당초 '완전하지' 못하고, 그의 책은 그저 책일 수만은 없으며, 죽음도 그의 말을 막지 못한다.[31] 위반은 바로 형식의 위반이다.

이 위반은 결코 앎의 대상도 인식의 대상도 아니다. 그러나 —에 관하여 말하는 것은 어떤 형식을 부과한다. 이러한 담론의 고유한 필요성,

즉 담론 자체로서 고유한 필요성에 의해 그때부터 지식의 대상이 되는 것이기에 그렇다. 형식은 스스로 멈추고 그 자체로 결정하는, 말하자면 스스로 자신의 목적을 산출하면서 완성되는 담론의 유혹인 것이다. 바타유의 글쓰기는 반담론적이다.(끊임없이 변형되고 은폐하며, 끊임없이 형식에서 벗어난다. "나는 한 여자가 자신의 드레스를 벗는 방식을 생각한다."[32]) 왜냐하면 그의 글쓰기는 한결같지 않은 엄격함과 유연함으로 (말의 질서에 속하지 않고 아무것도 말하지 않고 아무것도 끝내지 못하는, 그리고 아무것도 완성하지 못하는 것과 등가물인) 죽음이 '최후의 말'을 갖게 하려는 욕망과 일치하기 때문이다. 이러한 욕망의 절박함으로 인해 그와 같은 글쓰기는 미완성의 '형식'으로만 예측될 수 있는 것이었다. 그는 자신이 죽기 일 년 전인 1961년에 『죄인(Le coupable)』의 재판 서문에 이렇게 썼다. "실제로 내가 사용하는 언어는 오로지 나의 죽음과 함께 끝날 수 있을 것이다."[33] 이 죽음은 다른 어딘가에서 그가 어떤 의미에서는 기만이라고 말했던 죽음이다.

"글쓰기는 파악할 수 없는 현실과 놀이를 하는 것과 같다."[34] -에 관하여 쓰는 것은 이 현실을 파악하기 위해 가능한 모든 것을 애써 하는 것이다. 바타유에 관한 글쓰기는 죽음의 기만을 강화하는 것인데, 우선은 죽음의 기만을 인정하지 않음으로써, 그리고는 죽음의 기만을 심각하게 받아들임으로써(마치 그저 단순히 일어날 수도 없고 사건으로 간주될 수도 없는 죽음이 글쓰기의 유희를 끝낼 수 있듯이), 다음에는 죽음의 기만을 이용함으로써 그렇게 한다.

바타유의 모든 주장은 그것을 사라지게 하는 반복을 예고할 뿐이다. 바타유의 주장이 표명되자마자, 그의 주장은 그것의 사라짐으로 인해 뒤흔들린다. 그 어디에서도 글쓰기는 확실해질 수 있는 상황에 직면하지 않는다. 글쓰기는 파괴적 생산성으로부터 결정적으로 벗어날 수 있을 어떤 주장으로 집결될 수 있을 장소를 사유에 결코 제공하지 않는다. 글쓰기는 완성이기는커녕 사라짐이다.

바타유에 관하여 쓰는 것은 이 미완성을 유감스럽지만 극복할 수 있는 사건으로 간주하는 것이다. ―에 관한 담론은 진실의 담론, 진실을 완성에 의존하게 하는 담론이다. 그러므로 바타유에 관하여 쓰는 것은 그 자신이 하려고 하지 않았던 것을 하겠다고 나서고, 그 작업을 완성하기 위해 그의 죽음까지 용인하는 일이 된다. 그것은 그가 결론 내릴 수 없었던, 확산된 명제와 주제들을 모으는 일이다. 바타유 자신은 잘 모르고 있었지만 이러한 명제와 주제들의 통일성을 보여줄 수 있는 어떤 계획에 따라 그것들을 배열하는 일이다. 고상하고 훌륭한 말로 압도하는 가운데 '바타유는 어떠한가?'라는 식의 물음에 대답할 수 있게 하는 어떤 관념을 제시하는 것이다. 그에게 어떤 관념의 형식을 제공하는 것이다. 한 주체의 이름이었던 것을 한 개념의 시니피앙으로 만드는 것이다.

위반은 관념을 뒤집는 것으로서의 역할을 제외하고는 관념과 같은 공간에 속하지 않는다. 이것이 바로 위반이 이론이 아닌 실천의 영역에 속하는 이유이다. 글쓰기는 이 실천의 유일한 형식이 아닌 어떤 한 가지 형식이지만 그렇다고 해서 그저 아무런 형식인 것은 아니다. ―에 관하여 쓰는 것이 일종의 형식화 작업이라면, 이러한 작업은 위반을 개념의 차원으로 끌어내리면서(혹은 끌어올리면서) 위반을 무효화한다. 마치 바타유가 글을 쓴 적이 없는 것처럼 말이다. 바타유에 관하여 쓰는 것은 따라서 그를 배반하는 일인 동시에 그를 몹시 흠모하는 일이다. 바타유에 관하여 쓰는 것은 바타유에 관하여 쓰는 것이 아니다.

바타유는 『니체에 관하여(Sur Nietzsche)』[35]를 썼다. 이것은 그의 저서들 중 하나의 제목이다. 그러나 정확히 말해서 이 책은 '니체에 관한' 책이 아니기에 사람들이 이 제목에서 기대하는 것, 이런 형식 아래 기대되는 바에 부합하지 않는다. 책에서 무효로 간주되는 니체 연구를 참조한다면 이 점을 납득하게 될 것이다. 그러나 학문의 원칙과 관련해 이 형식적, 이론적인 빈약함은 그가 대학 교육을 충분히 받지 못했 거나 어떤 비정상적인 동일시에 이끌렸다는 이유로 바타유 자신이 바로 잡을 수 없었던 어떤 결점을 구성하지는 않는다. 이와 반대로, 가장 엉뚱한 부분(이 책의 사분의 삼을 차지하는 가장 자서전적인 요소)에서조차 이 책은 바타유가 니체와의 관계를 위해 계획했던 전략에 부합한다.[36] 니체를 배반하지 않는 것은 그를 '존경하'지 않아야 하는 것이다. 그를 학문의 대상 혹은 열정의 대상으로 삼는 것은 먼저 그를 대상으로 삼아 욕망을 은폐하는 것이다. "하지만 니체를 내버려 두자." 니체 자신이 『즐거운 지식(Die fröhliche Wissenschaft)』[37]에서 그렇게 요구했다. 이 '즐거운 지식'은 지식보다는 비(非)지식에 더 가깝다. 바타유를 내버려 두자.

게다가 바타유는 이제 죽었다. 죽음으로 인해 그의 담론은 끝났고, 그의 의도가 드러났으며, 그의 놀이는 세상에 널리 알려졌다. 바로 이 점을 구실 삼아 우리는 그에 관하여 글을 쓰는 것이다. -에 관하여 쓰는 것은 죽은 사람을 매장하고 (학문적) 묘비를 세우는 것이다. 그러나 죽은 이는 놀이로부터 벗어나지 못한다. 놀이는 테이블 위에 펼쳐지면서 계속된다. 죽음이 없다면 놀이를 위한 어떤 장소도 없을 것이다. 죽음은 담론의 흐름을 멈추게 하지 못한다. 이미 바타유는 죽었지만 그에 관하여 쓰는 것은 너무 이를 수 있다. 그렇지만 그에 관하여 쓰는 것이 언제나 너무 이른 것일 수도 있다. 놀이가 끝났다고 생각하기에는 너무 이를 수도 있다. 쓰자.

의미에는 의미의 위험이 있을 뿐이다. 의미는 결코 주어지지 않고 결정되지 않지만 확신 없이 언제나 위험을 무릅쓴다. 의미는 숨겨지지 않는다. 지식과 철학(-에 관한 담론의 모델들)은 닫힌 언어 안에서 의미를 고정하고 축적하고자 한다. 이 경우 의미의 명확하게 규정된 항들은 셀 수 있는 유한한 결합에 따라 좌우의 차이 없이 계층적으로 구성될 것이다. 따라서 이러한 결합은 개념의 지배 아래 배열되는 어휘에 의미를 부여한다. 그와 반대로 바타유의 글쓰기에 의해 작용하는 의미는 축적되지 않고 사용된다. 의미 없는 희생을 거치지 않고서는 어떤 의미도 없다. 바로 여기서 그의 글쓰기는 형식주의를 위반한다. 말하자면 말장난이 의미에 따르기를 거부하면서, 끊임없이 통사 규칙을 무너뜨림으로써 반대로 의미에 다시 활기를 부여하면서 말이다.

어떤 말의 의미는 언제나 다른 말을 참조하게 한다. 가령 '탁자'라는 말은 '가구'라는 말을 참조하게 하고, '만돌린'이라는 말은 '기타'라는 말을 참조하게 한다. 그러나 어떤 사전도, 어떤 언어도 벗어날 수 없는 이 참조 활동은 과학적 언어에 의해 가능한 한 제한되는데, 이 언어는 이 순환을 최소의 요소들로 제한할 만큼 '잘 구성되어' 있다. 그 경제성에 의해 과학적 언어는 이러한 작용을 한정하고, 앞뒤의 참조 활동을 안정시킨다. 그와 반대로 바타유의 언어라고 불리는 것에서, 말들은 (모든 언어에서처럼) 정말로 다른 말을 참조하게 하지만, 그것들이 그 사이에서 동요하기 때문에 **그들의 자리에 더 이상 없는** 말들을 참조하게 한다. 이는 바타유의 언어를 분류, 정리하는 사전편찬 계획을 어리석은 일로 만들어 버린다. 바타유의 언어는 어휘 질서를 위반하면서 발생하기에 그의 언어에 관한 어떤 사전도 존재하지 않는다. 그와 같은 사전은 본디 완성될 수 없는 것이다. 의미가 통사 규칙에 의해 작용하고 희생될 때만 말들이 의미를 지니는 언어, 즉 의미가 결코 고정될 수 없는 언어를 위한 사전은 있을 수 없다. 한편, 바타유가 비난하듯이, 형식적 담론, 곧 과학이나 철학은 의미를 **간직하려** 하기 때문에 최소한의 의미도 지니지 못한다. 그러한 사전의 역설적인 기획은 말들에게 하나의 의미 또는 여러 의미를 부여하지 못하며, 의미를 잃게 만든다.

["화가에게 사전은 필요 없다"고 마티스(H. Matisse)는 말했다. 이는 생산이 매우 기술적인 언어로 코드화되어 전문적인 사전을 필요로 하는 건축가와의 커다란 차이이다.

근대회화와 건축 비평을 접합하는 것, 다시 말해 건축 비평이 근대회화를 반세기 이상 전부터 자본주의 사회의 상부구조를 뒤집는 혁명적 실천의 전위에 위치시키는 것은, 문학의 관점에서 볼 때 문학이 아카데미의 절대 권력의 도구인 사전과 문법에 불리하게 작용하고 있음을 함축한다. 사전과 문법은 언어를 역사로부터 떼어 놓고 언어를 상부구조의 현상으로 삼고자 했다. 이는 말과 문장에 반하여 쓰는 것이다. '위대한 작가들'이 탄생한 고전주의 시대에서처럼 자유자재로 구사되고 존중받는 언어의 사용을 통해 문체를 지니고 우아함을 나타내는 것이 더이상 아니다. 그와 반대로 글쓰기를 언어에 관한(발전하는 언어에 관한) 작업으로 삼는 시적 언어의 힘, 실제로 라블레에서 조이스(J. A. Joyce)에 이르는 유럽문학이 그 모든 흔적을 지워 버린 시적 언어의 힘을 되찾는 것이다. 예를 들어 십육세기부터 구성된 민족국가의 문학은 지배 이데올로기의 가치들, 즉 상업(그리고 작가는 사교성이 있어야 한다), 자본화[(사전(Dictionnaire) = 시소러스(Thesaurus))]를 수용하면서 부르주아화하기 위해 민중의 무대를 버렸다.

자신의 주장을 통해, 마르크스는 에피쿠로스가 문법의 적임을 자처한다는 것을, 다시 말해서 유물론적 입장을 취한다는 것을 상기시켰다. 1930년대 즈음에(그러나 이것은 일차대전의 종언과 함께 시작되었다), 작가들은 분명히 점점 더 많은 문법적 실수를 저질렀고 사전에 없는 말을 만들어냈다. 사람들은 더 이상 그것을 이해하지 못했다. 혼성어, 횡설수설, 잘못 구성된 문장, 구두점의 부재 등이 바로 그런 것들인데, 마치 바벨탑과도 같았다. 이러한 상황 속에서 몇몇 가짜 사전들이 윤곽을 드러낼 것이었다.

첫째, 첫번째 사전은 미셸 레리스의 『어휘사전: 나는 거기에 나의 주석을 단다』(이하 『어휘사전』으로 약기)이다.(처음에는 1925년 4월 『초현실주의 혁명』 3호에 실렸다가 1939년에 시몽 갤러리에서 이전의 출판과 관련해 증보판으로 출간되었으며, 1969년에는 『기억 없는 말들(Mots sans mémoire)』로 다시 출판되었다.) 사전은 표상하고 전달하는 언어의 개념 작용에 전적으로 연결된다. 그것은 생각이 한 주체에서 다른 주체로 전달될 수 있도록 말의 뜻을 정한다. 이러한 기능으로부터 사전이 따르게 될 수사학적 형태가 생겨난다. 가령 사전의 항목(각 단어를 위한 항목)은 정의해야 할 말과 그 정의를 나란히 배열하며 하나의 말(시니피앙)과 그 의미(시니피에)를 연결하면서 알파벳순으로 이어진다. 레리스의 『어휘사전』은 사전을 유형으로 정의하는 이 수사학적 모델(알파벳 배열, 하나의 말과 그 정의를 위해 주어지는 구(句)의 병렬)을 존중하는 것처럼 보인다.

그러나 이것은 어떻게 보이는가일 뿐이다. 『어휘사전』을 지배하는 규칙은 말과 그 정의, 시니피앙과 시니피에를 구분하는 경계를 희미하게 하고 시니피앙으로 하여금 시니피에를 끊임없이 침범하게 하려는 의도로 귀결된다. 따라서 정의를 위한 예정된 장소에 나타나는 것은 정의해야 할 말의 물질성 속에 완전히 함몰된다. 정의 대신에 시니피앙의 반향, 즉 넘쳐나고 확산되는 시니피앙의 지속적인 떨림만이 발견될 뿐이다. '어휘사전(Glossaire) = 주석(glose)+단다(serre)'에는 말에서 그 정의에 이르기까지 구별의 물질적 요소들을 재배열하는 글자바꾸기 놀이만이 있을 뿐이다.[38] 여기서 물질적 요소들이란 '어휘사전(GLOSSAIRE)'의 경우에는 음성의 물질적 요소들, 다른 경우에는 표기 요소들('VOL — V bat de l'L')[39]인데, 표기와 음성은 정의가 정의해야 할 말의 철자를 말하는 것뿐일 때('LUEUR — aile eue, œufs eus: air' 'MER — émeut air' 'OPIUM — au pays eu, aime')[40] 서로 결합한다. 가짜 사전인 『어휘사전』은 말의 물질성이 사라지는 곳에서 그 물질성을 강조하면서, 그리고 그 물질성을 폐기해야 할 곳에서 그 물질성을 배가하면서, 언어를 표현과 의사소통의 기능으로부터 떼어놓는다. 처음으로 사전은 시적 장르가 된다. 루셀(R. Roussel)의 영향을 받은 이 방식은 앞서 소쉬르(F. Saussure)가 라틴 시를 읽으면서 발견했던 글자 바꾸기 속에 포함된다. "엄청난 착란으로 인해 사람들은 언어가 그들의 상호 관계를 도와주기 위해 탄생했다고 믿는다." 바로 그런 식으로 레리스는 『초현실주의 혁명』에서 일련의 주석들을 소개했다.(이 텍스트는 『전례들(Brisées)』[41]에서 반복된다.) 앙토냉 아르토(Antonin Artaud)의 단평은 이러했다. "그렇다. 이제부터 언어의 유일한 사용만이 있을 뿐이다. 센강 근처의 유식한 체하는 이들의 지적 장식품으로서의 사전이 아니라, 광기의 수단, 사유를 제거하는 수단, 단절의 수단으로서 그리고 뒤얽힌 정신착란 같은 것으로서 언어 말이다."[42]

둘째, 연대적으로 이 가짜 사전들, 반(反)사전들 중의 두번째 사전은 「비평 사전(Dictionnaire critique)」[43]이다. 이것은 『도퀴망』에 2호부터 정기적으로 실렸으며, 잡지의 공동 제작자들이 집필에 참여했다. 이 경우에는 어휘 질서를 파괴하는 또 다른 방식이 문제가 됐다. 레리스의 『어휘사전』에서처럼 시니피앙과 시니피에 사이에서 언어의 근본적인 배열을 거부하는 것이 아니라, 의미의 이면에서, 그리고 때때로 의미와 무관하게, 말들이 무슨 '작용(besogne)'을 하는지를 알아내는 것이 중요했다. 바타유는 '비정형(Informe)'이라는 항목에서 이 사전을 지배하고 있는 기획을 분명히 하기 위해 작용이라는 용어를 사용한다. 이때 말의 작용이란 표현이나 의사소통의 과정을 가리키지 않고 어떤 생산성(말이 역사적 중요성으로 가득한 채 사물로 기능하는 생산성, 말하려는 바(말의 '의미')에 의해서가 아니라 말이 무엇을 하는가에 의해서(그것은 아무 의미도 없을 수 있다), 그리고 말이 유발하는 효과(말의 '작용')에 의해서 정의되는 생산성)을 가리키는 강력한 힘으로 가득찬, 언어 외부의 실천과 연결되는, 즉 상징적 코드에서 벗어난 어휘 단위들이다. 「비평 사전」(『도퀴망』 2호, 1929년 5월)의 '나이팅게일'이라는 항목에서 카를 아인슈타인(Carl Einstein)의 진술을 참조해 보자. "사람들은 자기 몸의 장식처럼 말을 사용한다. 말은 일반적으로 우리에게 자동 반응을 불러일으키는 화석화된 것이다. 이는 교활한 사람이나 도취 상태의 사람으로부터 제시된 힘의 수단이다. (…) 영혼이라고 불리는 것은 대체로 의미 없는 기호들의 집합이다. 이 기호들은 겉으로 드러난 현실 이면에 감춰져 있다."

셋째, 마침내 1938년, 브르통(A. Breton)과 엘뤼아르(P. Éluard)는 『초현실주의 요약 사전(Dictionnaire abrégé du surréalisme)』을 출판했다. 여기서 사전의 전복은 훨씬 더 강도가 떨어진다.(사전의 항목들 중 수많은 고유 명사의 존재는 의심의 여지없이 처음부터 이를 내포하긴 했다.) 게다가 어디에서도 이러한 전복에 대한 기획은 언급되지 않았다. 저자들은 말과 그 정의 사이의 예기치 않은 연상을 제시할 뿐이었다. 예를 들어 '신(DIEU)'이라는 말은 '신은 돼지이다'[브라크(G. Braque)의 정신적 변화에 대한 단평으로 끝맺음하는 『초현실주의와 회화(Surréalisme et la peinture)』에서 발췌]라는 브르통의 정의를 수반한다. "최근 누군가가 나에게 신을 '나무로' 정의하자고 제안했다. 나는 다시 한번 송충이를 보았고 나무는 보지 못했다. 나는 실론(Ceylon) 근처의 길을 지나가듯이 감지하지 못한 채 나무뿌리들 사이로 가고 있었다. 게다가 누군가는 나무를 묘사하지 않고 누군가는 비정형을 묘사하지 않는다. 누군가는 돼지를 묘사하는데, 그것이 전부이다. 누군가가 묘사하지 않는 신은 돼지이다."[44]

바타유는 이 불가능한 기획을 『도퀴망』에 실린 「비평 사전」과 함께 시작했다. 「비평 사전」은 분명히 완성되지 못했다. 「비평 사전」의 중단을 초래한, 우연한 이유는 그것의 미완성을 강요한 근본적인 필연성과 관련이 있다.

이 기획의 본질인, 사전이 지향해야 하는 바를, 바타유는 자신이 참여한 열네 개 항목들 중 하나인 '비정형'(이 항목은 이러한 작업 중에서 '사전'이라는 항목 자체에 일반적으로 부여된 지위를 점유한다)에서 설명한다. 이러한 중복, 즉 이러한 '격자구조'에 힘입어 사전편찬학은 자신의 위상을 규정하고 자신의 형식을 명백하게 밝힌다. 『도퀴망』에 실린 사전에서는 이러한 중복이 실제로 발생하긴 하지만, 사전편찬학에 의해 정해진 곳에서는 일어나지는 않는다. 이러한 이동은 이 중복이 발생하는 말에 대한 첫번째 위반이다. 두번째 위반은 비정형에 더 큰 가치를 부여하는 것인데, 이는 모든 사전이 억제하고자 하는 것이다. (사전이 정하는) 의미는 예를 들어 '에이도스(eidos)[45] = 형상(forme)'이라는 식으로 개념이나 관념과 동일시된다. 이 중복이 '비정형'이라는 항목에서 발생하기 때문에, 사전은 그 자체로 갇히기보다는 오히려 의미를 상실하고 끝없는 미완성에 이르게 된다.

> **비정형** — 말의 의미가 아닌 말의 작용을 제공하는 순간에 사전은 시작되는 것 같다. 그래서 **비정형**은 그저 그 자체로 어떤 의미를 지니는 형용사일 뿐만 아니라, 각각의 사물이 자신의 형상을 지니기를 바라면서 그 지위를 격하시키는 데 소용되는 말이기도 하다. 그것이 지칭하는 것은 어떤 의미로도 자신의 자격을 갖지 못하고 거미나 지렁이처럼 어디에서나 으깨진다. 사실 학계 사람들이 만족하려면 세계에는 형상이 주어져야 한다. 모든 철학은 어떤 다른 목표를 갖지 않는다. 존재하는 것에 수학적인 외투를 제공하는 일만 문제될 뿐이다. 다른 한편으로, 세계는 그 어떤 것과도 유사하지 않고 오로지 **비정형**일 뿐이라

는 주장은 세계가 거미줄이나 내뱉은 침 같은 무언가라고 말하
는 것과 다를 바 없다.[46]

말의 의미와 작용 사이의 구별은 언어를 특수한 생산성의 장소로 만든
다. 언어에서, 그리고 언어와의 모든 관계에서는 실제의 수행이 문제
가 된다. 말의 작용보다 의미를 중시하는 것은 이 수행을 차치해도 좋
다고 믿는 것이다. 작용(이 말 자체는 경멸적인 어조를 띤다)은 사용이
아니다. 확실히 사용은 언어의 어떤 역사성을 끌어들인다. 왜냐하면
그것은 현 시대와 사회에서 통용되는 언어의 수행과 관계가 있기 때문
이다. 그러나 이 역사적 사실과 관련해 사전편찬학의 태도는 확증된
사실을 작성하는 것이 고작이다. 사용은 의미와 표현할 수 있는 의미
의 범주에 의해 지배되는 공간 안에서만 기능한다. 바타유가 작용이라
고 부르는 것은 다른 영역, 즉 어조의 영역에 속한다. 그것은 자체의 의
미와는 무관한, 말에 의해 야기된 반감이나 유혹의 과정 전체를 가리
킨다. 가령 '비정형'이라는 말의 작용은 그것의 발화 행위를 수반하는
반감의 반응 속에서 주어진다. 이 경우 말은 발음하는 대상일 뿐 아니
라 뱉어내고 면전에 던지는 압도적인 행위인 것이다. 마찬가지로 『도
퀴망』을 위해 바타유가 쓴 텍스트들 가운데서, '낮은'이라는 말은 결코
그 의미로만 귀착되지는 않을 것이다. 그것은 내포하는 문장의 흐름에
따라 말의 다른 작용을 갖게 될 것이며, 불협화음처럼 전혀 조화롭지
않을 것이다. 따라서 말은 의미를 표현하는 수단이 아니라 잠재된 감
정의 폭발, 즉 사건의 장소이다. 여기서 글쓰기는 급격한 변화의 힘을
통해 의미의 축적을 뒤흔들어 놓을 수 있을 빈 공간을 말 주위에 구성
하는 일이 된다. 말의 의미가 문법적 독재에 순종하는 통사 규칙과 함
께 출현한다면, 말의 작용은 명령에 복종하지 않는 통사 규칙에 의해
동시에 드러나고 활기를 띠게 되는 것이다.

따라서 모든 것은 자신의 형상을 지녀야 한다. 사전은 바로 그 점에 유의해야 한다. 사전은 이름 붙일 수 없는 비정형을 배제한다. 사전편 찬학의 법칙에서 어휘만이 문제되는 것은 아니다. 세계도 문제가 된다. 사전은 수학과 철학을 연구하는 사람들의 의지에 따라 기호체계의 문을 닫는 것에 그친다. 사전은 그것이 파 놓은 거울의 덫에 세계를 빠져들게 한다. 마치 노아가 자신의 방주를 채우기 위해 창조물들을 점호하듯 말이다. 부르는 이름에 대답하지 못한 그 어떤 종도 대홍수에서 살아남지 못했고 번성하지 못했다. 무엇보다도 이름 붙일 수 없는 것이 이름을 알리는 번식에서 배제되었다. 이름은 죽음보다 오래 남는다. 바타유의 언어는 언어 자체 안에서 이름 붙일 수 없는 것에 대한 욕망을 연출한다. 즉, '수학적인 외투' 안에 기호체계의 재생산을 믿지 못하게 하는 어떤 나체를 다시 나타나게 하려는 욕망의 연출이다. "나는 한 여자가 자신의 드레스를 벗는 방식을 생각한다."

'비정형'이라는 항목을 매개로 바타유의 언어는 미완성의 세계로 향한다. 이 세계와 더불어 그의 중단된 사전은 소통하는데, 그것은 바로이 상처를 통해서, 이 미완성의 세계와 단절되지 않도록 하는 이 형상적 결함을 통해서, 이 잘못된 구부러짐을 통해서이다.

알파벳순과 무관하게('도살장(Abattoir)'이라는 항목은 나중에 씌어질 것이다), 이 「비평 사전」은 '건축(Architecture)'에서 시작되었다.

건축적 은유

'건축'이라는 말에 의해 떠맡게 되는 말의 '작용'은 확실히 그 의미보다 중요하다. 건축이 논의될 때, 그것은 단순히 건축만의 문제는 아니다. 말의 작용의 결과로서 덧붙여지는 은유는 극단적인 경우에도 말 본래의 의미로부터 분리될 수 없다. 본래의 의미 자체는 어느 정도 미결정된 상태로 남아 있는데, 그것은 대단히 명백하고도 절대적으로 필요한 작용을 부각시키기 때문에 더욱 더 놀랍다. 건축은 무엇이든지 건물(bâtisse)로 환원될 수 없는 추상적인 구조물에 존재하는 어떤 것, 순전히 실용적인 공간으로부터 벗어난 구축을 가능하게 하는 어떤 것, 그리고 그 구축 속에 존재할 미학적인 어떤 것을 뜻한다. 그런데 단순한 건물에 부가됨으로써 건축을 구성하는, 이와 같은 종류의 예술적인 보충은 처음부터 의미론적인 확장의 과정에 사로잡히게 된다. 이때 의미론적 확장의 과정은 이 예술적인 보충에 건축적이기보다 표상적인 성격을 강요하고, 나아가 건축이라 불리는 것에 표상의 일반적인 장소나 범위, 다시 말해서 그 근거를 강제한다. 건축은 표상을 통해 종교를 살아 있도록 만들고, 정치적 권력을 드러내며, 사건을 기념한다. 따라서 건축은 다른 어떤 질적 특성에 앞서 표상의 공간이다. 그것은 단순한 건물과 구별되는 순간부터 항상 그 자신과는 다른 어떤 것을 표상한다.

이렇듯 다른 어떤 것의 표상으로 규정되는 건축과 더불어, 환원될 수 없는 은유적 상황에 의한 구성의 확장은 언어로, 즉 건축적인 은유를 너무나 일상적으로 품고 있는 언어로 계속 이어진다. 일반적으로 지저분한 현실을 은폐하는 외관[파사드]이 존재하는가 하면, 비밀스럽고 은폐된 건축도 존재하는데, 거기서 우리는 가장 자유로운 예술작품처럼 보이는 것, 살아 있는 존재들, 그리고 조물주의 통합된 계획을 드러내고 있는 우주 자체를 발견한다. 기둥이라고 해서 모두가 말 그대로 교회의 기둥은 아니다. 아치의 종석(宗石)[47]은 그것이 정치적이든 철학적이든 혹은 과학적이든 체계가 붕괴되지 않도록 하며, 기초는 말할 것도 없다. 이러한 은유들은 문학적 효과를 필요로 한다고 보기에는 너무 의무적으로 등장한다. 그러나 은유의 진부한 성격과 익명성은 그것이 순수한 무언가가 아니라, 일종의 도구로서 내밀하게 이데올로기적인 과업을 수행하고 있다는 사실을 나타내고 있다. 건축 본래의 의미가 토론의 주제로 남아 있을 수 있는가는 별로 문제가 되지 않는다. 중요한 것은 건축이 언제나 자신의 업무를 수행한다는 점이다. 어떤 은유도 순수하지 않다. 그것이 덜 꾸밀수록 덜 순수한 것이다. 그 자명성은 사유가 안전하게 부유할 수 있는 기반이 된다.

외젠 비올레 르 뒤크(Eugène Viollet-le-Duc)[48]는 자신의 『11–16세기 프랑스 건축에 관한 체계적인 사전(Dictionnaire raisonné de l'architecture française du XIe au XVIe siècle)』에서 소쉬르와 언어학자들에 의해 구상된, 미완성 상태의 구조분석 방법을 따르고 있음을 보여주었다.[49] 이 상동(homologie)은 결코 우연의 일치가 아니다. 건축가의 담론을 언어학자의 담론에 앞서 미리 형성된 경우로 보기보다, 실제로 이 상 동은 언어학적 분석을 건축적 어휘의 유입에 의해 지배되는 것으로 생 각해야 함을 뜻한다. 구조라는 용어는 이러한 유입에 대한 아주 큰 증 거가 된다. 이 말의 어원은 여러 번 되풀이해 상기되었다. 구조라는 용 어가 오늘날 모든 조직과 모든 시스템을 실질적으로 설명하기 위해 사 용되고 있다는 사실, 그리고 구조주의가 오늘날 사유의 형식이라는 사실은 (이 현실이 서구적 사유가 벗어날 수 없는 그 무엇을 나타내는 한) 이러한 지배가 어디까지 확장되고 있는가를 보여준다.

[회고하건대, 이때의 은유는 '구조물'을 찬미하는 자크 라캉(*Jacques Lacan*)으로부터 빌려 온 것이다. 구조물은 곧 어니스트 존스(*Ernest Jones*)[50]의 이론적인 작업을 지칭하는 것이자, 그가 전문적인 정신분석적 '건물(*bâtiment*)'이라고 부르는 것을 지배하고 있는 실용주의와 대조를 이루기도 한다. "이 구조물은 우리에게 호소한다. 아무리 은유적이라 할지라도, 그것은 건축을 건물로부터 구별 짓는 것을 상기시키기 위해 완벽하게 구축되어 있기 때문이다. 그것은 가능한 용도라는 측면에서 건물이 지지하고 있는 것을 넘어 건축을 구성하는 논리적인 힘이다. 더욱이 그 어떤 건물도, 허술한 집으로 축소되지 않는 한, 담론과 결합되는 질서 없이 존재할 수 없다. 이 논리는 유효성을 지배할 때만 오직 유효성과 조화롭게 공존한다. 그리고 구축의 예술에서 논리와 유효성의 부조화는 단순한 우연이 아니다."][51]

결국 건축 어휘에 기대지 않고서 체계를 묘사하는 방법은 없는 듯하다. 구조가 해독 가능성의 가장 일반적인 형태라면, 건축적 틀에 종속되지 않고서는 그 어떤 것도 해독 가능하지 못할 것이다. 이와 같은 조건 아래서 건축은 원구조(architecture), 즉 체계들의 체계이다. 일반적인 체계성의 근간으로서, 건축은 언어의 정합을 구성하고 보편적인 해독 가능성을 보장한다. 의미의 신전으로서, 건축은 의미 체계의 산물들을 지배하고 총체화함으로써 그것들을 모두 동일한 것으로 귀착시키며 단일한 형태로서의 체계를 확고히 한다. 건축은 이데올로기 전체에 강제적으로 지워진 부채이자 처음부터 이데올로기 속 모든 차이들의 담보가 되고 있는 것이다.

그것은 마치 건축으로부터 차용한 어휘에 의해 은유적으로 스스로를 명명함으로써 이데올로기 생산의 다양한 장들이 하나의 통일적인 사명을 드러내는 것과 같다. 이 은유는 그 자체가 개입하는 모든 영역에 체계의 형식을 제공한다. 이것은 유희, 외재성, 타자성으로 나타나는 모든 것에 대한 억압으로 귀착된다. 체계는 단일한 목소리를 내려는 경향이 있다. 다시 말해서 체계는 오로지 하나의 목소리만을 갖고 있으며, 체계 속에서 다른 목소리는 들리지 않는다. 체계 속에는 그것과 무관한 것을 위한 어떤 자리도 없다. 체계가 구성하는 것은 바로 일종의 거대한 내적 독백이다. 타자성은 배제되며, 그것은 외부 이외에는 다른 자리를 갖고 있지 않다. 침묵에 빠져 있는 외부는 발언권을 갖지 못한다.

[펠리비앙(A. Félibien)[52]*은 노아의 방주를 건축 작품으로 간주하면서 이 예술과 종교와의 긴밀한 관련성을 암시한다. 그는 유태인에 대해 말하면서 이렇게 쓰고 있다. "이 사람들은 건축을 특별히 존중했다. 의심의 여지없이 이 예술은 무엇인가 신성한 것을 지니고 있기 때문이며, 신은 성서에서 우주 최고의 건축가로 불릴 뿐만 아니라 노아에게 방주를 어떻게 건립해야 하는가를 몸소 가르치려 했기 때문이다."]*[53]

위대한 건축가는 은유적으로 말하면 신이고 합리주의적으로 완곡하게 말하면 최고의 존재이다. 자신의 작업을 구상하는 건축가의 활동은 아날로공(analogon)⁵⁴과 같으며, 이 아날로공으로부터 이데올로기는 그 전체적인 의미가 걸려 있는 마지막 말이 무엇이 될지 넌지시 알려준다. 유추(analogie)의 영향은 원인에만 국한되지 않는다. 그것은 많은 다른 예들 중에서 케플러(J. Kepler)의 그것이 보여주듯이, 결과에 관련해서도 똑같이 유효하다. 사실 케플러는 둥근 지붕의 도식에 따라 세계를 해석한다. ("이 거대한 움푹한 곳은 내벽 면이나 둥근 천장에 의해서와 마찬가지로 수많은 항성들에 의해 둘러싸여 있다"⁵⁵고 그는 말한다.) 우주를 해독 가능하게 하는 것은 바로 건축적인 모델이다. 세계의 이미지는 건축적인 유추 속에 놓여 있다. 그러나 이 유추는 건축에 우주적인 기능을 부여하기에 앞서 종교적, 신학적인 관점에서 건축을 설계한다. 그래서 종교가 지배하는 어떤 사회에서 건축의 문제는 무엇보다 종교적인 건축과 관계가 있는 것이다. 세계는 우리가 신전의 둥근 지붕으로부터 시작할 때만 해독 가능해지며, 신은 건축가가 구축한 신전이 신성한 세계를 찬미할 경우에만 위대한 건축가가 된다. 이러한 은유는 분명하며, 오직 건축가가 신앙의 체계에 헌신하는 경우에만 기능한다. 달리 말하면 그것이 바로 건축가를 만드는 믿음이다. 우주에 대한 상징은 분명하지 않다. 예를 들어 팔라디오(A. Palladio)⁵⁶는 신전의 둥근 지붕과 우주 사이의 상동을 절대적으로 필요한 것, 건축가가 따라야만 하는 필연적 당위로 삼았다. 신전의 둥근 지붕은 "'오, 이것 보라'라는 오직 신의 말씀으로 표현되는, 완벽하게 완성된 위대한 신전"⁵⁷과 유사하게 만들어져야 한다고 그는 말한다.⁵⁸ 이는 얼핏 보아 케플러의 방식과는 정반대인 것 같다. 왜냐하면 여기서 신성한 건축에 모델 구실을 하는 것은 세계이기 때문이다. 그러나 질서는 유사성을 떠받치고 있는 믿음의 행위에 의해서 재확립된다.

이처럼 건축의 이데올로기적 기능을 결정하는 모방의 체계 중에서 이런 동요를 잊지 말자. 건축은 복제품이 아닌 모델을 만들어낸다. 건축은 모델로서 만들어진다. 건축은 세계의 질서든, 사회의 질서든, 모방하지 않고 그 질서를 구성한다.

[펠리비앙은 건축에 확실한 기원을 부여한다. 최초의 건립자들(카인, 노아, 세미라미스(Semiramis)⁵⁹ 등)은 스스로 도시의 설계도를 그리고 최초의 기념비적 건축물의 건립을 지휘했던 왕들이었다. 사회적인 건축은 건축 전체의 일부에 지나지 않는다. 건축가에게 왕궁의 설계도를 그리도록 요구한 것은 신이다. 세속적 건축의 개념은 그 어떤 의미도 지니지 못할 것이다.]

카트르메르 드 캥시(A. C. Quatremère de Quincy)⁶⁰의 『건축역사사전 (Dictionnaire historique d'architecture)』에서도 모방을 넘어서는 이러한 탈피가 생겨나는데, 이것이 바로 건축의 자율적인 생산을 규정한다. 여기서 모방의 구조는 '이미 완성된' 건축에 의해 문제시된다. 사실 '이미 완성된' 건축은 어디에서도 자신의 모델을 찾을 수 없으며, 따라서 자신이 모방해야 하는 것을 생산해야 한다. 실제로 건축이 스스로를 모방하는 것으로부터, 그리고 자신의 기원을 (오두막이나 집 등의 단순한 건물에서는 여전히 그러하듯이) 기계적으로 재생산하는 것으로부터 시작된다면, 또한 건축이 외부적인 형태만을 다루는 조각처럼 인간의 몸을 모방하는 것이 아니라 인간의 몸에 대한 연구에서 아름다움을 만들어내는 비례와 구성에 대한 지식을 끌어내면서, 그리고 구조물을 통해 그 비례와 구성의 관계를 재생산하면서 자신의 가장 완성된 단계에서 자연 그 자체를 '모방'하는 것이라면, 건축은 우주적인 법칙을 이루는 조화로운 체계를 '재생산'하는 것이라고 카트르메르 드 캥시는 말한다.

건축은 더 이상 목재 프레임이나 오두막에서 자신의 기원을 찾는 것이 아니며, 그 관계들을 조정하기 위해 비례를 가져다 쓸 인간 신체로부터 기원을 찾는 것도 아니다. 건축이 모델로 삼는 것은 추상적인 본질로서의 자연 그 자체이다. 원형과 본성이 되는 것은 바로 자연의 전형적인 질서이다. (…) 이런 식으로 다른 것들보다 물질에 의존하는 것처럼 보이는 이 예술은 최종적인 관계를 고려해 볼 때 다른 어떤 것보다 이상적인 것이 될 수 있다. 다시 말해서 우리의 지적 능력을 길러 주는 데 좀더 적합한 것이 될 수 있다. 사실 자연에 힘입어 물질적인 외관 아래 이 예술이 재생산하는 것은 지적 유추와 관계뿐이다. 이 예술은 물질적 측면에서보다 추상적인 측면에서 자신의 모델을 모방한다. 자신의 모델을 그대로 따르지 않고 그 옆에 있고자 한다. 자신이 보고 있는 것을 만들려 하지 않고 어떻게 만들어졌는가를 관찰한다. 결과에 관심을 갖고 있는 것이 아니라 결과를 생산한 원인에 관심을 갖고 있다.

자연의 모방자로서, 이 예술의 노력은 자연이 가진 방법들에 대한 연구와 작은 규모로 달성되는 결과들의 재생산을 향해 있다. 따라서 다른 조형예술이 자신이 모방하고자 하는 창조된 모델을 지니는데 비해, 건축은 현실의 어디에서도 취할 수 없는 자신만의 모델을 창조해야 한다.[61]

그러므로 건축은 '창조된' 모델을 갖지 않는다. 건축은 모델을 창조해야 한다. 건축은 그 자체와 무관하게 존재하는 것이 아닌 원형(arché-type)[62]을 따른다. 게다가 건축은 이 원형을 스스로 생산해내야만 한다. 이것이 바로 건축과 자연 사이 계획의 통일성이 보장되는 방식이다. 스스로를 소우주로 구성함으로써 건축은 세계의 윤곽을 묘사하고 그 이면에 존재하는 위대한 건축가의 그림자를 투영한다. 건축이 없다면, 세계는 해독 불가능한 상태로 남을 것이다. 자연은 건축이 자연의 원형이라는 전제 아래서만 건축의 원형이다. 건축이 우주적이라기보다는 오히려 우주 자체가 건축되어 있는 것이다.

[『*예술철학(Philosophie de l'art)*』*에서 이폴리트 텐(Hippolyte A. Taine)*[63]*은 건축을 자연에서는 그 사례를 발견할 수 없는 조화로운 전체를 생산하는 것으로 정의한다. "모든 예술에는 어떤 성격을 명료하게 드러내기 위해 예술가가 변형한 연결 부분들로 이루어진 전체가 필요하다. 그러나 어떤 예술에서든 이 전체가 실제 대상들에 조응할 필요는 없다. 이 전체가 존재하는 것만으로 충분하다. 따라서 실제 대상들을 모방하지 않은 상태의 연결 부분들로 이루어진 전체를 발견할 수 있다면, 모방을 출발점으로 삼지 않는 예술이 존재할 것이다. 이와 같은 일이 발생하며, 이렇게 해서 건축과 음악이 탄생하는 것이다. 실제로 세 가지 모방 예술*[64]*에 의해 모사된 연결 관계와 비례, 그리고 유기적이고 도덕적인 의존과는 별개로, 아무것도 모방하지 않는 다른 두 예술에 의해 연결되는 수학적 관계가 존재한다."*[65]*]

비트루비우스(M. Vitruvius)[66]는 (어떻게 보면 건축의 성서이기도 한) 자신의 책을 다음과 같은 정의로 시작하고 있다. "건축은 매우 다양한 연구와 지식을 수반해야 하는 과학이다. 이러한 연구와 지식에 힘입어 건축은 여타 예술의 모든 작품을 판단한다." 박식함은 건축가가 '위대하든' 보잘것없든 그의 가장 큰 미덕이다. 에티엔 루이 불레(Éti-enne-Louis Boullée)[67]의 말에 따르면 그것은 '건축가로 하여금 자연의 활용자가 되게'[68] 한다. 그래서 건축가의 예술은 계획의 실행에만 관련이 있는 집짓기의 단순한 기술과 구별된다. 건축가는 우선 무언가 고안해내야 한다. 전제로서의 이러한 개념은, 예를 들자면 구조물의 지형적인 주변 환경이나 공동생활으로의 편입, 그리고 구조물의 용도와 함께 구조물을 구성하는 수학적 관계들의 비례를 판단하기 위해 온갖 지식에 의지하는 것을 내포한다. 그러므로 모든 지식의 갈래들은 건축으로 수렴되며, 그런 이유로 건축은 매우 정확하게 백과사전적인 지위를 점유한다. 클로드 페로(Claude Perrault)[69]가 비트루비우스에 대한 책에서 언급한 것을 믿는다면, 그것은 또한 건축이라는 말의 어원적인 의미가 될 것이다. "건축은 모든 학문들 가운데서도 그리스인이 다른 것들에 대한 우월성과 책임감을 뜻하는 이름을 부여했던 학문이다."

건축의 우위는 그 통합적인 기능에 의해 보장된다. 건축은 신학을 위해서든 수학을 위해서든 상관없이 학문의 통합체를 이루고 있다. 다시 말해서 건축에 요청되는 사명은 통일성의 확립이다. 그것은 곧 평화의 장소, 콩코르드 광장이다.

[레온 바티스타 알베르티(Leon Battista Alberti)[70]는 『마음의 평화에 관하여(Della tranquillità dell'animo)』(1442)에서 불안과 고통으로부터 벗어나기 위해서는 수학이나 건축적 몽상에 빠져들 것을 권하고 있다. "때때로 나는 마음속에서 정교하게 비례가 잡힌 건축물을 설계하거나 짓는다. 여러 기둥 양식[71]과 수많은 기둥을 코니스(cornice)[72]와 특수한 기단과 함께 배열하면서 말이다. 잠에 빠져들 때까지 나는 이와 같은 종류의 구축에 스스로를 맡기곤 한다."[73] 건축이 영혼에 다시 평화를 가져다주는 것이다.]

이렇듯 건축은 모든 생산의 의미를 바꿔 놓으며 죽음에서 멀어져 가는, 소리 없는 상동의 중력을 재현한다. 실제로 이 지배적인 상동은 죽음 충동과 분리될 수 없는 것이다. 우리가 죽음 충동 안에서 죽음을 억누르는 운동을 받아들인다면 말이다. 기념비적 건축물과 피라미드는 하나의 장소를 덮기 위해, 죽음으로 남겨진 빈 공간을 채우기 위해 거기에 있는 것이다. 죽음은 겉으로 드러나서는 안 된다. 심지어 그것은 발생해서도 안 된다. 그러므로 무덤은 죽음을 덮어 가리고, 그럼으로써 죽음의 자리를 대신한다. 죽음은 미래에 잉태될 미지의 것으로 시간에 속한다. 그것은 알려져 있는 모든 것에 대한 타자이다. 그것은 담론의 의미를 위협한다. 그러므로 죽음은 상동으로 환원될 수 없는 이질적인 상태로 남아 있으며, 동화될 수도 없다. 생명 없는 상태로의 회귀가 점점 구체화될 때마다, 차이가 부정될 때마다, 프로이트가 그 행위를 인식한 죽음 충동은, 타자의 장소가 동일자의 내부로 유입되도록 하는 확장된 상동이라는 이해하기 어려운 양상을 띤다. 우리는 죽음이 오지 않도록 죽은 체한다. 아무 일도 일어나지 않도록, 시간이 머물 자리를 얻지 못하도록 그렇게 한다.

신학총서

> "매우 단단하고 영속적인 돌로 된 책은 훨씬 더 견고하고 항구적인 종이 책으로 대체되었다."[74]
> — 빅토르 위고(Victor Hugo), 『파리의 노트르담(Notre-Dame de Paris)』.

바타유에게 중세라는 공간은 꽤나 부담스러운 역사적 참조의 장이다. 그 이유는 그의 직업적 전문 지식과 관계가 있다. 그는 중세 연구가로서 교육을 받았다. 그러나 그의 지식은 그를 그럭저럭 암암리에 지탱해 주던, 중세에 대한 상상적 투영이나 중세에 대해 느끼는 감정에 더 큰 가치를 부여하는 일과 무관하지 않다. 국립고문서학교에 들어가기 전, 그는 이미 랭스의 노트르담 대성당을 찬양하는 찬가를 썼다. 바타유의 역사적 참조 체계 속에서 중세는 가장 강력한 금기의 장소를 차지한다. 이론의 여지없이 중세는 무엇보다 기독교가 득세하던 시대이다. 비록 중세가 구현하던 가치들이 세월이 흐르면서 그 기호(signe)를 바꿀지라도, 중세는 기독교적 가치 구현이라는 이 역할을 벗어나지는 않을 것이다. 『랭스의 노트르담 대성당』에 표현된 중세는 순결하고 빛나고 경건하고 군주제적이다. 반면 『질 드 레의 비극(La tragédie de Gilles de Rais)』에 표현된 중세는 어둡고 봉건적이다. 대성당과 성채 들의 중세, 종교의 중세가 있는가 하면 전쟁의 중세도 있다. 가장 강력한 금기의 장소는 필연적으로 가장 당혹스러운 범죄의 장소이기도 하다.

십삼세기의 고딕 대성당은 확실히 건축적 은유 체계의 가장 뚜렷한 예증이다. 이 체계는 다른 모든 시대에서도 발견되긴 하지만 다른 형태, 이형(異形)으로 나타난다.(사실 이형들의 효력은 대성당의 자리매김에는 미치지 못할 것이다.) 다른 어디에서도 건축 스스로 그 정도로 은유적인 힘을 가진 적이 없었기 때문이다. 고딕 대성당은 정치적이고 지적인 재구축이라는 거대한 운동과 연결되어 있었으며, 이러한 운동을 이용해 군주제는 봉건제도를 약화시키기 위해 도시에 의존했다.[75] 카롤링거 왕조의 해체에서 비롯된 분열 이후(그 결과 중의 하나는 종교적이고 지적인 삶이 남아 있던 수도원에 칩거하는 것이었다), 십이세기에는 중앙집권화의 움직임이 점점 구체화되는 것을 경험하게 되었다. 그리고 중앙집권화의 가장 강력한 중심 중의 하나는 곧 대학으로 바뀌게 될 대성당 부속학교였다. 이러한 중앙집권화는 당시 형성 중이던 국가들뿐 아니라 기독교 세계에도 동일하게 진행되었다. 프랑스의 역할, 특히 파리의 역할은 국가와 기독교 세계를 이런 움직임의 선두에 위치하게 했다.

지식과 그것의 전달은 전적으로 성직자의 지배하에 있었다. 교회는 또한 풍요로운 예술적 생산을 엄격히 통제하면서 이러한 생산에서 가장 중요한 위치인 후원자의 자리를 지켰다. 화가와 조각가는 그저 교회 당국에 의해 지시된 매우 세부적인 계획을 그대로 실행하는 사람에 지나지 않았다. 교회 당국은 재현해야 할 인물들, 그들의 태도와 특성, 그리고 그 구성을 지배하는 치수와 일반적인 서열을 결정했다. 건축에 관해 말하자면, 교리는 훨씬 더 명백했다. 대부분의 경우 사제가 건축물을 건립하는 작업의 책임을 스스로 떠맡았기 때문이다.[76] 오로지 대성당의 건립과 함께 건축가 집단은 독립적인 직능으로 자리잡는다. 그러나 이러한 독립은 그 어떤 이데올로기적 자율성도 수반하지 않았다.

교회가 사회에 대한 통제를 유지했던 체제 아래 대성당이 훨씬 더 결정적인 전략적 거점을 이루고 있었기 때문이었다. 대성당은 실제로 학교였으며, 교육 프로그램에 부합하는 자체의 기획을 지녔다. 다시 말하자면 대성당은 지식을 구현하는 동시에 보급하는 장소, 신학적인 문화가 축적한 이데올로기적 자본을 재생산하는 장소였다. 이러한 지식과 그 지식을 집적하고 수용하는 건축물 사이에는 조금도 경합의 여지가 없었다.

에밀 말(Emile Mâle)[77]의 프랑스 중세 예술 연구는 도상학적인 소재(재현된 주제, 채택된 배치)에 관한 매우 놀라운 확증을 보여준다. 교회가 예술작품의 생산에 대해 행사했던 빈틈없는 감독이 어떤 면에서는, 자유로운 영감을 방해하는 독단적인 억압으로 작용하지 않았다는 것이다. 그에 따르면 실상 교회 당국의 권위란 종교적 열정과 분리될 수 없는, 자유로운 영감 자체였다. 성서에 의거해 지식은 세계를 반영하고, 예술은 지식을 반영한다. 그러므로 대성당은 서로 반사하는 일련의 참조들로 그 자체에 둘러싸여 있는 사회의 한가운데서 소우주이자 동시에 백과전서로 규정될 수 있다.

> 십삼세기는 백과전서의 세기이다. 다른 어떤 시대에서도 세계의 총합, 세계의 반영, 세계의 이미지로서 백과전서가 그 정도로 출판된 적이 없었다. (…) 그런 가운데, 신학자들이 기독교 세계 전체를 수용할 지적인 대성당을 건립하는 동안, 한편에선 그것의 가시적인 이미지에 해당하는, 돌로 된 대성당이 건립되고 있었다. 중세는 자기의 모든 확신을 대성당에 쏟아부었다. 대성당은 그들만의 방식으로 세계의 총합, 세계의 반영, 세계의 이미지가 되었다.[78]

[에밀 말의 연구는 프루스트(M. Proust) 미학의 구상과 『잃어버린 시간을 찾아서(À la recherche du temps perdu)』의 탄생에 매우 중요했다. 다시 말해서 러스킨(J. Ruskin)[79] 작품에서의 중요성만큼이나 결정적인 중요성을 지녔다. 실제로 이 중요성은 러스킨의 경우에는 매우 신중한 형태로, 그리고 프루스트의 경우에는 매우 프랑스적인 형태로 폐 많은 유사성을 야기했다.[80] 프루스트는 교회와 국가를 분리시키는 '브리앙 법률안'[81]에 대항해 1904년『르 피가로』에 발표한 글의 소재를 에밀 말에게서 차용했다. 프랑스 정부와 로마 교황청 사이 단절의 결과로서 이 법률안은 수많은 교회에 대한 무조건적인 무관심을 이끌어냈다. 그리고 폐쇄된 교회는 죽어 갔다. 신앙이 교회를 건립했기 때문에, 오로지 신앙만이 교회를 살아 있게 할 수 있었다. 교회의 아름다움은 교회가 영접하는 회중의 종교적인 일체감과 분리될 수 없다. 살아 있는 신앙의 스펙터클, 그리고 그 신앙의 질서를 바로잡는 기독교 예식의 스펙터클이 없다면, 이러한 아름다움은 사라질 것이다. 예술은 종교적 효과에 지나지 않는다. 『랭스의 노트르담 대성당』을 쓴 바타유의 관점에서 교회를 위협하는 것은 전쟁이기보다는 오히려 반교권주의와 무신론이다. 프루스트는 이렇게 말했다. "교회를 폐쇄하는 것보다는 차라리 교회를 폐허로 만드는 편이 더 낫다."[82] 프루스트의 미학은 어쨌든 그 기원에서 보면 이러한 종교적인 전망에 사로잡혀 있다. 즉, 예술은 우리에게 남아 있는 종교적인 것에 지나지 않는다. 만약 문학이 우리가 여전히 예민하게 반응하는 것으로서 종교의 유일한 대체물(시대의 기호)로 남는다면, 문학은 대성당이라는 매우 강력한 신앙의 산물을 찬양하면서 소생시키려 해야 한다.

『잃어버린 시간을 찾아서』는 건축으로부터, 더구나 한 교회로부터 시작된다. 비록 교회가 대성당이 아닐지언정, 프루스트는 교회를 환기시키면서 그것에 대문자를 부여해 찬양한다. "교회!(L'Église!)"[83] 여기서 대문자로 적힌 교회는 콩브레에 있는 모성적이고 친숙하고 가족적인 교회, 즉, '우리의 교회(notre Église)'[84]이다. 『잃어버린 시간을 찾아서』의 시작은 이 교회를 둘러싸고 전개된다. 여기서 교회는 소설이 막 시작되는 상황에서 예술작품 일반의 모델뿐만 아니라 환기 행위를 통해 추진되는 작품의 모델로서도 작동한다. 프루스트는 어느 편지에서 대성당의 구조를 참조한 자신의 계획을 명확하게 정의하고 있다. ("당신이 내게 대성당에 관해 말할 때, 나는 어떤 직관에 자극받지 않을 수 없습니다. 이 직관은 아무에게도 말한 적이 없고 또 처음 쓰는 것으로, 당신으로 하여금 추측할 수 있도록 합니다. 바로 내가 책의 각 부분에 포치, 후진[애프스][85]의 스테인드글라스 등과 같은 제목을 부여하려 한 것입니다. 다시 말하자면 책의 유일한 장점이 부분들 간 최소한의 상관성에 있는 내 책에, 구성이 부족하다는 이유로 가해질 터무니없는 혹평에 대해 미리 반박하기 위해서입니다"[86]라고 그는 서신 교환자에게 쓰고 있다.) 잃어버린 시간 역시 이전의 신앙의 시간, 유년 시절의 시간 혹은 중세의 시간이다. 예술은 예전에 종교에 의해 충분히 보증된, 불멸의 확신을 되찾는 하나의 방법이다. 프루스트의 계획은 여러 가지 방식으로 그 실현 과정에서 좌절될 것이다. 그의 텍스트를 둘러싸고 있는 울타리에는 구멍이 뚫려 있으며, 글은 울타리 자체를 부정한다. 바타유는 프루스트의 이러한 실패에 가장 예민한 반응을 보이고 있다.[87] 그러나 전체적으로, 프루스트의 작품은 그의 계획을 확고히 하는 형식적인 독서에 적합할 것이다.

독자들은 『잃어버린 시간을 찾아서』에서 어머니의 죽음에 대한 어떤 흔적도 발견되지 않는 데 뜻밖의 놀라움을 보인 적이 있다. 어머니는 초반 몇 권에서 화자가 가장 강한 애정을 보여주는 대상이다. 이 어머니가 프루스트 작품 속에 간직된 비밀스러운 대성당의 형상을 몸으로 취하고 있다는 사실을 신속히, 그리고 어떤 의미에서는 은유적으로 말해야 한다. 프루스트의 유명한 표현에 따르면, 은유는 감동(sen-sation)을 시간의 우연으로부터 벗어나게 한다. 콩브레에 있는 교회는 예술작품의 은유이다. 왜냐하면 그것은 변화로부터 벗어나 있기 때문이다. 신앙에 입각해 교회를 이해할 줄 아는 사람에게 교회는 이미 시간을 초월한 듯 보인다. 아니 오히려 일상 세계를 구성하는 것이 파멸만을 초래하는 반면에 시간 속에서 보충적인 토대를 찾아낼 존재처럼 보인다. 프루스트는 이렇게 말한다. "교회는 사차원적 공간(사차원은 시간이지만)을 점유한다. 그것은 수세기에 걸쳐 확장되고 또한 들보와 들보 사이로, 예배당에서 예배당으로 넓어지면서, 단지 몇 미터의 공간만이 아니라, 자랑스럽게 그것이 생겨났던 허다한 시대들마저 정복하고 뛰어넘는 듯하다."[88] 이 사차원은 은유로서의 교회를 구성하며 교회를 세속적인 환경 속 환유의 오염으로부터 벗어나게 한다. 반면에 다른 세 가지 차원은 세속적인 환경으로 교회와 접촉한다.[89] 신의 피조물을 대홍수로부터 벗어나도록 하려고 노아가 건설한 방주처럼, 교회의 내부 공간은 시간의 흐름을 성공적으로 가로지른다. 은유적인 건립은 동시에 건축적이다. 그것은 창시적이다. 프루스트는 바로 거기서 시작한다.]

그러므로 에밀 말은 대문자 교회와 성당에 집중된 중세 사회의 닫힌 체계를 묘사한다. 거기서 예술은 신학에 의해 부여된 지위 이외의 다른 지위를 갖지 못한다. 예술의 유일한 역할은 종교적인 교리를 지각할 수 있게 재현하고 신앙을 설명하는 것이다.[90] 예술작품의 내용은 지식의 내용을 반영하는 것에 불과하다. 그리하여 도상학적 소재의 목록을 작성하기 위해 에밀 말은 뱅상 드 보베(Vincent de Beauvais)[91]가 자신의 『커다란 거울(Speculum majus)』에서 보여준 것과 같은 계획을 따를 수 있다. 그들은 하나하나 비교되어 조응한다.

그러나 이 도상학적 목록은 회화나 조각을 대상으로 하며, 단어의 본래 뜻으로 봤을 때 재현적이지 못한 건축을 대수롭지 않게 여긴다. 실제로 건축에 대한 분석은 더 이상 재현된 주제를 고려하지 않는다. 다시 말해서 그것은 더 이상 내용이 아닌 형식과 관계들에 개입한다. 에르빈 파노프스키(Erwin Panofsky)[92]는 자신의 『고딕건축과 스콜라철학(Gothic Architecture and Scholasticism)』[93]에서 바로 이러한 연구에 전념했다. 그는 고딕 대성당의 건립 원칙과 스콜라철학의 **총서**(Sommes), 곧 작품이 불가결하게 수사학적 형식을 띠는 **총서**의 구조 사이 (그들의 역사적 변화 속에서도 그 존재가 납득되는) 구조적 상동을 밝혔다. 십이세기부터 교회는 **총서**를 통해서 지식을 종합적으로 검토하는데, 그 형식의 가장 유명한 예가 성 토마스 아퀴나스의 『신학총서(Summa theologica)』이다. 동시대적이긴 하지만 제각기 특수한 영역에 속하는 이 두 가지 이데올로기적 산물의 상응은 그들 각각 구조들의 세부 속에서 발견되며, 다음과 같은 세 가지 본질적인 문제에 초점을 맞추고 있다.

첫째, 고딕 대성당과 스콜라철학의 **총서**는 종합적인 정신의 두 가지 산물이다. 그 둘은 인간이 획득한 지식의 전체를 체계화하려는 동일한 기획과 동일한 야심에 연결되어 있다. 사실 헤겔을 생각나게 하는 어떤 방식으로, 십삼세기는 완성된 지식의 시대를 경험했다. 마치 이 시대의 과업이 결정적이고 거의 완전한 것으로 간주되는 지식을 정리하는 일인 것처럼 말이다. 종합적으로 전체를 고려하는 이러한 양상은 스콜라철학자가 자신의 인식론적인 기획을 규정하기 위해 사용하던 **총서**라는 용어에서 나타난다. 대성당들에 관해 말하자면, 종합적인 전체적 고려의 양상은 정면 현관, 기둥머리, 스테인드글라스 위의 도상에서 나타난다. 여기서 파노프스키는 에밀 말의 분석들을 되풀이하는 것으로 만족한다. "종교화(宗敎畫)를 통해 고전 시대 대성당은 기독교적이고, 신학적이며, 자연적이고 역사적인 지식의 전체를 구현하려 한다. 모든 것을 제자리에 놓으면서, 그리고 아직 자신의 자리를 찾지 못한 것을 제거하면서 말이다."[94]

둘째, 고딕 대성당과 스콜라철학의 총서의 내적 구조는 상동에 의해 지배된다. 말하자면 총서가 자체를 구성하는 부분과 그 부분들의 세부가 일정한 관계에 따라 서로 관련되고 배열되는 방식으로 조직되는 것과 마찬가지로, 대성당의 입체 조직 역시 유일한 원칙을 따르고 있다. 그것은 첨두형 궁륭[볼트][95]이라는 원칙(반면 로마네스크 양식은 첨두형 궁륭, 교차 궁륭, 원통형 궁륭, 돔 등의 결합이다), 즉 전체적 상동의 비례에 따라 매번 되풀이되며 구조물 안에서 일관되게 발견되는 원칙이다.

셋째, 결국 고딕 대성당과 스콜라철학의 총서 둘 다 위계화된다. 그것들은 서로 명확히 구별되는 요소들로 구성되어 있긴 하지만, 이러한 개별화는 또한 다른 요소들과의 유기적 결합을 내포한다. 예를 들어 궁륭 체계의 조직은 기둥들 중 하나의 횡단면으로부터 그 전체를 완벽하게 추론할 수 있다. 부분과 전체를 의미심장하게 유기적으로 결합하는 다른 예로는 대성당의 외관과 내부 구조 사이 유기적 결합이 있다. 대성당의 정문 현관, 그보다도 고딕 파사드(정면)는 겉으로 명시하거나 드러내고자 하는 구조물 전체에 대한 일종의 평면(또는 단면)[96]으로 나타난다. 이는 책의 서두에 있는 '작품의 구상'이나 '개요'가 독자가 앞으로 무엇을 읽을 것인가를 사전에 객관적으로 이해할 수 있게 해 주는 것과 같다. 이러한 예는 고딕 건축을 특징짓는 것이 무엇인지 잘 보여준다. 고딕 건축은 다른 모든 건축들처럼 구조화되어 있다. 그러나 고딕 건축은 더 나아가 구조주의적이라고 말할 수도 있다. 왜냐하면 그것은 자신의 구조를 명백히 보여줄 뿐 아니라, 동시에 간과해선 안 될 계몽적 목적을 부여하는 맥락 가운데 자신의 구조를 드러내기 때문이다. 평면과 정면은 구조를 현시함으로써 그 구조를 중복하고 있는 것이다.

이런 계몽적 목적은 바로 스콜라철학의 실천에 **총서**의 형식을 도입한 것과 동일하다. 파노프스키는 교육에 대한 관심과 부합하는 텍스트를 구체적으로 소개하면서 어떤 변용을 보여주는데, 여기서 변용은 너무나 결정적인 탓에 오늘날 우리가 지니고 있는, 책이라는 관념을 구성하는 대부분의 특성이 그 영향에서 비롯한다. 파노프스키는 말한다. "담론적 지식에 관한 주요 작품들, 특히 철학적 체계와 박사논문이 목차나 개요로 요약될 수 있는 구분과 세분의 도식에 따라 조직되는 것을 우리는 당연하게 생각한다…. 그러나 이런 유형의 체계적인 유기적 결합은 스콜라철학 이전까지는 전혀 알려지지는 않았다."[97] 책이라는 관념은 인쇄술에 의해 널리 유포되기 전, 성당과 동시에 태어났다. 이는 대성당과 다르면서도 깊이 상동하는, 태성당에 대한 또 다른 판본이다.

신전, 신의 책, 세계의 책. 책과 건축은 서로 지지하면서 단일한 논리적 체계성을 유지한다. 특히 이러한 체계성은 한눈에 전체로서 파악될 수 있어야 한다. 다시 말하면 시간을 초월해 공시적으로 구상의 통일성을 나타내는 파사드[건축]나 목차[책]의 동시성, 그리고 단일한 명제나 하나의 요점에 전체의 총합을 수행하면서 통일성의 차원으로 환원된 공간에 집중될 수 있어야 한다.

고딕 성당의 구조와 스콜라철학의 **총서** 구조 사이의 이러한 상동을 강조하려고 파노프스키는 한 측면에 주의를 기울이는 과정을 도입한다. 그는 "스콜라철학자에게서 어떤 용어를 차용하려면 교리의 관념적 내용은 차치하고 그 작동 방식(modus operandi)[98]에 주의를 기울여야 한다"[99]고 말한다. 실제로 관념적 내용은 오히려 특별히 건축적이지 않은 도상의 소재에서 발견되지만, 도상의 소재를 구체적으로 표현하는 매체는 대성당이다. 파노프스키가 스콜라철학의 언어 자체에서 차용한 용어로 자신의 방식을 정당화한다는 사실에 주목하자. 따라서 건축적 실천으로부터 그는 이 실천이 전파하는 구체적이고 이데올로기적인 내용들(엄밀한 의미에서의 건립 작업, 장식, 종교적 목적)을 개입시키지 않은 채 자기 방식의 형식적인 특성만을 고려한다. 똑같은 방식으로 스콜라철학의 총서는 그것이 근거를 두는 소재와는 무관하게, 계몽적인 설명이라는 형태로 고려된다. 그런데 설계도의 제작 혹은 (실현과 대립되는) 개념의 형식적인 관점에서 건축가의 작업을 바라보는 이러한 방식은 성 토마스 아퀴나스의 방식과 조금도 다르지 않다. 토마스 아퀴나스에게 건축가란 '구조물의 재료를 다루지 않고 구조물의 형상을 구상하는' 사람이다. ("그 차원에서의 가장 근본적인 원인을 고려하는 그는 어떠한 차원에서도 지혜롭다 말할 수 있다. 따라서 건립의 차원에서 집의 형상을 구상하는 그는 나무를 대패질하고 석재를 즉시 쓸 수 있게 준비하는 하급 노동자들과 관련해 볼 때 현자 또는 건축가라 불린다. 「고린도전서」 3장 10절에는 '현명한 건축가로서 나는 기초를 쌓았다'는 말이 나온다"『신학총서』, 제1문제, 제6절) 건축가는 오로지 기초[기반 또는 아르케(fondamentum ou archè)]에만 전념한다. 다시 말해서 그는 가장 고결한 요소에만 전념한다. 즉, 그는 건물을 실현하게 하는 구체적 조건이 아닌 건물의 형상만 심려하는 것이다. 그런데 형식적인 구상과 구체적인 실현 사이의 이런 구분은 이데올로기적으로 전혀 객관적이지 않으며, 그것은 (모든 철학을 말하지 않더라도) 토마스 아퀴나스의 학설에서의 논증에 본질적이다. 이 경우 파노프스키의 구조주의적 방식은 스콜라철학의 개념 자체, 특히 건축에 관한 스콜라철학의 개념을 되풀이하는 데 그친다.

　그것은 개념이 아니라 은유이다. 혹은 토마스 학설의 어휘 속에 남기 위해서라면 그것은 유추, 즉 유비(similitudo)이다. 건축은 총서가 가톨릭 교리를 명료하게 제시하기 위해 이용하는 가장 빈번한 유추 중의 하나이다. 많은 다른 역할들 중에서 건축은 신의 작업으로 생겨난 피조물들의 위계를 정당화하는 데 도움이 된다.("건축가는 석재의 본래적인 차이 때문이 아니라 건물 전체의 완벽성을 확보할 목적에서, 같은 종류의 석재를 건물의 상이한 여러 곳에다 공평하게 놓는다. 그 석재들을 다른 자리에 두지 않는다면 완벽함은 결코 얻어질 수 없다. 마찬가지로 신께서는 태초부터, 우주의 완전성을 확고히 하시기 위해 당신의 지혜에 따라 편견 없이 온갖 종류의 상이한 피조물들을, 어떤 다양한 가치도 전제하지 않은 채, 우주 속에 배치했다." 『신학총서』, 제65문제, 제4절.) 성 토마스 아퀴나스는 제1원리의 통일성을 파괴하지 않는 방식으로 해석되어야 하는 신의 위격[100]의 행렬, 다시 말해서 내적인 행렬을 설명하기 위해 건축적인 은유를 사용한다. 건축가의 예술이 건축가의 개념과 무관하지 않은 것과 마찬가지로 신의 위격은 제1원리와 무관하지 않다. ("그러한 원칙을 초월한 무엇인가가 되기 위해 어떤 원칙으로부터 나아가는 것은 제1원리의 개념과 대립된다. 그러나 이해하기 쉬운 행동에 의한 심오하고 한결같은 진행은 제1원리의 개념에 포함된다. 모든 것의 제1원리인 신을 창조된 것과 비교하는 것은 마치 숙련공을 인공물과 비교하는 것과 같다." 『신학총서』, 제27문제, 제1절.) 그러므로 건축적 개념이, 자신의 작품 속에서 소외되지 않는 건축가의 정신을 벗어나지 않는 것은 분명하다. 건축적 유추를 이용하는 다양한 예들이 있을 수 있다. 이데아의 존재에 근거를 두는 최종적인 것을 논의해 보자. 이 경우 성 토마스 아퀴나스는 형상이나 이데아("그리스어의 이데아(Idea)는 라틴어로는 형상(forma)이다")가 모든 생성의 목적이라는 사실로부터 출발하면서 이데아 존재의 필요성을 보여준다.("우연에 의해 생성되지 않는 모든 것에서 형상은 모든 생성의 목적이 되어야 한다.") 이는 이러한 생성의 요인이 형상과 함께 이미 그 자체로 어떤 유추 또는 유사('유비')를 갖는다는 것을 내포한다. 인간에 의한 인간의 탄생, 불에 의한 불의 생성이 이루어지는 것과 마찬가지로 자연적 존재("자연적 존재에 의한")와 조화를 이루는 유사가 있다. 또한 지성을 매개체로 갖는 어떤 것과 마찬가지로 이해 가능한 존재("이해 가능한 존재에 의한")와 조화를 이루는 유사도 있다. "지성으로 행동하는 사람들의 경우에 따르면 어떤 집과 닮은 무엇이 건축자의 정신 속에 이미 존재한다. 그리고 이것은 집의 형상이라 불릴 수 있다. 건축자는 자기 마음속에 구상한 형상과 똑같은 집을 지으려고 하기 때문이다."(『신학총서』, 제15문제, 제1절.) 결론적으로 건축가 자신은 성 토마스 아퀴나스의 논증에 소환되는데, 여기서 건축가는 신이 무엇인지를 인간에게 제시할 수 있는 가장 명증한 유추를 보여주는 지위를 점한다.

『신학총서』는 신앙의 교리를 표명하고자 한다. 다시 말해 근거로서 신앙의 교리를 분명히 하고자 한다. 신앙의 교리를 입증하기 위해서가 아니라 그것을 이해할 수 있게 하는 유추를 생산하기 위해서이다. 논증의 본질적인 구성 요소인 유추는 이미 알려져 있는 것에서 알려지지 않은 것에 이르는 연속성, 그리고 피조물에서 신의 존재에 이르는 속성들을 확고히 하면서 이성과 신앙 사이의 갈등을 끝낸다. 특히 이러한 속성들은 모든 경우 일의적인 관계 안에 있지 않다. 신의 정의는 인간의 정의와 같지 않다. 신은 말의 인간적인 의미로 건축가라 불릴 수 없다. 그럼에도 그는 건축가라 불리거나 적절한 무언가로 불릴 수 있다. 왜냐하면 이러한 비(非)일의성이 그렇다고 애매하지 않기 때문이며, 또한 유추라는 기술적인 용어가 바로 이러한 관계를 지칭하기 때문이다.[101] 성 토마스 아퀴나스의 작품에서 나타나는 가장 빈번한 유추 중의 하나는 건축 자체이다.

그러므로 건축은 이미 신학적인 논증에 포획되어 있다. 이는, 바로 파노프스키의 분석이 암시하듯이, 건축이 신학적인 논증과 단순히 평행한 관계라고 이해하기 어렵게 만든다. 건축은 신과의 관계를 다루는 한 가지 방식에 지나지 않는다. 교리적인 차원이 아닌 역사적이고 사회적인 차원에서, 기독교 교리의 유추를 내포하는 대성당의 기능은 구체적인 형태를 통해 수많은 신도들에게 교리를 명백하게 보여주는 데 봉사함으로써 확고해진다.

그러나 대성당을 짓지 않았던 것과 마찬가지로 『신학총서』도 쓰지 않았던 바타유로부터 우리는 여전히 멀리 떨어져 있다. 작업의 총합으로서 그가 생산하려고 시도했던 모든 것은 더하기 이상으로 빼기였을 것이다. 정확히 말해서 하나의 대성당, 즉 첫번째 『랭스의 노트르담 대성당』을 빼는 것이다.

바타유는 역할을 뒤집어 놓는다.

건축가는 설계도를 그리고 계획을 세울 수 있는 능력에서 자신의 확실한 우월성을 본다. 그는 정신적인 것(cosa mentale)을 본 것이다. 즉 그가 고안한 형상은 물질에 대한 관념의 지배를 확고히 해야 한다. 실행은 계획을 따르고 마침내 사라질 때까지 계획에 종속될 수밖에 없다. 본래 계획은 자신의 형상을 재현하고 자신의 재현을 확고히 하려 한다. 계획이 예상하지 못한 것을 제거하는 데 주의하면서, 그리고 시간에 의해 계획에 대립될 수 있는 것이 출현하지 않도록 주의하면서 말이다. 미래(실현된 구조물)는 현재(설계도)에 부합해야 한다. 시간은 제거된다.

『반신학총서(Somme athélogique)』의 첫번째 책 『내적 체험(L'expérience intérieure)』은 자기 위반적인 책이다. 말하자면 그것은 책이 아니다. 그것을 쓰는 데 너무 오랜 시간이 걸렸다. 너무 오랜 시간이 걸려서 시간 자체가 그것을 썼고 그 안에 시간이 새겨졌다고 말해야 할 것이다. 바타유는 계획에 어긋나게 시간과 함께 그 책을 썼다. 그는 글자 그대로의 의미로 거기에 시간을 넣었다. 이 사실이 책을 초월한, 텍스트만의 이질성이라는 공간 이외의 어느 다른 곳에서 이 책을 읽지 못하게 한다. 이 책을 구성하는 글들은 동시에 이루어진 것이 아니다. 다시 말해서 글들 사이에는 그 어떤 동시성도 결코 존재하지 않는다. 텍스트들의 병렬에 의해 우리가 읽을 수 있는 것은 바로 텍스트들을 그것들이 부합하게 될 계획과 다르게 만드는 간극이다.

『내적 체험』은 책을 초월한 어떤 작용을 나타내는 일련의 서문에 지나지 않는다. 그 작용은 아마도 책 안에서 이루어질 것이지만 오직 책을 조롱하는 것으로서 그렇다. 바타유의 말대로, 뒤이어 올 글을 소개하려는 의도와 함께 나중에 씌어진 서문 중 하나에서 우리는 어떤 계획이 밝혀지는 것을 볼 수 있다. 그러나 이 계획은 존중받지 못하는 바로 그 순간에 오로지 하나의 기억으로만 드러날 뿐이다. "계획이라는 관념(그것은 이 책에서 중요한 부분을 차지한다)에 대립된 것이 나에게는 너무도 필요해 이 서문을 위한 세부 계획을 쓴 후 나는 그것을 충실히 이행할 수 없었다."[102] 계획은 계획으로 남는다.

그러므로 바타유는 역할을 뒤집어 놓는다. 시간도 물질도 이제는 더 이상 도움 되는 것이 아니다. 이제는 계획이 있다. 계획을 사라지게 하기 위해서는 계획을 이용해야 한다. 다시 말해서 "어떤 계획을 통해 계획의 영역에서 벗어나야 한다."[103] 그는 시간을 이용했고, 시간은 스스로를 해방시키기 위해 그를 이용한다.("계획은 감옥이다."[104]) 계획의 영역에 속하는 그 어떤 것도 중요하지 않다. 왜냐하면 계획은 욕망에 부합하지 않고 욕망을 억압하기 때문이다. (그리고 정확히 말해서 프루스트의 '구성'에 관해 바타유가 매혹된 것은 『잃어버린 시간을 찾아서』의 저자가 자신의 계획을 실행하는 데 성공을 거둔 억제력이 아니다. 반대로 그것은 욕망의 힘에 휩쓸려 자신의 계획을 계속 약화시키는 은밀한 파괴이다. "프루스트의 교훈에 특권적 개성을 부여하는 것

은 의심의 여지없이 엄밀함인데, 이 엄밀함으로 그는 자신의 탐구 대
상을 무의지적인 착상으로 귀결시켰다."[105] 글쓰기는 자신의 영역에서
좌절된 계획이다. 그것은 책을 파괴하며 책이 스스로를 가두지 못하게
한다. (가둘 수 없는 책에는 무엇이 남아 있겠는가? 책의 열림… 그러
나 그것은 적어도 책에 귀속된 것이다.) 그것은 동일한 연속선 위에서
펼쳐진다. 글쓰기는 건축이 자신의 사라짐에 직면하게 되는 부조화의
장소를 펼쳐 보인다.

바타유는 말한다. "계획처럼 조화는 시간을 바깥으로 내던진다. 조화
의 원칙은 가능한 모든 것이 영속화되는 반복이다. 건축이나 조각은
관념적인 것이며 조화를 고정시키고 모티프의 지속을 보장하는데, 그
것의 본질은 시간을 무효화하는 것이다. 게다가 예술은 계획으로부터
반복을 차용했다. 즉, 반복되는 주제로 시간의 고요한 포위를 차용했
다."[106]

'건축'이라는 항목

『도퀴망』에 실린 사전에 바타유가 발표한 첫번째 항목은 건축에 할애되었다. 그것은 1929년 5월 2호에 발표되었으며 세 단락으로 구성되어 있다.

첫째, '건축' 항목의 첫번째 단락은 다음과 같다.

> 건축은 인간의 얼굴이 개인의 존재를 표현하듯이 사회의 존재 그 자체를 표현한다. 그러나 이러한 비교는 무엇보다도 공직자들(고위 성직자, 사법관, 해군 대장)의 얼굴과 관련되었을 때 그렇다. 사실, 오로지 사회의 이상적인 존재, 즉 권위와 더불어 명령하고 금지하는 존재만이 건축적 구성 가운데 표현된다. 따라서 위대한 기념비적인 건축은 모든 모호한 요소들에 위엄과 권위의 논리로 대처하면서 장애물로 서 있다. 말하자면 대성당과 궁전의 형태로 교회나 국가는 대중에게 호소하거나 침묵을 강요한다. 사실 기념비적 건축이 사회적 선행을 고취하고 때로는 진짜 공포마저 불러일으킨다는 점은 분명하다. 바스티유 감옥의 점령은 이러한 사태를 상징적으로 나타낸다. 말하자면 진정한 지배자라 할 기념비적 건축물에 대한 민중들의 증오 외에는 달리 군중의 이런 운동을 설명하기란 어렵다.[107]

여기서 배치된 것은 덫으로서의 거울로 규정될 수 있는 무한한 격자구조이다. 즉, 덫으로서의 거울이 목표로 하는 대상을 거울에 비친 이미지를 통해 미리 발견하게 되는 구조이다. 바타유는 자신이 강제적인 관계로 바꾸어 놓은, 의미심장한 관계에서 출발한다. 건축은 사회가 무엇인지를 말하는 것(직설법)으로 시작된다. 건축은 사회의 존재를 표현하며, 따라서 그 이미지와는 무관하게 그 자체에 관한 한 있는 그 대로인 초월적인 실재를 나타내는 단순한 기호이다. 하지만 이러한 묘사적인 객관성의 배후에, 기호가 표현하는 영역 바로 그곳에서 상징의 강력한 개입 작용이 점차 나타난다. 예전에 사회질서의 이미지였던 건축은 이제는 사회질서를 보장하는가 하면 강요하기까지 한다. 단순한 상징에서 시작된 건축은 이제 지배자가 되었다. 건축은 자신이 만들어 낸 이미지의 덫으로 사회를 포획한다. 건축은 자신을 반영하는 거울에 비친 이미지에다 사회를 고착시킨다. 건축이 자리잡는 장소는 신앙의 유대에 의해 종교와 왕국이 그들의 권위 속에서 확고해지는 효과, 즉 가장 위압적인 효과 속에서 이해되는 상상계의 장소이다. "사회는 이제부터 공동의 과오, 공동으로 저질러진 범죄에 근거한다"고 프로이트는 말했다. 그러나 사회는 범죄를 잊게 만드는 근엄한 기념비적 건축물로 범죄의 장소를 덮어 가린다. 건축은 사회의 존재를 표현하기보다는 오히려 은폐한다.

바타유의 초기 글들의 변함없는 주제는 바로 기념비적 석조 건축물로 사회적 삶을 은폐한다는 것이다. 그것은 1928년 「사라진 아메리카」에서 잘 나타나 있다. 여기에서 은폐는 국가 통제의 제국주의적 시스템과 페루 잉카문명에 대한 서술을 통합하면서 콜럼버스 발견 이전의 멕시코, 즉 아즈텍족의 참혹한 광기와 대립되고 있다. 바타유에게 아즈텍 세계는 사회를 구성하는 희생을 금하지 못한 하나의 사회적 모델로 남을 것이다. 일시적으로 영광의 절정과 권력의 정점에 도달했던 이 사회는 미래를 보장해 줄 제도적 구조를 확립하는 데 소홀했다. 스페인 군대가 멕시코에 갑자기 들이닥쳤을 때 경솔하게 희생물을 바치면서 절멸과 죽음에 직면했다. 그것은 방어하지 못하고 소멸할 정도로 죽음에 근거한, 그리고 기꺼이 파괴를 받아들이는 한 사회의 독특한 이미지를 보여줄 뿐이다. 이 사회가 남겨 놓은 피라미드는 죽음을 은폐하는 데 쓰이지 않고 모든 사람들이 보는 앞에 희생물의 죽음을 전시하는 데 쓰였다. 바타유는 그들에게 할애한 『저주의 몫(La part maudite)』의 장에서 이렇게 쓰고 있다. "건축에 관한 그들의 지식은 그 정상에서 인간을 제물로 바치는 피라미드를 건립하는 데 사용되었다."[108] 여기서 건축은 그 원래의 기능을 방해하는 파괴적인 작용으로 회귀했다. 이와 반대로 잉카 제국주의는 **감춰진 죽음의 문명**이다. 아즈텍족의 희생을 참혹한 광경으로 만든 반면, 잉카 제국의 희생자들은 신전의 깊숙한 곳에 목이 졸린 채 죽어 있었다. 죽음 충동에 의해 받아들여진 법칙에 따르면, 무덤은 죽음을 은폐한다. 잉카문명은 '인간에 의해 형성된 것 중 가장 행정적이고 규율적인'[109] 국가의 관리들에 의해 관료적으로 조직된 거대한 무덤에 지나지 않는다. 바타유는 그것을 죽음이라는 예측할 수 없는 것으로부터, 즉 가늠할 수 없는 타자성으로부터 방어하는 체계로 묘사한다. 바타유에 따르면, 이 방어 체계에 의해 사회에 부과된 마비 상태와, 예술 활동이 차지하는 매우 사소한 역할을 연관지어 생각해야 한다. 이 활기 없는 세계에서는 그 어떤 것도 빛나지 않는다. 그럼에도 불구하고 잉카문명이 남긴 건축 유적은 엄청난 양으로 인해 대단해 보인다. 그야말로 압도적인 그것의 양상은 마비 상태의 원인이자 동시에 징후인 것이다.

"잉카 제국의 수도인 쿠스코는 일종의 요새화된 성채 기슭의 높은 고원에 자리잡고 있었다. 이 도시는 무겁고 육중한 규모라는 특징을 지녔다. 바깥 창문도, 장식도 없이 짚으로 덮인 채 거대한 돌로 건립된 높은 집들로 인해 거리들은 어딘가 더럽고 음산해 보였다. 지붕들을 굽어보는 위치에 세워진 신전은 똑같이 장식 없는 건축물에 속했다. (…) 그 어떤 것도 보잘것없는 미개라는 인상과 특히나 무감각한 단조로움이라는 느낌을 사라지게 하지는 못했다."[110] 다음과 같은 구절로 끝나는 행정기구에 대한 묘사가 이어진다. "분위기라고는 전혀 없는 생활 가운데 모든 것이 계획되었다."

따라서 표현의 재료와 구조에 대한 문제는 바타유에게 정치적 의미를 띠게 된다. 건축적 표현은 분명 사회의 구성이 아닌 어떤 '작용'을 한다. 이 작용은 반대로 한 사회를 구성하는 것을 제거하기 때문에 사회의 위협으로서만 기반을 이루는 일에 대항해 스스로를 방어하려는 사회에 봉사한다. 사회는 지속하고자 하는 욕망에서 작용에 의지한다. 이데올로기적인 생산은 모든 억압 체계를 반영할 뿐만 아니라 그 체계와 분리할 수 없다.

우리는 아즈텍의 희생으로부터 시작해서 잉카 건축으로 되돌아오며 「사라진 아메리카」를 거꾸로 읽었다. 그러나 바타유의 글은 건축 시스템(그리고 도시계획과 국가 통제 등을 위한 그 모든 하부구조들)의 묘사로 시작하고 있다. 아즈텍족은 최초의 것을 무효화하는 두번째 시기로서만 등장할 뿐이다. 〔두번째 시기는 1을 0으로 되게 하는 것 이외의 다른 기능을 갖지 않는다. 그것은 덧셈으로 그 자체를 확고하게 하기는 커녕 오히려 그 자체에서 1을 뺀다. 덧셈은 1에서 생겨나지 않는다. 쌍대성(雙對性)은 덧셈으로 생겨나는 것은 아니다.〕 따라서 글의 전개 속에서 희생은 축적 이후에만 생겨날 수 있다.

최초의 시기(이 말은 '초기'라는 표현과 동일한 느낌으로 이해되어야 한다)는 서수와 기수의 결합으로 이루어지는 하나(첫번째)의 시기, 즉 통일성의 시기이다. 통일된 전체를 구성하려는 경향이 있는 한, 적어도 일원론적인 모든 시스템은 이 시기에 속한다. 통일성은 하나의 질서이다. 다시 말해 하나라는 구호(口號)다. 그러므로 최초의 시기는 '논리적인', 즉 단일 논리적인[크리스테바(J. Kristeva)] 규칙의 시기이다. 하나의 소리만이 들려야 한다. 아르케, 특히 건축의 아르케는 정확히 말하자면 시작과 아울러 명령을 표현한다. 그것은 통일성의 논리 가운데 시작의 명령 아래에서 연속적인 전개를 나타낸다. 아르케를 지탱하는 것은 무질서를 초래할 수 있을 타자를 이 연속에서 배제시키기 위해 그 스스로 보여주는 방어적인 힘이다. 그리하여 고위 성직자, 사법관, 해군 대장이 생겨나는 것이다…. 타자에 맞서는 누군가를 위해 건축으로부터 시작하는 것도 괜찮다. 그러나 또한 타자를 위해 건축으로부터 시작하는 편도 좋을 것이다. 왜냐하면 타자는 통일성의 논리로 환원될 수 없는 둘(두번째)처럼, 명령에 따르지 않는 둘처럼 출현하면서 건축을 파괴할 수도 있을 것이기 때문이다. 바타유의 첫번째 텍스트인 이 성당,『랭스의 노트르담 대성당』은 그가 수행한 그 외의 나머지 작업들에 의해 무효화되고 지워질 것이다. 이러한 작업으로 그는 파괴적인 시기라 할 두번째 시기를 무효화하는 합 속에서 통일성을 회복하는 (헤겔의) 삼단논법을 무너뜨린다.(거기에는 대립의 통일성은 없고, 셋은 하나와 둘의 단순한 통일이 아니다.[111]) 마찬가지로「사라진 아메리카」에서는 타자에 대한 반발로서 규범에 대한 서술에 뒤이어 위반이 기술된다.

바타유가『도퀴망』에 발표한 첫번째 글은 동일한 체계를 따랐다. 거의 유일한 차이라면, 잉카족과 아즈텍족의 경우 치명적인 무질서에 의한 건축적 질서의 파괴가 오로지 텍스트 안에서만 작동하는 반면(역사적으로 이 두 제국은 어떠한 관계도, 특히 어떠한 대립 관계도 갖지 않았기 때문이다),「학구적인 말」이라는 글에서 그 대립의 흔적이 발견되는 그리스와 골(Gaul)[112] 사람들은 실제로 서로 대립한다는 점이다. 게다가 골 사람들의 '야만'이 (그리스) 문명과의 관계에서만 작용한다는 점을 주목해야 한다. 그 야만은 그 자체의 내부에서는 존재하지 않는 것이다. 여기서 야만은 오로지 '체계적인 정복'[113]에서 벗어나는 것, 체계적인 정복이 복종시키지 못하는 것, 체계적인 정복이 길들일 수 없는 타자성으로 규정된다. 게다가 이 글에서 바타유는 말(馬)의 형상이 거치는 변형을 연구하는데, 그것은 골 사람들이 그리스인으로부터 손에 넣게 된 것이다. 다시 말해 그것은 의미심장하고 관습적인 기호체계를 뒤흔들어 놓는 것으로서 야만의 개입일 뿐이다. 야만은 예를 들자면 문명과 무관한 사회, 특히 '문화'의 부재에 의해 문명과 구별될 수 있을 사회의 한 형태가 아니다. 반대로 야만은 이데올로기적인 표현의 어떤 형태(이 경우 화폐에 그려진 형상)에 의해, 결과적으로 가장 '문화적인' 현상이긴 하지만 사회질서를 옹호하기보다는 오히려 공격하는 그러한 현상에 의해 특징지어진다. 건축을 둘러싼 모든 표현 형태들, 서로 확고하게 하고 강화하는 모든 언어들과 함께 건축에 의해 지배되고 조직되는 방어체계에 야만은 공격적인 기습과 중복되지 않는 반격으로 대항한다. 잉카 제국의 수도는 어떤 성채에 의해 지배되었다. 아테네도 마찬가지다. '아크로폴리스의 건축'은 사회적이고 철학적인 위계의 완성을 통해서 '플라톤 철학'[114]과 결합한다. 그리고 이러한 완성에 의해 관념론은 구조 보존의 재생산 속에서 존재를 마비시킨다. 고위 성직자, 사법관, 해군 대장이 다시 복귀한다…, 이러한 장애물 같은 존재들이 없다면 사회적 정숙함은 오랫동안 지속될 수 없을 텐데, 그것은, "훈육된 이들에게 공적인 권위와 가치 의식을 제공하는 모든 것, 즉 건축, 이론적인 법, 문인들의 세속적 지식과 문학으로 구성된다."[115]

제국주의, 철학, 수학, 건축 등은 인간의 물결, 즉 흥분한 군중들이 혁명적인 반란을 통해 마침내 획득하게 될 화석화된 체계를 구성한다. "죽음의 행위를 견뎌내는 일은 가장 위대한 힘을 요구한다"라고 헤겔은 말했다. 그러나 지성과 죽음 사이의 관계는 헤겔과 바타유에게 똑같지 않다. 분리하고 추상화하면서 구체적인 것 속에 분할을 도입하는 정신 작용을 통해 헤겔은 작동하고 있는 죽음의 역학을 본다. 지식은 감지될 수 있는 구체적인 일을 제거하는 이 파괴의 '절대력'을 지니고 있다. 처음에 '감지의 대상을 유체의 형태'로 만드는 지식의 추상적 개념은 나중에 '결정적이고 고체화된' 사고의 집합이 되고 추상적인 결정 체계로 굳어졌다. 그와 반대로 바타유에게 이러한 화석화는 지성의 본질 그 자체이다.(그리고 이 경우 과학과 철학 사이 관계와 마찬가지로, 다른 학문들과 수학을 구별할 필요는 없다.) 말하자면 그는 초기에는 형식주의자였다. 지성은 바로 지나간 죽음이다. 그것은 결코 작동하고 있는 죽음이 아니다. 헤겔의 말에 따르면, 지성은 '죽음을 감당하고 유지하기'보다는 오히려 죽음을 앞서가면서 죽음을 피한다. 지성은 죽음 충동으로부터 자신의 유일한 운동을 받아들인다. 미지의 것을 예감하고 두려움에 사로잡힌 채 동일한 것(동일성)의 형상으로의 도피에 이끌리면서 말이다. 죽음은 유체화하고 용해시키며, 수학은 마비시킨다. 건축은 어떤 운동의 암시조차 지니지 않는다. '비정형'이라는 항목에서 언급되었듯이, 건축의 핵심은 존재하는 것에 '수학적인 외투'를 제공하는 것이다. 다시 말해서 죽음이 나체의 형태로 삶 속에 끌어들이는 미완성을 감추는, 어떤 형상을 제공하는 것이다. 이 점에 관해서는, 수학적인 방법에 의한 역설적인 **신인동형설**(anthropomorphisme)이 구체화된다. 「학구적인 말」에서 바타유는 인간 형상(나체를 감추는 형상)의 조화로운 비례와, '어렴풋하고 비정형적인 것에 대한 두려움'[116]을 연결한다.

둘째, '건축' 항목의 두번째 단락은 다음과 같이 이어진다.

게다가 **건축적 구성**이 표정이나 의상에서든, 음악이나 회화에서든 간에 기념비적 건축물이 아닌 다른 곳에서 발견될 때마다, 우리는 인간이나 신의 권위에서 지배적인 양식을 추론할 수 있다. 어떤 화가의 위대한 구성은 인간에게 공적인 관념을 강요하려는 의지를 표현한다. 반대로 회화에서 틀에 박힌 구성의 사라짐은 사회적 안정과는 결코 양립할 수 없는 심리적 과정의 표현(심지어 강화)을 향한 길을 터준다. 이는 반세기 이상 전부터 진행되어 온 회화의 점진적인 변형에 의해 야기된 강력한 반작용을 대략 설명해 주는데, 그때까지 회화는 은폐되었던 일종의 건축적 골조로 특징지어진 것이었다.[17]

'건축'이라는 항목 전체는 건축 자체와는 관련이 없지만 건축의 확장과 관련이 있다. 아마도 이러한 확장을 벗어나면, 건축 자체는 아무것도 아니기 때문이다. 건축은 사회적 영역 전체를 형성하고 지배하기 위해 존재할 뿐이다. 건축을 구성하는 것은 스스로 중심임을 자처하면서 자신을 둘러싼 활동 전체를 조직하려는 움직임이다. 바타유에 따르면, 서구 문명만큼 오래된 건축의 절대적인 힘(그것은 그리스에서 잘 드러난다)은 반세기 이상 전에 회화에 의해 약화되었다. 마네(E. Manet)의 〈올랭피아〉는 1929년 바타유가 쓴 이 문장들보다 육십육 년 전인 1863년의 작품이다. 이렇게 시대는 출현한다. 앞 단락에서 건축에 대한 비판 중에 근대회화를 포함하는 체계의 일부로 바스티유 감옥을 점령했던 것이 이미 언급된 적 있다. 이러한 동시성은 정확히 무엇이 바타유 글쓰기의 장소를 구성하는지 보여준다.

건축의 지배하에 있는, 틀에 박힌 고전 회화는 그저 건축적인 골조를 감출 뿐이다. 골조를 감추고 있지만, 그 골조가 회화의 진실이다. 많은 원시사회에서 골조는 두번째 죽음, 완성되고 정화되고 말이 없는 죽음의 순간을 나타낸다. 그것은 부패 작용이나 해체에서 살아남는다.

건축적인 것으로서 골조는 유기적으로 구성된 전체의 완벽한 예이다. 근대회화는 인간 형상을 해체하는 최초의 양상 아래 죽음, 즉 완성되지 않은 죽음, 형태의 치명상, 해골이라기보다는 오히려 부패하는 시체를 재발견한다. 바로 타락한 회화이다.

　'건축'이라는 항목이 실린 『도퀴망』의 같은 호에서, 바타유는 약 백 개의 세밀화로 장식된 십일세기의 채식본인 『생 세베르의 묵시록 (L'Apocalypse de Saint-Sever)』에 하나의 글을 헌정했다. 바타유가 분석하는 것은 바로 이 세밀화 삽화들이다. 십일세기에는 성당의 건립을 통해 표현될 수 있는 커다란 건축적인 변화가 아직 시작되지 않았다는 점에 주목하도록 하자. 이러한 변화가 생겨나는 데는 거의 두 세기가 걸렸다. 또한 우리는 바타유가 제안한 이 삽화들의 독해가 (마치 그리스인이 골 사람에게 돋보였고, 잉카족이 아즈텍족에게 돋보였듯이) 다른 것을 돋보이게 하는 것에서 비롯되었다는 사실을 주목해야 한다. 이때의 삽화들은 구세기에서 십세기에 걸쳐 라인강 유역에서 발견된 수사본들을 장식하는 세밀화, 즉 바타유가 '건축적이고 장엄한 신비주의'[118]에 따르고 있음에 주목한 세밀화이다. 바타유는 채식본의 첫번째 삽화를 설명하면서 건축 조직의 시스템에 견주어 이 회화의 자유를 밝히는 것으로부터 시작한다. "두 인물이 하나의 틀에 포함되긴 하지만, 이 구성에는 건축적인 것이란 아무것도 없다. 틀의 모티프는 기념비적 건축물의 형태에서 차용된 것이 아니다. 틀 안에서 인물들의 배치는 라인강 유역에서 발견된 수사본들에서 발생하는 것과는 반대로, 체계적으로 조직되지는 않지만 자유롭다. 실제로 라인강 유역에서 발견된 수사본에 포함된 인물들은 기념비적 건축물 구성의 중심 요소, 즉 두 기둥에 의해 지탱되는 일종의 아케이드의 역할을 하고 있다."[119]

　그러므로 이미 십일세기에, 회화는 건축의 법칙을 위반했다. 이러한 해방을 십구세기 중반에 추적하고자 했던 '건축'이라는 항목은 그것을 수록한 잡지의 바로 그 호에서 비판되었다. 이러한 연대기적인 불분명함은 바타유에 의한 역사 해석의 문제와 함께, 위반과 역사 사이의 관계 문제를 제기한다. 〔바타유가 이러한 삽화들을 완전히 특수한 예로 삼지 않는 만큼 더욱 더, 그는 그것을 동시대적인 전체에 통합한다. 이 경우에는 '대중적인 상황문학',[120] 무훈시[121](그는 「뷔욤의 노래(Chanson de Vuillaume)」를 인용한다), 속어로 씌어진 전도(傳道)의 시 같은 다른 표현 형태들도 발견된다. 또한 1926년 그가 『초현실주의 혁명』에 현대 프랑스어로 번역 발표한 십이세기의 중세 풍자시를 잊지 말아야 한다.〕 그러나 또한 그의 글 안에는 지리적 공간의 의미심장한 개입으로 규정할 수 있는 어떤 문제가 있다. 바타유는 실제로 생 세베르의 채식본 삽화의 작가로 여겨지는 화가, 즉 스테파누스 가르시아(Stephanus Garsia)에 관해 '설사 그가 혈통상 프랑스 사람이라 할지라도 그의 회화로 볼 때 스페인 사람'[122]이라고 적고 있다.(생 세베르는 프랑스 남서부 랑드 지방의 아두르강 기슭에 있다.) 이것은 수많은 경우에, 예를 들어 『하늘의 푸른빛(Le Bleu du ciel)』에서 1945년 『자유로운 스페인(L'Espagne libre)』을 포함한 그의 선집에 이르기까지, 또한 돈 후안(Don Juan)에 관한 그의 언급에서 세르반테스(M. de Cervantes)의 비극 『라 누만시아(La Numancia)』 그리고 고야(F. Goya)에 관한 그의 글에 이르기까지, 다시 등장하는 스페인에 관한 주제(이미 『눈 이야기』에는 투우 이야기가 있었다)의 두번째 지표이다. 스페인은 현재적 죽음의 장소이자 죽음의 불안에 사로잡힌 나라이다. 그것은 유럽의 지리적 규칙을 내적으로 위반하는 것과 같다.

셋째, 이 문제들은 '건축'이라는 항목의 마지막 단락에서 다시 논의된다.

돌에 부과된 수학적인 구성이 지상의 형상으로 진화해 완성되는 것은 분명하다. 특히 그러한 진화의 의미는 생물학적인 차원에서 원숭이를 닮은 형상으로부터 인간의 형상(이 형상은 이미 건축의 모든 요소들을 보여주기 때문에)으로 이행하는 과정을 통해 주어진다. 형태학적인 과정에서 겉으로 보기에 인간은 원숭이와 위대한 구조물 사이의 중간 단계만을 나타낼 뿐이다. 형상들은 점점 더 정태적이고 지배적이 되었다. 태초로부터 인간의 질서는 건축의 발전에 지나지 않으며, 건축적 질서와 밀접한 관계가 있다. 만약 우리가 건축(건축의 기념물은 실질적으로 세계의 진짜 지배자이며, 어렴풋한 형상을 쫓는 맹목적인 대중을 규합하고 감탄과 놀라움, 질서와 구속을 강요한다)을 공격한다면 그것은 바로 인간을 공격하는 것이다. 더욱이 지적 영역에서 가장 탁월하다고 할 수 있을, 오늘날의 지상에서의 모든 활동은 인간 우월성의 불충분함을 폭로하는 어떤 방향을 향한다. 그리하여 인간만큼 고상한 피조물이 문제가 될 때, 설사 그것이 기이하게 보일지라도, 화가들이 지시한 적 있는 짐승 같은 잔학함을 향한 길이 열린다. 마치 건축적 도형수(徒刑囚)에서 벗어나는 다른 가능성이 없는 것처럼 말이다.[123]

역사는 그것에 의미를 부여하는 완성의 전망 속에서 진보주의적으로 사유되는 경향이 있다. 인간에 의한 역사의 완성, 역사에 의한 인간의 완성. 역사는 잠정적인 것으로서, 그리고 그 자체로 역사적인 것으로서 사유되어야 한다. 왜냐하면 역사는 끝나야 하기 때문이다. 인간이 세계 전체에 자신의 흔적을 남길 때, 인간이 세계 전체를 제 것으로 삼고 인간화할 때, 그리고 세계와 인간 사이 관계의 부적절함과 부재로 말미암아 모든 흔적이 사라져 버릴 때, 역사는 종말을 고할 것이다.
　이런 이성적인 역사성을 벗어난 바타유는 그것을 유보하는 다른 역사, 즉 위반의 역사를 기술하려고 애쓴다. 이 경우 위반이 역사의 위반임에도 불구하고, 위반은 역사에서 벗어나지 않는다. 그것은 진보의 범주 아래서는 생각할 수 없는 것이지만, 그렇다고 해서 비역사적인 것도 아니다. 그것은 사건-단절을 통해 드러나는데, 이 사건-단절의 불연속적인 정지는 유일무이한 방향으로 지속되는 진보를 멈추게 한다. 그것은 고대나 중세에서도 마찬가지다. 심지어 역사의 기원에서도 그러하다. 이런 점에서 본다면 신학적인 역사는 죽음을 감추는 가면의 축적처럼, 항상 더 견고하게 만들어지는 무덤처럼 영원히 전개된다. 바타유는 더 이상 감춰진 죽음이 아닌 현재적 죽음의 역사성, 다시 말해서 역사의 옹호를 압도하는 것으로서 역사성을 사유하기를 요구한다.

그러나 아즈텍족은 바타유의 텍스트를 제외한 어느 곳에서도 잉카 제국을 위협하지 않았다. 그리고 그리스인이 골 사람의 평화를 깨뜨리려 침략해 온다 할지라도, 그들은 그리스의 정복에서 벗어나 있었다. 반면에, 현대 예술이 촉발한 스캔들, 근대 프롤레타리아와 그들의 봉기로 인해 법과 위반은 가장 촘촘한 영역에서 작동하며 동일한 영역을 놓고 서로 다투고 있다.

첫째, 인간의 형상과 건축을 연관 짓는 것은 바타유만의 고유한 행위를 구성하는 것이 아니다. 그것은 이미 그리스 건축의 다양한 영역에서 동시대 인간 형상의 비례를 발견한 비트루비우스에게서 나타나고 있다. 그러나 그는 (그리고 그 이후의 모든 사람들은) 돌에 생명을 불어넣기 위해, 그리고 여인상 기둥[카리아티드][124]을 다시 발견하기 위해 이 은유를 사용한다.(푸생(N. Poussin)이 샹틀루(P. F. Chantelou)[125]에게 보낸 다음의 편지를 참조. "당신이 님(Nîmes)에서 본 아름다운 여자들은 메종 카레(Maison Carrée)[126]의 아름다운 기둥들보다 당신의 영혼을 즐겁게 하리라고 나는 확신합니다. 후자는 전자의 낡은 복제에 지나지 않기 때문입니다.")] 바타유는 이와 정반대로 사전에 골조로 환원된 유기체의 화석화를 보여준다. 인간과 더불어 자연의 역사를 구성하는 형상들의 변증법은 조화로운 안정과 부동 상태에 접근하기 때문에 건축이 완성을 이루기 위해 해야 할 큰 일은 없을 것이다. 인간의 육체에서부터 기념비적 건축물에 이르기까지 사라지는 모든 것은 소멸하기 마련이었던 것으로, 시간의 힘 속에 남아 있었던 것, 즉 썩어 가는 살과 그것의 일시적인 빛깔에 지나지 않는다. 따라서 골조, 즉 구조만이 남아 있을 뿐이다. 인간으로부터의 건축은 죽음이 영향력을 갖지 못하는 것만을 보존할 뿐이다.

바타유는 언제나 회화를 인간 형상의 사라짐으로, 인간을 구성하는 사라짐(이러한 사라짐 속에서 인간은 자신을 인간으로 구성한다)으로 정의할 것이다. 건축과는 달리, 회화는 거울의 덫 속에서 자신을 알아보라고 인간에게 권하지 않는다. 회화는 인간과 이미지를, 인간이 거기서 자신을 발견할 수 없는 이미지를 대립시킨다. 인간은 자신의 이미지를 거부함으로써, 재현되기를 거부함으로써 등장한다.

둘째, 이와 반대로 재현은 건축을 정의한다.『즐거운 지식』에서 니체가 한 말("나는 미래에 관련된 무지를 좋아한다")은 수없이 니체를 인용했던 바타유에게 역사성의 경험을 정의할 수 있게 한다.[127] 그는 불안에 정치적 중요성을 부여한다. 불안은 근본적으로 역사적이긴 하지만, 불안의 역사성은 진보주의적이지 않고 혁명적이다. 그것은 어떠한 위험도 무릅쓰지 않고 사전에 지식을 통해 미래에 대한 확신을 갖고자 하는, (예를 들어 헤겔-마르크스주의적인) '미래에 대한 오래된 기하학적인 발상'[128]과는 대조를 이룬다. 사람들이 역사의 출구를 알지 못할 때 역사는 존속한다. 미래를 오로지 현재의 기획과 계산의 재현이 되게 하는 것, 건축가가 어떤 계획을 감독하듯이 미래를 구성하는 것은 바로 미래에 시간을 멈추게 하는 '수학적인 외투'를 펼치는 것이다. 혁명적인 운동은 미래를 지식의 감옥으로부터 해방시킨다. 그 운동은 그 이질성 가운데 미지의 것으로서 미래에 대처한다. 바타유는 정치적인 **행동**에 대해서는 좀처럼 말하지 않으려 하지만 혁명적인 선동에 대해서는 자주 말한다. 혁명은 지식의 권위를 포함해 권위를 파괴하고, 오로지 어떤 신앙의 지지를 얻음으로 인해 행사되는 상상적인 독재 권력을 파괴한다.

"인간은 관료주의적으로 보이는 감옥으로 간주된다."[129] 건축은 인간이 자신의 욕망에서 벗어나기 위해(자신의 욕망에서 벗어나는 것이 바로 자신의 욕망을 지배하는 것이다) 동화되는 환상처럼 기능한다. 인간은 갇히게 된다. 다시 말해서 자기 내부에 순응하게 된다. 인간이 지닌 어떤 것도 자신이 그 폐쇄를 보증하는 집단의 총체적인 약호화에서 벗어나지 못한다. 사실 그는 자신의 감옥을 믿기 때문이다.

1789년 7월 14일 프랑스대혁명 직전 바스티유 감옥에 수감되었던 사드 후작이 너무 큰소리로 외쳤기 때문에 바로 그 외침이 (왕의 목을 베기 전에) 감옥을 파괴하는 민중 봉기를 일으켰다고 바타유는 주장했다. 그것은 마네의 〈올랭피아〉보다 반세기 이상 전의 일이었다. 그러나 이 두 사건은 그가 우리로 하여금 동시대적인 것으로 생각하기를 바라는 어떤 공간을 나타낸다. 그것은 감화시키는 복종의 시대를 위태롭게 한다. 이것이 바로 바타유의 글쓰기가 신앙의 함정에서 벗어나고자 하면서 묘사하게 될 공간이다.

건축에 대한 비평은 다성적(多聲的) 해체를 통해, 다시 말해서 상호텍스트적 작용, 그리고 다양한 글쓰기와 의미심장한 실천 사이 대화의 결과를 통해 이루어질 것이다. 이러한 작용과 대화가 역사를 만들어내는 한 그럴 것이다. 역사는 이제 동시에 일어나는 상동의 연속과 탄생으로 이루어지는 것이 아니라, 그와 반대로, 모든 동시성의 봉인을 뜯어내면서 시스템들의 비동시대성으로 이루어진다.[130]

미로, 피라미드 그리고 미로

"결국 이카로스가 다른 요소를 망각했기 때문에 추락한 것이 아닐까?"
— 피콩(G. Picon)[1], 『피카소의 '이카로스의 추락'』

미로와 피라미드

> "인간에 관련되는 한, 모든 존재는 특별히 언어와 연결
> 된다. 그것의 표현은 각 개인마다 내부로부터의 출현
> 방식을 결정한다. 각 개인은 저마다 자신의 완전한 존
> 재를 오로지 말을 통해서, 비록 자신의 견지에서지만,
> 상상해 볼 수 있다. 많은 인간들 또는 초인간들이 휩쓸
> 리는 말은 개인의 머릿속에서 불쑥 튀어나오는데, 이것
> 과 관련해 개인의 삶이 존재한다. 그러므로 개인의 존재
> 는 '자율적인 존재'로서, 그러나 매우 근본적으로 '관계
> 적인 존재'로서, 어떤 존재를 나타낼 수 있는 말을 통해
> 오로지 임의적으로 매개될 뿐이다. 예기치 않은 통찰력
> 으로 인간 존재의 미로 구조를 발견하기 위해서는 말의
> 반복되는 행로의 자취를 잠시 쫓아가면 된다."[2]
> ─조르주 바타유, 「미로(Le labyrinthe)」.

미로를 인간의 작품으로 만들려고 하는 다이달로스의 전설은 잊어야
한다. 어떤 인간(특히 어떤 건축가)도 미로의 창조자가 아니다. 미로는
창조자도 아버지도 없다. 아버지를 따져 묻는 문제는 이미 미로 혹은
다이달로스 같은 것이다. 그러나 미로는 유기적 대지에 내포된 다양한
암시적 의미에도 불구하고 그저 자연의 산물은 아니다. 실제로 그것의
다양한 암시적 의미는, 예를 들자면 늙은 두더지의 지하 통로에, (라스
코의 경우처럼) 동굴을 구성하는 통로와 방들의 지하 연결망에, '태내

(胎內)의 세계'에, '깊고 어두운 대지의 지옥 같고 어머니 같은 세계'[3]에 결부된다.

미로의 다양한 암시적 의미는 너무 쉬워 보일지 모른다. 그러나 아버지의 작품도 어머니의 태내도 (인간적인 것도 자연적인 것도) 아닌 미로는 무엇보다도 대립이 해체되고 복잡해지는 공간, 구별되는 쌍들이 불균형을 이루고 변질되는 공간, 언어 기능이 근거를 두는 체계가 해체되긴 하지만 어떤 의미로는 그 방식에 의해 막히게 되고 체계 그 자체로 해체되는 공간이다.

우리가 논의하고자 하는 미로는 묘사될 수 없다. 우리가 미로의 어떤 도면을 그리는 것은 가능하지 않은 일이다. 그런데 만약 미로가 묘사된다면, 그것은 어떤 원동력에 의해 목표가 아닌 도정으로서의 경로가 묘사된다는 의미에서다. 미로는 바타유의 글쓰기에 의해 묘사되는 도정이다. 그 글쓰기는, 자체와 지시대상을 동시에 잃지 않는다면, 자기 지시적이라 불리는 움직임 속에서 끊임없이 자체를 묘사하는(혹은 삭제하는), 다시 말해서 계속해서 고치고 다시 시작하며, 자체를 잃고 재생산하는 그런 것이다. 글쓰기는 그 자체로 회귀하지 않고 자체와 겹치지도 않으며, 오히려 예측된 곧바른 길에서 끊임없이 이탈하는 것이다. 그러므로 미로는 목표도 지시 대상도 아니다. 미로는 그것을 탐험하게 하는 탁월함을 갖지 못한다. 미로를 탐험하려 한다면 이 사실을 더욱 더 확인하게 될 뿐이다. 다시 말해 미로를 빠져 나갈 방도는 없다. 이 미로 공간에서는 객관성의 범주도 주관성의 범주도 존재할 수 없다. 그곳은 이러한 범주들을 교란하고 그 어떤 것으로도 대체하지 못하게 하기 때문이다. 이때 멂과 가까움, 분리와 접착은 불분명한 것으로 남는다. 이런 의미에서 우리는 결코 미로 내부에도 외부에도 있지 않다. 다시 말해서, 돌이킬 수 없을 정도로 불분명한 불안 외의 다른 어떤 것으로도 구성될 수 없는 공간(그러나 그것은 이미 너무 과장되었다)이 미로인 것이다. 나는 그 안에 있는가? 아니면 그 바깥에 있는가?

[이것이 바로 미로이며, 이 미로를 통해 바타유'에 관한' 이 연구가 처음 시작되었다. 그러나 미로는 또한 미로에서 시작된 이 연구를 오로지 바타유에 관한 연구가 되지 못하게 했다. 왜냐하면 시작의 문제는 이미 미로 자체인데, 여기서 질문을 제기함으로써 길을 잃게 되기 때문이다. 바타유'의' 미로에서 그를 따라가는 것이 불가능하기 때문이기도 하다. 미로 공간 내에서 우리는 어떤 안내서를 따라 우리의 걸음을 조절할 수 없다. 우리는 오직 홀로 그곳을 헤치고 들어가며, 들어가면서 동시에 어떤 고독의 안으로 들어가게 된다. 그런가 하면 미로 내부에서 우리는 바타유의 부재에 직면하는데, 그것이야말로 바타유와의 모호한 관계, 미로에서 그를 잃고 길을 잃은 사람들의 눈앞에서만 그의 부재를 가리키는 관계인 것이다. 미로는 **확실한** 공간이 아니라 길을 잃은 사람이 갈피를 잡지 못하는 공간이다. 그가 운 좋게도 발걸음을 춤으로 바꾸어 놓든, 아니면 더욱 흔한 일이지만 공간에 도취되어 길을 잃게 되든 간에 말이다. 미로는 도취된 공간이다. [주의: 도취는 현기증 없이는 생겨나지 않는다. 도취된 말들은 도취된 인간이 균형을 갖지 못하는 것과 마찬가지로 의미를 갖지 못한다. 방향의 축들(높은 곳/낮은 곳, 왼쪽/오른쪽, 앞/뒤)은 길을 잃게 한다. 미로의 수용기, 즉 내이(內耳)는 유아기의 미숙한 상태로 되돌아간다. 내이는 그것을 구성하는 경로의 객관적인 구조 때문에 미로적이라 불린다. 방향의 파악 능력과 상실은 바로 이러한 수용기에 달려 있다. 미로에 이르는 열쇠가 있다면, 그것은 갈릴레오 갈릴레이의 함수와 관련된 도취이다. "우리가 태양으로부터 지구를 떼어 놓았을 때 우리는 무엇을 했는가?(의식을 잃은 사람은 물을 것이다.) 지금 이 지구는 어디로 향하고 있는

가? 우리는 어디로 향하고 있는가? 모든 태양으로부터 멀어지고 있는가? 우리는 끊임없이 떨어지고 있지 않은가? 뒤로, 옆으로, 앞으로, 사방으로 추락하고 있는 것은 아닌가? 여전히 높은 곳과 낮은 곳이 있는가? 우리는 아무렇게나 끝없는 무에 이르는 것은 아닌가?" 여기, 구토가 있다.〕

미로는 우리만의 아리아드네[4]의 실이기도 하고, 동시에 아니기도 하다. 오히려 우리는 여기서 아리아드네의 실 자체가 미로를 짠다고 생각해야 한다. 이리저리 교차하면서 아리아드네의 실은 진정한 고르디우스의 매듭[5]이 되거나 네소스의 튜닉(몸에 들러붙어 있는 동안에만 몸을 뒤덮는 천, 즉 나체로서의 옷)이 된다. 그러므로 우리는 아리아드네의 실과 미로를 동일한 것으로 생각해야 한다. 미로는 우리만의 아리아드네의 실이 되어서 바타유 안에서 그리고 바깥에서, 바타유를 길 잃게 하는 동시에 우리를 길 잃게 한다.

바타유는 미로와 아리아드네의 실을 동시에 제공한다. 그는 『죄인』에서 "이 짧은 글들은 아리아드네의 실처럼 나와 나 같은 이들을 연결한다"[6]고 기술하고 있다. 썩어진 텍스트의 행과 함께 텍스트는 미로로부터 벗어나게 할 수 있을 것이며, 적어도 미로에서 길을 찾아 바타유를 따라갈 수 있게 할 것이다. 즉, 길을 잃는 위험 없이 미로를 헤치고 들어갈 수 있게 할 것이다. 글은 이미 썩어졌기 때문에 더 이상 미로가 아닐 것이다. 아무리 아리아드네의 실이 '과오가 있다'[7] 할지라도 그것은 끊어지지 않고, 소통은 유지된다. 실의 끝에는 동류의 사람들이 있다. 그러나 만약 소통 자체가 미로였다면? 만약 글쓰기가 길을 잃는 것 이외의 다른 것을 말하지 않았다면? 만약 쓰는 행위가 곧바로 실을 잃는 것이었다면? 게다가 '자신의' 미로 안에서 바타유는 혼자가 아니었다. 그 역시 길을 잃을 때 그에게 아리아드네의 실(아리아드네의 실에 힘입어 그는 끊임없이 소통하게 되었다)을 남겨 준 누군가를 따랐다.

말하자면 그는 '어떤 목표도 갖지 않았기에 아리아드네의 실을 결코 잃지 않았던'[8] 니체를 따랐다.

미로 공간은 미래가, 표현할 수 없는 위협적인 미지의 형태로만 출현하는 공간이다. 그래서 미로 공간은 말 그대로 글쓰기에 의해 (그려지고 묘사되어) 윤곽이 드러난다. 글쓰기가 '미래에 대한 오래된 기하학적인 발상'으로 불확실한 효과를 나타내는 한 그렇다. 그러므로 사람들은 자신이 어디를 가고 있는지 더 이상 알 수 없다. 캄캄한 미로는 뜻하지 않게 송과안이 나타나면서 생겨났다. 니체는 '실명의 기쁨'을 말한 적 있는데, 『즐거운 지식』의 경구 287에 이 제목을 붙이고 있다. "여행자는 그의 그림자에게 말했다. 나의 생각은 내가 어디로 가고 있는지를 밝히지 말고 내가 어디에 있는지를 가르쳐 주어야 한다고. 나는 미래에 대한 무지를 좋아하며, 초조함을 견뎌내고 싶지도 기대되는 바를 미리 맛보는 것을 이겨내고 싶지도 않다."(바타유는 "나는 미래에 관련된 무지를 좋아한다"[9]라는 더 강한 표현을 사용한다. 이는 사람들이 미로에서 '더듬어' 나아가는 방식을 나타내며, 또한 미래와의 관계가 이론적 전망 속으로 들어가지 않는 것, 하나의 영역으로 받아들여질 수 없음을 나타낸다. 실명의 기쁨은 즐거운 지식이다.)

바타유는 미로에 대해 이야기했다. 그는 심지어 미로를 그의 텍스트 중 하나의 제목으로 사용했다. 그러나 미로는 단지 하나의 단어는 아니며, 특히 '열쇠'(바타유 속으로 들어갈 수 있게 하는, 달리 말해서 궁지에서 벗어날 수 있게 하는 열쇠)는 아니다. 그것은 또한 하나의 주제도 아니다. 그것은 따로 떼어 다룰 수 없다.[10] 미로는 결코 잠자코 있지 못하고 그 압도적 성격으로 인해 어휘의 감옥을 부수고 연다. 그래서 모든 말들이 안착하는 걸 막고 어떤 포착된 의미로 안정되는 걸 방해하는가 하면, 말의 의미가 사라지거나 적어도 변모하게 위험을 무릅쓰도록 밀어붙인다. 미로는 의미를 뒤집고 양분함으로써 의미를 증가시키는 분열 생식 작용을 어휘의 공간 안으로 끌어들인다. 다시 말해서 미로는 말이 도취되게 한다.

바타유는 일반적으로 탈출 욕망과 연결된 것처럼 보이는, 미로의 은유에 대한 전통적 의미를 뒤집는다. 철학을 통해 벗어날 수 있게 된 플라톤의 동굴처럼, [베이컨(F. Bacon)에서 라이프니츠(G. W. Leibniz)에 이르는[11]] 미로는 지식의 실에 접근하지 못하는 사람들이 길을 잃을 수밖에 없는 공간이다. 지식은 언제나 오류와 방황을 끝내는 어떤 경계의 형태를 취했다. 바타유는 그와 반대로 ('이카로스식의') 해결책을 알린다. 특히 그는 해결책이라는 소망을 비판한다. (그것이 '미래에 대한 오래된 기하학적인 발상'의 장점을 찬양하는 과학적인 형태이든, 탈주를 꿈꾸는 예술-유토피아적인 형태이든 간에) 이러한 소망의 유일한 결과는 미로를 벗어나는 실제의 출구이기는커녕 미로를 감옥으로 바꾸어 놓는다는 것이다. (미래를 욕망하지 않고) 미래를 기대하는 것, 미래를 계획에 맡기는 것, 미래를 건설하려는 것은 곧 공기가 없어 살 수 없는, 가치가 추락한 현재에 스스로를 가두는 일이다. "계획은 감옥이다"[12]라고 바타유는 썼다. 미로로부터 탈출하려는 것, 이것을 계획으로 삼는 것은 미로를 다시 닫고 그 안에 자신을 가두는 것이다.

사람들은 결코 미로 속에 있지 않다. 왜냐하면 미로에서 벗어날 수 없으며, 또한 한 번 보고 미로를 파악할 수 없기에 자신이 그 안에 있는지 결코 알지 못하기 때문이다. 우리가 쫓겨나거나 갇히게 되는지를 결코 알 수 없는, 극복할 수 없을 정도로 모호한 공간 구조를 미로라 불러야 한다. 여기서 공간은 오로지 개구부로 구성되어 있긴 하지만, 그것이 내부로 열리는지 외부로 열리는지, 탈주를 위한 것인지 진입을 위한 것인지 결코 알 수가 없다. 마찬가지로 내가 나의 생각을 표현하기 위해 나를 가두는 말들을 차용하는 것이 바로 언어 구조이다. 그리고 내가 말들이 구축하는 울타리를 위반하기 위해 이용하는 것도 언어 구조이다. "나를 가두는 일관성있는 담론의 질서를 부인하면서, 여전히 내 안에서 그 질서를 부인하는 것은 담론의 일관성이다."[13]

미로 구조는 인간/동물로 구별된 쌍의 적절성을 시험함으로써 흔들어 놓는 반면, 지식의 '닫힌' 담론은 그것을 확고하게 한다. 게다가 미로는 신화의 근거이자 쟁점이다. 아테네의 왕이 될 테세우스는 미노타우로스를 죽인다. 다시 말해서 아테네는 인간인 동시에 황소인 잡종 미노타우로스에 의해 상징화되는, 시대에 뒤처진 과거(크레타)로부터 해방되면서 탄생한다. (라스코 동굴의 미로 한가운데에 있는 가장 유명한 벽화에서 바타유는 미노타우로스와의 결투(Minotauro-machie), 즉 땅바닥에 죽은 채 누워 있는 인간과 그 옆에 있는 동물을 보았다. 『에로스의 눈물(Les larmes d'Éros)』은 인간과 동물 사이 차이의 문제와 회화의 문제를 연결하면서 들소를 '인간의 몸에 소의 머리를 한 괴물'로 묘사하는데, 회화가 재현임을 거부하고 인간과 소의 차이 없음을 단언할 정도로 그렇게 한다. 여기서 미노타우로스와의 결투는 알베르티 이후 나르키소스 신화 속에 표현된 인간 형상이 곧 회화의 본래적인 충동이라 주장했던 고전적 전통과 단절하면서, 동시에 인간의 탄생(죽음)과 회화의 탄생에 관한 신화이기를 자처한다.) 인간 (그리고 아테네의 인간주의)은 동물성에의 모든 감응을 부정하면서 자신의 존재를 뚜렷이 나타낸다(오이디푸스 역시 유년 시절에서 벗어나 스핑크스라는 다른 잡종을 죽이면서 아버지의 권좌를 차지한다). 바로 거기서 바타유는 신화에 대한 전통적인 해석을 뒤집는다. 말하자면 그가 미로에서 벗어나고자 하지 않는 것과 마찬가지로(그와 반대로 그는 미로를 **출구 없는 극단의 장소**로 구성하고자 한다), 그가 활용하는 욕망은 되돌아감이나 탈주의 욕망이 아니라 미노타우로스의 욕망, 즉 인간의 동물성을 해방시키려는 욕망, 계획이라는 감옥에 의해 억압된 괴물로의 변신을 회수하려는 욕망이다. (1933년 바타유가 세상에 내놓을 잡지 『미노타우로스(Minotaure)』에 이 제목을 붙이고자 테리아드(Tériade)에게 제안한 것을 상기해야 하는가?[14] 미로의 한가운데에서 바타유-테세우스는 되돌아감을 생각하지 않고 탈주를 걱정하지 않는다. 그는 조마조마하게 미노타우로스를 욕망한다. 이 미노타우로스와의 접촉을 통해 그는 자신의 부재 속에서(승자나 패자로 사라질 때), 그가 더 이상 인간 형상을 존중하지 않을 때, 인간 존재가 사라지는 동물성으로 변신할 것이다. 예를 들어 투우(미노타우로스와의 결투)를 상기시키는 희생적인 싸움에서 그가 희생 제물에게서 승리를 얻게 되는 것은 자신을 그 제물, 즉 동물과 동일시한 이후일 것이다.

그러므로 우리는 들어가지도 빠져나오지도 못하는 미로를 통해서 바타유의 미로 안으로 들어갔다. 에드와르다 부인[15]이 사라지는 문이나 아치를, 사람들은 어떤 방향으로 통과하는지를 알 수 없다. 아치의 박공 위에 전조의 신, 야누스(Janus)의 두 얼굴을 새겨 놓자. 먼저 말해지는 관례적인 표현(praefatio)의 고대 의식(주피터[제우스]를 가장 높은 곳에, 야누스를 첫번째 자리에)을 따르자. 싸움의 신호로, 다시 말해서 전쟁의 시작을 알리기 위해 신전의 문(이것이 바로 우리가 처음 싸움을 시작했던 곳이기 때문에)이 열리게 되는데, 그 신전의 신을 불러내자.[16]

이러한 요청은 이 신전에서 야누스가 시작을 주재하는 신인 동시에 통행을 감시하는 신이라는 사실을 상기시킨다. 야누스의 어원은 어근 ei-('가다')에 연결된 어간 iā로부터 유래하는데, 이는 통행의 개념이다. 같은 어근이 또 다른 인도 유럽어인 아일랜드어에 골어 Ritu- 속에서 발견되는 yā-tu를 제공했다.〔예를 들어 'Ritumagos (Riom)'은 '걸어서 건널 수 있는 여울'을 의미하는데, 지명 리옹 에스 몽타뉴(Riom-ès-Montagnes)의 경우 참고.〕[17]

게다가 화폐 연구가들도 야누스를 불러낸다. 민간전승에 따르면, 야누스는 라티움 최초의 왕이었다. 그가 농경의 신 사투르누스를 환대했기 때문에, 사투르누스는 감사의 표시로 야누스에게 농업과 건조(建造), 화폐를 제작하는 기술을 가르쳐 주었다.[18]

야누스는 지혜의 신(*Diuum Deus*)이면서 또한 신성함의 신(*Divinus Deus*)이기도 하다.

1월은 야누스에게 바쳐졌다. 한 해의 첫번째 달은 무엇보다도 새해 그 자체이다. 다시 말해서 환(環)이 닫히는 지난해와 환이 열리는 새해에 동시에 속하는 순간이다. 그것은 시간의 질서로부터 벗어나는 순간이자, 미래가 질서를 확고하게 할 것이라는 확신도 없이 이 질서를 멈추는 순간이다. 여기서 야누스는 사육제의 무질서를 지배한다. 그해의 환에 구멍을 뚫는 밤의 순간은 또한 '항문[구멍]이 밤에 있음에도 불구하고' 『태양의 항문』에서 묘사되는 '태양의 환'이기도 하다. 밤을 즐기는 것은 바로 야누스다. 왜냐하면 야누스는 새해뿐만 아니라 그해 전체, 그리고 시간의 지배자가 되었기 때문이다.(그는 사투르누스, 그리고 우라노스를 거세한 아들인 크로노스와 동일시되었다.[19])

결국 (오늘날 라틴 문헌학자들이 이러한 동화를 거부함에도 불구하고) 우리는 바타유가 그에게 부여한 이름, 즉 디아누스(*Dianus*)로 그를 불러낼 것이다.

프레이저(*J. G. Frazer*)의 『황금가지(*The Golden Bough*)』는 네미 숲 속 다이아나[20] 신전의 신관이었던 디아누스를 불러내는 것으로 시작된다. 이 신전은 (최초의 디아누스인) 오레스테스에 의해 건립되었는데, 오레스테스의 도주는 알바니 언덕 네미 호숫가(1934년 5월 바타유는 그곳에 갔다)에서 끝났다. 디아누스는 프레이저에게 원시시대의 지배력 이론을 위한 모델이 되었다. 이 이론에서 바타유는 자신의 지배력 개념을 뒷받침하는 많은 자료를 발견했다. 실제로 다이아나 신전의 신관은 숲의 왕(*Rex Lemorensis*)이라는 지위를 갖고 있었다. 웃음

거리밖에 안 되는 이 지위(이 '왕'은 아무도 지배하지 않았다)는 그에게 어떤 권력도 부여하지 않았다. 그 권력은 로마법을 교묘히 피하면서 왕에게서 성스러운 '황금가지'를 빼앗고 단 한 번의 싸움에서 그를 죽임으로써 신전의 은신처를 발견했던 범인에게 주어졌다. 그러므로 이 왕은 본래 범인이다.(그는 어쨌든 두 번의 범죄를 저질렀으며 그의 왕권은 두번째 범죄에서 얻은 것이다.) 그러나 그의 지배력은 차례로 황금가지를 빼앗아 갈 다음 범인을 불안하게 기다리는 것으로 제한되었다. 다시 말해서 죽음을 대기하는 데 한정되었다.

바타유는 『므쥐르(Mesures)』에 『죄인』의 1부인 「우정(L'Amitié)」을 발표할 때 디아누스라는 가명을 사용했다. 이 글이 나왔을 때(잡지를 만드는 아브빌 인쇄소가 독일군들에 의해 폭격을 받았기 때문에 여태 출판되지 않았을 수 있었지만), 바타유는 1940년 6월 1일 리옹 에스 몽타뉴에서 다음과 같은 짧은 글을 썼다. "나에게는 죽는 일만이 남았다. 내겐 나대로 그럴 만한 이유가 있고, 그 이유를 말하는 것은 부질 없어 보인다. 나의 이유는 이해하기 어렵고 내 삶처럼 복잡하다. 나는 조금도 삶을 저주하지 않는다."[21] 내가 아는 한 이것은 바타유가 자살의 태도를 표명한 유일한 글로, 분명, 선택된 가명과는 아무런 관련이 없다.

바타유는 처음에는 저자의 이름 없이 익명으로 「우정」을 출판하고자 했다. 그는 『므쥐르』의 편집장인 장 폴랑(Jean Paulhan)에게 일련의 단평을 제시했는데, '에로틱한 것과 신비적인 것 사이 관계에 대해' 준비하고 있던 책에서 발췌한 것이다. 그는 그것이 출판될 때 저자의 이름이 언급되지 않기를 요청했다. "이 글들이 『므쥐르』에 흥미로운 것일까요? 하지만 나는 그것들을 내 이름으로 출판하길 바라지 않습니다. 출판된다면 저자의 이름 없이 하는 편이 나을 것 같습니다.(내가 살아 있는 동안 출판하고 싶지 않은 책에서 가져 온 것들입니다.) 심지어는 오늘 당신에게 보낸 것에 대해 누가 묻는다면, 내 이름이 언급되지 않았으면 합니다."(1940년 2월 26일) 그 단평들과 익명의 원칙은 받아들여졌다. 3월 29일 바타유는 교정지를 돌려보내면서 폴랑에게 출판하는 방식을 바꿀 것을 요구했다. "교정지를 보냅니다. 글을 익명으로 남겨 두기보다는 가명 하나를 사용하고자 합니다. 만약 별 문제가 없다면, 디아누스라는 이름으로 이 원고를 출판하면 어떨까 합니다."

『므쥐르』에 글을 발표하고 몇 달이 지난 후, 성모 마리아 탄생 축일(9월 8일)과 바타유 자신의 생일(9월 10일)이 지난 며칠 후, 즉 1940년 9월 12일 베제르 골짜기에서 라스코의 동굴, 즉 아이들의 놀이가 발견되었다.

『죄인』에서 「우정」은 이차대전이 시작된 날로부터 시작된다. "내가 글을 쓰기 시작한 날짜(1939년 9월 5일)는 우연의 일치가 아니다." 그리고 그것은 이러한 경구로 끝난다. "이 짧은 글들은 아리아드네의 실처럼 나와 나 같은 이들을 연결한다. 그리고 그 외의 것들은 나에게 쓸데없는 것처럼 보인다. (…) 내가 죽은 후에 그것들이 출판되기를 바라지만, 내가 아주 오랫동안 살 수도 있을 것이고, 내가 살아 있는 동안 출판될 수도 있을 것이다.

디아누스라는 이름의 인물이 이 짧은 글들을 쓰고 죽었다."]

미로 구조는 자아의 내재성과 타자의 초월성을 동시에 배격할 것을 강요한다. 그것은 나를 놓아주지도 않으면서 나를 자아로부터 분리시킨다. 이 모호성은 확실한 정위(定位)와 방향을 제공하는 아르키메데스의 점[22]의 소실에 기인한다. 미로 구조는 머리가 없는 것[아세팔][23]과 같다. 다시 말해서 그것은 반위계적(무정부주의적)이다. 사람들은 앞으로 나아가지 못한다. 오히려 머리가 돌아 버린다. 우두머리(폐하)의 상실이 감옥을 열어 놓는다. "죄인이 감옥에서 벗어났듯이 인간은 자신

의 머리에서 벗어났다."²⁴ 미로 이야기는 머리를 잃은 이야기, 즉 머리
가 없는 이야기이다.

앙드레 마송이 그린 〈아세팔〉에 관한 성찰. 머리 없는 인간 형상의
이미지는 동일시와 숭배 모두를 배격한다. 이 형상은 내재적이지도 초
월적이지도 않고 인간도 신도 아니다. 인간 형상이 변질된 그것은, 모
든 동일시를 회피하면서 성찰의 주체를 길을 잃어버리는 미로, 즉 그
가 변신하고 변질되어 타자, 괴물, 미노타우로스로서의 자신을 다시
발견하게 되는 미로 속으로 유인한다. "그는 내가 아니라 나보다 더한
나다. 그의 뱃속은 그 자신이 길을 잃은, 그리고 그와 함께 나의 길을
잃게 하는, 그리하여 그인 나 자신, 다시 말해서 괴물인 나 자신을 다시
발견하는 미로다"²⁵라고 바타유는 『아세팔(Acéphale)』에서 말한다.

나는 이 장(腸)의 외재성(배제된 내재성, 내포된 외재성)의 법칙에
따라 나를 구조화하는 미로에 의해 끊임없이 나 자신으로부터 분리된
다. 미로는 단순히 그 미로가 아니다.

인간 존재는 미로 구조를 갖는다. 미로는 존재의 구조이다. 존재는
언어 없이는 생각할 수 없기 때문이다.("인간은 언어를 통해서 완전
히 존재하기 때문이다."²⁶) 다시 말해서 존재는 말("말들, 말들의 미
로…"²⁷)의 매개 없이는 생겨날 수 없기 때문이다. 언어는 관계로서, 그
리고 시작으로서 인간을 구성한다. 언어는 인간으로 하여금 유토피아
적인 자기 현존의 세계에 틀어박히지 못하게 하고 폐쇄를 향한 은둔
을 가로막는다. 그것은 인간의 기원을 박탈한다. 언어는 유아론(唯我
論)을 실제로 부정한다. 그것은 자기 내부에 어떤 토대를 발견할 수 없
음을 나타낸다. (인간을 그 기원이 아닌 기원의 부재와 결부시킬 수 있
을) 부정(否定)의 탯줄처럼 죽음이 실을 끊어놓을 때까지 글쓰기를 통
해서, 그리고 글쓰기 안에서, 배꼽의 결여 같은 것이 이루어져야 하는
것이다.

언어는 존재를 매개함으로써 자신으로부터 존재를 분리하면서 존재를 구성한다. 그러나 동시에 언어는 존재를 공동체에, '대중들'에, 매개를 통해 존재를 구성하는 것에 결부시킨다. 이런 점에서 언어는(하지만 언어는 미로의 반복, 새로운 불분명함일 뿐이다) 스스로를 상실한다는 의미, 즉 수정한다는 의미에서와 마찬가지로, 상실과 출구의 장소인 미로처럼, 아리아드네의 실처럼 기능한다.

이것이 바로 미로에 대한 첫번째 해석이다. 즉, 그것은 말의 비초월성을 언어 사용에서의 말을 중단할 수 없음으로, 그리고 자기 내재적이지 않은 주체의 운명으로 상정한다.

또한 언어에 연결된 두번째 해석도 있다.

> 세계가 순전히 패러디의 양상을 띠고 있다는 것은 명백하다. 말하자면 우리가 바라보는 모든 것은 다른 것의 패러디이거나, 혹은 기만적인 형태를 띤 동일한 것임에 분명하다. 문장들이 생각에 매달린 채 두뇌 속에서 순환하는 동안에 완전한 동일시가 산출된다. 계사(copule)[28]에 힘입어 각 문장은 어떤 하나를 다른 것에 연결하기 때문이다. 만약 누군가가 자신의 미로를 통해 생각을 이끌어 가며 아리아드네의 실이 남긴 선 전체를 일별해 발견할 수 있다면, 모든 것은 가시적으로 연결될 수 있을 것이다.[29]

사실 미로에 대한 두번째 해석은 자체의 결함으로 인해 야기되는 존재 및 말들의 패러디적인 해체 운동과 붕괴 행위를 표현한다. 우리는 이 과정을 미로의 연결이라고 부를 것이다.

그러므로, 미로와 피라미드는 제2막, 혹은 계사와 실질(substance) 사이의 싸움이다. 언어는 어휘, 즉 다른 말들로 구성된 어휘적인 토대를 내포하는데, 이 각각의 다른 말들에 '고유한' 의미가 결부된다. 그러나 이 말들이 동사 형태를 중심으로 모인 계열 속에서 결합될 때만 언어는 기능할 뿐이다. 즉, 문장을 만들면서 표현할 뿐이다. 그리고 이는 언제나 조금씩 파생된 방식으로 동사, 즉 'être(이다, 있다)' 동사에 근거를 두고 있다. 〔여기서 우리는 미셸 푸코(Michel Foucault)가 그랬듯이 고전 언어학자들의 관점을 상기해야 한다. 한편으로 '동사가 모든 담론에 꼭 필요한 조건'이고 언어의 출발점이 '동사가 갑자기 나타나는 지점'이라면, 다른 한편으로 "동사의 종류 전체가 'être'를 의미하는 유일한 것으로 환원될 수 있다는 것을 상기해야 한다. 실제로 다른 모든 동사 형태들 가운데서 속사(attribut)와 합성되는 하나의 동사, 즉 'être' 동사만이 존재한다. 예를 들어 나는 노래한다(je chante) = 나는 있다 + 노래하면서(je suis[30] + chantant)."[31]〕 'être' 동사는 의미를 지니지 않지만 귀속 작용에 의해서, 그리고 말을 서로 관련시킴으로써 의미가 산출되게 하는 기능만을 갖는다. 그러나 모든 게 그리 간단하지는 않다. 확실히 'être'는 하나의 동사, 심지어 동사 그 자체이긴 하지만, 동사라는 범위와 그 의미에서 어휘와 어휘 목록에서 벗어날 정도로, 그리고 말로서 의미가 없을 정도로, 말하자면 통사적인 기능만을 지닐 정도로 명사와 구별된다. 그러나 계사로서의 이런 기능은, 비록 뚜렷하게 결정된 의미는 아니라 하더라도, 그래도 그것이 기능하도록 하는 언어 전체에 결정적인 의미를 부여한다. 푸코는 지적한다. 고전 언어학자의 관점에서 볼 때 동사 기능의 모든 양상을 'être' 동사의 형태로 환원시키는 이러한 분석의 모순 중의 하나가 언어의 대표적인 기능을 'être' 동사 형태에 위임하는 것이었다고. 달리 말하자면 푸코가 분석한 문법의 역사를 초월해 'être' 동사의 연결 기능은 그 동사에 의미론적 가치를 지나치게 부가하는 언어나 사유 체계에 휩쓸린다. 엄밀히 말해 명사가 아닌 것으로 정의될 수 있는 동사 형태는 차례로 명사화되고, être는 의미의 영역이 된다. 의미를 지니지 않았던 être가 초월적 시니피에를 지닌 기호가 되는 것이다.

그러므로 우리는 'être' 동사의 두 가지 기능을 구별해야 한다. 하나는 완전히 동사적인 기능, 즉 귀속 작용만을 가능하게 할 뿐인 계사로서의 논리문법적인 기능이고, 다른 하나는 어휘적인 기능인데, 여기서 동사의 형태는 그보다 높은 명사 지위에서 추락하는 것일 뿐이다. 후자의 기능은 être에 의미를 부여하고 본질적으로나 지위상으로 더 이상 다른 말들과 다르지 않은 말을 구성한다. 그러므로 être에 대한 두 가지 해석은 끊임없이 경쟁 관계에 있다. 풀어 말하면 말들을 초월해, 유추에 의해 말들을 '결정적인 말'에 관여하게 하는 체계적이고 어휘적인 해석(피라미드 형태의 해석)이 있는가 하면, 환유적인 해석(미로 형태의 해석)이 있다. 후자의 경우에는 분명하게 밝혀지는 결합·일치·분리의 작용이 존재한다. 체계적이고 어휘적인 해석은 신속히 형이상학적인 것으로 규정될 수 있을 것이다. 형이상학이 처음부터 존재의 문제로, 연결 기능이 실질의 추락이나 '하락'으로서만 나타날 수 있는 형태의 문제로 결정되는 한, 혹은 그러한 기능이 실질의 전망 속에서만 고려될 수 있는 한 말이다. "내부에서 방해받고 변질된다 할지라도, 'être'의 문법적인 기능과 어휘적인 기능의 통합은 확실히 형이상학의 역사를 비롯해 서구에서 조직되는 모든 것과 본질적인 관계를 이루게 된다"[32]고 자크 데리다(Jacques Derrida)는 설명한다.

～

성교(copulation)는 (무엇보다도?) 생식기관을 가진 존재들, 즉 성적 차이를 가지는 동물 종의 생식과 연결된 성적 활동의 이름이다. *[이러한 의미에서 성교는 성애 소설들, 특히 바타유의 성애 소설들의 주제라*

고 말할 수 있다. 그러나 에로티시즘과 문학은 소설 장르 속에서 성적 활동의 이 단순한 명명을 무한히 벗어나는 모순들에 의해 연결된다. 그렇지 않다면 소설은 부수적인 장르로 남을 수도 있었을 것이다. 실제로 바타유가 시작한, 글쓰기와 독서의 실천이라는 문학 자체는 말하자면 일종의 성애적 실천으로 이해해야 한다. 더 이상 성애 문학은 있을 수 없다. 에로티시즘과 문학은 이제 분리될 수 없고 엄밀히 말해 동일한 외연을 갖기 때문이다. 바타유가 소통의 주제를 둘러싸고 전개하는 모든 것은 실로 에로티시즘과 문학 사이의 '소통'을 확립하기 위한 것이었다. 여기서 자동적인 소통은 어떤 메시지의 전달을 의미하는 것이 아니라, 이 전달에 의해 활동하는 존재를 둘러싼 개별적인 한계의 단절을 의미한다. 경우에 따라서 그것은 메시지의 파괴를 내포할 것이다. 바타유에게 소통은 언어학자들에 의해 강요되는 구조(발신자, 수신자, 메시지 등)를 따르지 않는다. 소통은 이런 구조를 파괴한다. 소통은 그 과정에서 동일성이 변질되지 않는 두 주체 간의 메시지, 즉 독립적인 시니피에의 전달이 아니다. 소통은 초월적인 시니피에의 부재라는 비의미(non-sens) 속에서, 그리고 양쪽 모두의 메시지 부재 속에서 일어나는 자기 자신의 상실이다. 결국 무(無)로 귀착하는 메시지의 희생(우리는 이를 긍정적으로 볼 수 있을 것이다)을 통해서 발신자와 수신자는 또한 소통 그 자체 가운데 희생된다. 에로티시즘과 문학은 바타유가 제시하는 소통의 경험에 대한 두 이름이다. 소통 자체가 가져다줄 수 있는 존재들의 융합보다, 오히려 존재들의 분리가 환원될 수 없는 주된 요소라는 정반대의 전략에 따라 소통이 이루어진다는 점에서 소통의 결정적인 특성이 지속된다. 소통은 매력보다는 오히려 반감에 의해 이루어진다.(사랑의 표현으로 '매력'이라 불리는 것은 반감을 유도하는 기호에 불과하기 때문이다.) "성기에 초점을 맞춘 상호적 반감의 주제는 소통의 힘을 증대시키는 촉매 혹은 매개자로서 현존한

다."[33] 소통은 반감의 이러한 작용에 지나지 않는다. 즉, 매력의 한계로
서 반감을 유발한다. 소통의 모태는 바타유가 다음과 같은 말로 표명
한 적 있는, **결핍의 요소**이다. "인간은 결핍된 존재이다." 그러므로 문
제는 (이러한 결핍을 없애는 것이 아니라) 결핍을 생성하는 것이다. 만
약 어떤 존재가 소통을 통해서만 존재한다면, 그때 소통 자체는 존재
의 희생이 아니라면 아무것도 아닌 것이다. "나는 인간들이 고통이나
상처를 통해서가 아니면 결코 결합되지 않는다는 원리를 받아들일 것
을 제안한다. 이러한 관념은 자체로 어떤 논리적인 힘을 갖는다."[34]

글쓰기와 성교는 일반적으로, 바타유가 생식기관이 없는 존재들이 행
하는 생식의 반례(反例)를 통해 받아들이는 흔적의 문제 설정과 밀접
한 관련이 있다.[35] 실제로 생식기관이 없는 존재들은 분열 생식을 통해
번식한다. 그것들은 분열되면서 증식한다. 따라서 성적 차이의 부재
는 한편으로 자손의 출현과 다른 한편으로 원래의 개체(이 개체는 최
소의 흔적도 남기지 않은 채 완전히 사라져 버린다)의 죽음 사이의 정
확한 동일성(공존)을 내포한다. 이는 완벽한 제왕절개 수술과 같다. 말
하자면 자손의 출현과 부모의 사라짐 사이에는 최소의 차이를 위한 혹
은 최소의 거리를 위한 어떤 여지도 없다. 엄밀히 말해서, 이러한 과정
에서 성이 개입하지 않는다는 사실로 인해 에로티시즘에 대해 말할 수
없게 되는 것이 아니라면, 분열 생식 현상은 에로티시즘과 죽음의 통
일을 실현하는 것일 테다. (성차 없는 성교와 마찬가지로) 성교 없는
에로티시즘도 없다. 그러나 에로티시즘의 진리는 성교와 죽음의 합일
이다. 다시 말해서 (작은) 죽음[오르가슴]으로서의 성교이다. 그러나
성교는 정확히 말해 죽음이 아니다. 그래서 바타유는 언제나 성교 속
에 가상의 조절 장치로서 분열 생식의 모델을 도입한다.(그리고 그는
바로 **글쓰기**를 통해서 그렇게 한다.) 반(反)플라톤적이고 반(反)상징

적인 가상의 조절 장치. 이때 상징은 서로 필요로 하고 잘 맞는 두 부분의 결합을 지칭한다.[36] 분열 생식은 유기적인 전체의 분리와 분할을 묘사한다.

그러므로 성교는 죽음이 아니다. 그것은 생식과 소멸 사이에 차이를 만든다. 아이의 탄생은 부모의 죽음이 아니다.(때때로 어머니의 죽음이기는 하나 아버지의 죽음인 것은 아니다.) 성교는 아이의 출현의 지연과 밀접한 관련이 있는 부모의 소멸의 지연을 수반한다. 아이의 출현은 성교와 동시에 이루어지는 것은 아니며 임신의 시기가 필요하다. 성에 의해 산출되는 이 지연 체계는 개체의 죽음에까지 확산된다. 어떻게 보면 개체의 죽음 자체는 그 자체로 개체의 소멸과 동시대적이지 않다. 즉, 동시에 이루어지지 않는다. 무성 생식의 존재와는 달리 개체의 죽음은 흔적을 남긴다. 사라진 것의 흔적, 시체가 남는 것이다. 그러므로 흔적의 모든 체계는 성교와 죽음 사이의, (작은) 죽음과 죽음 사이의 유보된(또는 패러디 형태의) 동일성으로부터 연결된 일련의 지연과 같은 외연을 갖는다. 흔적은 작은 차이이다. 흔적의 타락한 행위로 정의할 수 있는 활동(혹은 유희)인 문학은 성교의 공간에 분열 생식의 회귀를 확고히 하면서 이 작은 차이를 없애려 한다.

좀더 엄밀하게 말해서, 여기서 우리는 에로티시즘과 성을 구별해야 한다. 사실 에로티시즘과 성의 차이는 성교와 분열 생식 간의 차이보다 결정적이다. 에로티시즘은 타자의 흔적을 산출하는 한 성적 생식 속에서 현존하는 것이고, 에로티시즘 자체가 흔적의 부재 혹은 흔적의 사라짐을 내포하는 한, 분열 생식 속에 현존하는 것이다. 삶은 죽음 안에서까지 승인된다. 흔적의 사라짐 혹은 흔적 속에서의 상실은 결국 똑같아진다. (헛된 것일 수 있는) 분열 생식으로의 퇴화적 회귀보다는 오히려 분열 생식의 회귀가 문제이다. 즉, 단순한 분열 생식이 단세포 생물이라는 단순한 존재에게서 발생하는 반면, 생식기관이 있는 생물이라는 복잡한 존재 가운데 분열 생식의 회귀가 이루어진다는 것이다. 그러므로 복잡한 것이 되어 버린 구성 속으로, 사람들이 길을 잃어버리는 구성 속으로 분열 생식의 회귀가 일어난다. 미로는 성(性) 안으로 분열 생식의 회귀가 이루어지는 장소이다.

~

선택할 어떤 길도 없다. 그러나 미로는 대립을 초래하는 장소이다. 그것은 계사와 실질 '사이의' 논쟁이 벌어지는 장소이다. 어휘적인 기능과 통사적인 기능 사이의 논쟁, 이 논쟁에서 의미는 언제나 위협받긴 하지만, 비의미가 결코 압도하지는 못한다. 이때 명사는 존재를 자신의 모방의 덫으로 포획하려 하는 반면, 계사는 어휘적 체계를 통해서 희생적 움직임을 확산시킨다. 그러나 이것은 비대칭적 대립이다. 왜냐하면 대립하는 둘 중 하나, 실질만이 대립의 해결책을 기대하며 방향을 제시하기 때문이다. 이러한 기대에 힘입어, 실질은 우위를 점할 것이다. 실제로 사람들이 미로에서 벗어나는 방법은 높이 올라가는 것이다. 아폴론이라는 태양신의 초대에 유혹당한 이카로스는 높이 날아올랐다.

이렇게 실질은 우위를 점하고, 계사에 최고의 존재라는 자격을 부여하면서 어휘적인 기능을 부가한다. 문장은 계사를 중심으로 구성되고, 절은 계사에 종속된다. 계사로서 존재는 움직임을 계속한다. 반면에 실질로서의 존재는 피라미드의 꼭대기로부터 중심으로 향하는 종속(문법적, 존재론적, 이데올로기적, 논리적, 사회적 종속 등)의 망 가운데 움직임을 정지시킨다. 실질과 결합하려고 하면서, 계사는 실질을 구성하고 또한 존재의 구성을 확실하게 한다. 존재는 존재론적 유추를 통해 의미의 통일성을 분명하게 드러내 보이는, 은유적으로 구축된 실질임을 자처한다. 존재는 미로에 접근하는 열쇠, 다시 말해서 미로를 피라미드로 변형시키는 열쇠이다. 피라미드는 굳건히 서 있다. 분명하고 단호하게. 피라미드는 혼돈을 뛰어넘어 미로 위로 솟아오른다. 그것은 교화하는 기념물이며, 중단된(혹은 연결된) 계사를 금지하면서 의미의 유일한 방향을 강요한다.

미로에서 벗어나는 방법으로서 피라미드의 건립은 피라미드가 실질과 계사의 대립, 즉 비대칭의 대립(대립 항의 하나인 실질이 대립에 어떤 의미를 부여하면서 그로부터 생겨나는 무엇인가를 기대했기 때문에)에 의해 구성되는 한, 미로 자체에 연루되어 있다. 의미는 이미 미로 속에서 작동하고 있다. 설사 계사가 의미를 배격할지라도 말이다. 의미의 배격은 의미를 나중으로 연기하는 것일 뿐이기 때문이다. 이 '나중으로'는 바로 의미를 위한 방식이다. 실질은 더 나은 것을 기대할 수 없다. 의미의 본질은 나중으로 연기되는 것이다. 이러한 시간적 연장은 계사가 나타내던 '존재하지 못하는 것'을 '존재해야 하는 것'으로 변형시킨다. 이 경우 실질적인 것은 인정받고, 최고 권한을 가진 계사는 어휘적 모방을 통해 지배하게 된다.(자신의 최고 권한을 지배력과 맞바꾼다.) 나중으로 연기된 존재는 이제 그 자체로 존재의 의미인 미래를 따르고 이 미래를 확실하게 하는 데 관심을 갖는다. 존재의 비현존은 시간의 움직임으로부터 해방된 존재, 즉 신성화되고 영속화된 존재의 미래의 현존으로 승화된다. 계사 존재의 비현존은 아직 현존하지 않는 것으로, 따라서 '존재를 나중으로 연기하는 것'[37]으로 이해될 수 있다.

그러므로 우리는 미로에서 벗어날 수 있을 터인데, 존재는 그의 넘치는 의미로 미로에 접근하는 열쇠, 문, 출구, 경계를 구성할 것이다. 승화를 통해 미로를 배척하지 않는 한, 존재의 명사화는 미로에서 벗어나는 것이 아니다. 미로의 한계를 넘어서기보다는 오히려 미로를 봉쇄하는 것이다. 확실한 외부적 접근을 통해 불확실성을 해결하기보다는 오히려 감옥으로 변형되고 피라미드에 짓눌린 미로 내부 속에 갇히는 것이다.

1936년 2월 바타유는 「미로」[38]라는 제목의 글을 썼다. 그는 그것을 약간 수정해 『내적 체험』[39]에 다시 발표했고, 수정한 것들 가운데 하나는 「미로, 혹은 존재들의 구성(Le labyrinthe, ou la composition des êtres)」이라는 제목을 지녔다. '구성'이라는 이름 아래, 글은 미로 체험에서 생기는 피라미드 구조와 그 구조의 파괴를 잇달아 보여주는, 존재와 존재들 사이의 유동적인 관계를 명백히 한다. 실제로 피라미드는 불가피하긴 하지만 실현할 수 없는 (끝이 없는) 것인 반면, 미로는 파악할 수 없긴 하지만 불가피한 것이다. 언어의 구조에서 생겨난다는 이유로 그러하다.

첫째, 미로. 만약 한편으로 미로를 따라 인간이 '존재하기 위해서 행동한다'면, 만약 존재가 인간 삶의 목적이라면, 존재는 '어디에도' 없고 삶의 어떤 것에도 고정될 수 없다. 이것은 명백히 두 가지 정반대의 이유 때문인 것 같다.

첫번째는 분열 생식으로 번식하는 단세포 생물 같은 단순한 존재들과 관련이 있다. 그들은 존재할 자격이 없다. 왜냐하면 태어나자마자 흔적도 남기지 않고 사라져 버리는 '순간적인 외양'일 뿐이기 때문이다. 그러므로 존재는 바타유가 자기성(ipséité)이라고 부르는 것, 즉 타자가 아닌 자기 자신(ipse)인 개체, 다시 말해서 대체될 수 없고 비교할 수 없는 개체의 차별적 특성에 의해 특징지어진다. 또한 자기성은 그것에 영향을 미치는 변화를 통해서 개체의 차별적 특성을 보존하는 자기 동일성을 내포한다. 단순한 존재들의 경우에는 최소한의 변화조차도 더 이상 그들을 동일한 것으로 두지 못한다. 단순한 존재들은 결코 자기 자신인 적이 없었기 때문이다. 그러므로 그들은 존재를 파악하지 못하고 있다.

　그러나 존재는 (인간 같은) 복잡한 존재들을 피한다. 복잡한 존재들은 어떻게 해서든지 자기성을 초월하기 때문이며, 그들이 도달하는 동일성이 자기성의 상실을 내포하기 때문이다. 그들의 복잡성 때문에, 예를 들어 그들이 대다수의 세포들, 즉 기관계가 조직하는 관계들에 의해 구성되기 때문에, 이렇게 구성된 존재들은 그들을 구성하는 요소의 급격한 변화를 통해 그들을 그 자체로 존속하게 하는 어떤 자기성을 갖는다. 그러므로 이러한 구성을 통해 존재들은 지속 가능한 전체를 이룬다. 그들이 존재하는 것은 시간의 타격을 받기 쉬운 것으로 제한되지 않는다. 그럼에도 불구하고 바로 이 구성의 과정 속에서 존재는 길을 잃게 될 것이다.

　　극단적인 복잡성의 수준에서 존재가 불확실하고 일시적인 외
　　양 그 이상의 무엇임을 성찰하지 않을 수 없다. 그러나 이 복잡
　　성은, 점차 바뀌면서, 갑자기 출현한 것이 기이하게 제 길을 잃
　　는 미로가 된다.[40]

『내적 체험』에 수록된, 보충된 판본에서는 스스로 그 내부에서 길을 잃는 방식을 훨씬 선명하게 묘사하고 있다. 또한 어떻게 존재가 금방 타격을 받아 길을 잃게 되는 미로로 변형되는지도 훨씬 더 분명하게 묘사한다.

　　부득이한 경우에, 나는 극단적인 복잡성의 수준에서 존재가 일
　　시적인 외양 그 이상의 무엇임을 성찰해야 한다는 사실을 인정
　　한다. 그러나 복잡성은, 점차 생겨나면서, 그 이상을 위해 존재
　　가 끝없이 길을 잃으며, 결정적으로 길을 잃는 미로가 된다.[41]

시간을 초월하는 것은 언어 속으로 사라진다. 혹은 좀더 일반적으로 말해 흔적의 체계 속으로 사라진다. 실제로 여기서의 '이상(以上)'은 "인간에 관련되는 한, 모든 존재"가 연결되는 언어로 두 단락 뒤에 명시되어 있다. 지속되는 것은 자아가 아니라 말이다.(자아는 이 말에 사로잡혀 있다.) 따라서 언어는 미로를 구성하는데, 미로 속에서 자기성은 말을 통해 다른 인간과의 어떤 관계로 구성되면서 사라지기 위해서만 갑자기 나타날 뿐이다. 존재는 언어 없이 존재할 수 없다. 그러나 존재가 필연적으로 언어에 의해 '매개되기' 때문에, 존재는 결국 언어의 존재가 된다. 다시 말해서 나에게서 자기성을 박탈하는 것은 바로 언어의 존재이다. 이 언어의 존재 속에서 '나의' 존재는 길을 잃는다.

둘째, 피라미드. 두번째 단계로, 주체를 인정하려 하지 않는 자기성은 객관화된다. 그것은 피라미드의 건립처럼 미로에서 벗어나는 방법이다.

> 실로 존재는 어디에서도 발견되지 않는다. 병적인 장난을 통해 피라미드의 정상에서 신성한 존재를 발견하는 것은 손쉬운 유희이다. 이때 피라미드는 방대한 양의 가장 단순한 물질로 스스로를 구성하는 무수한 존재들에 의해 형성된 것이다.[42]

이 '병적인 장난'은 철학자에 의해, 그리고 매우 일반적으로 지식의 기능으로서 이론을 실천하는 사람에 의해 야기된다. 존재와 기능은 서로 배타적이다. 예를 들어 바타유는 "주인이 노예에게서 그 존재의 일부를 박탈한다"[43]고 쓴다. 왜냐하면 하나의 기능으로서 규정되는 것, 즉 기능으로만 존재하는 것은 '존재의 일부'로서 존재하기 때문이다. 말하자면 존재는 하나의 기관(器官)도 하나의 도구도 아니다. 그런데 철학자는 "하나의 기능으로서 지식을 수용한다." 그는 정말로 존재를 관심의 대상으로 삼지만, 철학자로서의 입장을 취함으로써 존재에 관여하는 것을 중단한다. 그가 수용하는 기능으로서의 지식은 초월적인 객관성 속에 존재가 투영되는 것을 내포한다. "만약 '존재'인 동시에 지식인 누군가가 결국 지식으로 축소되면서 손상된다면"[44] 존재는 빠져나갈 것이다.

> 만약 누군가가 자신의 미로를 통해 생각을 이끌어 가며 아리아드네의 실이 남긴 선 전체를 일별해 발견할 수 있다면, 모든 것은 가시적으로 연결될 수 있을 것이다.

일별. 직관. 우리는 미로의 지도를 가질 수 있을 것이고 미로에서 벗어날 수도 있을 것이다. 우리는 이카로스처럼 높은 곳에서, 다시 말해서 피라미드의 정상에서 미로를 내려다볼 수 있을 것이다. 미로 전체는 어떤 시각적인 원뿔에 맞아떨어질 것이다. 피라미드는 이 시각적인 원뿔과 같은 것이며, 또한 시각 구조, 말하자면 그 꼭짓점에 존재의 신성한 눈을 가진 이론의 구조이다. 그러나 그 모든 것은 조건적이다.

셋째, 그리고 미로…. 실제로 계사의 반복 때문에 피라미드는 언제나 가설에 머물러 있다. 계사로서의 존재가 실질로서의 존재로 변형되는 것은 어느 정도 불가피하지만, 그것은 헛된 일이다. 꼭대기(합)는 상상계의 장소이다. 이카로스는 높이 날아오르지만 다시 떨어진다. 미로의 가장 미묘한 우회로 가운데 하나는, 미로에서 벗어나려는 욕망을 가지며 빠져나갈 수 있다고 믿도록 하는 것이다. 승화는 미로 구조의 일부를 이루는 가짜 출구이다. 피라미드는 미로 자체의 산물에 불과하며 전적으로 미로에 속해 있다.

(제국을 지배하는 지식의 구성이라는) 정점을 향한 질주는 '미

로'의 길들 중 하나에 불과하다. 그러나 우리가 거듭 환상을 품고 '존재'를 찾아 쫓아가는 이 길은, 우리가 어떻게 한다 해서 피할 수 있는 것은 아니다.[45]

그러므로 그들의 대립에도 불구하고, 우리는 미로와 피라미드 사이에서 양자택일해야 하는 상황에 직면해 있지 않다. 미로와 피라미드는 서로 연루된다. 설사 형이상학의 체계에 사로잡혀 있는 서구의 이데올로기적 담론이 피라미드에 더 큰 가치를 부여했다 할지라도(그러나 이러한 담론이 차례로 끊임없이 아리아드네의 실을 제시했지만 미로를 제거하지는 못했다), 바타유는 미로 이야기를 주장하지 않는다. 혹은 그가 때때로 그렇게 하는 것처럼 보일 수 있지만, 그렇다고 해도 그의 글쓰기는 언어의 본질에 관계된, 그 자신이 되풀이해 언급한 적 있는 이유들 때문에 반드시 피라미드를 숙고하는 시기를 거쳐야 한다. 모든 글쓰기처럼, 그의 글쓰기는 어휘와 통사적 작용 사이에, 유사함의 총계와 삭제의 환유적 증식 사이에 사로잡혀 있다.

제왕절개

불완전

에로티시즘은 별개의 문제가 아니다. 바타유에게 에로티시즘은 다른
문제들 가운데 한 문제, 또는 다른 어떤 문제들처럼 전문가들에 의한
예비적 접근을 필요로 하는 문제가 아니었다. 어떤 방식으로든, 그것
은 '사랑의 과학'(성애학 혹은 성과학)을 연상시키지 않는다. 〔에로티
시즘은 과학에 의해 그 과정이 확실해지는 로고스(logos)의 이론적 공
간을 해체한다. 에로티시즘 자체가 성애학의 불가능성을 나타내는 한,
다시 말해 본질적으로 한 가지 행위의 사실에 불과한 것을 이론적 로
고스의 통일성으로 귀결시킬 수 없음을 나타내는 한, 이질학(hétérolo-
gie)의 영역에 속한다.〕 담론적 차원에서 에로티시즘의 기능은 육체적
차원의 것과 동일하다. 그것은 개체를 만들어내는 불연속성에 타격을
가하고 (심리적 혹은 인식론적인) 경계와 한계를 파괴하며 완전함에
불완전함을 덧붙인다. 에로티시즘의 효과는 고유한 것의 상실로 정의될
수 있다. 말하자면 더러움 속 깨끗함의 상실과 동시에 강제 속 개인 정
체성의 상실로 정의될 수 있다. 존재는 방탕한 생활의 행위에 휩쓸리
면서 해체된다. 에로티시즘에 의해 존재는 몰입되어 길을 잃는 위험한
행동을 하게 된다. 게다가 이 위험한 행동 속에서 방종으로 인해 존재
는 과오를 범하거나 실패하게 된다.

　타자는 어떤 이름을 갖지 못한다.(타자는 아무 이름도 갖지 못하고
단 하나의 이름도 갖지 못한다.) 타자는 이름 없는 것('명명할 수 없는

것')이기 때문이며, 이런 의미에서 언어와 아무 관련도 없는 것이기 때문이다. 그래서 타자는 허다한 이름들을 가질 수 있을 뿐이고, 어휘 사용(이질학적 담론은 불가피하게 타자에 근거해 어휘 사용에 이르게 된다)에 의해서만 표현될 수 있다. 에로티시즘은 이질학적 행위의 한 이름에 지나지 않는다. 이런 이유로 에로티시즘은 계사의 환유적 효과를 통해 언어 전체에 작용하는 대체적 활동에서 벗어나지 못한다. 에로티시즘은 이질학이 단일한 전망에 따라 그것을 둘러싸고 재조직될 수 있을 중심도, 열쇠도, 아르키메데스의 말도 아니다. 그의 작업에서 비교적 늦은 어느 때에, 바타유는 자신의 글쓰기 전체를 지배하는 것에 에로티시즘이라는 이름을 붙였다. 그리고 다른 시기에는 다른 이름들, 말하자면 이질학, 분변학(scatologie), 신성한 사회학, 내적 체험 등을 사용했다. 마치 육체가 에로틱한 변화에 빠져들 듯이, 말을 보충하려는 충동은 일련의 말들을 산출해낸다. 그리하여 각각의 말은 불가피하게 그 자체로 부적절한 것이 되어 사전에 반송되고 취소되고 삭제된다. 어휘 변화가 분명하게 이루어지는 조건들을 밝혀야 한다. 그러나 적어도 에로티시즘에 대한 물신숭배보다 더 심하게 바타유의 글에 의해 배제되는 것은 없다고 결론 내릴 수 있다.(그리고 에로티시즘 자체는 특히 성을 물신숭배하는 것이 아니다.) 물신숭배는 사물에 매달리며, 어떠한 사물도 부분적이지 않은 것은 없다. 에로티시즘은 '전체적인 조망'을 필요로 한다. 운동만이 전체적인 것일 수 있으며, 특히 사물의 파괴를 야기한다. 게다가 성이 특정한 방식으로 온전한 상태의 존재에 타격을 가하는 조건에서 에로티시즘은 또한 특정한 방식으로 성에 연결된다.

육체, 말, 책, 이 모든 부분적인 사물은 끝없는 운동 속에서 서서히 오랫동안 희생된다. 이때 (사람들이 정하고자 하는 어떤 한계로 환원될 수 없는) 이 끝없는 운동은 바타유의 작품 전체를 지배하는 운동이자,

그의 작품 전체가 '그 자체에 갇혀 있는' '별개의' 책의 '완벽하고' '완전한' 양상을 띠지 못하도록 하는 운동이다. 문맥이나 구성과 무관한 글의 내용이란 결코 없다. 여백에 시달리는 불완전한 글, 서로 겹치며 끊임없는 반복 과정으로부터 생겨나는 이질적인 글, 동일한 요소의 연속적 재배치로부터 형성되는 글을 따라가야 한다. 그것들은 '수많은 파도 속에서 길을 잃은 하나의 파도처럼' 움직이는 전체를 나타낸다.

에로티시즘에 관한 근본적인 것이란 없다. 에로티시즘은 미로처럼 근본적인 것의 상실이자 패러디의 뜻하지 않은 출현이다. 에로티시즘은 전체가 아니다. 그러나 그것은 무엇보다 단순한 요소, 즉 '부분'이 아니다. 그것은 진지함이 진지함을 결여하는 것, 경박함이 경박함을 결여하는 것이며, 전체가 전체로 되는 것을 막고 부분이 부분으로 되는 것을 막는 것이다. 또한 모든 것이 상실되는 곳이다. 존재의 희생이자 희생으로서의 존재인 에로티시즘은 존재론적이든 신학적이든 간에 모든 실체를 패러디로 나타나게 한다. 에로스는 신이 아니다. 따라서 에로티시즘이 그것의 패러디가 아닌 에로티시즘이 되는 것을 막는다. 황홀경의 패러디. 죽음의 패러디. 희생의 희극. 비극의 희극.

학살

"인간의 육체를 파괴하는 것은 여전히 가능하다."
— 바타유, 「송과안(L'œil pinéal)」(4).[1]

시작으로 되돌아가자. 시작을 여는 **통찰**을 계속하기 위해. 시작을 끝내지 못하게 하는 것을 유지하기 위해. 그것은 시작에 뒤이어 오는 것을 지배한다. 우리의 노력은 단 하나의 목표만을 갖는다고 말할 수 있다. 바로 죽음을 은폐하기 때문에 미래를 빼앗긴 이 최초의 묘비를 옮겨 놓는 일이다. 그러므로 한 번 더 우리가 혼란 상태에 이를 때까지 시작을 다시 하자. 우리가 우리의 시작을 지옥에 이르게 하기까지. 구조물 전체가 속에 구멍이 뚫린 첨탑에 지나지 않을 때까지. 따라서 우리가 영(零)으로 돌아갈 때까지, 그리고 '하나'가 사라질 때까지 다시 시작하자.

우리가 되돌아갈 때, 시작의 문제는 인간 문제의 형태를 취하게 될 것이다.

바타유는 선사시대의 회화에 관한 자신의 연구에서 인간은 예술과 더불어, 더 정확히 말해서 회화와 더불어 탄생했다고 말한 적 있는데, 이때의 회화는 자기 형상의 재현을 통해 스스로를 알아보는 것에 대한 인간의 거부로서 정의될 수 있다. 이는 인간이 자기 부정(이 자기 부정 가운데 인간은 등장한다)에 의해 정의된다는 것을 말하는 한 가지 방식이다. 즉, 인간은 자신을 부정하는 곳에서 시작하며, 자신을 부정함으로써 시작한다. 따라서 처음에는 재현하는 것(재현되도록 하는 것)에 대한 거부가 존재한다.

그러나 여기서 나는 『도퀴망』에 실린 사전을 위해 바타유가 쓴 '입(Bouche)'이라는 항목에 대해 논의할 것이다.

['입': '입'과 '도살업자(boucher)' 사이의, '학살(boucherie)'과 '마개(bouchon)' 사이의 말을 이해하자. 학살의 장소는 신성한 장소이며, 희생은 어떤 학살이다. 사람들은 거기서 육체를 가른다.(『도퀴망』에 실린 사전의 '도살장(Abattoir)'²이라는 항목과 『C 신부(L'Abbé C.)』 속에 등장하는 도살업자를 참조.) 그와 반대로 마개는 막고 또 다시 막는다. 반면 입은 모호한 기관이다. 말하자면 입은 닫는 기관인 동시에 여는 기관이다.]

'입'이라는 항목에서 바타유는 '통시적인' 접근을 따르면서도, 시작의 문제를 선사시대로 거슬러 올라가서 제기하지 않는다. 오히려 인간 신체에 고유한 문제, 즉 인간 신체의 유기적 독해와 연결된 '구조적인' 문제로부터 시작의 문제를 제기한다. 그런데 그것은 동물이라는 유기체를 읽을 때는 발견되지 않는 특별한 문제를 제기한다. 실제로 시작의 문제의 이러한 어려움은 엄밀히 말해서 수사학적 영역에 속한다. 말하자면 이런 읽기는 어디서부터 시작되어야 하는가? 들어가기, 즉 '머리'는 어디에 자리잡아야 하는가?

인간의 건축은 동물의 건축처럼 단순하지 않으며 심지어 그가 어디서 시작하는지도 말할 수 없다.³

[이는 놀라운 명제이다. 지금까지 바타유는 구조물로부터 인간 형태의 단순성과 균형을 차용하면서, 건축과 인간의 유추를 통해 오히려

인간을 해석했다. 그와 반대로 동물성은 전통적 형식주의에 반비례해 나타났다. 말하자면 동물성은 더욱 더 두드러졌다.(그것은 동물성의 유일한, 부정적인 표시였다.) 왜냐하면 동물성이 존재의 층위와 형태의 변증법에서 인간으로부터 멀어졌기 때문이다. 그러나 하나의 글에서 다른 글로 이르면서 말은 자신의 '작용'과 가치를 달리한다. 말의 의미보다 더 불안정한 것은 없다. 말은 무한하고 예측할 수 없는 변용(어휘의 단순한 기재와 조절된 다의성이라는 건축적 계획에 이의를 제기하는 데 충분한 변용) 가운데 말 자체를 이끌어 가는 글쓰기 전략에 항상 좌우된다. 따라서 이 경우 인간은 단순성의 건축적 체계 안에 더 이상 포함되지 않는데, 그 체계의 시작이 매우 단순하기 때문이다. 분열 생식은 전체화하는 계획의 가능성을 넘어 의미를 증가시키면서 어휘에 영향을 미친다.(가족의 어떤 결합도 단일한 이름으로 자손들을 모을 수 없다.) 모든 것은 둘로 나누어진다. 의미는 분열을 통해 변화하고, 글쓰기는 분열을 통해 작용한다. 그리하여 두 개의 입, 즉 '좋은' 입과 '나쁜' 입, 다시 말하자면 열린 입과 닫혀 있는 입이 존재한다. 두 개의 아메리카(지도상에서 그 중앙의 지협과 함께 아메리카는 분열 생식하는 과정의 형상을 띠지 않는가?), 즉 잉카족의 아메리카와 아즈텍족의 아메리카가 존재했듯이, 테세우스에 의해 건설된 아카데미풍의 그리스(아크로폴리스와 플라톤 철학의 그리스)와 그 이후 뚜렷이 나타난 낡아 빠진 그리스(비극과 미로의 그리스)가 존재했듯이 말이다. 아테네 문명의 운명을 주재했던 '학구적인' 말(馬)은 유럽 문화 속에서 크게 법석을 떨었던 '어리석은 다다(DADA)'[4]의 형태로 다시 출현할 터이다. 말하자면 그것은 인간이 파괴하지 못하고 집착하게 되는, 길들일 수 없는 동물성의 형태로 다시 출현할 것이다. 따라서 바타유가 파괴하기를 결코 멈추지 않았던 사전을 재구성하려는 시도를 제외하고, 바타유의 말을 곧이곧대로 받아들일 수는 없다.]

'입'이라는 항목과 함께, 『도퀴망』에 실린 사전은 '눈'[5]에 할애된 항목을 제시한다. 그리고, 사전으로 실리지는 않았지만(아마도 글의 긴 분량 때문일 것이다), 「엄지발가락(Le gros orteil)」 역시 이 두 항목이 발생시키는 것을 규명하는, 기관을 사전학적으로 제거하는 동일한 움직임에 속한다.

사전은 이미 그 자체로 참조의 범위를 앞서 구분, 배열하는 것을 내포하는 담론의 한 가지 형식이다. 말하자면 사전은 분석적이고 해부적인 담론이다. 바타유는 '해부적' 목적을 위해 형식 그 자체를 이용한다. 따라서 사전은 예비 해부의 결과가 아니라 엄밀히 말해 해부하는 도구이다. 실제로 사전의 각 항목은 신체를 분해하고 그것이 다루는 기관을 떼어내 다루면서 기관을 기관의 지주(支柱)로부터 분리시킨다. 이는 각 항목을 의미가 집중되는 장소로 만들면서 가능해지는데, 이러한 집중을 통해 부분은 전체와 관련된 가치를 지닌다. 전체는 부분의 불복종을 초래하며 항목에 의해 분해된다. 이때 부분은 전체로서의 기관 체계에 통합되어 그 자체를 규정하는 위계를 존중하기를 거부한다. 전체는 바람직한 전체의 목적성에 부분을 통합하면서 부분을 사라지게 하기보다는 오히려 불복종하는 부분의 불완전한 외설스러움(obscénité) 가운데 부분을 드러내 보인다. 사전은 기관을 갑자기 부분적인 대상으로 출현하게 하는 담론이다. 거기서 신체 이미지 전체를 고려하려는 계획은 가능하지 않다.

[이런 관점에서 바타유의 글들이 하듯이 신체 지도를 작성해야 할 것이다. 신체 지도는 분명 두 가지 요소, 즉 뾰족한 끝과 구멍을 이용할 것이다. 신체 지도는 뾰족한 끝과 구멍이 자신의 가치를 교환하도록 한다. 말하자면 뾰족한 끝은 절단되고, 구멍은 설치된다. 신체 기관의 확연한 명명에 의해, 찬양받기보다는 오히려 고통받는 신체를 비난하

는 바타유의 텍스트는 리트레(E. M. P. Littré)[6] 같은 철학자와 질 드 레 같은 인물, 전설적인 아즈텍족의 행위들 사이의 예기치 못한 유사성을 보여준다.

기관은 그것이 구멍이든 뾰족한 끝이든 간에 발기성(勃起性)인 동시에 '비난받아 마땅한' 것이다. "절단은 발기를 낳는다."[7] 기관의 명명은 결코 묘사적이지 않다. 신체 이미지는 언제나 문제시되며 부가형용사에 의해 수식되거나 불규칙 동사에 의해 결정된다. 혀가 흘러내리고, 머리가 흔들린다 등. "지나친 기쁨 / 손톱을 바꾸어 놓는다."[8] "지나친 격분에 사로잡힌 / 나의 머리는? 새로 자란 손톱"[9] 등.

이러한 상징적 고통(고통이 신체 이미지에 영향을 미치는 한)은 그것을 구체화하는 기관을 통해 상징적인 것의 고통이 된다. 예를 들어 머리는 지나친 욕망의 충동("나의 머리는 흔들리지 않으며 그 누구에 의해… 비틀린 손목에 지나지 않는 것일까?"[10] 혹은 "어제 저녁 머리를 흔들게 하던 음악"[11]), 즉 머리가 없는 사람[아세팔]의 이미지를 유지하는, 있을 수 없는 지나친 욕망의 충동 속에서만 명명된다. 상징적인 것의 다른 기관, 즉 혀에도 동일한 고통이 발생한다. 잘린 혀는「제의적 희생에 따른 신체 손상과 빈센트 반 고흐의 잘린 귀(La mutilation sacrificielle et l'oreille coupée de Vincent Van Gogh)」[12]에 관한 글에서 언급된 두 '일화'의 주제이다. 아브디라(Abdera)의 아낙사르쿠스(Anaxarchus)와 엘레아(Elea)의 제논(Zēnōn)[13]이라는 두 철학자는 자신의 이빨로 절단한 혀를 폭군의 얼굴에 뱉었다. 잘린 혀의 이미지는 천사 같은 안젤라 다 폴리뇨(Angela da Foligno)[14]가 신과 만났던 상황을 묘사하는 데 도움이 된다. 『신실한 체험의 책(Librum de vere fidelium experientia)』에서 안젤라 다 폴리뇨는 이렇게 적는다.(바타유는 이 구절을 인용한다.) "영혼은 무(無)와 모든 것을 본다. 신체는 잘린 혀와 더불어 고통이 완화된다."[15] 바타유는 자신이 경험한 신이 아니라 '신이 가지고 있는 지식',[16] 즉 부정('아연실색하게 하는 부정—잘린 혀의 이미지')에 의해서가 아니면 달리 명명할 수 없는 앎을 기술하기 위해 나중에 네 쪽에 걸쳐 이 '이미지'를 되풀이한다. 여기서 부정이란 단순히 이론적인 부정이 아닌 신체의 제의적 희생 행위에 속하는 부정이며, 명명되는 기관을 제거하는 것이다. 마티스는 이렇게 말했다. "회화에 전념하려는 자는 스스로 혀를 자르는 일부터 시작해야 한다."]

첫째, "엄지발가락은 인간 신체 중에서 가장 인간적인 부분이다."[17] 이 첫번째 문장의 도발적인 신랄함은 비천하지 않은 것에 대한 결정적인 무지보다 비천한 것으로서 인간을 취급하려는 결정에 기인한다. 직립한 발의 자세는 그것이 향하는 하늘을 통해서가 아니라 기대는 지면을 통해서 해석되는데, 이는 이러한 자세가 전통적으로 정당화하는 가치를 고양하는 독해를 뒤집는다. 그러나 다른 텍스트들에서, 바타유는 단순한 전복 이상의 것이 존재한다고 믿게 하면서 이 전통적인 독해로 되돌아간다. 엄지발가락이라는 신체의 단일한 지점으로 인간 전체가 응축(집중)되는 것은 이 전복과 깊이 연결되어 있다.

둘째, 눈은 이와 같은 응축, 즉 유혹의 힘에 관한 응축을 나타낸다.(유혹의 힘은 엄지발가락에 관한 글에서도 보이는데, "시적 술책을 고려하지 않은 채 결국 방향 전환에 지나지 않는 유혹하기"[18]를 문제 삼는다.) 이러한 응축의 분명한 신호는, 이 이중 기관[눈]을 단수로 명명하는 것이다. 응축은 이미 엄지발가락에 관한 글에도 있었지만 눈에 적용된 이중 기관의 단순화는 바타유가 이전에 『눈 이야기』를 썼을 때부터 다양한 함축성을 지녔다. 『도퀴망』에 실린 사전의 항목들의 이면에서 우리는 '송과안'[19]의 신화에 관한 현대적 전개를 파악할 수 있다.

유혹적인 가치의 이러한 집중은 시각 체계(보는 눈이 아니라 보여진 눈, 즉 실명한 눈이 문제이다)나 다른 어떤 기관을 참조하지 않은 채 기관을 고립으로 이끌어 그 자체로 고려하도록 만든다. 그 항목의 '신체' 에서 이러한 고립은 앞서 두 일화 속에서 이야기된 적출의 형태를 띨 것이다. 사전편찬학적인 제거는 기관의 제거를 초래한다. 기관이 기관의 기능에서 해방되는 것과 동시에 말은 어휘의 영역에서 해방된다. 『도퀴망』 에 실린 「비평 사전」은 의미 집중을 통해 앞서 기술된 기관의 일종의 상징적 발기(이러한 발기 끝에 기관 자체는 분열 생식처럼 그 지주에 서 떨어져 나간다)를 산출해낸다. 기관들에 관한 사전은 환상적 자상 (自傷)의 장소이자 수단인데, 이러한 자상을 통해 사전은 기관의 발기 가 회화와 동시대의 것이 되는 공간에다 말을 걸기 시작한다. (마티스 는 이렇게 말했다. "화가들을 위한 어떠한 사전도 없다."[20])

게다가 『도퀴망』에 발표된 바타유의 모든 글들은 인간 형상의 실재 적인 거부와 파괴인 자상으로 회화 공간을 규정짓는 어떤 연관을 통 해 근대회화 공간의 문제(『도퀴망』의 폐간과 「근대정신과 전환의 놀 이(L'esprit moderne et le jeu des transpostions)」에 관한 글 이후, 바타 유가 『라 크리티크 소시알(La critique sociale)』에 기고한 거의 모든 글 의 중심을 이루는 정치적 물음으로 단번에 대체되는 문제)를 드러낸 다. 여기서 회화는 등장하지 않는다. 시각 기관으로서의 눈이 문제되 기보다는 오히려 바타유의 눈이 튀어나올 것 같았기 때문이다. 회화의 공간은 오이디푸스처럼 자신의 눈을 뽑아낸 사람이 눈먼 채 자신의 길 을 더듬는 공간이다. 그러므로 회화가 상응하는 것은 눈이 아닌 실명 한 눈이다. (「제의적 희생에 따른 신체 손상과 빈센트 반 고흐의 잘린 귀」에서 바타유가 이빨로 손가락을 뜯어낸 젊은 화가에 관해 이야기 하기 시작하는 것을 상기하자. 글은 반 고흐의 회화에서 엿보이는 햇 빛에 대한 강박관념과 자기 귀를 자르는 자상 행위를 연결한다. 그리 하여 글은 자상이 제의적 희생 행위로 읽히고 거꾸로 모든 희생이 어 느 정도 '전환된' 자상으로 읽히기를 바라는 일련의 사례들로 끝난다.

그러나 이 두 부분, 즉 반 고흐의 회화에 관한 부분과 희생에 관한 부분 사이의 연관은 정신병리학적 문헌에서 발췌된 다른 경우, 정말로 자신의 눈을 뽑은 한 젊은 여자에 관한 사례에 의해 제시된다. 바타유에 따르면 '이 오이디푸스적인 눈 적출'은 '희생의 가장 끔찍한 형태'[21]를 구성한다.) 게다가 회화는 인간 신체의 재현을 거부하면서 탄생했다. 회화는 스스로 부여하는 인간 신체의 이미지를 통해 신체를 변형시킬 뿐 아니라, 애초에 말의 가장 기계적인 의미로도 그것은 인간 신체에 실제로 가해진 손상의 재현이었다. 어쨌든 이는 바타유가 신석기시대 동굴의 내벽에 공판화처럼 찍힌 '모형 손'을 해석하는 방식이다. 이러한 손은 언제나 손가락 하나 또는 여럿이 없다. 바타유는 손가락이 굽어서 그렇다는 설명이 거의 설득력이 없다고 생각해서 뤼케(Luquet)의 '굽은 손가락'[22]에 대한 견해를 인정하지 않는다. 실제로 자상은 여느 화가들 중에서 어떤 특정한 화가를 희생시키는 단순한 정신병리학적 사고가 아니다. 희생의 본래적 특성 때문에 이때의 희생물이 동시에 '사형집행인'이나 제물 봉헌자라는 사실과는 별도로, 자상은 회화적 행위, 심지어 전형적인 회화적 행위로 간주되어야 한다. 왜냐하면 회화가 인간 신체의 구조를 공격하지 않는다면, 회화는 아무것도 아닌 것이기 때문이다.

그리고 이 구조는 자상을 내포하기 때문에 정확히 말해 단순하지는 않다.

셋째, 그러나 입은 눈이나 발가락과 같은 종류의 기관이 아니다. 우선 입은 그 자체로 유일한 기관이기 때문이며, 단일체로 축소시킬 필요가 없기 때문이다. 그리고 입은 엄밀히 말해 기관이 아니라 구멍이기 때문이다. 기관으로서의 입은 이미 그 유기체의 한 개구부이다.

동물의 구조는 분명한 시작을 갖기 때문에 단순하다. 말하자면 입으로부터 동물계는 담화적이고 수평적인 선형성(linéarité)에 따라 자신의 구조를 전개시킨다. 반면에 인간은 직립하고 가슴을 펴면서 시작을 상실한다. 또한 그는 자신의 선형성을 상실하며, 각각 입/항문의 극성에 의해 구성된 **생물학적(수직적) 축**과 입-눈의 쌍에 집중되어 있는 **이데올로기적 축**으로 기술될 수 있는 두 축 사이에서 자신을 드러낸다. 이데올로기적 축은 수평적으로 남는다. 즉, 그것은 **수평성**, 바로 시각의 장(場)으로 규정된다. 입은 영양섭취 기관으로서, 그리고 발성 장소(상징적 배출 기관)로서 이 두 가지 축 모두에 속한다. 그러나 동물의 생활은 두 축 사이의 구분을 알지 못했으며, 음성(발성?) 표현의 기관(입)은 생존 과정에 연결되어 있었다. 즉, 동물의 소리는 지능적 행위가 아니며(그것은 분별력있는 행위가 아니다), 동물 소리의 원인은 본래 생물학적인 것(굶주림, 성욕 등)이다. 소리가 인간 존재의 수직화에 체계적으로 연결되는, (엄지발가락처럼) 분절된 언어가 됨으로써, 표현은 생물학적 축에서 분리된다. 따라서 분절된 말은 발기에 연결되긴 하지만 발기를 억제한다. 분절된 말의 기능이 담화적 수평성의 축을 따라 계속해서 전개되기 때문이다. 수직화에 의해 입은 표현 가능성을 증대시키고 이러한 가능성에 상대적인 자율성을 부여하면서 그 가능성을 완전하게 할 수 있었지만, 동시에 수직화로 인해 입은 표현성을 상실했다. 신체가 표현과 의미 작용의 복잡한 도구가 될수록, 신체 자체는 점점 덜 표현적이게 된다. 설사 입이 실제로 (자신의 첫번째 자리를 보장한 것이었던) 동물의 '가장 생생한' 부분이라 할지라도, 인간의 입은 그 모든 '돌출부'를 상실했다. 게다가 입은 수직적이고 생물학적인 새로운 축 속에서 아무것도 아닌 것으로 대체되었다. "머리 꼭대기는 하찮은 부위이다."[23]

「엄지발가락」이나 '눈'에 관한 항목들처럼 '입'이라는 항목도 묘사적이지 않다. '입'이라는 항목은 다른 두 항목들처럼 형성하거나 변형시키는 기능을 한다. 세 항목 모두 신체 이미지의 상징적 변화를 조작한다. 그러나 이 경우 조작은 (오직 하나의 입만이 존재하기 때문에) 단일화하는 형태도 취하지 않고 제거하는 형태도 취하지 않는다.〔입이 이미 구멍이기 때문에, 그리고 그 구멍이 보통 닫히거나 막혀 있을 수 있음에도 불구하고, 지식의 전달 수단인 분절된 언어는 이 최소의 열림(항문의 환기: '변비증')에 속한다. '입을 다문 얼굴'은 바타유에 의해 '위엄있는 것'[24]으로 묘사된다.〕 그것은 전위(déplacement)의 형태를 취한다. 상징적 행위는 이데올로기적인 축을 생물학적인 축으로 밀고 나간다. 머리를 뒤집히게 하는 회전으로, 즉 발작적인 고통이나 향락 혹은 갑작스러운 웃음으로 발생하는 효과는 첫째, 입을 여는 것(분절된 말에서처럼 반쯤 여는 것이 아니라 실제로 입을 여는 것, 닫힐 수 없는 그리고 마비될 것 같은 입을 비죽거리는 가운데 돌이킬 수 없이 입을 여는 것)이며, 둘째, 항문 구멍의 대칭으로서 입을 신체의 꼭대기에 위치시키는 것이며(현기증 효과, 방향 상실: 높음/낮음의 대립도 소화/배설의 대립도 더 이상 작용하지 않는다. 「송과안」에서 우리는 다음 사실을 주목할 수 있다. "태양을 응시하는 행위는 치유할 수 없는 정신착란의 징후로 간주되었으며, 정신과 전문의는 이를 자신의 배설물을 먹는 것과 같은 징후로 보았다."[25]), 셋째, 입으로 하여금 분절된 소리보다는 오히려 짐승의 소리를 내게 하는 것이다.(따라서 입이 소리를 내는 것은 분별력있는 현상이 아니라 유기적이고 물리적인 발성이다. 입을 인간 신체의 생물학적 축의 꼭대기로 이동시킴으로써 열리고 벌어진 자리에서 출현하는 웃음, 소리, 환상은 토사물, 눈물, 침, 정액, 똥과 함께 이제 일련의 수많은 배설물로 간주되어야 한다.) 스스로의 (복잡한) 구조에 의해 인간 신체는, 오로지 조금씩 점차적으로만 해방될 뿐인 격렬한 충동을 내포하고 축적할 수 있게 된다. 신체 자체가 완전히 버리지 못한 동물성을 자신의 형태라는 감옥 속에 가둘 수 있게 된다. 그러나 이러한 보유는 어떤 한계의 내부에서만 가능하며, 그 한계를 뛰어넘는 것은 형태에 관한 직접적인 효과, 즉 먼저 자신의 생식적 목적성을 공격하는 효과를 내포한다.

여기서 사전학에 의한 기관의 고립으로부터 획득한 신체의 생식적 목적성의 파괴는 바타유가 (나중에) 에로티시즘이라고 부르는 것이다.("에로티시즘을 단순한 성행위와 구분 짓는 것은 생식과 자식에 대한 염려에 부여된 자연적인 목적과는 무관한 심리학적 탐구이다."[26]) 향락(jouissance)은 신체의 통합성을 말 그대로 무너뜨리고 파괴함으로써 발생하기 때문이다. 향락은 무엇보다도 파괴적이며, 신체 이미지를 소거한다.[27] 바타유에게 향락은 언제나 자기 통제의 상실로 나타난다. 다시 말해 그것은 먼저, 역설적으로 보일지라도 자상의 과정 이후에 오는 희생의 혼돈 속에서의 자아 상실이다. 그는 『에로스의 눈물』에서 이렇게 말한다. "발작적인 기쁨의 강렬함은 죽음의 핵심이다."[28] 이는 조악한 사디즘을 해방시키는데, 이때 향락과 희생, 성욕과 잔인성 사이의 혼란스러운 관계로 인해 생식력은 영원성을 잃게 된다. 신체의 형태는 향락을 억제하고 억압한다. 그것이 바로 신체의 형태에 대한 정의이다. 신체의 형태는 또한 (분명한 공모 관계인 미학적 판단과 목적론적 판단에 따르면) 예술작품의 승화된 형태와 동물의 기관 형태에도 적용된다. 에로티시즘은 재현을 피한다. 에로티시즘은 회화와 똑같은 제의적 희생의 영역에 속한다. 다시 말해서 만져서는 안 되는 것('손가락으로 만지지 마시오', 잡지 마시오, 건들지 마시오! 눈으로만 보시오)이 훼손되기를 바라는 영역, 누구도 더 이상 그저 바라볼 수만은 없는 영역, 이론적 거리가 실제로는 아무것도 아닌 것으로 축소되는 영역이다.

따라서 이러한 관점에서 향락은 거세로서, 아니 오히려 기관의 상실로서 기능한다. **향락을 위한 기관은 없다.** 즉, 향락은 틈, 간격, 단절, 절단 가운데, 어떤 기관도 (더 이상) 없는 곳에서, 그리고 다른 특이한 기관적 장소들에서 발생한다. 생식적 목적성에 따르는 생식능력이 이 목적에 부합하는 (생식) 기관들로부터 실현된다면, 성적 쾌락은 기관들의 능동적 부재(혹은 상실)에 의해 강조되는 차이들 속에 포함된다. 성적 관계에서 연출된 희생의 유희를 '남근-칼'이 여성 희생자를 추격한다는 주장으로 평범하게 귀결시키는 것은 문제가 되지 않는다. 이러한 해석은 너무도 기관의 구조에 의존하고 있어서 성적 차이를 기관에 따라 위치가 정해지는 영역에 종속시키며 또한 물신화한다. 반면, 이는 신체의 형태라는 문제를 해결하기 위해 그 형태에 나타나는 기관들 사이 차이들을 무수히 증대시키기 위한 출발점에 지나지 않는다. 이러한 희생 중에, 희생자가 오직 여성적 상대일 수는 없을 것이다. 그렇지 않다면, (희생자와 '집행자' 사이의 동일시를 항상 내포하는) 희생이란 없을 것이다. 향락은 잔혹하다. 왜냐하면 향락은 인간 신체를 위반하고, 인간 신체의 형태를 존중하지 않으며, 그 징벌하는 구조가 내포하는 동물성을 수많은 변모를 통해 해방하기 때문이다.

여자는 남자가 아니라 암캐에게 죽임을 당한 채 부재한다. 향락을 누리면서 그녀(여자)는 그녀(여자) 자신 안에서 잔인성을 해방시켰다. "광견병에 걸린 미친 암캐가 그토록 고고한 그녀의 인격을 대신한 듯이 보였다…. 그것을 병이라 말하기엔 너무 부족하다. 당장은 인격이 죽는다. 그녀의 죽음은 암캐에게 자리를 내주고, 암캐는 죽은 여자의 침묵과 부재를 누린다. 암캐는 이 침묵과 부재를, 그것도 소리지르면서 즐긴다."[29]

『에로스의 눈물』은 회화와 에로티시즘의 역사, 즉 회화와 에로티시즘이 변증법적 전체를 구성하는 것으로 간주되는 역사에 관해 설명한다. 이 책은 투우라는 수수께끼 같은 세번째 접근(첫번째 접근은 라스코(Lascaux)에 관한 연구였고, 두번째 접근은 『에로티슴(L'érotisme)』[30]에 할애되었다)을 보여주는데, 라스코 동굴의 한가운데서 매혹적인 이미지(남자, 죽음, 발기한 남근 그리고 그 옆에는, 거대한 들소)가 나타난다. 회화는 에로티시즘/죽음/동물성을 표현한다. 그리고 나서 '기교파' 화가들[뒤러(A. Dürer), 크라나흐(L. Cranach), 발둥 그린(H. Baldung Grien) 등]의 이미지가 떠오른다. 여기서 욕망의 대상(여자)은 죽음의 환유적 형태에 의해 강조되어 나타날 뿐이다. 이때 그 형태는 해골로, 해골의 뼈들은 한 여자의 진한 혈색 이면에서 윤곽을 드러내는데, 마치 바로 그곳(피부의 이미지)으로부터 나온 듯하다. 다른 곳에서는 유디트가 홀로페르네스의 목을 베었던 예리한 무기를 한 손에 들고 다른 한 손으로 그의 머리를 잡고 있다. 또 다른 곳에서는 루크레티아가 똑같은 칼날을 자기 쪽으로 돌리고 있다…[31] 욕망은 결코 지속되는 욕망이 아니다. 욕망은, 욕망을 초래하는 형태 이면에서 강렬한 자기 부정을 낳는다. 형상적 재현의 이 이야기는 1905년에 촬영된 잔혹한 중국식 형벌 '능지처참'을 담은 네 개의 사진들로, 즉 신체에 서서히 고통을 가하면서 살아 있는 기관들을 떼어내는 것을 기록한 참을 수 없는 사진들로 끝난다.

[게다가 책의 구조에서 사진의 재현이 어떻게 기능하는지를 검토해야 할 것이다. 거기서 삽화는 전적으로 회화에서, 경우에 따라서는 조각에서 차용되었다. 이러한 검토는 도상적 소재가 예술작품의 재현에 한정되지 않았던 『도퀴망』 같은 잡지의 기획과 부차적으로 관계가 있다. 그중 「인간의 형상(Figure humaine)」이라는 글은 식을 예증하는 사진을 찍기 위해 포즈를 취하는 부르주아의 결혼식에 전적으로 의존한다. 시카고 갱단의 싸움으로 불거진 살인의 다양한 이미지를 모은 사진집 『이곳이 바로 그곳이다(X marks the spot)』가 출간되어, 이를 소개하기 위해 씌어진 단평도 같은 지점으로 향한다. "보고자 하는 욕망이 결국 혐오나 두려움을 압도하는 것처럼 보인다"고 바타유는 쓰고 있다.

보고자 하는 욕망: '무엇'을 보려는 욕망인가? 아무것도 아니거나 혹은 죽음이다. 사진 이미지는 회화보다 훨씬 더, 그것이 해체하는 담론에 역전 효과를 야기하는 외재성과 관계가 있다. 우리가 원한다면, 현실 효과(effet de réel)라고 부를 수도 있다. 그러나 어떤 가정 아래 그 효과는 수사학적 확신을 뒤흔들어 놓는다. 『에로스의 눈물』은 사진이 제공하는, 생각할 수 없고 파악할 수도 없는 외재성(죽음의 스펙터클, 스펙터클의 종말)에 대한 예감된 불안으로 관계를 긴장시킨다. 접촉이 최소한의 전환을 위한 공간을 더 이상 제공하지 못한다는 점에서 말이다.]

"1925년 이래로 나는 이러한 사진들 중의 하나를 갖고 있다. 그것은 프랑스 초기 정신분석가들 중 한 사람인 보렐 박사가 나에게 준 것이다. 이 사진은 나의 삶에 결정적인 역할을 했다. 나는 황홀한(?) 동시에 참을 수 없는 고통의 이미지에 계속 사로잡혀 있었다"[32]라고 바타유는 기술한다.

아드리앵 보렐(Adrien Borel)은 1925년(혹은 1927년)경에 바타유를 상담했던 정신분석가이다. 바타유는 보렐의 연구로부터 반 고흐에 관한 자신의 첫번째 글에 어느 젊은 화가의 자상을 차용하고 있다.[33] 보렐 박사는 1938년 할례에 관한 심포지움 이후 바타유가 창립을 시도하는 집단심리학회(Société de Psychologie Collective)에 참가한다.[34]

한 가지 사실은 확실하다. 바로, 바타유는 잔혹한 형벌을 떠올리며 글을 쓰기 시작했다는 것이다.

『랭스의 노트르담 대성당』과 바타유의 초기 글들 사이에는 균열이 발생한다. 균열의 장소는 바로 이 정신분석으로, 형벌의 재현이 정신분석을 기입하는 한 그러하다. 대성당은 향락의 수많은 파편으로 부서진 신체 이미지에 의해 파괴된다.

제의적 희생에 따른 학살: 신체 꼭대기에서 고통/향락으로 비틀어진 입, 뒤틀어진 머리.

『에로스의 눈물』에서 지적하듯이, 바타유 자신이 어떻게 이러한 이미지를 접하게 되었는지를 회상한 후에, 중국의 잔혹한 형벌은 몇 년 뒤 바타유의 신비 체험을 상기시킬 계기가 되었다. 그는 여러 번 잔혹한 형벌을 상기했다. 예를 들자면 다음과 같다.

> 무감각 상태의 첫번째 모습을 떠올릴 때, 나의 초기 '성찰' 중의 하나는 이러했다. 갑자기 나는 부정할 수 없을 만큼 강렬하게 발기한 성적 기관이 되었음을 느낀다.(같은 방식으로 전날 어둠 속에서 전혀 원하지 않았는데도 나는 나무가 되었다. 나의 팔들은 나뭇가지처럼 세워져 있었다.) 나의 몸과 머리가 괴물 같은, 벌거벗은, 붉게 충혈된 남근에 지나지 않는다는 생각이 너무도 터무니없게 느껴져 나는 웃질 못했다. 그때 나는 뻣뻣하게 발기되어 오로지 사정만이 끝낼 수 있다고 생각했다. 희극적인 상황은 정말로 견딜 수 없는 것이었다. 게다가 내 몸은 너무 심하게 긴장했기에 웃을 수도 없었다. 형벌을 받은 사람처럼, 나의 눈은 뒤집혔으며, 나의 머리는 뒤로 젖혀졌다. 이러한 상태에서 형벌, 황홀한 시선, 피부 위로 드러난 핏빛의 늑골에 대한 잔혹한 재현으로 나는 고통스러운 경련을 느꼈다. 그리고 내 머리의 아래에서 위까지 빛의 분출이 발생했다. 성기를 통과하는 정액처럼 쾌감을 주는 것이었다.[35]

이 '신비한' 체험의 내용은 분명 본능의 승화를 목적으로 체험을 이용하는 일을 특별히 까다롭게 만든다. 바타유의 글은, 『도퀴망』에 실린 사전의 항목들에서부터 『반신학총서』의 격언들에 이르기까지 신체에 상징적 작용을 가하는데, 이러한 작용은 칼날(에로스의 칼날: '절단은 발기를 낳는다')의 영향 아래 남근(통속적인 프랑스어로 음경)으로서의 신체를 산출한다.

「송과안」

이집트 조각은 스핑크스의 수많은 사례들을 제시한다. 스핑크스의 형상은 동물의 몸과 인간(여자)의 얼굴로 구성되어 있다.

오이디푸스는 테베로 가는 길에서 자신에게 "아침에는 네 발로, 정오에는 두 발로, 저녁에는 세 발로 걷는 동물은 무엇인가?"라는 수수께끼를 내는 스핑크스를 만난다. 그는 최초로 해답('인간')을 찾아내서 스핑크스의 죽음을 초래한다.

[그러나 "답은 '질문을 잊어버렸습니다'가 아닐까?" [36]]

『미학 강의』에서, 헤겔은 이 일화와 그 대답을 그리스 탄생의 비유로 해석한다. 즉, '인간'이라는 대답은 수수께끼에 대한 그리스적 답변이라는 것이다.[37] 어쨌든 그리스적 답변은 (형상들 중에서 가장 정신적인) 인간 형상을 '너 자신을 알라'라는 완벽한 표현으로 나타내기 위해 혹은 거꾸로 '너 자신을 알라'를 인간 특유의 구별점으로 나타내기 위해 동물성의 모든 흔적을 제거해 버린다.

1. 호모 사피엔스

바타유는 오이디푸스도 헤겔도 따르지 않는다. 그는 스핑크스를 '선호'한다. 그는 인간이 답임을 거부한다. 이는 인간을 스핑크스로, 인간을 동물성에 의한 자기 타락의 수수께끼로 만들기 위해서이다.

우리가 알다시피, 린네(C. Linné)는 자신의 『자연의 체계(Systema Naturae)』(1735)에서 목(目), 속(屬), 종(種) 등에 의해 정리되는 자연 '산물들'에 대한 최초의 과학적 분류를 구성했다.(각 존재는 정의에 따라, 즉 이웃한 종류와 특유의 차이에 따라 자리잡게 된다.) 인간은 그 분류에서 **첫번째** 자리를 차지한다. 자연 체계는 인간으로부터 시작되며, 인간이 선두에 자리잡으면서 첫째가 된다. 린네는 인간에게 특별한 차이를 부여하는데, 그것은 지식을 생산하는 유일한 종으로 인간을 정의하는 '너 자신을 알라'(라틴어로 'Nosce te ipsum')이다. (『자연의 체계』의 프랑스어판에서 이 차이는 호평을 받았던 또 다른 라틴어 문구 호모 사피엔스(homo sapiens, 생각하는 사람)로 '표현'될 것이다.) 따라서 '너 자신을 알라'에 의해 인간은 과학적 담론의 주체로서 과학적 대상(자연적 존재 전체)에 포함된다. **자연은 비약하지 않는다**(Natura non fecit saltus). 호모 사피엔스 혹은 호모 에렉투스(homo erectus, 직립한 사람)에서 직립은 과학의 이름 중 하나에 지나지 않는다. 왜냐하면 직립 없이는 손이나 다른 기타 등등의 자유로움 또는 과학이 의존하는 어떠한 기관의 체계도 없을 것이기 때문이다.(이러한 체계는 무엇보다도 엄지발가락에 근거를 둔 체계이다. 왜냐하면 원숭이를 닮은 유기체와 인간 신체를 다르게 만드는 모든 것이 이 신체 기관에 집중되기 때문이다. 이 기관은 기관의 체계 속에 사피엔스나 '너 자신을 알라'라는 표현에 의해 지칭되는 특유의 차이를 예기치 않게 내포하는 기관이다. 따라서 「엄지발가락」은 자기 생산의 해부학적 조건을 간접적으로 기술하는 글로 읽힐 수 있다. 그것은 이데올로기 생산을 다시 **조직하는**데, 인류는 일체를 이루는 승화의 움직임을 통해 이러한 생산에 대해 순진하게 자만한다.) 그러므로 인간은 과학으로 자신을 생산하는 존재, 즉 과학의 주체이다.

바타유의 인류학적 담론(이것은 '신화 인류학'의 시도로 볼 수 있는

「송과안」으로 시작된다)은 어쨌든 그 출발지에 대해 말하자면, 인식론적 담론과 필연적으로 연결된다고 할 실증주의적 전통 속에 자리잡고 있다. 인류에 대해 말하는 것은 언제나 과학에게 질문하는 것이다. 과학에 대해 말하는 것과 마찬가지로, 바타유는 인간에게만 의미가 존재하는 한 언제나 의미에 대한 물음을 제기할 것이다. 그러나 동시에 바타유는 과학이 인류에게 제공하는 보잘것없는 의미를 폭로한다. 과학이 의미에 근거를 둔 금기로 구성되듯, 즉 인류에게 의미있는 것에 근거를 둔 금기에 의해 구성되듯 말이다.(이 경우 의미는 존재의 위험으로 정의된다.) 따라서 인류학과 인식론은 서로 내포하는 동시에 배제한다. 이 내포에서 이를 무효화하는 배제로 옮겨 갈 수 있게 하는 공통영역이 바로 언어다. 인류에게 언어는 뛰어넘을 수 없는 환경(따라서 내포)이다. 언어를 괄호 안에 따로 떼어 놓는 것은 가능하지 않지만, 어느 정도 그리고 욕망의 어떤 전략에 따라, 언어의 과학적 사용의 윤곽을 그리는 것은 가능하다. 물론 과학적 사용 없이 언어는 존재하지 않겠지만, 모든 한계 안에서 과학적 사용의 위반이 이미 예정되어 있다는 점에서만 과학적 사용을 제한할 뿐이다. 유기적으로 구성되어 있는 언어는 과학적이며, 언어의 문제는 과학의 문제이다. 심지어 언어의 담화가 과학적이지 않을 때도 과학의 문제이다. 언어의 이러한 상황은 엄밀히 말해 과학적 텍스트에도 적용되며 과학에서 비롯된 담론의 이데올로기적 형태, 철학적인 글, 상식적 편견, 심지어 대부분의 문학(시)에도 적용된다.

실제로 지역 차를 넘어서 담화에 공통적인 것은 어떤 동질성(ho-mogé néité)의 추구이다.(담화는 이런 추구의 적극적 방식이다.) 따라서 여기서 동질성이라는 말을 통해 인류(homo)의 생성 자체(όμοιος)[38]에 관한 그리스어와 라틴어의 이중의 어원이 일치될 수 있다. 이런 의미에서 담화는 차이를 제거하고 타자를 억압하려는 움직임 가운데, 그리고 실제로 다양한 언어의 제거(과학의 지배 아래 어떤 위계의 창시를 통한 언어의 제거 혹은 통제) 가운데 죽음 충동을 가장 적극적으로 대체한다. 과학은 바로 언어이다. 질서의 논리는 자기 복제의 과정을 통한 자기 감금에 의해 비생산적이 되어 버린 모든 의미작용의 체계를 동음이의의 조화 속에 통합하기를 바란다.

과학은 어떠한 배설 과정도 수반되지 않을 동화, 즉 대립 없는 순수한 동화 과정처럼 발전한다. 그러나 (동화의 다양한 이름들이 언뜻 보기에는 동일한 것, 즉 동질화, 동일시, 재생산을 말하는 것처럼 보일지라도) 과학이 이런 동화로 인해 작동하는 것은 무엇보다도 동화가 인간의 존재 방식을 근본적으로 정의하기 때문이다. 인간보다 더 적극적으로 동화시키는 존재는 없다. 외부 세계 모두, 심지어 타자에게 환대의 구조를 제공하는 것조차 탐욕스러운 정복을 따른다. 기술의 단조로운 무한함은 어떤 대가를 치루든 타자의 동화, 곧 타자를 설득하는 일 외에 어떤 다른 사명도 갖고 있지 않다. 이는 타자를 벗어나는 모든 것에 의해 위협받는 지성[39]을 통해 가능하다. 이 기술의 무한함을 통해, 언어는 하나의 기술인 동시에 기술 전체를 하나로 묶는 법칙으로 나타난다. 즉, 상징적으로 코드화되지 않는 어떤 기술도 존재하지 않는다. 모든 것을 그 자체로 환원시키는, 그리고 그 자체가 동화한 것을 간직하려는(그것을 되돌려 주거나 해체할 필요 없는) 지배적 경향은 바로 인간의 모습이다. 태양 존재의 전체가 에너지의 순전한 소모인 것과는 대조적이게도, 지구는 모든 행성들 중에서 가장 욕심 많은 것으로, 자신의 내적 목적을 위해 태양열을 모으고 이용하고 대가 없이 소진하는, 일방향적 운동에 의해 추진되는 행성으로 보인다.[40] 마찬가지로 지구의 '지배자'인 인간은 자신의 행성에서 가장 탐욕스러운 존재이다. 다른 어떤 종보다 인간 존재는 자기 자신이 아닌 것에 대한 탐욕스러운 점유와 정복에 헌신한다.

자연은 비약하지 않는다. 이는 적어도 인간이 하는 일이다. 그는 자기 세계의 동질성을 위협할 수 있을 분열을 봉합하면서 모든 단절을 극복해야 한다. 이러한 계획을 통해, 기술은 인간의 본질을 발견한다. 그러나 이는 '추상적인' 공통의 척도 하에, 즉 과학에 의해 미리 결정된 관념 아래서 물질적인 외재성을 동질화함으로써만 가능해진다. "도시에서 인간과 그를 둘러싼 환경 사이에 실현된 외관상의 동질성은 인간이 외적 세계를 통해 확립한 훨씬 더 일관성있는 동질성의 부차적인 형태에 지나지 않는다. 그 세계에서 인간은 선험적으로 상상할 수 없는 외적 대상들을 일련의 분류된 개념 혹은 관념들로 대체한다."[41] 과학은 세계에 이상적인 글라시(glacis)[42] 기법을 가해 모든 차이를 희미하게 하고 세계에 무관심을 부과하는데, 이는 논리적이지 않은 모든 차이를 제거하거나 혹은 그것을 종(종 = 에이도스 = 형상)의 차이로, 즉 생식 가능성의 여부에 의해 정의되는 차이로 환원시킨 결과이다. 차이는 축소되고 줄어들고 논리적으로 연관되어야 한다.

이론은 자신의 타자를 알지 못하거나 만나지 못한다. 타자는 이론에서 벗어난다. 그러나 이는 무엇보다도 타자가 아는 데 전념하지 않기 때문이며 또한 이론의 영역에 속하지 않기 때문이다. 사실, 오직 대응하는 이론만이 있을 뿐이며, 타자의 이론은 아무것도 바꿔 놓지 못할 것이다. 말하자면 타자의 이론이 이론의 공간과 단절하지 않을 것이기 때문에, 그것은 결국 똑같은 것이 될 것이다. 게다가 자크 데리다가 지적했듯이[43] 어떤 면에서는 타자의 이론 이외에 다른 이론이 결코 있던 적이 없었다. 동질성이 스스로 위협받는다고 생각하는 상황에서 발생하는 동화의 최전선에서 모든 이론이 전개되기 때문이다. 예를 들자면 담론 속에서 향락을 되찾는 성애학의 방식이 그것이다. 그러나 바타유는 결코 성애학에 대해 말하지는 않을 것이다. 반대로 여기서 이질학을 성애학으로 표현하지 못하도록 하는 간극의 긴장을 생각해야 한다.

이 간극에서 이론 자체의 가능성은 위협받는 것으로 보인다. 마치 담론의 부수적인 기능이 실제로 어떤 실천의 장소, 어떤 체험의 질료가 되기 위해 표현의 단순한 도구이기를 멈추듯이 말이다. 이론적 이질학은 존재하지 않는다. 이질학적 이론에 의한 모든 계획은 가장 흔한 술책에 지나지 않는데, 이 술책을 구실 삼아 이론은 타자의 동화라는 자신의 고유한 목적에 도달한다. 이와 반대로 이론이 실천으로 나타날 때만 이질학은 존재한다.

"이질적인 것 자체는 본래 동질적인 요소들에만 적용될 수 있는 과학적 지식이 미치지 않는 곳에 단호하게 자리잡는다."[44] 이런 표현으로 바타유는 이질학적 단절을 구성하는 두 영역을 규정한다. 이질학은 한편으로 형식적인 이유(이론과 실천의 대립)로 과학의 영역에 속하지 않지만, 다른 한편으로 그 '내용'과 관련있는 질료적인 이유로 과학의 영역에 속한다. 즉, 이질학은 과학과 동일한 영역에서 작용하지 않는다. 이 두 영역은 서로 연결됨으로써 이질학을 구성할 뿐이다. 이론의 지위에서 벗어나 있다는 이유(형식적인 단절)로 이질학은 내용(질료적인 단절), 즉 과학이 정상적으로 발전하는 영역 이외의 다른 영역에 속하는 내용뿐만 아니라, 특히 과학이 내부에서 대상에 부과하는 지위를 더 이상 갖지 못하는 내용도 고려한다. 정확히 말하자면 그러한 내용은 더 이상 대상의 지위를 갖지 못하며, 끊임없이 객관성의 범주를 벗어난다. 성애학이 향락을 이론적 관계의 대상으로 고려하는 한, 앞의 두 단절의 연결은 성애학의 구상을 그것이 때때로 뛰어넘고자 하는 것, 곧 이질학으로부터 가로막는다. 이질학적 실천에 의해 산출된 '대상들'은 오로지 어떤 독성, 즉 거부의 독성에 의해 정의되는데, 이것 때문에 대상들은 끊임없이 자신의 정의를 벗어난다. 이 대상들은 스스로를 (지성이 이를 통해 대상들을 고정시키려 하는) 개념에 종속시키지 않는다. 반대로 그것들은 작용을 전복시키며, 어휘적 명령에 따르기는커녕 자극으로 혼란스럽게 된 인간 정신에 영향을 미친다. 이론의 내용이 어떻든 간에, 이론은 무엇보다도 영혼이 자신의 평화를 지키는 장소, 영혼이 동요와 혼란에 맞서 자신의 조화를 지키는 장소이다. 이론을 피하려는 것이 이론을 위협에 빠뜨린다. 이론은 '우리가 살아가고 있는 세계를 가능한 한 자극의 모든 원천으로부터 빼앗으려는'[45] 계획으로 귀결될 수 있다.

바타유에 따르면, 철학의 명확한 기능은 언어를 도구적 기능으로 제한하는 모든 이데올로기적 실천이 집결되는 곳, 바로 이론에 대한 지배력을 갖는 데 있다. 철학의 고유한 영역은 과학의 쓰레기통이다. 과학의 청소부인 철학자는 과학의 폐기물을 아무것도 아닌 것으로 환원시키거나 원래대로 되돌리면서 그것을 제거하거나 재활용한다. 배설의 순간을 수반하지 않는 동화는 없다. 과학도 이 법칙에서 벗어나지 않으며, 발전 과정에서 마주치게 될 폐기물, 철학이 완화하려고 애쓰는 폐기물을 산출한다.(바타유는 무, 무한, 절대라는 세 '개념'을 인용한다.) 철학의 임무는 폐기물이 과학에 전혀 위협적이지 않음을 증명하는 것이다. 실제로 폐기물이 과학과 무관하지 않고 그 관할에서 벗어나지 않기 때문이든 혹은 폐기물이 그 어떤 실재도 갖지 않으며 무는 엄밀히 말해 아무것도 아니기 때문이든 간에 말이다. 중요한 것은 이론적 영역을 벗어나면 그 어떤 것도 존재하지 않으며, 이론의 토대가 되는 거리 두기 속에서 그 어떤 것도 검토를 피할 수 없고, 언급될 수 없는 그 어떤 것도, 이름을 갖지 않는 그 어떤 것도, 개념적 추상 속에 포섭될 수 없는 어떤 것도 존재하지 않는다는 것이다. 다시 말하면 그 어떤 것도 물리적으로 존재하지 않지만 모든 존재는 지성의 형식적인 코드에 의해 지배된다는 것이다. 그 핵심은 반드시 연속성(자연은 비약하지 않는다)을 보전하며, 필요한 경우 단절을 뛰어넘는다. 예를 들면 미지의 것을 널리 알려진 것으로부터 멀리 떨어진 곳에 이르게 하면서, 혹은 무한한 것을 유한한 것에서 멀리 떨어진 곳에 이르게 하면서 말이다. 게다가, 외관상 극복할 수 없는 모순이 발생할 때 '대립의 일치'에 관한 이론을 전개하는 것이다. 여기서 '대립의 일치'란 이론적 이질학과 그 방식 자체의 결정판이자, 이론적 이질학을 통제하는 반(反)욕망이 진짜 모습을 드러내는, 즉 '모든 완전함에 대한 더러운 욕구'를 드러내는 상황이다.

> 1921년 이후 트리스탕 차라(Tristan Tzara)[46]가 "체계의 부재는 여전히 하나의 체계이며, 그것도 가장 공감 가는 체계이다"라는 사실을 인식했을 때, 그 당시 이루어졌던 사소한 반론들에 대한 이러한 타협이 얼핏 별다른 결과도 가져오지 않을 것처럼 보였음에도 불구하고, 헤겔 철학이 곧 도입되리라고 예상할 수 있었다. 사실, 이 진술로부터 헤겔 범리론(汎理論)으로 이어지는 단계를 이행하는 것은 매우 쉬웠다. 헤겔의 범리론이 대립의 일치의 원칙에 부합하기 때문이다. 이렇게 가정해 볼 수 있다. 일단 이 최초의 비겁함이 받아들여졌다면, 범리론과 그 터무니없는 결과들, 다시 말해서 모든 완전함에 대한 더러운 욕구, 맹목적인 위선 그리고 결국 무엇이든 결정된 것에 쓸모있으려는 욕구를 피할 수 있는 어떠한 방법도 더 이상 없었을 것이다.[47]

사실 대립의 일치 문제는 대응하는 모든 전략을 지탱하는 결정적인 부분이다.

[이중의 삽입구. 첫째, 화합: 바타유는 이 명제를 단호하게 거부하며, 특히 자신이 초현실주의와 단절하는 다음 논쟁의 범위 안에서 그렇게 한다. 하나, 대립의 일치는 이론을 내부에 가둔다. 둘, 초현실주의의 글

쓰기는 그것이 실천이 아니기 때문에 어떠한 실천적인 결과도 갖지 못한다.(그것은 글쓰기로서의 실천 그 자체가 아니다.) 글쓰기와 실천이라는 두 명제 사이의 관계에는 우발적인 것이라고는 전혀 없다. 게다가 브르통이 초현실주의 교리의 조항 속에 대립의 일치를 기재한 것은, 잘 알려져 있듯이 「초현실주의 제2선언(Second manifeste du sur-réalisme)」, 즉 바타유가 비판한 두 가지 대상들 중 하나(아르토는 두 비판의 두번째 대상이다)를 구성하는 텍스트 속에서이다. "결국 모든 점으로 미루어 보아 삶과 죽음, 현실과 상상, 과거와 미래, 전달 가능한 것과 전달 불가능한 것, 높은 곳과 낮은 곳, 이러한 것들이 서로 모순되게 느껴지지 않도록 하는, 이를테면 정신의 어떤 점(點)이 존재하는 것으로 믿어진다. 이러한 점을 확정하고자 하는 바람 이외의 다른 동기를 초현실주의 활동에서 찾으려 한다면, 그것은 헛된 일이다."[48] 바타유는 「늙은 두더지」에서 브르통에게 답할 것이다.

그러나 (브르통의 표현에 관해 자신이 내린 대립된 평가를 전혀 언급하지 않은 채[49]) 관련된 진술을 이용했던 바타유의 입장에서는 어쨌든 사태는 단순하지 않다. 예를 들어 『눈 이야기』에서(따라서 「초현실주의 제2선언」 이전에), 화자는 '[자신의] 성적 무절제의 경계'를 '질서정연한 흥분(다른 것들 중에서 삶과 죽음, 존재와 무가 일치하는 점)'으로 규정한다.[50] 「파시즘의 심리적 구조(La structure psychologique du fascisme)」에는 "어떤 의미에서 영광과 실추 사이의, 고상하고 절대적으로 필요한 (우월한) 형태와 하찮은 형태 사이 대립의 일치가 존재한다."[51] 이런 예들에 예외적인 것이라고는 전혀 없다. 『에로티슴』이라는 책 전체는 성스러움과 방종, 삶과 죽음 등 모순적인 것처럼 보이는 표현들로 '통일성'(그러나 통일성이 일치와 똑같은 것은 아니다)을 보여주려는 노력으로 읽힐 수 있다.

그러므로 바타유는 스스로 모순되는 말을 한다. 우리는 그것을 알고 있다. 그러나 그가 그렇게 하는 것이 문제의 관점을 바꾸어 놓는다. 사실 여기서 모순은 철학적 반성을 위한 주제처럼 보이지 않고, 오히려 글쓰기의 실천에 사로잡혀 있기 때문에 이론의 영역을 벗어난다. 우리는 글쓰기의 한 형태로 말하고 싶지만, 무엇보다 숙련으로서의 수사학적 기술을 구성하는 문체의 형태와, 실수(lapsus)와 실착 행위(acte manqué)에 매우 가까운 어떤 지위를 갖는 글쓰기의 형태를 구별해야 할 것이다. 글쓰기의 실천이 포함하는 영역은 언어에 의해 구성되기 때문에, 대립의 일치를 단언하는 동시에 거부하는 이중의 모순적인 가능성을 제공한다. 실제로 규칙과 변칙, 금지와 위반이라는 화해할 수 없는 것들이 연결되는 상황이 존재한다. 말하자면 화해할 수 없는 것들의 통일성이 존재한다. 그러나 그 통일성에선 이중성이 읽히고, 분열 생식의 공격에 순응하는 지점의 지배적인 특성도 보인다. 언어는 하나의 코드로서 자신의 동질성을 보전하기 위해 대립의 일치를 내포하는 (시니피에의 지배를 받는) 이론적 공간이다. 동시에 그것은 글쓰기로서, 한편으로는 단절의 주제에 더 큰 가치를 부여하고, 다른 한편으로는 승화시키는 통일성의 파괴나 단절의 리듬에 따라 전개되는, 실천 공간이기도 하다. 바타유는『에로티슴』에서 이렇게 기술하고 있다. "체험의 소통에 맞서는 장애물은 (…) 그 원칙이 화해될 수 없는 것, 즉 법과 그것의 위반, 금지와 위배를 조정하면서, 체험의 소통에 근거한 금지와 내가 말하는 이중성에 기인한다."[52] 따라서 여기서는 대립의 일치를 단언하기보다는 오히려 대립을 대립으로서 함께 유지하는 것이 문제이다.

　둘째, …의 부재: 바타유의 '모순'은 그가 진술하는 수준에서 나타날 수 있다. 다른 상황에서 바타유는 공격의 대상인 트리스탕 차라가 사용하는 표현을 자기 것으로 삼을 것이기 때문이다. 예를 들어 1929년 바타유가 헤겔 학도가 '아직 아니었다'는 사실을 말하는 것은 이 명백한 모순을 설명하는 데 충분하지 않다. 실제로 그는 모순을 의식함으로써 헤겔 학도가 될 것이다. 그러므로 그는 1929년에 '체계의 부재는 여전히 하나의 체계'라는 문구를 대립의 일치(범리론은 이 대립의 일치에서 생겨난다)에 대한 한 방식으로 인정하면서, 대부분의 문장들이 차라의 것("신의 부재는 매우 위대하며, 신보다 더 숭고하다" "신앙의 결정적인 부재는 확고한 신앙이다" "신화의 부재 또한 신화이다"[53])을 모델 삼아 구성된 텍스트(1947년 초현실주의 전시의 카탈로그)를 출판하는 작가가 된다.

그러나 단어들이나 적어도 글쓰기의 차이는 아니더라도 바타유의 문장과 차라의 것 사이에는 어떤 차이가 존재한다. '체계의 부재는 여전히 하나의 체계'라고 말하는 것은 체계의 초월성을 연속적으로 표현하는 것이며, 동시에 한편으로 체계는 체계이고 다른 한편으로 체계가 아닌 것도 여전히 체계라고 말하는 것이다. 이런 형태의 문구에서는 그것을 구성하는 어떠한 말도 다른 말을 배제하지 못한다. 이 경우 체계는 어떤 방식의 게임에도 걸려 들지 않으며, 반대로 체계를 확고하게 하고 분명하게 하는 문장은 시니피에(말하자면 이론적 태도)에 전혀 도달하지 못한다. 차라의 문구는 합리성을 표현하는 체계에 전적으로 속한다. 왜냐하면 그것은 어떤 방정식, 어쩌면 그 내용이 역설적일지 모를 방정식으로 귀결될 수 있기 때문이다. 반면에 바타유의 문구들은 일치를 통해 회복하기를 거부한다. 그것들은 불가역적이기 때문이다. 차라의 문구에 작용하는 체계와는 달리, 바타유의 문구들에서 신은 온전히 남아 있지 않다. 바타유는 "신의 부재는 여전히 신이다"(무신론, 유신론, 개신교 등의 무관심한 이성주의와 일치할 수 있는 문구)라고 말하지 않고, "신의 부재는 매우 위대하며, 신보다 더 숭고하다" 혹은 "신의 감정은 신의 부재의 감정에 비극적으로 연결되어 있다"[54](엄밀히 말해서 반신학적인 문구)라고 말한다. 신과 신 자신의 일치를 확고히 하기는커녕(신은 신인 동시에 그에 대립되는 것이기 때문에), 이 경우 신성은 신과 신 자신의 불일치로 기술되며, 또한 신과 결부된 시니피에를 희생시키거나 텍스트를 벗어나 신의 초월성을 희생시키는(신은 신이 아니며 그러나 그에 대립되는 것이기 때문에) 글쓰기에 의해 생겨난다. 첫번째 문구에서 신은 자신의 부재를 내포한 반면, 두번째 문구에서는 신은 자기 자신으로부터 배제되고 이런 배제 밖에서는 아무것도 아닌 게 된다.

방정식의 논리적 형태를 벗어나는 글쓰기(비논리적 차이들을 산출하는 글쓰기)에 의한 이러한 부재의 생산은 언어와 이론의 영역에 욕망이 뜻하지 않게 출현하는 행위인데, 이때 언어와 이론은 그것들이 통제하는 승화의 길에서 욕망의 에너지를 획득한다. 만약 존재가 형태의 현존 가운데 현재의 형태 아래서만 이론이 나타나는 영역 내부에 출현한다면, 욕망의 대상은 '…의 부재'라는 비형태 아래서만, 다시 말해서 부재의 형태 없는 경계에서만 욕망을 산출하는 어떤 기원(祈願) 속으로 언제나 끌려온다. 욕망은 결코 어떤 존재를 대상으로 하지 않고 자기 자신에서 벗어난다. 그러므로 욕망은 근본적인 불만족으로, 지식이 제시하는 만족을 거부하는 것으로 나타난다. '바타유에게' "신의 부재는 신보다 더 숭고하다"라는 유형의 문구보다 더 만족스러운 것은 없다.]

상동에 관한 결정적인 말, 즉 대립의 일치에 관한 긍정은 어떤 '비겁함'으로 규정된다. 그것은 다른 여러 결과 중에서 '무엇이든 결정된 것에 쓸모있으려는 욕구'를 북돋우는 비겁함이다. 바타유는 같은 어조로 계속해서 말한다. "실제로 사람들은 체계 앞에서, 요컨대 관념 앞에서의 겸허, 즉 최소한의 겸허와 신에 대한 두려움 사이의 차이를 파악하지 못한다." 그러므로 상동(과학, 철학 등의 이론적 담론과 그것의 '적용':

기술적 차원의 내포)은 비굴함이라는 지배적인 특성을 지닌다. 그것은 누군가에게 봉사하며, 무엇인가에 소용된다. 그것은 자신의 목적을 결정짓지 못한다. 그것이 의미하는 바의 문제는 자체 내에서 제기되지 않는다. 게다가 일반적으로 의미의 문제는 제기될 수 없다. **공통의 척도**의 원칙이 비굴함의 구조를 지배한다.

합리주의적 회계, 즉 말하자면 공통의 척도는 차이가 논리에 의해 통제되고 제한되는 방식만을 이용한다는 점을 보증할 것이다. 바타유가 상동을 비판하는 것은 그것이 잘못된 것이기 때문이 아니라 그것이 가정하는 진리와의 도덕적으로 끔찍한 관계 때문이다. 「마법사의 제자(L'Apprenti sorcier)」에서 그는 일반적으로 논리, 과학, 언어가 동시에 책임져야 할, 과학에 의한 차이의 가치 하락(그리고 이와 평행하는 무관심의 증대)에서 생겨나는 '도덕적 황폐'[55]에 대해 말한다. 차이(그것은 끈질기게 관념론적인 한 논리에서 벗어난다)는 따라서 관념에 의해 표현될 수 없는 것의 장소, 방정식으로 표현될 수 없는 것의 장소, 즉 물질의 장소를 나타낸다. 바타유는 「낭비라는 관념(La notion de dépense)」에서 "물질은 비논리적인 차이에 의해서만 정의될 수 있다"[56]고 말한다. 물질은 불평등이다.(물질은 스스로에게조차 평등하지 않다.) 물질을 평등하게 하는 것은 관념을 관념의 물질성에서 따로 떼어놓는 것이다. 따라서 기계가 그 구조에서부터 에너지 보존의 과학적 문제에 사로잡히는 한, 기계론적 유물론은 존재할 수 없을 것이다. 사실 낭비는 **조건부등식**이다. 낭비에 대한 사유로서 유물론은 어떤 단절을 실행하는데, 의사소통(화자에서 청자로의 정보전달)으로서 과학적 담론을 지배하는 평등적 교환 시스템을 구성하는 모든 것과 관련해 그러하다. 낭비는 교환이나 의사소통의 관점에서 보면 생각할 수 없는 일이다. 낭비는 측정할 수 없기 때문이며(낭비는 너무 엄청나서 사람들은 **빠져들** 수밖에 없다), 아무것도 전달하지 못하기 때문이다.(낭비는 의사소통 구조를 파괴하며 거기서 메시지, 발신자와 수신자를 인식하는 것은 불가능하다.) 말하자면 공통의 척도가 없을 때만 낭비는 존재한다. 첫번째 예는 '포틀래치(potlatch)'[57]인데, 바타유는 이를 설명하기 위해 마르셀 모스[58]의 문구를 인용한다. "이상적인 것은 포틀래치를 야기하되, 되돌려 받지 않는 것일 테다."[59] 두번째 예는 계급투쟁이다. 합리주의적 회계에 직면했을 때, 낭비는 자동적인 재생산이나 보존의 구조로 항상성을 유지하는 전체 속으로 들어갈 수 없다. 그러기에 낭비는 결국 생각할 수 없는 것으로 자리매김한다.

낭비: 분열시키는 사유 / 사유의 분열. 호모 사피엔스는 낭비를 알려고 하지 않는다. 자연은 비약하지 않는다. 만약 자연이 갑자기 변한다면, 과학은 갑작스러운 변화를 상쇄시킬 다리를 놓으면서 모든 것을 되돌리기 위해 거기에 있을 것이다. 과학은 연속적이기 때문이다. 미래는 과학의 유일한 관심사이다…. 미래가 지연되지 않기만 한다면! 미래는 모든 것을 갑자기 변화시킬 것이다! 현재를 연장하자! 이상적인 것은 우리의 모든 노력이 우리에게 돌아오도록 하는 것일 테다. 나중에, 마침내 그렇게 될 것이다. 이 이상을 실현하도록 노력하자. 현재를 깜짝 놀라게 하지 않을, 갑자기 현재를 (훌쩍) 뛰어넘지 않을 미래를 건설하자. 현재는 미래를 예기해 소화하는 것, 미리 미래에 동화되는 것에 지나지 않는다.

지금까지 철학은 과학과 마찬가지로 인간 종속의 표현이었다. 인간이 동질적인 과정(궁핍하고 측은한 과정)의 계기(契機)로서가 아니라 분열된 자연의 내부에 새로운 분열로서 자신을 다시 내세우려 할 때, 지성에서 비롯된 평등화된 어법은 더 이상 그 자신에게 도움이 될 수 없다. 즉, 그는 약화된 논리의 연속 안에서 더 이상 자신을 알아볼 수 없으며, 반대로 자신의 강렬

한 환영 가운데, 분노로서뿐만 아니라 황홀한 고통에서 자신을 알아본다.[60]

실천적인 이질학은 문제의 방향을 바꾸어 놓으며, 동질적인 것을 이질적인 것의 사건으로 나타나게 한다. 인간은 지성이라는 동화(同化)의 기이한 수단이 출현한 지점인 자연에 머무는 한, 이 유일한 관점으로부터 자연과 어떤 단절을 이룬다. 그런데 자연 법칙은 분열이 규칙인 질서 내에서 어떠한 분열도 갖지 않는 것이었다.(만약 이러한 경우에도 이 말이 여전히 어떤 의미를 지닌다면, 그건 분명 도구로서의 말이 갖는 평등화된 어법과 아무런 관련이 없는 무언가를 가리키는 것이다.) 이질학적 작용은 단절과의 단절로서 과학(상동)을 출현시킨다.

첫째, 과학과 철학은 '평등화된 어법'에 의해 산출된 개념의 도움으로 인간을 묘사한다. 따라서 과학과 철학은 인간을 둘러싸고 있는 것으로 계속해서 인간을 묘사하며, 그것들이 기술하는 전체 속에 인간을 통합시킨다. 과학과 철학, 둘은 서로 협력한다. 이 점에서 과학과 철학 사이에는 최소한의 갈등도 없다. 화합이 지배하는 것이다. 말할 것도 없이 이때 철학은 세계에 대한 해석을 놓고 다투었던 수학적 모델과 생물학적 모델 사이에서 (철학이 언제나 분열된 척했던 것처럼) 분열되지 않는다. 철학의 최우선적인 역할이 분열을 비장소(non-lieu)로 몰아넣는 것이기 때문에, 철학은 분열되지 않는다. 바타유가 왜 분열에 대한 거부를 비겁함과 동일시하는지, 그리고 그것을 인간의 비굴함으로 나타내는지를 의아하게 생각해야 하는가?

둘째, 민주주의적이고 합리주의적인 공통의 척도의 이상을 더 높이는 것으로서의 비굴함은 죽음을 두려워하는 관계(하지만 이와 다른 관계들이 존재하는가? 사실 두려움과 용기를 대립시키지 않고 오히려 두려움을 느끼는 두 가지 방식을 대립시키는 것이 필요하다), 죽음의 장소를 나타내는 모든 것, 다시 말해서 중단으로서만 존재하는 모든 것(향락, 황홀…)을 두려워하는 관계와 따로 떼어 생각할 수는 없다. 이는 바로〔바타유가 '그(le)' 성교라 부르는〕성교가 날카로운 발기에 의해 중단되는 상황이다.(성교는 중단되어도 성적 쾌락을 느낀다. 다시 말하면 절단은 발기를 낳는다.)「송과안」의 글들은 이런 상황을 잘 드러낸다. "거세 콤플렉스를 느끼는 사이에 절단된 살에서 흐르는 피와 역겨운 동요 속에서만 어떤 해결책을 갖는, 우리를 거의 눈멀게 하는 빛나는 눈부심, 즉 태양의 흑점을 측정하는 일은 가능할 것이다."[61] 비굴함은, 그것이 거세, 분열, 수많은 디오니소스적인 찢김을 내포하는 한, 향락 앞에서 물러선다. 죽음에 대한 두려움, 이질적인 것에 대한 두려움, 열상에 대한 두려움, 즉 언어에 의해 행해지는 평등화(어법)는 모든 완전함에 대한 더러운 욕구에 부합한다.

셋째, 이것은 우리에게 페티시즘을 참조하게 한다. 하나, 프로이트는 맹목적 숭배의 대상을 여성 음경이라는 상상적 대체물로 정의한다. 여기서 대체물이란 인간을 대표하는 어떤 공간(여자) 속에서 신앙의 부재를 감추며 '그' 성교에서 신앙을 구하는 것이다. 맹목적 숭배의 대상은 따라서 차이(성적 차이)가 야기하는 불안을 치유하는데, 이때 불안의 흔적은 열상으로 나타난다.(바타유는 '열상'이라는 이름으로 여자의 성기를 자주 지칭한다.) 둘, 페티시즘 이론은 프로이트 이전에 아주 오랜 역사를 갖고 있다. 그것은 1760년에 출판된 샤를 드 브로스(Charles de Brosses)[62]의 저서『맹목적 숭배의 대상인 신들에 대한 숭배, 혹은 이집트의 고대 종교와 니그리티아의 현 종교의 비교(Du culte des dieux fétiches ou parallèle de l'ancienne religion de l'Égypte avec la religion actuelle de Nigritie)』로 거슬러 올라간다. 십구세기, 오귀스트 콩트(Auguste Comte)는 실증주의를 구성하려는 야망을 정당화하기 위해, 예를 들어 과학 정신과 종교라는, 겉으로 보기에 모순적이고 전통적으로 대립되는 이 두 태도들 사이의 연속성, 말하자면 그 모든 변화를 통한 인간 정신의 연속성을 증명하기 위해 페티시즘 이론을 이용한다. 따라서 이 경우에는 열상을 감추기(혹은 제거하기) 위해 맹목적 숭배의 대상을 나타나게 하는 것이 문제가 된다. 한편으로 페티시즘은 원시인의 종교로서 특히 생명이 있는 세계와 생명이 없는 세계 사이의, 자연과 인간 사이의 모든 실재적인 단절을 거부하면서 세계의 통일성과 연속성을 보장하는 데 유용하며, 다른 한편으로 서구 사상에 의해 구상된 이론으로서 다양한 상황들(이 상황들에 의해 페티시즘은 시대의 흐름 속에서, 특히 인간의 유년기와 성숙기 사이에서 발전되어 간다)을 통해 인간 정신의 연속성을 확립하는 데 유용하다. 오귀스트 콩트에게 물신숭배의 대상은 '추상적인 존재'이자 '일반적인' 관념이다. 이때 이 대상의 기능은 모든 추상이 지니는 기능, 즉 구멍으로서의 입이 갖는 기능이다.

　넷째, 언제나 종교적 혹은 과학적 방식으로 하나의 권력을 강화하는 것이 문제이다. 맹목적 숭배의 대상 혹은 하나는 둘에 대립되며, 우리는 반드시 분열에 맞서서, 이원론적 사유 전체에 맞서서 동화시켜야 한다. 콩트가 제시한 페티시즘 이론에 대해 조르주 캉길렘(Georges Canguilhem)[63]은 이렇게 기술한다. "살아 있는 사람은 우선 두 가지 형태로, 말하자면 보편적 삶에 대한 보편적인 반대, 즉 '생기 없음'의 지배, 그리고 개인적 삶의 불가피한 한계로서 죽음을 거부한다. 따라서 페티시즘은 어디서나 조상에 대한 숭배를 내포한다."[64] 바타유는 타자의 부정과 제국주의적이고 탐욕스러운 동화에 대한 동일한 움직임을 정확하게 기술한다. 그러나 이런 움직임을 폭로하는 이질학이 어떤 면에서 죽음을 거부하지 않을지라도, 그것은 죽음의 두 가지 형태를 분리한다. 바타유의 글쓰기가 나타내는 장소는 '죽는 자아'의 장소, 보편적 죽음과는 전혀 관련이 없는 개인적인 죽음의 장소이다.

다섯째, 과학이 페티시즘의 대상으로 삼은 추상으로 은폐된 열상(죽음, 성…)이 있는데, 동물성을 대상으로 하는 과학은 특히 의미심장하다. 과학은 호모 사피엔스를 동물성에 통합하면서 그 주체와 특수한 차이를 이룬다. 따라서 호모 사피엔스가 동물의 본성과 유대를 간직하는 것은 '죄를 지은' 것이 아니다. 그 점에서는 잘못이 없다. 즉, 그로 인해 타락할 이유가 없다. 사실 인간과 동물의 비가역적인 차이는 동물을 먹지 못하게 하는 한 타락에 관한 기독교적 문제와 분리될 수 없다. 인간에게 동물성은 죄악(금지의 위반)이다. 그러나 과학은 공통의 척도에서 인간과 동물성의 단절을 해체한다. 죄악은 어떤 개념이 아니다. 호모 사피엔스는 자신이 길들이고 어떤 개념에 이르게 한 동물성으로 인해 죄를 지은 것이 아니다.

여섯째, 「송과안」에서, 바타유는 철학·과학적 담론의 평등화된 어법에 반대한다. 이런 담론 효과는 결국 인간을 자연에 통합하는 것이다. 이 경우 인간은 자신의 고유한 책임으로, 바타유가 강렬한 '환영(phantasme)'이라고 부르는 것, 즉 자신의 완전함을 보호하게 된다.("환영은 노예가 아니라 주인으로서 반응한다. 마치 엄격한 감독 하에 오랜 고난을 겪은 후 자유로워진 아들이 제 아버지를 살해하는 것을 악마적으로, 그리고 양심의 가책 없이 즐기듯이, 환영은 존재한다. 환영은 **자유롭게** 존재하며 속박에서 벗어난 인간 본성 외에 아무것도 반영하지 않는다."[65] 이질학적 담론은 논리의 가능성을 넘어 논리의 연속을 파괴한다. 이때 과학은 말 그대로 추월당한다. 그러나 바타유는 단순히 과학을 추월하지 않고 오히려 과학을 이용하고자 했다. 과학이 맹목적이라면, 과학을 이용해야 한다. 과학이 자신의 목적을 지배하지 못한다면, "자신들의 목적이 아닌 목적을 위해 과학을 이용하고" 또한 "과학으로부터 차용한 수단의 도움을 받아 과학을 통제해야 한다."[66]

따라서 추월보다는 방향 전환으로 이루어지는 이러한 태도는 인간의 영역 그 자체 속에서 감지된다. 다시 말해서, 인간 영역이 현실의 다른 영역에 통합되지 않는 한, 과학적 방법이 시도하는 과학 분야 이외의 침입이나 인문과학〔바타유에게 인문과학은 정신분석학적 인류학, 뒤르켐(E. Durkheim)적 사회학, 현상학적 방법의 경험적 묘사가 기이하게 혼합된 것을 나타낸다〕과 바타유가 유지하는 어떤 관계 속에서 특별히 감지될 수 있다. 사회학회(Le Collège de Sociologie)[67]의 모든 계획과 역사는 '인문과학'의 불안정하고 문제적인 위상과 결부되어 있다. 인문과학을 통해 바타유가 인간, 물질, 낭비를 동시에 사유하면서 생산하는 유물론, 즉 전환될 수 없는 유물론의 유일한 출발점을 보았다는 사실을 기억하자.

[인간과 동물의 관계에 관한 단평. 이 문제는 빈번한 출현 때문인지 몰라도 바타유의 글 전체에서 가장 중요하고 가장 유동적인 문제 중 하나이다. 그리고 문제의 출현을 합계한 후 하나 혹은 두 개의 명제로 모을 수 없는 문제 중의 하나이다. 게다가 결론을 내릴 수 없음은, 이 문제를 미로의 문제와 결부시키는 유일한 행위는 아니다. 사실 어떤 면에서 미로는 동물성(미노타우로스)에서 벗어나기 위한 인간(테세우스)의 노력 이외에 다른 건 설명하지 않는다.

인간과 동물의 관계에 관한 문제는 어휘적 접근에서부터 미로의 구조를 보여준다. 인간/동물의 대립은 낮/밤 유형의 쌍과 거의 비교될 수 있는, 시니피에들의 대립에 근거를 둔 구별되는 쌍을 구성한다. 얼핏 거기에는 어떤 특별한 어려움도 없어 보인다. 즉, 인간은 이성적인 동물(사피엔스), 동물성 없는 동물로서 동물과 대립되는 것으로 정의된다. (언어학자들이 말하듯이, 이러한 의미있는 한정에는 근거가 있다. 실제로 진화론적 관점에서 인간은 동물적 본성에 둘러싸인 채 출

현하긴 하지만 그로부터 멀어지면서 자신을 구성한다.)

그러나 인간성을 구성할 수 있을, 동물성에 대립되는 것이 구체적으로 어떤 것인지 규명하려고 하자마자 이 단순성은 흔들리기 시작한다. 예를 들어 바타유는 다음과 같은 두 가지 기준을 제시한다. 첫째, "나의 견해로는, 인간이 동물성과 분리될 수 있는 것은 금기나 종교적 금지 사항들에 의해서다."[68] 둘째, "인간에게 본질적인 노동은 의심의 여지없이 동물성에 대립된다."[69] 이 두 해석은 밝혀지고 규명된 것으로 여겨지는 인간과 동물의 차이가 실제로 재검토될 수 있을 어떤 간격을 벌려 놓는다. 사실 두 해석에 의하면, 인간과 동물의 대립은 각각의 대립 항이 존재하는 내부에서 바뀐다. 말하자면 이 대립은 대립하는 두 해석으로 인간성과 동물성을 분리한다. 따라서 인간은 금기와 노동이라는 특수한 두 차이 사이에서 자신의 행위로 분열된다.

정확히 말해 이 차이들은 서로 겹치지 않는다. 종교적 금지 사항으로 인간을 규정하는 것은 노동, 즉 행위와 계획의 세계에 관한 모든 것이 여전히 동물적이게 되는 어떤 방식에 지나지 않는다. 동일한 글에서 바타유는 노동을 정의하는데, 노예는 죽음 앞에서 주저하면서 동물적 삶의 방식으로서 노동에 자기 목숨을 바치기로 선택한다. "노예는 죽음 앞에서 주저했으며, 자연적 존재의 수준, 즉 죽음 앞에서 주저하는 동물의 수준으로 살아간다."[70] 따라서 동물성은 정의되기 이전에 인간에게 도입되었다. 말하자면 동물성은 동물성을 정의하기 위해 그것과 대립시키고자 했던 인간성에 도입되었다.

인간성이 인간 존재의 생물학적 전체에 관계되지 않는다 할지라도, 그것은 적어도 동물성에 대립되는 것으로 계속해서 정의된다. 인간은 계획에서 벗어나고, 죽음 앞에서 주저하지 않으며, 미래를 질서정연한 계획에 따르게 하지 않고 미지로서의 미래에 의연히 대처하는 존재이다. 그러나 금기와 노동 사이 인간성 분열의 역효과에 의해 동물성은 이제 두 극 사이에서 분열될 것이다. 더 구체적으로 말하자면 한편으로 사물이 되어 버린 길들여진(혹은 인간화된) 동물과, 다른 한편으로 인간의 질서로 환원될 수 없거나 인간 질서에 동화될 수 없는 야만적 동물, 즉 비인간적 동물 사이에서 분열될 것이다. "실제로 길들여진 동물은, 우리가 그것을 노예로 만드는 한 사물이 되어 버렸으며, 야만적 동물은 비인간적이다."[71] 따라서 우리는 다음의 네 가지 항을 갖게 된다. 첫째, 동물의 본성에 의해 정의되기를 거부하는 주인으로서의 인간. 둘째, 노동에 의해 오직 동물로 환원되는 인간인 노예. 셋째, 인간의 지배 아래 오직 도구나 사물로 환원되는 길들여진 동물. 넷째, 인간의 정복에서 벗어나고 동화되지 않는 비인간적 동물인 야만적 동물. 그러나 양극화된 대립이 명백히 드러나면서, 더 큰 가치를 부여받은 요소들이 바뀌게 되었다. 인간/동물의 쌍은 이제 노예/주인 쌍에 의해, 그리고 (그들이 인간이든 동물이든 간에) 환원되는 존재 방식과 지배하는 존재 방식의 대립에 의해 사라지게 된다.

그러나 지배하는 동물은 극단적인 개념이나 허구인데, 인간 노동에 의한 동화의 힘은 이 극단적 개념이나 허구를 실현하지 못한다. 노예는 자신의 노동에 의해 돌이킬 수 없이 동물성을 축소시킨다. 인간은 스스로에 대한 규정에 저항하면서 그것을 파괴한다. 따라서 이론적으로 동물성에 주어진 지배력은, 동물의 존재 방식에 제한되기를 거부했던 인간에게로, 즉 작용하는 항들의 새로운 이동에 의해 바타유가 동물성으로 정의하게 될 완전한 인간에게로 옮겨질 것이다. "우리에게 내재하는 '동물성' 혹은 성적 충만은 우리가 사물로 환원되는 것을 막는다. 반대로 '인간성'은 그것이 지닌 특수한 무언가를 통해, 노동의 시간 가운데 성적 충만을 희생시켜 우리를 사물로 만드는 경향이 있다."[72] 동일성의 논리로는 성립될 수 없는 명제(동물성에 반대하면서 비동물로 정의되는 인간은 동물보다 더 동물적이다)가 존재하는 것이다.

여기서 우리가 논의를 멈추는 것은, 어떤 이론의 결론이나 요약 같은 무엇인가에 도달했기 때문이기보다는 오히려 개념들이 형성되는 시간을 남겨 놓지 않고, 의미를 보증하며 구별 짓는 대립들(대립의 각 항은 그 사이에 변화한 다른 항을 참조하게 하기 때문에)을 끊임없이 해체하며, 그 대립이 발견되리라고 생각되는 장소가 없는 분열 생식의 유희 속으로 들어가기 위해 이론의 공간에서 벗어났기 때문이다… 이런 이동은 어휘의 유일한 관점에서와 마찬가지로 개념들의 유일한 관점에서 이해될 수 없긴 하지만, 말들에 더 큰 가치를 부여하면서 말들을 희생시키는 이질학적 글쓰기의 효과로 이루어진다.]

과학은 인간을 **호모 사피엔스**로 정의한다. 이 행위로 과학은 자신을 생물학적 현상으로 구성하고 인간 존재를 동물의 질서에 통합한다. 그러나 한편으로는 행위가 이론을 넘어서지 못하기 때문에(행위는 과학적 객관성에 국한된다), 이런 행위는 인간을 동물성으로부터 보호한다. 만약 과학이 실제로 인간의 특수한 차이를 구성한다면, 그것은 논리적 차이로서이다. 다시 말해서 개념화될 수 없는 차이의 측면을 감추는 추상적이고 승화된 차이(이미 인간화된 차이)로서이다. 즉, 특수한 차이로서 과학은 금기나 죄에 의해 구성되는 비논리적이고 물질적인 차이, 곧 차이의 동물적 측면을 감출 수밖에 없는 맹목적 숭배의 대상이라는 입장에 놓이게 된다.

그 어떤 것도 지성에서, 대립 없는 동화의 수단에서 벗어나지 못한다. 우리는 이론과의 비이론적 단절을 통해 지성에서 벗어나야 한다. 말하자면 지성에서 벗어나거나 혹은 미로 한가운데에 있는 이름 없는 동물성을 우리 안으로 들어오게 해야 한다.

모든 인간 내부에는 저마다 도형수처럼 감옥 속에 갇혀 있는 동물 하나가 있으며, 하나의 문이 있다. 만약 그 문이 반쯤 열린다면, 탈출구를 발견한 도형수처럼 그 동물은 바깥으로 튀어나갈 것이다.[73]

글을 쓴다는 것은 이 문을 열리게 할 은밀한 '비결(Sésame)'[74]을 찾는 것일 테다.

2. 맹점(La tache aveugle)

'점, 자국, 얼룩'을 뜻하는 'tache'('일, 과업'을 뜻하는 'tâche'와는 다른)는 좋은 의미건 나쁜 의미건 처음에는 '표시'를 가리켰다.〔신호(Zeichen)[75] 참조.〕 오늘날 그것은 오로지 경멸적인 의미만 지닌다. 'tache' 는 청결과 거리가 멀다.〔잉크 자국(tache d'encre), 정액 자국(tache d'sperme), 핏자국(tache d'sang) 등.〕 인간에게 지워지지 않는 자국인 타락의 결과를 지칭하기 위해 그것은 종교적 언어로, 비유적 의미로 사용된다. 즉, 인간에게 더러운 개념으로 받아들여지는 것이다.

'눈먼'을 뜻하는 'aveugle'는 세 가지로 풀이된다. 첫째, 눈이 없는 (ab oculis). 둘째, 시각을 잃어 눈으로 보지 못하는. 셋째, 이성을 흐리게 하고 견해를 혼란스럽게 하며 이론적 능력을 파괴하는.〔맹목적 열정(une passion aveugle) 참조.〕 [형용사 'aveugle'의 동사형인] 'aveugler' 는 또한 '막다'의 의미로 사용된다.〔구멍을 막다(aveugler un trou), 창문을 막다(aveugler une fenêtre) 참조.〕 〔실명은 하나의 점(tache)이다. 에르빈 파노프스키는 『도상해석학 연구(Studies in Iconology)』에 수록된 글 「눈먼 큐피드(Blind Cupid)」에서 페트루스 베르코리우스(Petrus Berchorius)[76]를 인용한다. "그래서 일반적으로 결점이 있는 이는 완전한 실명으로 인식된다." 전통적 도상학은 실명을 그 지배적인 특성을 이루는 세 신, 즉 사랑의 신(에로스), 운명의 여신(행운의 여신), 죽음의 여신과 연관시킨다. 에로스는 따라서 얼룩을 이루는 자신의 눈물에 의해 눈멀게 된다.]

> 지성에도 눈의 구조를 상기시키는 맹점이 있다. 눈에서처럼 지성에서도 이 맹점을 간파하기는 어렵다. 그러나 눈의 맹점이 중요하지 않은 반면, 지성의 본성은 맹점이 그 자체로 지성보다 더 많은 의미를 지니기를 바란다. 지성이 행위에 보조적인 역할을 하는 한, 눈 속의 점과 마찬가지로 지성의 그것은 무시해도 좋다. 그러나 인간 스스로가 지성 안에서 고려되는 것인 한, 나는 인간을 존재의 가능성에 대한 탐구라고 말하고자 한다. 점은 주의를 집중시킨다. 말하자면 지식 속으로 사라지는 것이 점이 아니라, 점 속으로 사라지는 것이 지식이다. 이런 방식으로 존재는 순환을 폐쇄하지만 밤을 포함하지 않고서는 그렇게 할 수 없다. 이때 존재는 오로지 밤으로 돌아오기 위해 밤에서 벗어난다. 마치 존재가 미지에서 기지로 나아가듯이, 존재는 정점에서 역행해 미지로 되돌아와야 한다.[77]

지성은 이론 가운데 발휘된다. 다시 말해 지성은 시각적 지각의 모델에 따르면서 기능한다. 본질적으로 지성은 주체와 대상을 갈라놓는 거리, 즉 대상을 구성하며 동시에 주체로 하여금 대상으로부터의 전염에서 안전을 확보하게 하는 거리를 유지한다. 말하자면 지성은 접촉 없는 지식으로, 삶이 스스로 경험하는 것과 접촉할 필요에 의해 위협받지 않는 곳에 있다.[78]『내적 체험』의 경구에 맹점을 개입시킴으로써[79] 바타유는 동일한 반응으로 시각적 모델을 인지하는데, 이론으로서의 사유가 시각적 모델에 사로잡혀 있다는 것이다. 바타유는 시각적 모델을 전복시켜 그것을 실명(눈부심, 예를 들어 너무 강한 빛, 태양 빛 등에 의해 눈멀게 된)이라는 의식 상태의 끝까지, 밤이라는 낮의 마지막 한계까지 밀고 나간다. 오이디푸스는 스핑크스가 탈출구를 지키는 동물의 밤에서 벗어나 그리스의 기적(miracle grec)[80]인 신인동형의 밝은 대낮에 도착한다. 그러나 결국 이는 자신의 눈을 뽑게 하며 (자신의 무지로 미래에 접근하면서) 오로지 더듬어 나아갈 수밖에 없는 미로의 밤 속으로 다시 떨어지는 것일 뿐이다. 그는 자신이 어디로 나아가야 할지 모른다. 의식을 잃어버렸기 때문이다. 낮이 밤 속으로 사라지듯이, 지식은 맹점 속으로 사라진다.

맹점은 눈의 구조를 '상기시킨다'. 바타유는 비유를 통해서만 눈에 대해 말한다.(눈에 대한 경구는 의심의 여지없이 이차대전의 초기로 거슬러 올라간다.) 그는 이 점(點)을 송과안이라고 부르지 않는다. 그러나 그것은 별로 중요하지 않다. 왜냐하면 눈의 작용에서 관건은 지적 체계로 되돌아가면서 전체를 고려하는 상황, 즉 한편으로 이 작용의 부분이긴 하지만 다른 한편으로 이 작용을 완전히 포함하는 부분인 체계의 상황을 파악하는 것이기 때문이다. 따라서 부분 자체가 전체보다 더 중요하다. 부분은 전체를 초월하고 넘어서며 위반한다. 동화의 과정은 미지를 기지의 부분으로, 무한을 유한의 경계(혹은 가장자리)로 바꾸어 놓는다. 그러나 전체가 걸려 있는 이 부분은 행위를 전복시킨다. 즉, 부분은 총계(전체)가 해체되는 정점이자 불균형이 방정식의 균형을 잃게 하는 상황이다. 이 행위 가운데 바타유가 말하는 '방법'의 '규칙' 중 하나가 파악될 수 있을 것이다. 『에로티슴』의 서문에서 그가 "이 책에서 개별 문제는 언제나 문제 전체를 포함한다"[81]고 말할 때, 이 문구를 라이프니츠식의 표현주의적 의미[82]로 읽어서는 안 된다. 말하자면 부분 속에 전체를 다시 기입하는 것은 동시에 전체 공간의 변형을 야기한다. 이 경우, 부분 속에 다시 기입됨으로써 전체가 확실해

지지 않고 도리어 전멸되고 폐기된다는 사실에서 이 변형은 명백해진다. "의미의 부재보다는 오히려 항상 전체의 의미를 갖는 어떤 상황이 있다. 이때 추론적 지식의 관점에서 어떤 기술(記述)은, 이를 통해 필요한 때에 사유가 전멸되는 전체가 드러나는 상황 자체를 향하지 않는다면 불완전하다."[83] '관념'의 영역에서 이 상황은 합리주의, 공리주의적 체계의 맹점이자, 사유 체계가 그 속으로 빠져들고 무너지는 구멍인 낭비라는 관념에 사로잡혀 있다. 여기서 비논리적인 차이에 의해 산출된 관념들은 자체를 넘어선다. 이것이 시각·이론적인 관계를 유지하긴 하지만 시각의 영역으로 들어가지 않는 맹점(혹은 송과안)이다. 맹점은 보지 않기에 눈이 먼 것이다. 맹점이 나타나자마자 (마음의) 눈이 보는 것을 방해하기 때문에 눈멀게 된다. 맹점은 보이지 않기에 또한 눈멀게 된다.

그때, 바타유는 "지성의 본성은 맹점이 그 자체로 지성보다 더 많은 의미를 지니기를 바란다"고 말한다.

과학(그리고 지성에서 나온 모든 것)은 어떤 경우에도 별 의미를 지니지 않는다. "과학이 추구하는 진리는 의미를 상실하는 경우에만 진실하다."[84] 여기서 의미의 두 개념, 비의미로부터 자신을 지키는 의미와 비의미의 위험을 받아들이는 의미를 구별해야 한다. 의미의 첫번째 개념은 과학적 이상에 부합한다. 이것은 주체의 배제를 내포한다.(의미는 주체를 이용해서는 안 된다. 의미는 언어의 기계적 효과, 즉 언어 기능의 산물에 지나지 않을 수 있다. 언어는 사물을 생산하는 기계처럼 의미를 산출할 것이기 때문이다.) 의미의 첫번째 개념이 제시하는 의미의 이미지에는 실제로 의미가 없다. 단지 의미만을 원할 때, 비의미를 위태롭게 하지 않은 채 의미를 원할 때, 역설적으로 오로지 비의미가 획득된다. 의미는 의미의 위험이 된다. 참고하자면, "죽이지 않는 투우는 비의미와 같다."[85] 비의미는 의미의 의미이다. "비의미는 가능한 모든 의미의 결말이다."[86] 그러나 의미의 두번째 개념은 의미를 비의미의 위험에 연결하고 의미를 그저 단순히 비의미에 바친다. 다시 말하면 과학을 위한 비의미("비생산적인 낭비는 비의미이고, 심지어 반의미이다"[87])뿐만 아니라 과학을 벗어난 비의미에도 바친다. 설사 과학의 의미가 과학 외부에 있고 과학을 벗어나는 것이라 해도, 과학 외부의 의미는 과학 내부의 의미와 같다. 그러나 의미에 대한 이 두 대안은 양도논법[딜레마]을 구성하지 못한다. 두 비의미는 대등하지 않다. 즉, 삶이 아닌 것의 비의미('삶 속에 남아 있기 위해 삶의 의미를 상실하는 것'[88])가 있고, 삶 그 자체의 비의미가 있다.

지성은 의미를 지니지 못한다. 지성의 (비)의미가 지성을 벗어나기 때문이다. 지성은 지성을 벗어나는 것에 의해서만 의미를 지닌다. 정확히 말하면 지성은 자신의 임무로 은폐하고 있는 이 점, 즉 맹점에 의해서만 의미를 지닌다. 지적 동화에는 의미가 없다. 지적 동화는 끝이 없고 끝나기를 원치 않으며 어디서 끝나는지를 알려고 하지 않기 때문이다. 그것은 심지어 자신의 외부를 내면화한다. 그런데 의미는 결코 내면화할 수 없으며, 사물이나 말의 핵심인 '내용'도 아니다. 게다가 의미는 정확히 말해서 그들을 벗어나지 않는다. 그러나 의미는 그들의 개시 속에, 그들을 분해하는 희생 속에, 그들의 부재로 인한 그들 내부의 현존 속에 있다. 바타유에게 하나의 의미를 갖는 것은 나를 부정하는 것에 의해 구성된다. 자신의 부정에 직면할 때까지, 그 어떤 것도 의미를 지니지 못한다.["축제는 행위의 부정이긴 하지만 (죽음이 삶의 의미를 나타내듯이) 행위에 어떤 의미를 부여하는 부정이다."[89]) 어떤 사물의 의미는 자기 동일성의 단절, 즉 자기 동일성을 넘어서는 것, 사물이 자신을 넘어서는 것이며, 사물 자체가 아니라 사물 자체의 초월이나 부재이다….

과학은 거의 의미를 지니지 못한다. 과학의 명제들의 목적은 존재를 자기 동일성 속에 가두는 것이기 때문이다. 과학의 의미는 과학이 스스로의 한계를 넘어서면서 스스로를 간파해 가는 이 맹점, 과잉의 지식으로서 비지식을 구성하는 이 맹점이다. 이 맹점은 과학을 지탱하고 해체한다. 이 맹점이 없다면 과학은 아무것도 아닐 것이며, 동시에 이 맹점은 과학을 아무것도 아닌 것으로 축소시킬 것이다. 따라서 의미를 지니는 것은 결코 합리적이지 않다. 의미는 이성에서 생겨나지 않기 때문이다.

이런 맥락에서, 바타유는 과학적 인류학에서 신화적 인류학으로 옮겨 가는 시도를 보여준다. 인간이 자연의 분열 속에 끌어들인, 한층 심해진 단절을 단지 논리적(특수한) 차이로만 환원시키는 것이 과학적 인류학이라면, 신화적 인류학은 모든 체계화를 배제하려는 것이다. 이런 맥락 가운데 바타유는 자신이 때로는 신화로, 때로는 환영으로 규정하는 송과안을 끌어들인다. 신화가 제시하는 것처럼(바타유는 이카로스, 프로메테우스, 미노타우로스 등의 이야기를 신화에서 차용한다), 환영의 영역에 속하는 것은 개념의 영역으로 환원될 수 없다. 즉 '신화적 주제'는 단일 가치와 동일성의 논리에 따르지 않는다. 과학이 송과안을 거부하고 그에 의해 위협받기 때문에, 송과안은 과학에 의미를 부여하는 것으로 도입된다. "일련의 신화 속에 이성을 따른 어떠한 근거있는 내용도 없다는 사실이 신화의 의미있는 가치의 조건이 된다."[90]

3. 분변학

> 1. 이질학: 전혀 다른 것에 관한 학문. 아기올로지(agiologie)라는 용어가 더 정확하겠지만, (사케르(sacer)의 이중적 의미와 유사한) 아기오스(agios)의 이중적 의미

를 함축해야 할 것이다. 그러나 특히 분변학(scatologie: 오물에 관한 학문)이라는 용어는 실제의 상황(신성한 것의 특수화) 가운데 이질학 같은 추상적인 용어의 이중어로서 이론의 여지없이 의미심장한 가치를 지닌다.
— 조르주 바타유, 「사드의 사용가치(La valeur d'usage D.A.F de Sade)」.

2. 이단과 유사한 이질학이라는 용어는 이런 형태의 활동을 가능한 모든 종류의 정통성에 대립시키는 이점을 지닌다. 그러나 개방적인(exotérique) 용어, 즉 훨씬 더 구체적이고 의미심장한 분변학이라는 용어를 선택하는 것이 적절하다.
— 위의 글.[91]

이성을 똥 먹여야 한다. 비열한 행위이긴 하지만, 곧바로 타격을 주는 유일한 방법이다.

사실 상상조차 할 수 없는 것만이 문제가 된다. 말하자면 『도퀴망』에 실린 사전의 '비정형'이라는 항목이 기술하듯이, '그 어떤 것과도 유사하지 않은'(그 어떤 모델도 따르지 않고, 그 어떤 특수한 차이도 재현하지 않는) 것만이 문제가 된다. 상상조차 할 수 없는 것으로는 불결하고 고상하지 못한 말, 추잡하고 저속한 말들이 있다. 이런 말들은 지저분하지만 정곡을 찌르는데, 철학의 학구적인 담론에는 적절하지 않은 것이다. 어휘의 단순한 변화, 즉 분변학적 말들이 철학 용어 안으로 들어오면, 플라톤 철학은 다시 문제가 된다. 철학적 정통성의 모델인 이상주의의 이념은 분변학적 말에 (분명히 심각한) 타격을 받을 것이다.

첫째, 상상조차 할 수 없는 것의 문제, 즉 비정형의 문제는 플라톤 자신에게 제기되었다.

자기 이름을 건 대화에서, 파르메니데스(Parmenides)[92]는 소크라테스가 그에게 어떤 사물들이 이데아(혹은 번역하기에 따라, 형상)를 갖는지 말해 주기를 바란다. 예를 들어 유사성의 이데아, 하나와 여럿의 이데아[93]는 있는가? 정의와 아름다움과 선의 이데아는 있는가? 마찬가지로 인간의 이데아, 불이나 물의 이데아는 있는가? 파르메니데스가 제시한 처음의 두 질문에 대해, 소크라테스는 주저 없이 '예'라고 대답하지만, 파르메니데스가 일련의 새로운 사례로 더 발전시킬 것들, 즉 구체적 존재를 대상으로 하는 마지막 질문에 대해서는 곤란해한다. '분변학적'인 그 마지막 사례는 다음과 같다.

> 파르메니데스: 소크라테스여, 오히려 우스꽝스러운 것처럼 보일 수 있는 것들(γελοῖα), 즉 머리털, 찌꺼기, 때 같은 사물들이나 조금도 중요하지 않고 아무런 가치도 없는 전혀 다른 사물들(ἄλλο τι ἀτιμότατόν τε καὶ φαυλότατον)이 있다네. 그 각각의 사물에 대해서도 별개의 형상(εἶδος), 우리의 손으로 만지는 것(χειριζόμεθα)과는 또 다른 형상이 있다는 것을 말해야 할지 자네는 망설이고 있는가?(130, c)[94]

자신의 물음 속 관련된 사물들의 형상을 특징짓기 위해 파르메니데스가 호소하는 기준은, 유효한 말들로 분변학적 공간을 나타낸다. 바타유가 한 일이 바로 이러한 말들의 완벽한 반복이다. 한편으로 이 사물들은 우스꽝스럽고 웃음을 자아낸다. 다른 한편으로 그것들은 손으로 만지는 대상이며 시각적, 이론적 지각의 영역이 아닌 (신체적) 접촉의 영역에 속한다. 분변학에 대한 물음은 플라톤의 글에 출현하기 시작하면서 형상 이론에 반하는 장애물로 등장한다. 바타유가 '비정형'이라는 항목에서 침이나 거미줄을 상기시키듯이, 파르메니데스는 머리털, 찌꺼기, 때를 상기시킨다. 이 두 경우에 목적은 정확히 똑같다. 즉, 이데아의 한계를 정하는 것이다. 설사 이 목적과 관련해 플라톤과 바타유의 입장이 각각 다르다 할지라도, 그들의 차이는 모순의 논리적 형식〔이것은 너무도 단순해서 대립을 이론적인('플라토닉적인') 것으로 남게 할 것이다〕으로 귀결될 수 없을 것이다.

따라서 분변학은 그것이 단지 하나의 질문에 불과할지라도, 플라톤의 글에 포함된다. 이데아(형상)와 관련해 별 것 아니고 아무런 가치도 없으며 우스꽝스러운 사물은 무엇인가? 보이지 않고 손으로 만져야 하며 자기식대로 존재하는 것들, 즉, 부정적으로 말해 형체 없는(aeidès)[95]이란 무엇인가? 세상에 나올 필요가 없는, 안 보이는 편이 나은 사물들은 무엇인가?

[『필레보스(Philebus)』[96]에서 플라톤은 이런 표현을 되풀이하며 또한 쾌락에 관해 우스꽝스럽고 괴상하다고(γελοῖν) 규정지을 것이다.

> 쾌락, 요컨대 엄청난 쾌락에 누군가가 빠져드는 것(ὅταν ἴδωμεν ἡδόμενον ὀντινοῦν)을 보기만 해도, 우리는 그것이 너무 괴상하거나 너무 외설스럽다는 것을 발견할 것이며, 그로 인해 우리 스스로 수치심을 느낄 것이다. 우리는 이들 쾌락을 가능한 한 비밀로 하고 그 행위를 어둠의 행위로 남겨 두려고 모든 노력을 다한다. 마치 낮의 햇빛에 노출되면 안 되는 것처럼 말이다.(66, a)[97]

철학이 중대한 것과 이론을 연결하듯이, 분변학은 철학과 아무런 관련이 없는, 웃음과 촉각을 연결한다. 그러나 설사 찌꺼기, 향락, 웃음의 병렬이 이미 그 자체로 주의를 끌 만하다 할지라도, 분변학이라는 용어가 내포하는 것을 길게 늘어놓는 것보다 더 중요한 게 있다. 철학에 의한 분변학의 억압이 어떻게 행해지는지, 철학이 (먼저 **분변학에 대해**

발언하면서) 어떻게 반분변학으로서 발언하는지를 파악하는 것이다.
『필레보스』의 모든 연출은 분변학에 맞서는 발언과 더불어 분변학으
로부터 발언권을 박탈하는 것으로 구성된다. 사실 『필레보스』의 이야
기는 쾌락의 말을 가로막는 결정으로, 그리고 배제된 것으로서 타자에
게 개입의 장소를 허용하지 않는, 전형적인 '상동(相同)의' 결정으로
이해될 수 있다. 실로 쾌락은 자신을 변호할 수 있어서는 안 된다. 왜냐
하면 자신을 변호하기 위해서 쾌락은 언어를 사용해야 하며, 조금이나
마 철학의 궤도를 밟아야 하고, 로고스의 가치를 인정해야 하기 때문
이다. 동물이 말하지 않듯이, 쾌락은 침묵해야 한다.('소, 말, 그리고 모
든 짐승들'은 쾌락을 삶의 목표로 삼는다.) 쾌락은 자신의 지지자에 의
해 옹호되는 명제가 아니다. 쾌락은 말하지 않는다. 쾌락은 자신을 알
지 못하기 때문이다. 게다가 대화 속에서 쾌락을 옹호하는 자는 쾌락
의 지지자이자 아프로디테의 숭배자인 필레보스가 아니다. 소크라테
스는 적극적으로 변증법을 사용하는 플루타르코스를 말이 없는 쾌락
의 옹호자로 지명한다. 그러므로 『필레보스』에서(뿐만 아니라 모든 철
학 속에서, 교훈을 주는 모든 이야기에서) 쾌락은 말하지 않는다. 사람
들이 쾌락의 이름으로 말한다. 필레보스의 침묵과, 쾌락의 이름으로
플루타르코스가 늘어놓는 이야기 사이에는 이질학과 성애학 사이의
뛰어넘을 수 없는 간격(그것이 존재하지 않는 것처럼 쉽게 가장할 수
있음에도 불구하고)이 존재한다. 필레보스는, 사람들이 그에 관해 말
하고 그에게 간접적으로 말하긴 하지만, 이야기 도중 몇 번 끼어든 것
을 제외하면, 말하지 않고 조용히 있다. 대화의 이질학적 혹은 분변학
적 읽기는 거기서 거론되는 것, 즉 대화의 명백한 텍스트에 근거해서
가 아니라 이 침묵에 근거해 읽는 것이다. 쾌락을 억압하는 이야기에
서 이 침묵을 쾌락의 이질학적 개입으로 작용하게 하면서 말이다. 낮
의 햇빛은 성관계의 스펙터클을 보아서는 안 되며, 변증법적인 공간은

쾌락의 거친 숨결을 피해야 한다. 침묵과 밤이 그것을 흡수해야 한다. 그러나 정확히 말해서 이데아와 관련한 침묵과 밤은 무엇인가?] 침묵과 밤의 작용에서 가장 중요한 것은 배제가 아니라, 이 작용이 어떠한 흔적도 남기지 않은 채 행해진다는 것이다. 이것이 바로 소크라테스와 파르메니데스의 계속되는 대화가 보여주는 것이다. 말하자면 소크라테스는 머리털, 찌꺼기, 때라는 분변에 관한 환기 때문에 난처해진다. 이러한 곤경은 주저하는 말보다는 오히려 모순적인 말로, 반감과 욕망 사이의 갈등으로 표현된다. 한편으로, 우리가 보는 한 오로지 존재하는 것들(ταῦτα μέν γε ἅπερ ὁρῶμεν, ταῦτα καῖ εῖναι, 이때 파르메니데스가 상기시킨 **촉각**은 존재의 기준이 아니다)에 어떤 형상이 상응하는 것은 옳지 못한 일이다(반감). 다른 한편으로 이데아 이론을 한정 짓는 것을 받아들이기는 어려운 일이며, 사람들은 하나의 형상이 존재하는 모든 것에 상응한다고 생각하고 싶을 것이다(욕망). 소크라테스는 이 점을 인정한다. 이런 모순에 직면해 소크라테스는 섬뜩함을 느낀다. 그는 이 모순에서 '부랴부랴' 벗어나 어떤 의혹도 없는 사물들에 형상들이 상응한다는 자신의 변명을 찾아낸다. 상상조차 할 수 없는 것을 사유해서는 안 된다.

그러나 분변학을 유발한 것은 소크라테스의 불안과 혐오감과 도피이다. 분변학은 파르메니데스의 질문 중에 있지 않았다. 이는 바로 소크라테스의 반응에 따르는 파르메니데스의 해석이 확증하는 바이다. 파르메니데스는 존재하는 모든 것이 어떤 형상을 지니며, 존재하는 그 어떤 것도 무시할 수 없다는 것을 알고 있다. 즉, 분변은 없으며, 더 이상 분변학도 없다. 이는 바로 시대와 철학과 더불어 소크라테스 자신이 마침내 깨닫게 되는 것이다. 그가 이성적으로 생각하든 그 자신의 반감이 사라지든 간에, 머리털, 찌꺼기, 때도, 그리고 쾌락도 더 이상 그를 웃게 하지 못할 것이다. *[다른 어떤 것도 마찬가지다. 철학자는*

더 이상 웃지 않고 웃어서는 안 된다. 향락이나 다른 비열한 행위와 같은 이유로, 웃음은 철학 텍스트에서 외설스러움 자체를 구성한다. 웃음은 '설득의 수단'이 아니다. 『고르기아스(Gorgias)』[98]에서 소크라테스가 나누는 대화의 전개는 폴로스의 폭소에 의해 중단된다.

> 뭔가, 폴로스? 당신 웃고 있는가? 그것은 다른 종류의 반박인가? 대화자가 당신에게 무엇인가를 말할 때 반박하는 대신에 그를 비웃는 것인가?(473, e)[99]

웃음은 철학이 기대하는 반박이 아니다. 말하자면 그것은 철학이 사전에 '수중에 가지고 있는' 반박이 아니다. 웃음은 아무것도 반박하지 않으면서도, 예기치 않았기에 그만큼 더 위험한, 실재적인 반박이다. 바타유는 다음과 같이 기술한다.

> 합리적으로 이해하려는 노력이 모순에 이르는 순간부터, 분변학의 지적 실천은 동화될 수 없는 요소들의 배설을 요구한다. 이는 폭소가 철학적 사변의 수단이 아니라 결국 최후의, 상상할 수 있는 유일한 해결책이라는 것을 통속적으로 확증하기에 이른다.][100]

파르메니데스가 제기한 문제에 직면한 소크라테스의 다른 반응은, 정확히 바타유가 과학에 대해 기술하게 될 대립 없는 동화의 움직임, 즉 배설 없는 동화의 움직임을 따른다. 말하자면 소크라테스는 비정형을 두려워하며(그리고 과학은 동물성에 대한 금기와 더불어 탄생한다), 이데아-형상의 고유한 영역으로 도피하기 위해 이 반감을 극복(지양)한다.(그리고 과학은 비합리적인 것을 생각할 수 없기 때문에 자신이 근거하는 금기를 마침내 잊게 된다.) 철학은 자신의 임무(폐기물에 맞서고 그것을 수거하고 그것에 형식을 부여하는 것)를 수행하기 위해 개입할 수밖에 없다. 이성의 청소부, 그를 똥 먹여야 한다. 이성으로는 상상조차 할 수 없는 비열한 행위를 통해.

둘째, 바타유의 글쓰기는 상승하는 이상화에서 벗어나려는 하나의 노력에 지나지 않는다. 다시 말하면 비천함을 생각하려는, 가능한 가장 비천한 생각을 갖고자 하는 노력일 뿐이다. 이러한 노력을 통해 그의 글쓰기는 **전복적인 것**으로 행해진다. 그의 글쓰기는 아래에서부터 이론을 받아들인다. 말하자면 '늙은 두더지'처럼 땅 밑에 보이지 않는 지하 통로를 판다. 왜냐하면 바타유에게 낮은 곳은 지하(근원의 장소이다)로서, 언제나 하부에 있는 것으로, 언제나 더 아래로 내려가는 것으로 기능하기 때문이다. 비천함은 가치를 떨어뜨리고 약화시키며, 어떤 견고한 지반도 제공하지 못한다. 비천함은 너무도 비천해서(언제나 너무 비천해서) 이데아의 공통 척도에 따를 수 없다. 이런 의미에서 그것은 하나의 사물조차 아니다. 본래 모든 사물은 명명할 수 있으며 어떤 개념에 부합한다. 비천함은 (『필레보스』에 따르면 쾌락이 그러하듯이) 본질적으로 적절함 바깥에 있다. 비천함은 한계를 위반하는데, 이데아는 그 한계에 이르기까지 비천함을 통제한다. 더 비천한, 그러나 **그 자체보다 더 비천한** 비천함은 절대 비교급, 지시 대상 없는 비교급, 그 자체로서 공통의 척도를 무너뜨리는 비교급을 나타낸다.[101]

비천함은 어떤 일의 대상이 아니다. 일은 전적으로 속죄의 종말론적 전망에 속한다. 일의 사유, 즉 일로서의 사유는 오래 전부터 명예를 회복시키려는 노력에 사로잡혀 있다. 일은 추락의 결과를 없애 버리고 인간 스스로 고양되도록 한다. 그와 반대로 추락의 욕망이 분변학에 스며든다. 비천함의 개념이 있을 수 없는 것과 마찬가지로, 비천함은 계획될 수 없다. 말하자면 비천함을 생각하는 것은 어떤 일 이상이자 동시에 이하인데, 그것은 운이다. *[이카로스의 운. 바타유가 '어원학을 통한 증거'를 이용하는 것은 매우 드문 일이다. 하지만 『니체에 관하여』에서 그는 어원학에 힘입어 하나의 계열로서 운(chance)/리듬(cadence)/추락(chute)을 묘사하고자 한다.*

> *운은 '기일의 도래(échéance)'와 같은 어원(cadentia)을 갖는다. 운은 우연히 굴러 들어오는 것, (애초에 운 좋게 혹은 운 나쁘게) 일이 되는 것이다. 운은 돌발적인 일, 주사위 떨어뜨리기이다.*[102]

그리고 리듬은, 니체에 따르면 철학자들에게 혐오감을 주는 춤을 환기시킨다…. 여기서 춤은 웃음과 마찬가지로 근거도 아니고 아무것도 증명하지 못하지만, 웃음과 함께 철학적 사변에서 벗어나는 유일한 출구, 유일한 극단이다. 1943년 사르트르는 『내적 체험』을 검토한 뒤 바타유를 경멸하는 어떤 글을 썼다. 바타유는 『니체에 관하여』의 네번째 부록을 구성하는 「내적 체험에 대한 옹호(Défense de l'expérience intérieure)」에서 사르트르에게 대응했다. 그러나 바타유가 사르트르에게 진짜로 대응한 내용은 같은 책의 다른 곳, '사르트르 앞에서의 춤' 이야기에 있다. 그것은 1944년 2월에서 4월 사이에 씌어진 몇몇 구절로, "나를 사르트르와 카뮈에 연결하는 것은 얼마나 이상한 일인가"라는 실망스러워하는 문장으로 결론을 내리고 있다.

> 여러 커플들 가운데서 내가 술을 마시고 혼자 춤추었던 밤을 상기하는 것은 기쁜 일이다. 마치 농민처럼, 목신처럼.
> 혼자 춤을 췄다고? 사실을 말하자면, 그 철학자(사르트르)와 나, 우리는 마주 보고 춤을 추었다. 그 상황은 부조리한 **포틀래**

치였다.¹⁰³

분명히 말해 이것은 논쟁이 아니다. 이것은 이질학적 작전이다. 말하자면 비열한 행위이다. 이론적 상승을 위반하는 유일한 것인 '추락-리듬-운'은 이성의 행위가 아니다. 그것은 어떤 일의 성과도, 어떤 추론의 결론도 아니다. 그것은 난처한 실수다. "가장 난처한 것. 가장 낮은 곳에 이르는 것."¹⁰⁴ ['실수'라는 뜻의] 'lapsus'는 라틴어로 미끄러지고 떨어지는 것이다. 우리가 추락을 재검토해 보면, 추락은 지식과 향락 사이의 합선에 의해 발생한다. 그것은 인간으로 하여금 수평적인, 혹은 상승하는 단조로운 시련기로부터 벗어나게 한다. 그때 인간은 자신이 지옥에 있음을 발견한다.〔끝없이 불안에 빠뜨리는 책들과 함께, 이 책들 중 한 권의 표지 위 '성스러운 신(Divinus deus)'이라는 글자가 읽힌다.〕 그것은 이교 신들의 영역이다. 지옥(inferni), 즉 낮은 곳은 신성하다. 신들과 같은 능력으로(Eritis sicut dii), 추락하기 전에 악마는 이렇게 말했다. 왜냐하면 오직 추락만이 신성하기 때문이다. 그것은 떨어지는 신성한 쾌락이다. "그러나 나는 안락한 곳으로 내려가야 한다."¹⁰⁵]

비천함은 개념 아래로 떨어지는 것이 아니라 개념이 미치지 않는 곳에 떨어지는 일이다. 그것은 자기보다 더 비천한 것과 끝없는 차이를 도모하는 것이다. 그것은 동일성을 갖지 못하는 동시에 전환(transposition)을 초월한다. 바타유의 비열한 행위는 언제나 어떤 은유를 탈승화시킨다. 그래서 은유는 더 이상 그로부터 재건(지양)될 수 없다. 은유는 동화를 나타내는 한편, 전환은 난관을 제거하고 유사성을 새로 만들어내며, 자신이 난관에 처해 있는 곳에서 공통의 척도를 유지한다.¹⁰⁶ 그러므로 전환에 대한 비판은 동일성의 원칙 자체에 의해 역설적으로 행해질 것이다. 동일성의 이데올로기에서 벗어나는 것, 정확히 말해 비논리적인 차이가 지배하는 곳에서, 동일성의 원칙에 호소하는 경우에 의해서 말이다. 다시 말하면 이때의 동일성의 원칙은 동일성 원칙의 시뮬라크르로, 즉 시뮬라크르의 원칙이라 불려야 하는 것으로 작용할 수 있을 것이다. 예를 들어 「'늙은 두더지'」에서 "땅은 낮은 곳에 있고, 세상은 세상이다."[107]

「'늙은 두더지'」는 앙드레 브르통의 「초현실주의 제2선언」에 대한 대답이다. 동일성의 원칙에 대한 이 오만한 표명은 브르통의 글이 끝나는 곳에 사용된 수사학적 비약을 인용한 것이다. 이는 「초현실주의 제2선언」의 결말로 쓰였다. "그가 모든 금지를 무시하고 모든 존재와 모든 사물의 잔인성에 맞서 관념이라는 복수의 무기를 사용하든, 어느 날 패배당한(그러나 세상이 세상일 때만 패배당한) 그가 마치 집중 포화 같은 자신의 슬픈 총의 발사를 환영하든 간에" 누군가는 『파이돈 (Phaidon)』을 읽을 것이다. 초현실주의자가 되는 것은 죽는 법을 배우는 것이다. 세상이 세상일 수 없음에 힘입어, 관념은 실패를 승리로, 추락을 구원으로 전환(변형)시킨다. 관념은 땅은 낮은 곳에 있고 세상은 세상이기를 바라는 사람들의 '잔인성'(동물성)에 대해 복수할 수 있게 한다. 나는 승화시킨다: 숭고한 놀이… 혹은 음산한 놀이.

['세상은 세상이다'라는 바타유의 명제는 'A는 A이다'라는 유형의 명제가 아니다. 이 명제는 그것이 산출되는 글쓰기 작업, 즉 세상을 비세상과 비정형의 이름으로 만드는 작업에 의해 동일성의 공식에서 벗어난다. 세상은 우주로서 갈릴레오 이전의 (신학적) 전망에서만 세상일 수 있다. 이와 반대로, 이 순간부터는, 세상이 언뜻 보기에는 그럴 듯한 것과는 반대로 동일성의 원칙을 전적으로 따르는 세상일 수 없음을, 브르통이 관념의 힘을 통해 암시하는 문구 자체를 이해해야 한다. 바

타유가 자신이 초현실주의적 '전환'이라고 부르는 것을 통해서 폭로하는 것은 실제로 동일성의 원칙의 내포(심지어 기원)이다. 은유적 전환은 유사성의 토대 위에서 이루어지며, 유사성의 토대를 이룬다. 이는 브르통 '미학'의 일반적 성격일 것이다. 따라서 제라르 주네트(*Gérard Genette*)[108]는 『들판으로 가는 열쇠(*La clé des champs*)』의 문구를 인용하면서, 은유와 비유로부터 따로 떼어 놓은 채 "수사학이 끈질기게 열거하는 다른 '수사법들'"은 어떠한 관심도 끌지 못한다고 인정했다. 브르통은 단호하게 선언한다. "유추의 동기만이 우리를 열광케 한다."[109] 모든 은유는 존재의 동일성을 참조하게 하는 유추의 이상화 움직임에 사로잡혀 있다. 그것은 욕망을 억누르고 욕망의 구멍을 막기 위해, 욕망을 은폐하고 그 위에 올라선다. 오로지 동일성의 논리를 작동시킬 수 있는 시뮬라크르로 은유를 해체하는 것은, 바로 이 욕망을 되살아나게 하고 자극하는 것이다. 이는 긍정적인 이데올로기적 실천 속에서, 사회적 삶의 전체 속에서, 특히 언어 자체 속에서 이루어지고 있는 은유를 전복하는 것이다.]

은유적 전환에 대한 거부, 그러나 이 거부는 '현실 효과'라는 수사학적 범주를 되찾지 못할 것이다. 소위 현실 효과가 그것의 수단을 지배하는 수사학적 체계의 통제 아래 있을 때(그것이 추론적 성격의 방식에 지나지 않을 때), 이 거부는 실제로 오로지 실패로만 나타날 수 있다. 추락의 다른 형태인 이 거부는 마음대로 생겨나지 않는다. 이 전환에 대한 거부는 『조르주 바타유 전집』 제2권에 수록된 '앙드레 브르통과의 논쟁 관련 자료'가 다시 짜 맞추는 사건들의 되풀이되는 주제가 된다. 이 자료는 당시 작성하긴 했지만 출판되지 않았던 몇몇 완성된 글들로 구성되어 있다.(「'늙은 두더지'」를 게재하기로 되어 있던 『비퓌르(*Bifur*)』의 경우처럼 어느 잡지의 실패는, 간접적이라 할지라도 효과적인 사회적 검열을 나타낸다.) 그러나 한편으로 이 자료는 완성되지 않은 글의 발췌본으로 이루어져 있다. 미완성 상태의 글은 어떤 선언이 세상에 나오지 못하게 하고 표명되지 못하게 할 정도로 그에 위협을 가하는 금지 사항을 더 정확하게 담아낸다. 이 경우 비천한 것, 즉 전환될 수 없는 것은 여백에 의해 표시되어 있다. 이 글들의 중단된 부분은 쾌락을 옹호하지 않은 채 향유하던 필레보스가 거의 아무 말도 하지 않았음을 상기시킨다.

그러므로 바타유의 분변학적인 글들은 초현실주의자 취향의 글이 아니다. 초현실주의자는 똥을 좋아하지 않는데, 실제로 관념이라는 복수용 무기로 분변에서 벗어날 수 있을지는 확실하지 않다. 이는 바로 사드의 무대, 곧 격렬한 논쟁으로 들어가는 것이다. 바타유가 브르통과 논쟁할 때 쓴 글 전체는 『쥐스틴(Justine)』[110]의 문장을 참조하게 한다. 사드는 이렇게 썼다. "베르뇌유는 진저리 나게 한다. 그는 똥을 먹으며, 사람들이 자기 똥을 먹길 바란다. 그가 자기 똥을 먹인 여자는 토하며, 그는 그녀가 토한 똥을 삼킨다."[111] (바타유는 이 문장을 인용했다.) 이는 사드적인 장면인데, 「송과안」을 둘러싼 바타유의 일련의 구상은 이를 잘 반영한다. 말하자면 이 눈은 (다른 기능들 중에서) 태양을 정면으로 바라보게 되는데, 태양을 바라보는 것은 태양의 배설물을 먹는 것과 같다. 그러나 『소돔의 120일(Les 120 journées de Sodome)』에서 사드가 '무엇보다 정신적 소외의 영역에 속하는' 이 '지각이상'으로 저지른 잘못('여러 곳에서 이 작품의 교육적인 가치를 위태롭게 만들고 있는' 이 '잘못'[112])을 유감스럽게 생각하는 질베르 렐리(Gilbert Lély)의 세련된 표현에 따르자면, '분변 애착의 정신이상(aberration coprolagnique)'은 그 어떤 것보다도 바타유가 이 시기에 사드의 글을 마음 속 깊이 새겨 두고 있음을 나타낸다. 이는 의심의 여지없이 분변 애착이라는 정신이상이 실재적인 이질학(이질학의 공개적인 양상이 바로 분변학이다)의 생성에 매우 중요하기 때문이며, 또한 틀림없이, 바타유가 사전에 브르통이 분변학을 받아들일 수 없음을 알고 있었기 때문이다.

바타유가 묘사하는 사드는 너무나 소화하기 어려워서 브르통에게 는 은연중에 분변학적 혐오감을 나타내는 반발을 야기한다는 점을 지적해 두자. 사실 브르통의 어떤 문구들은 분변학적 행위는 결코 드러내지 않고, 그런 행위가 갑자기 나타나는 장소나 탈승화적 열망을 꽤 나 선명히 나타낸다. 예를 들어 "자리(A. Jarry)가 말하는 '너절한 걸레'가 그의 접시에 떨어져서, 바타유 씨가 몹시 매혹되었다"(이 문구는 이론의 여지가 있다. 바타유가 말하는 '매혹'보다 더 분명한 것은 없기 때문이다. 다른 한편으로 바타유와 자리의 비교가 신속히 이루어진 것에 대한 언급이 전혀 없다. 그들의 분변학은 전혀 같은 유형이 아니다. 자리의 분변학은 청년층과 관련있는 반면, 바타유의 분변학은 훨씬 더 유아로 퇴행시킨다)고 기술한 후, 즉, 이론의 여지가 있는 이 자리에 대한 언급 후에, 브르통은 페이지의 아래쪽에 주석을 삽입했는데 그 내용이 너무 정확해 그가 주석에 넣은 무례한 의도를 알아차리기란 쉽지 않다. "『데모크리토스와 에피쿠로스의 자연철학의 차이(Differenz der demokritischen und epikureischen Naturphilosophie)』에서, 마르크스는 각 시대에 머리카락으로서의 철학자, 손톱으로서의 철학자, 발가락으로서의 철학자, 똥으로서의 철학자 등이 어떻게 탄생하는지를 우리에게 설명한다."[113] 바타유 혹은 똥의 철학자. 분변학은 어느 정도 생각의 자리를 낮추고, 모든 경우에서 미치게 하는 것이나 돌아버리게 하는 것 이외의 다른 것을 목표로 하지 않는다. 이는 바로 어리석은 짓, 머리 없는 동물성으로 되돌아가는 것이다. 자신의 발처럼 짐승 같은 철학자. 머리 없는 철학자. 거대한 남근의 철학자. 나는 탈승화시킨다.

바타유: 스스로 원하는 것을 마음대로 요구할 수 있다면 자지 (bite)가 생각하듯 생각하기.[114]

['자지'는 불결하고 외설스러운 말이다. 데리다가 입증했듯, 수사학 이론이 정의한 대로 은유란 것이 항상 자신의 전환의 영역을 미리 제한하는 적절한 이름을 지시한다면, 이 승화 과정의 분변학적인 해체는 전환할 수 없고 이름 붙일 수 없는 것과의 접촉에서 생겨난다고 말할 수 있을 것이다. 다시 말해 더러운 이름에 대한 탐구는 해체 전략의 결정적인 요소이다. 더러운 말은 자신의 부적절함을 드러낸다. 그러나 더러운 말은 적절한 이름을 향해 나아가게 하기는커녕, 적절한 이름의 적절하지 않음을 드러내고, 모든 이름이 이미 그 자체로 존재하는 전환, 즉 이름 붙일 수 없는 것을 누설하는 전환을 드러낸다.

'자지'는 의심의 여지없이 '음경'과 마찬가지로 적절한 이름이 아니다. 그러나 '남근'이나 '발기한 남근'도 그 못지않게 적절한 이름이 아니다. 이 문제는 페렌치 샨도르(Ferenczi Sándor)[115]의 연구(「외설스러운 말. 잠재기 심리에 대한 기여(*Mots obscènes. Contribution à la psychologie de la période de latence*)」)의 대상이 된다. 프로이트는 정신분석에서 환자의 수치심을 자극하지 않는 의학(과학) 용어의 사용을 권했다. 그들은 억압된 성적 표상으로 인해 이미 가혹한 고통을 겪었다. 반면, 페렌치 샨도르는 치료 중에 외설스러운 표현에 관한 어휘 억제를 해소함으로써 어떠한 진전을 이룰 수 있는지를 보여준다. 언어 체계가 교육의 산물이라 한다면, 외설스러운 말은 그러한 체계에 속하지 않는 것으로 정의된다. 다시 말하자면 부차적인 체계(논리적 연결 등)의 토대가 되고 있는 '언어 표상(*Wortvorstellung*)'의 체계에 속하지 않는 것으로 정의된다. 그것은 '개념적 언어'에 속하지 않으며, '의사소통'의 수단이 아닌 공격의 수단이다. 프로이트의 관점에서 아이들이 말을 사물로 취급한다는 점을 미루어 보아, 외설스러운 말은 '사물 표상(Sachvorstellung)'으로 기능하는 언어적 표상이다. "외설스러운 말은 어떻게 보면 물질적 현실 속에서 듣는 이로 하여금 명명된 사물, 성적 기관이나 기능을 상상할 수 있게 하는 특수한 힘을 지닌다"[116]고 페렌치 샨도르는 기술한다. 과학적('의학적')인 말이 외설스러운 현실을 나타내는 반면, 외설스러운 말 자체는 외설스러운 현실이다. 외설스러운 말은 환각을 일으키는 독성을 지닌다. 라캉은 다음과 같이 적었다. "말로 표현할 수 없는 사물이 현실 속에 내던져지는 장소에서 말은 들린다. 이때 이름 없는 것을 대신해 출현하는 말은, 응답의 연결부호를 이용해 주체의 의도를 벗어나지 않고서는 그 의도를 따를 수 없다."[117]

따라서 외설스러운 말은 더러운 이름, 즉 아버지로부터 받은 이름이 아닌 가명, 바로 가짜 이름이다.]

일화가 하나 있는데, 달리(S. Dalí) 그림 중 하나에는 〈음산한 놀이(Le jeu lugubre)〉라는 제목이 붙어 있다. 그는 자신의 자서전 『살바도르 달리의 은밀한 삶(La vie secrète de Salvador Dalí)』에서 엘뤼아르, 갈라 달리(Gala Dalí)와 함께 작업실을 방문한 브르통이 자신의 그림 속 '분변에 관한' 세세한 묘사에 충격을 받았다고 언급한다. 그림 한 구석에는 속옷 바지를 입은 사람의 등이 묘사되었는데, 양다리를 따라 똥이 새어나오고 있었다. 이 외설스러운 세세한 묘사가 방문객들에게 불러일으킨 불안은 갈라로 하여금 달리에게 똥을 먹는 습관이 있는지 물어보게 했을 것이다. 이 일화를 인용한 자비에르 고티에(Xavière Gauthier)[118]는 이것이 달리가 만들어낸 것인지 아닌지 의아하게 생각한다.[119] 이러한 불안은 바타유 앞에서 브르통의 행동이 보여준, 분변학에 대한 근본적인 거부와 몹시도 일치한다.(바타유가 나중에 파기하게 될 책 『변소(W.-C.)』에 대한 브르통의 반응을 상기해야 할 것이다.[120]) 이 일화는 달리의 그림이 바타유와 브르통 사이 논쟁의 핵심을 이루었던 만큼 더욱 흥미롭다. 바타유는 이 논쟁에 관해 설명하는 글을 썼다. 1929년 12월, 즉 『초현실주의 혁명』에 「초현실주의 제2선언」이 게재되는 바로 그 달에 『도퀴망』에 발표된 이 글은 반분변학적 전환의 놀이를 탐닉하지 않는 달리의 그림을 처음에는 옹호한다.(이 글의 본래 제목은 「달리는 사드와 어울리지 않는다(Dalí hurle avec Sade)」[121]였다.) 그러나 논쟁이 진행되는 동안, 달리는 브르통의 편에 선다.(이 그림에 대해 그가 언제나 언급하는 자서전 속의 문장과 이 급격한 변화를 비교해야 한다. "나는 그것이 똥의 시뮬라크르에 지나지 않았다고 말하면서 스스로 정당화해야 했다." 이 문장은 매우 흥미롭다. 사실 똥은 정당화될 수 없는 그 무엇이다. 그것은 정당화될 필요가 없고 정당화될 수도 없다. 똥은 시뮬라시옹의 이상주의적 체계에 포함될 수 없기 때문이다). 달리는 자신의 그림이 『도퀴망』에 실리는 것을 거부한다. 심지어 바타유의 글이 발표되지 않도록 어떤 압력이 행사되기도 했다. 마침내 바타유의 글은 달리 그림의 도식과 함께 「음산한 놀이」라는 제목으로 게재되었다. 바타유는 이렇게 썼다. "예술계와 문학계에서 어떤 종류의 떠들썩한 사건은 정말로 타협을 모르는 혐오감을 초래할 수 있다."

논쟁의 핵심은 바타유의 도발과 브르통의 혐오감 사이의 대위법이었다. 글쓰기가 문제인가? (마르크스 이후처럼) 프로이트 이후의 문화가 문제인가? 사람들이 승화가 어디서 비롯되는지를 알 때에도 승화의 놀이를 계속할 수 있을까? 그 무언가는 결국 진정되지 않는가?

사드에게는 두 가지의 가치가 있었다. 하나는 **교환가치**로, 자신의 작품과 문체를 미학적, 과학적, 사회적 차원의 메시지로 채우면서, 그가 의사소통할 수 있도록 이차적 과정의 움직임 속으로 다시 들어가게 하는 것이다. 다른 하나는 **사용가치**로, 자신의 길들일 수 없는 분변에 관한 내용을 다시 활성화하고 일차적인 과정으로의 퇴행을 확립하는 것이다. 사람들이 말하는 사드가 있고(그리고「사드의 사용가치」에서 바타유가 사드에 대해 말하지 않는 것에 주목해야 한다), 형언할 수 없는 사드가 있다. 마찬가지로 프로이트의 두 가지 사용, 각각 바타유와 브르통에 의해 표현될 수 있는, 정신분석과 관련된 문학의 두 입장이 있다.

바타유와 브르통 사이의 차이는 서로 이 점에 관해 자신의 생각을 표현하는 글에서 이론적 서술의 형태로 드러날 뿐만 아니라, 그들을 정신분석과 연관 짓는, 말하자면 바타유를 환자로 그리고 브르통을 정신의학자로 보는 전기적 상황에서 이미 감지할 수 있다. 바타유는 1925년 보렐에게서 정신분석 치료를 받았던 반면, 브르통은 의학을 공부한 후 생디지에, 발드그라스의 정신의료시설에 〔아라공(L. Aragon)과 동시에〕 군의관으로 배속되었으며 1921년에는 프로이트를 만나기 위해 비엔나 여행을 했다. 브르통의 경험과는 반대로, 분석 이론에 대한 바타유의 관심은 비교적 적었거나, 어쨌든 눈에 띄지 않았다.〔그의 관심 대상은 특히 집단 심리에 관한 글들(『집단심리학과 자아분석(Massenpsychologie und Ich-Analyse)』,『토템과 터부(Totem und Tabu)』) 혹은 당시 일반적으로 사변적인 것으로 거부되었던 글들(『쾌락원칙을 넘어서(Jenseits des Lustprinzips)』)이었다.〕 바타유는 브르통이 프로이트와 맺었던 것과 같은 긴밀한 관계를 갖지 못할 것이며, 긍정적인 의미에서 니체와, 부정적인 의미에서 헤겔과 관계를 갖게 된다. 정신분석을 통해 바타유가 발견하는 것은 성도착인 반면, 브르통이 발견하는 것은 정신의 자동 현상이다.[122]

이와 같은 차이는 각자의 이론적 입장의 표명 가운데서도 발견된다. 바타유는 전환되지 않는 성도착 행위에 찬성한다. 그의 입장에서 글쓰기는 정상과 비정상 상태의 구별을 이론적으로 부정하는 현장이 아니라, 정신 건강에 대한 실재적 위협인 불균형을 탐구하는 실제 행위이기 때문이다. 그의 글쓰기에서 광기는 줄곧 문제가 된다. 그러나 '광기'는 정확히 말해서 흉내낼 수 없는 것이고, 규칙도 모델도 없는 글쓰기는 더 이상 관념에 따르지 않는다. 글쓰기는 더 이상 감춰지 않는다.(그리고 글쓰기는 이론에 그치기를 멈춘다.) 1930년에 브르통과 엘뤼아르가 『무염시태(無染始胎, L'Immaculée Conception)』[123]에 수록한, 「정신착란의 시뮬라시옹(Simulations de délire)」에 이르는 어떤 계획보다 바타유에게 더 생소한 것은 없다. 정신착란과 광기는 흉내낼 수 없다. 그것들은 얼룩 없이 생겨나지 않는다. 따라서 이데아의 영역에서 벗어나는 광기는 의심의 여지없이 시뮬라크르에 지나지 않는다. 그러나 시뮬라크르에 시뮬라시옹보다 더 생소한 것은 없다.(희생의 규칙: 다미슈와 모스가 상기시키듯이, "신성하게 흉내낸 것을 진실한 것으로 받아들인다.") 시뮬라크르의 정의는 두 명제로 귀결된다. 하나, 시뮬라크르는 아무것도 흉내내지 않는다. 둘, 시뮬라크르는 그 어떤 것으로도 흉내낼 수 없다. 브르통이 정신분석 활용을 제시하는 반면, 바타유는 성도착의 기입을 제시한다.

「초현실주의 제2선언」에서 브르통은 바타유에게 자신의 모든 의학적 지식을 쏟아붓는데, 다음과 같은 진단이 가해진다. 바타유의 명제들은 "의학이나 퇴마의 영역에 속한다" "의사들은 이것을 일반화된 형태의 의식적 결핍 상태라고 부를 것이다" "정신쇠약의 흔한 증상이다."[124](십오 년 후, 사르트르의 글은 같은 어조로 결론지을 것이다. "그밖의 것은 정신분석에 관한 문제이다.")

셋째,

> "어떤 구조물이 승화이듯이, 언어는 하나의 승화이다."
> — 게자 로하임(Géza Róheim),[125] 『문화의 기원과 역할
> (The Origin and Function of Culture)』.

한 번 더 말하지만, 바타유에게는 관념론적인 맥락에서 벗어나는 것이 관건이다. 이런 맥락에서, 모든 입장이 어떤 행위의 실재적인 신랄함 속에서 산출되지 못하거나 유지되지 못하는 순간, 그 입장의 내용과 혁명적 목표가 무엇이건 간에, 이론적 입장으로서 그것은 불가피하게 마비된다.

나는 이러한 요구가 초현실주의에 반대되는 바타유의 입장에서 어떤 말로 표명되는지를 밝혀 줄, 동시대의 네 가지 글을 인용할 것이다. 사실 이러한 요구는 무엇보다도 어떤 함정을 폭로하고 거기에 빠져드는 일을 피하려는, 부정적인 요구이다. 이런 요구 행위로 단절된 것을 대체하려고 너무 조급하게 생각하지 않는 편이 나을 것 같다. 대체의 방식 자체는 이미 항상 전환의 체계에 사로잡혀 있기 때문이다. 빈 공간을 은폐하며 점유하는 것을 대체하기보다 오히려 가능한 한 채워지지 않는 빈 공간, 여전히 이름도 없는 어떤 **자리의 트인 빈 공간**을 직시해야 할 것이다. 커튼을 올리고 이름을 없애는 것, 오직 **그것뿐**이다.

은폐하고 억압하는 것은 신경증 자체의 메커니즘이다. 프로이트가 보여주었듯이 그것은 문화 전체를 규범 체계와 금기, 규칙으로 구성한다. 모든 문명은 그 틀을 받아들이는 사람들에게 안전을 보장한다. 사람이 상상조차 할 수 없는 것을 사유하지 않는 순간, 더 이상 불안의 여지는 없다. 그런데 또한 프로이트는 '신경증은, 말하자면 성도착의 부정'이라고 말한다. 신경증에서 대부분의 성적 충동, 특히 도덕적, 사회적 심급에 의해 비난받는 성적 충동이 증후적 전환을 은폐하면서 드러나는 반면, 억압의 부재는 성도착자의 삶에서 비전환적인 성적 충동을 드러낸다. 이런 점에서, 억압의 부재로 인해 성도착은 유아 성욕을 반복하거나 유지한다. 그러나 이것은 어느 정도 그럴 뿐이다. 어린 아이는 법에 무지하며, 악에 대한 아무런 생각이 없기 때문에 그의 순진한 성적 이상이 묵인된다. 반면에 성도착자는 법을 거스를 수밖에 없다.

바타유는 다음의 글들 속에서 어떤 길을 열려고(어떤 목소리를 내려고) 애쓰는데, 유아의 무지와 성도착자의 법에 대한 거부 사이의 간격을 통해서 그렇게 한다. 문제는 다음과 같다. 한편으로 언어가 다른 어떤 문화 현상처럼 욕망의 충동을 은폐하는 신경증적 전환의 과정인 승화라면, 다른 한편으로 이 충동이 그야말로 유아적인 실존 가운데 나타난다면, 그런데 오로지 말하지 않는 조건에서, 유아의 침묵으로 존중된다고 하면, 말해서 안 되는 것은 어떤 조건 아래 말할 수 있는가? 어떻게 성도착이 신경증이 되지 않은 채 발언할 수 있는가? 어떤 유형의 행위로 말이 타락한 행위로 나타날 수 있는가?

하나, 이 글들 중 첫번째는 「엄지발가락」이라는 글(『도퀴망』, 6호, 1929년 11월)일 것이다. 바타유는 마지막 단락에서 이 글이 지닌 의미를 보여주는데, 그것은 반시(反詩)적인 페티시즘의 시도이며, 인정된 승화가 은폐하는 것을 드러낸다. 말하자면 돌출된 엄지발가락을 가진 발(pied)은 시에 리듬을 주는 운각(pied) 같은 것이 아니다.

> 이 항목이 지닌 의미는 시적 술책을 고려하지 않은 채 유혹하는 것, 결국 방향 바꾸기에 지나지 않는 것을 직접적으로 또한 명백하게 문제 삼는 어떤 주장에 있다.(대부분의 인간 존재는 본래 나약하며 시의 희미한 빛 속에서만 본능에 자신을 맡길 수 있을 뿐이다.) 현실로 복귀함은 어떠한 새로운 받아들임도 내포하지 않지만, 그것은 사람들이 어떠한 전환도 없이 비굴하게 유혹당하는 것을 의미한다. 엄지발가락 앞에서 눈을 휘둥그레 뜨면서, 심지어 절규하면서까지 말이다.[126]

[직접적으로 문제 삼는 것… 페티시즘에서는 발 그 자체가 문제될 것이다. 발은 페티시즘 이외의 다른 것과는 아무런 관계가 없으며, 바로

욕망의 대상이자 유혹의 대상이다. 이 경우 페티시즘의 수용은 맹목적 숭배의 대상으로 대체물을 보여준 프로이트의 수용과는 다르다. 거기서 페티시즘은 다른 것을 대신한다. 나는 바타유를 서술하는 데 가장 중요한 것이 페티시즘 자체에 있는지, 혹은 욕망의 대상의 전환할 수 없는 특성에 있는지를 공공연히 드러내고자 한다. 게다가 전환을 거부하는 일이 전환할 수 없는 것을 단언하는 일과 동일한 것인지를 의아하게 생각해야 할 것이다. 만약 바타유에게 다른 것으로 대체할 수 없는 것이 있다면, 그것은 어떤 의미에서 자리 그 자체, 비어 있는 동시에 차 있는 자리 그 자체이다. 그래도 전환은 시심(詩心)과 신경증의 공통된 본질이다. 둘 모두가 이 자리를 반드시 내포하는 반대 충동(contre-pulsion)을 수행하기 때문이다. (성도착은 비어 있는 자리이며, 신경증은 차 있는 자리일 것이다.) 달리에 관한 글의 처음 몇 줄을 참조. "꿈이나 환각의 요소들은 전환이다. 꿈의 시적인 사용은 무의식적 검열, 즉 비밀스러운 수치와 비겁함을 인정하는 것이나 마찬가지다." [127]

둘, 비밀을 위한 비밀, 문학가들이 정신분석용 연구실의 비밀을 위해 시의 비밀을 포기해야 할 때다. 그것은 바타유가 1930년 『도퀴망』 5호에 게재한 베를(E. Berl)의 글(「프로이트적 순응주의(Conformismes freudiens)」)에 관한 비평의 주제이다.

> 베를은 콤플렉스를 파는 화가와 문학가들 앞에서 고함을 지르기 시작했다. 이들 화가와 문학가들은 실제로 자신들의 회화나 문학이 콤플렉스에 관한 무의식적인 표현이었음에도 당시 그것에 관한 어떤 지식도 별로 갖지 못했다. 왜 (우리는) 이들이 정신분석용 침상에 직접 누워 비밀리에 자유 연상하고 있는 환자들에게 다가가려는 습성을 갖지 않은 게 매우 유감스러운 일

이라고 완전히 상반된 주장을 펼치지 않는가.[128]

따라서 오늘날 예술가들은 '응용' 정신분석을 제공하는 사람들, 즉 콤플렉스를 파는 사람들에 지나지 않는다. 현대예술은 정신분석의 권위를 인정함으로써 어떤 타협으로 귀결되고 만다. 바타유가 보기에, 프로이트의 발견 속에 내포된 논리가 예술 영역을 전적으로 또한 불가역적으로 탈신화화하는 데에서도, 예술가들(초현실주의자들)은 상반되게 거기서 마지막 자원을, 자신의 힘을 다 쏟을 최후의 작품의 소재를 발견한다. '몸소' 분석의 대상이 될까 두렵기 때문에, 그들은 직접적인 분석의 결과로부터 자신들을 보호하는 중개물인 작품을 분석에 제공한다. 문학은 분석적 과학의 처분에 맡겨진 대상이 되어 살아남는다. 왜냐하면 주체로서 문학가는 실재적인 치료 과정의 시련을 두려워하기 때문이다. 연상은 책을 통해서만 이루어진다. 명백한 자기 분석의 이면에는 실상 진정한 분석을 통해서, 몸소 자신의 체계에 개입하는 것을 두려워하는 어떤 주체만이 존재한다. 따라서 이런 상황에서 정신분석은 확고부동한 권위로 기능한다. 즉, 과학은 잠자코 있으며, 일어나는 일의 의미를 결정짓고(과학은 열쇠를 쥐고 있다), 또한 그것이 일어나는 곳을 결정짓는다. 정신분석의 결과는 '억압을 줄이고'(이는 말하자면 성도착을 묘사할 수 있는 방식을 지닌다), '상대적으로 상징주의를 제거'한다. 이때 이러한 축소와 제거는 승화의 힘을 빼앗기 때문에 그 메커니즘에 치명적이다. 따라서 (신경증에 관한) 문학은 오로지 억압에 의해 유발되는 상징적 전환을 이용함으로써만 존재할 수 있다.

(글 속에는 특별하게 명시되어 있지 않은) 초현실주의와 정신분석의 관계에 대한 바타유의 묘사가 정확하든 정확하지 않든, 그가 제기하는 문제는 매우 분명하다. 정신분석이 적용되지 않는 영역에 속하는 문학은 무엇보다 스스로 이 분석을 직접 수행해야 했다는 것이다. 그

런데 일단 무의식의 메커니즘이 밝혀지면, 어떤 원천이 고갈된다. 이 전처럼 계속해 나가는 것은 확실히 불가능하다. 이 경우 자기만족적인 타협적인 태도(정신착란의 시뮬라시옹, '비판적' 망상증)는 모든 능력을 상실한다. 하지만 무엇으로 이런 태도를 대신할 것인가? 정신분석 이후 글쓰기나 그리기는 무엇을 의미할 수 있는가? 어쨌든 간에, 그것은 "다른 유형의 실행으로 옮겨 가야 할 것이다."[129]

셋, 다른 유형의 실행은 타락한 욕망을 (은폐하기는커녕) 옹호하는 글쓰기, 탈승화된 글쓰기를 내포하는 것일 테다. 그것은 간접적으로 초현실주의 미학을 다시 표적으로 삼는 제목(「근대정신과 전환의 놀이」)으로 바타유가 『도퀴망』의 마지막 호(1930년 8호)에 게재한 글이다. 바타유의 이 글로 『도퀴망』이 종언을 고하게 되었다는 사실은 이 글이 이중의 실패라는 것을 입증한다. 결국 문화적 맥락에 거의 동화되어 버린 초현실주의(초현실주의는 작품을 생산하고, 그것은 팔리고 교환된다)에 맞서는 데 실패했다는 사실(이로 인한 바타유와의 결별은 필연적이었다)과, 『도퀴망』은 효과적이지 못한 수단이어서 불화와 단절을 낳았을 뿐이라는 사실을 입증한 것이다. 작품을 벗어나면, 그 어떤 것도 언급될 권리를 갖지 못한다. 할 일이 없음(désœuvrement)은 머무를 수 없다.

이 글의 제목이 말하는 '전환의 놀이'는 정신분석에 의해 발견되고 초현실주의자들에 의해 이용된 '상징주의'를 가리킨다. 그것은 보잘것없는 형태의 놀이다. 그것은 놀이의 규칙을 충실히 지키는 것이거나, 욕망 가운데 문제적인 형태로 노는 것과는 거리가 멀다. 상징주의의 유일한 놀이는 욕망을 전환하는 것이다. 즉, 상징주의는 욕망을 작품으로 만든다. 그 어떤 예술적인 것도, 그 어떤 문화적인 것도 욕망과 동등한 수준이 될 수 없다. 유일한 해결책은 적나라하게 성도착으로, 전환에 대한 거부인 놀이로서의 성도착으로 귀결되는 것이다. 사회질서

내에서 예술작품의 이름으로 교환되는 것은 의심의 여지없이 그 원인인 욕망과 관계가 있다. 그러나 예술작품이 실제로 욕망의 대상을 결코 대신할 수는 없을 것이다. 예술작품은 그러기를 바라겠지만, 욕망의 대상은 '다른 것으로 대체할 수 없는 것'이다.

신경증적인 문화적 승화에 맞서 성도착적인 욕망을 자극하는 것. 「엄지발가락」에서 바타유는 이미 발의 페티시즘을 상기한 바 있다. 「근대정신과 전환의 놀이」에서 그는 다음과 같이 쓴다.

> 나는 어느 물신 숭배자가 신발을 좋아하는 만큼이나 캔버스를 좋아하는 그림 애호가에게 도전한다.[130]

예술작품의 '사용'가치는 욕망에 부합하는 유일한 사용과 관련해, 그리고 동시에 예술작품의 사회적 교환가치와 관련해 비하되고 무시되었다. 이 글에 수록된 삽화들(『도퀴망』에 바타유가 게재한 많은 텍스트들, 예를 들어 결혼사진이 있는 「인간의 형상」이나 삽화를 넣기 위해 신체 기관의 열 가지 표본이 있는 「엄지발가락」처럼, 이때의 몰상식함은 겉으로 보기에는 도상의 선택을 이끄는 원칙이었다), 즉 「근대정신과 전환의 놀이」에 수록된 삽화들 중 하나는 로마에 있는 카푸친회 소속 무염시태 성모 마리아 교회의 소제단(그곳에 매장된 수도사의 뼈로 장식된 소제단)을 나타내고, 다른 하나는 끈끈이 종이 덫에 걸린 파리들을 나타낸다. 이 파리들의 몰상식은 「인간의 형상」에서 바타유가 연설에 맞서 이질학적 공격의 형태로 연설가의 코에 앉게 했던 몰상식한 다른 파리를 상기시킨다. 이 두 경우 모두 교환가치(그것이 철학적이든 미학적이든 간에)를 부여하는 가치 체계와 무관한 사물을 삽화에 넣는 문제다. 파리는 하나의 논거도 예술작품도 아니다.

이러한 관념의 질서로 파리로부터 어떤 미학적 개입을 상상할 수 있다면, 내가 보기에 누군가가 파리를 좋아한다는 게 이런 삽화가 출판되는 이유가 되지는 못할 것임에 틀림없다.[131]

성도착적인 욕망의 대상은 공개할 수 없는 것이다. 게다가 원고의 이 문장은 발표된 글에서 삭제되었다. 이 삭제는 신경증이 지배하는 출판의 공간 속에 엿보이는 성도착적 곤경의 징후로 나타난다.(그리고 징후로 나타나는 이 삭제는 그 자체로 곤혹스러움을 가리킨다. 사실 징후는 신경증에서 작용하는 전환의 기제 중의 하나이다. 어떻게 성도착이 신경증이 되지 않은 채 발언할 수 있겠는가?) 페티시즘에 관련된 강박관념에는, 조금도 있음 직하지 않음에 관한 몰상식한 지각 가운데는, 정도를 넘어선 폭력, 즉 전시된 예술작품과 발표된 글을 그 대상으로 인정하는 리비도적 집중과는 어떠한 공통의 척도도 없는 폭력이 있다. 성도착적 욕망의 대상과 예술작품 간의 차이는 고백할 수 없는 것을 고백할 필요가 없는 것으로부터 분리하는 차이다. 말하자면 죄의식의 모든 흔적은 사라져 버린다.[132] 그러므로 파리를 찍은 사진은 그것이 삽화로 등장하는 일이 옹호될 수 없음을 환기시킨다. 정확히 말해 발표될 수 없는 것이 등장한 것이다. 따라서 이런 설명을 하는 문장은 발표되지 않았다. 성도착의 중심에는, 성도착의 기제를 특히 어렵게 만들고 항상 위태롭게 하는, 발표할 수 없는 핵심이 있다. 바타유는 (자신이 삭제한) 다른 구절에서 이렇게 기술한다. "성도착은 그 어떤 소문으로 귀착될 수 없다."[133]

넷, 네 개의 글들 중 마지막은 바타유가 『라 크리티크 소시알』에 최초로 기여하는, 크라프트 에빙(R. von Krafft-Ebing)[134]의 『성적 정신병(Psychopathia sexualis)』에 대한 비평이다. 이 비평은 장 베르니에(Jean Bernier)[135]와 논쟁하는 계기가 되었다.[136] 나는 그 상황을 잘 기억하고 있다. 말하자면 베르니에는 '승화의 과정에 관해 바타유가 관찰하는 침묵'을 의미심장하다고 생각한다. 구체적으로 말해서, 그는 모든 사회생활에 관련된 명령과, 개인적 욕망의 무한하고 되돌릴 수 없는 특성 사이의 갈등을 줄이려는 모든 시도에 선험적으로 대항하는 바타유의 거부가 의미심장하다고 생각한다. 크라프트 에빙이 보여주는 성적 괴상함의 묘사에 대해 말하면서, 바타유는 다음과 같이 썼다.

> 만약 이상주의적인 모든 열망에 집착하지 않는 인간 존재가 정말 무엇인지 알아보려 한다면, 터무니없고 대개의 경우 절망적인 일련의 불완전한 연구들과 비교할 만한 것은 없어 보인다. 실제로 이러한 연구들은 가능한 최대로 인간이 소유하는 법과 관습과 평화에 관련된 모든 것에 반하는, 어떤 만족을 목표로 삼는다.[137]

이것은 성도착적인 (푸리에 유형의) 모든 유토피아[138]를 종결짓는 진술이다. 성도착을 거부하는 것은 사회가 아니며, 사회와 대립하는 것이 성도착인 것이다. 아니 오히려 두 유형의 성도착을 구별해야 한다. 즉, 사회적 억압의 대상이 되는, 덜 중요한 형태(신경질환)의 성도착과 성도착적인 개인이 공동생활의 질서를 적극적으로 전복시키는, 상대적으로 더 중요한 형태의 성도착으로 뚜렷하게 구별해야 한다. 성도착은 단순히 병적인 것이 아니며 과학과 기소(起訴)의 대상도 아니다. 성도착은 본래 개념에 종속되지 않고 질병 분류학적인 분류에서도 벗어나는 것이다. 표현할 수 없는 이례인 이 성도착은 위법적인 향락의 장소를 나타낸다. 그러나 거기에 어떤 다른 종류의 향락이 있을 수 있겠는가? 재생산 방식은, 어쩌면, 생산력처럼 사회화될 수 있을 것이다. 욕망은 사회화될 수 없다.

넷째, 분변학은 물질에 대한 새로운 관념을 제시하지 않고 관념에서 벗어나는, 다시 말해 자신의 텍스트 속에서 관념에서 벗어나는(관념이 필요로 하는 텍스트는 관념이 그 자체에서 달아나는 것이기 때문에) 것으로서 물질을 생산한다. 바타유의 용어로서 이질학적 유물론은 이중적 의미에서 비판적 실천이다. 즉, 이질학적 유물론은 조직을 받아들이지 않는 한, 그럼에도 불구하고 조직 속에서 스스로를 생산할 수밖에 없는 한, 시종일관 비판적 입장에 있다. 그것은 조직을 비판하지만, 그 비판은 본래 실현 가능하지 않으며, 그 가능성은 항상 위태로운 것으로 남는다. 이질학은 자신의 타자(heteros)의 로고스 안에 기입되는데, 이러한 기입은 스스로의 단일하고 상응하는 환원을 고집스럽게 거부함으로써만 유지된다.

이성은 흔적 없이 일어날 수밖에 없는 배제를 배제한다. 분변학적 글쓰기는 배제를 도입하는 것과 같다. 예를 들어,

합법적인 사유의 세계 안에 무법한 지적 계열을 도입하는 것,[139]

혹은,

말을 거부하는 문장에다 어떤 방식으로든 말을 도입하는 것,[140]

혹은,

더욱 정곡을 찔러 말하자면, 문장으로가 아니라 새까만 점으로서, **사랑은 죽음 같은 냄새가 난다** 같은 역겨운 평범함을 도입하는 것[141]과 같다.

개념으로 텍스트를 더럽히는 것.

4. 송과안

> 가장 기이한 것은 많은 저자들이 그때부터 뇌하수체의 변화가 거대한 생식기뿐만 아니라 때때로 매우 조숙

한 지능에 의해 표출될 수 있다는 것을 지적했다는 점
이다.
— 베베르 박사(Dr. Weber), 「데카르트와 송과선(Des-
cartes et la glande pinéale)」『의학 교과서(La médecine
scolaire)』, 22권, 9호, 1933년 11월.

[송과(松果) 혹은 하수체성의 선(腺) 혹은 눈은, 데카르트(R. Des-
cartes)가 그것에 정신과 육체를 결합하는 무거운 책임을 부여한 이래
로, 해부학자들에게 동일시의 문제를 계속해서 제기했던 뇌의 영역이
다. 과학은 신비스럽고 수수께끼 같은 돌출물에 환상을 자주 투영했는
데, 그것은 과학적 방법 자체에는 거의 기대지 않는 것이었다. 그중 하
나의 수수께끼는 바로 이 하수체가 데카르트가 말하는 정신과 육체의
결합에 대해 동시에 '설명해 주는' 무엇으로 여겨졌다는 것이다. 여기
에 수수께끼가 또 하나 추가된다. 인간 육체처럼 모든 요소가 그 구조
에 각인된 어떤 목적에 부합하는 조직 전체에서, 그것과 연결된 어떠한
특수한 기능도 보이지 않는다는 점이다. 비기능적인 부속기관, 쓸모없
는 기관의 수수께끼인 것이다…. 이러한 묘사에는 세번째 요소, 즉 사
라지는 대상의 수수께끼가 추가되어야 한다. 왜냐하면 송과선은 그것
이 보장한 정신과 육체의 결합에서 (거의) 살아남지 못할 것이기 때문
이다. 따라서 송과선은 죽음이 임박한 순간에야 관찰 가능하다. 너무
늦게 송과선을 관찰한다면, 그것은 이미 사라져 버린 뒤다. 데카르트
는 1640년 4월 1일 메르센(M. Mersenne)에게 보내는 편지에서 이 모
든 것을 설명한다. "해부학적 연구를 하고 있는 바셰르란 이름의 늙은
교수가 어떠한 인간의 신체에서도 그것을 볼 수 있었던 적이 없다고
나에게 고백했습니다. 머리를 절개하기 앞서, 창자와 다른 부위들을
보는 데만도 보통 며칠이 걸리기 때문인 것 같습니다." [142]

오늘날 해부학은 송과선과 하등의 파충류에서만 발견되는 송과안 [두정안]을 구별한다. 이 송과안은 흔적기관을 구성하는 것처럼 보이지만, 그 이름에서 암시되는 눈 조직과의 연관성은 매우 불확실하다. 그러나 비록 '육감(六感)'의 기관으로서는 아니어도 '세번째' 눈의 흔적으로 보는 건 흔했고 그리 오래된 일도 아니다. 송과선에 관해 말하자면, 그것은 척추동물에게서 발견된다. 내분비선은 성의 발달과 동시에 지능의 발달과 연결된다. 어린 닭에게 시행된 송과선 절제(혹은 솔방울샘 절제)는 이차성징의 조숙한 발달을 초래하는데, 특히 생식선의 비대와 과잉 활동을 수반한다. 특히 일부 아이들의 조숙한 지능 발달과, 해부를 통해 발견되는 송과선의 육종(肉腫) 사이에는 어떤 연관이 있었다.

이제 설명은 여기서 끝내고, 송과선을 기초로 삼았던 근대과학이 성립되기 이전의 기획으로 되돌아가자. 다시 말해서 데카르트와 동시대에 살았으며, 송과선을 그저 뇌의 찌꺼기 더미에 불과하게 보았던, 카스파르 바르톨린(Caspar Bartholin)과 토머스 바르톨린(Thomas Bartholin)[143]에게서 차용할 분변학으로 되돌아가자.[144]]

1930년경에 바타유는 다섯 번 정도 반복해, 자신이 때로는 송과안의 '신화'라 부르고, 때로는 송과안의 '환상'이라 부른 것을 구상했다. 실제로 무한히 다의적인 능력을 갖춘 이 환상을 둘러싸고 구체화된(아니 오히려 동요되고 활기를 띤) 어떤 의미있는 조직이 구성되었다. 그것은 『랭스의 노트르담 대성당』 이후의 침묵을 끝내는 동시에 그 글 자체를 침묵에 이르게 하는 것이었다. 송과안과 더불어 이루어진 글쓰기로의 귀환은 교화적인 대성당을 동요시켜 사라지게 할 것이었다. 몇몇 전기적 자료들도 그 귀환에 한몫했다. 특히 바타유가 사형당하는 중국인을 보여주는 사진을 가지게 되었던 시기에 보렐 박사와 했던 정신분

석이 그러한데, 보렐 박사에 의해 고무되어, 이는 글쓰기에 대한 결정
으로 귀결되었다.

송과안의 이미지에 의해 표현되고 차후에 설명된 구상 전체
와 강박관념은, 그 해석은 제외하고도, 1927년 초, 정확히 내가
『태양의 항문』을 썼던 시기로 거슬러 올라간다. 바로 눈이 나에
게 투우의 이미지와 결정적으로 연결되는 것처럼 보였던 때로
부터 일 년 전이다.[145]

1927년은 바타유가 『태양의 항문』을 쓴 해이다. 『눈 이야기』는 그 다음
해인 1928년에 출판될 것이지만, 1927년에는 아직 쓰지 않았던 것처럼
보인다. 바타유 자신에 따르면 눈과 투우의 연상, 즉 『눈 이야기』의 주
요 일화를 지배하는 연상이 그에게 강한 인상을 준 것은 사실 『태양의
항문』을 쓴 지 일 년이 지난 후이다. 게다가 바타유는 『눈 이야기』 출
판 이전에 『변소』라는 제목의 글을 쓴 후 파기했다는 사실을 여러 차례
되풀이해 상기시켰다. 그 제목과 제목에 대한 우리의 인식은 그 글이
송과안의 신화에서 가장 강력한 핵심이자 본질을 이루는 항문의 영감
과 밀접한 관계가 있음을 지각하게 한다. *[그러나 『변소』는 완전히 파*
기되었는가? 『하늘의 푸른빛』의 서론은 『디르티(Dirty)』라는 제목의
별개의 이야기로 1945년에 간행되었다. 서론에는 1928년이라는 연도
가 표시되어 있었다. 제목은 도로테아(Dorothea)라는 이름의 분변학
적 변형을 되풀이하는데('dirty'는 '더러운'이라는 뜻의 영어 형용사이
다), 도로테아는 이야기 속의 여성 인물을 가리킨다. 마지막에 이야기
는 런던에서 전개되며, 빛나는 송과안이 바타유를 사로잡은 것은 1927
년 7월 런던의 동물원을 구경하는 동안 원숭이 우리 앞에서이다. 이상
의 모든 것은 『눈 이야기』보다 앞선 이 이야기가 『변소』의 파기에서 살

아남은 것임을 알려준다.[146]

따라서 송과안으로 인해 서른 살의 바타유는 『랭스의 노트르담 대성당』에서 찬양했던 이론적이고 경건한 건축에 관한 글쓰기로 되돌아갈 것을 요청받았다.

　그러나 다섯 번 되풀이된 시도에도 불구하고, 송과안의 신화를 구상하는 바타유의 작업은 갑자기 중단되어 완성되지 못했다. 이는 의심의 여지없이 실패였지만, 오직 그가 부수고자 했던 어떤 관점에서 보았을 때만 실패했다. 송과안에 내포된 필연성에 따르자면, 체계적인 설명을 하려는 이런 시도는 실패할 수밖에 없기 때문이다. 송과안은 설명될 수 없다. 더욱이 자체의 위계적 구성을 해체하는, 책의 닫힌 공간에서는 말할 것도 없다. 따라서 이 미완성은 하나의 사건으로 이해되어서는 안 된다. 또한 계획의 실패는, 계획 자체를 곤경에 빠뜨려 점검하게 하기에 기회가 될 수 있다. *[그것은 작가가 죽었을 때 작가가 남긴 '초고'의 사후 출판에 대한 문제를 제기하며, 작가가 출판에 의해 표현된 결론에 도달하는 것을 원치 않거나 그 결론에 도달할 수 없었던 페이지들의 출판에 대한 문제를 제기한다. 바타유에 관한 한, 그 자신이 『조르주 바타유 전집』에 사후 작품의 목록으로 발표할 것을 보존하고 분류했다는 사실을 강조하지 않아도, 이 작품들이 완성되었든 완성되지 않았든 간에 작가에 의해 출판되지 않는다면, 사후 작품으로서 고유한 지위를 갖는다는 것은 분명하다. 이와 관련해 작가가 살아 있을 때 출판된 것은, 실패는 아니더라도 매우 은밀하고 부정한 작업을 떳떳하게 밝힐 수 있는 효과를 지닐 수 있다. 이런 관점에서 보면 미완성과 실패는 숙련의 규칙에 따르기를 거부하는 어떤 글쓰기의 전략적 무기가 된다. 즉, 그것들은 권한 없음의 수사학을 결정적으로 나타낸다. 바타유가 (마흔다섯 살이던) 1943년의 『내적 체험』 이전에는 어떠한*

책도 출판하지 않았다는 사실은 이와 같은 부정적인 전략의 탓으로 돌려야 한다. 『눈 이야기』, 그리고 소책자 형태로 된 『태양의 항문』과 『희생들(Sacrifices)』은 너무 은밀히 보급되었기에 바타유가 그것을 '출판'했다고 생각할 수는 없다. 결국 디아누스라는 가명의 의미가 상기되어야 한다. 작품으로 작가를 죽임으로써, 작가가 바라던 글은 필연적으로 사후 출판의 대상이 될 수밖에 없다. "디아누스라는 이름의 인물이 이 짧은 글들을 쓰고 죽었다."] 따라서 바타유는 송과안이라는 제목으로 아무것도 출판하지 않았다. 즉, 그는 출판의 공간, 출판이 출현하는 공간 외부에 송과안의 신화를 등록했다. 사고의 목적론적 성숙의 순전히 이론적인(성서적인) 표현으로서 출판은 어떤 씨앗의 성숙한 최종 단계를 구성한다. 그러나 씨앗에 구멍이 뚫릴 때, 성숙은 열매를 맺지 못한다. 바로 송과안에게 발생한 일이다.

다섯 번이나 되풀이해, 바타유는 1927년에 그 섬광으로 자신의 침묵을 깨뜨렸던 어떤 이미지에 대한 '해석'을 한 권의 책 속에 모으려는 계획에 실패한다. 이것은 확실히 유산(流産), 또는 재생산의 체계 바깥에 스스로를 위치시키는 어떤 시도를 말하는 것이다. 말하자면 책의 이런 실패와, 신화에 대한 해석을 모으는 계획의 이러한 실패는 책과 이 계획이 목표로 삼는 신화 속에 이미 예정되어 있었다. 즉, 송과안은 서로 부합하는 이야기 속으로 결집되지 않는다. 이러한 실패는 송과안에 의해 해방되는 파괴적이고 과잉된 에너지의 결과인데, 이는 송과안을 책을 넘어서 글쓰기 행위 가운데 분산시킬 것이다. 송과안은 거기에 자신의 법칙을 부여할 것이다. 이 법칙은 엄밀히 말해 분산과 부조화와 비결집의 법칙, 즉 특정 상황에서 결론을 내릴 수 없거나 개요를 작성할 수 없는 것으로서 책을 위반하는 법칙이다. 송과안은 결론의 자리에 '출현'한다. 송과안은 결론의 자리를 차지하지만 그 자리를 다 채우지는 못한다. 따라서 송과안은 결론을 대신해 마찬가지로 출현하지(출판되지) 않는 것이다.

책의 계획이 실패한 결과로 나타나는 송과안의 분산. 이 분산을 통해 송과안은 텍스트 속 이름이 없는 장소가 채워지는 것을 방해하는 부조화(그 자체의 비현존)를 유지한다. 이 분산은 완전한 자리를 아무 것도 아닌 것에 이르게 하고, 지배의 종합적인 의도를 존재하지도 출현하지도 않는 것의 지배적인 힘에 이르게 한다.

따라서 이 자리는 정점에다 구멍을 파는 글쓰기로 돌아갈지 모를 위험 아래 비어 있다. 지양의 논리에 따르면 시작의 실현, 그 가능성의 실현은 동시에 시작의 부정이 된다. 실현이 시작을 끝나게 한다는 바로 이 사실로부터, 실현은 단순한 시작으로서의 그것을 제거해 버리기 때문이다.[147] 그러나 시작으로 제거됨에도 불구하고, 시작은 동시에 토대(아르케)로서 지지된다. 그러므로 시작은 성숙을 기다리는 씨앗처럼 자체의 반박을 내포할 때만, 그리고 스스로 자체의 반박을 산출하고 자신을 자체의 반박으로부터 벗어나게 할 수 있을 때만 진정한 시작이 된다. 이와 반대로 송과안의 작용은 헤겔의 이 논리에서 벗어난다. 즉, 정점에 파인 구멍은 시작을 불가역적으로 없애 버리며, 시작이 자체의 반박 속에서 지탱되고 추구되고 확실해지는 것을 방해한다. 이때 시작은 자체의 반박을 견뎌내다가 끝내 다시 일어서지 못한다. 시작이 있었던 곳에, **아무것도** 출현하지 않는다. 그 결과, 공백 상태가 된다. 시작의 요소에, 시작이 완성(목적)으로 끝나지 못하게 하는 것이 추가된다. 이는 바로 미완성인 것의 추가, 즉 결여의 기호에 다름 아닌, 부가적인 기호의 추가이다. 사실 송과안의 작용은 합계가 뺄셈으로 간주되기를 바란다. 그것은 『신학총서』에서 『반신학총서』로 이행하게 한다. 송과안이 정점에 구멍을 파는 것은 사람의 머리로 치자면 부재(꼭대기, 잠)를 만들어내는 것이다. 이는 'A'라는 문자의 어떤 사용을 통해서, 말하자면 알파벳(abc) 중의 첫번째 문자에 결핍 기능을 부여함으로써 이루어진다. 아세팔을 참조.

[이 'A'는 바타유(Bataille)의 성에 두 번 사용된다.

야콥슨(R. Jakobson)의 주장에 따르면 언어의 보편적 법칙에 의해 음소 a는 언어를 배우는 아이가 사용하는 최초의 모음 음소가 되었다.〔어디에서나 최초의 말들은 아빠(papa), 엄마(mama) 등과 같은 것이다.〕 이 알파벳 계열의 최초의 문자는 또한 자유자재로 구사되는 최초의 음소를 나타낸다. 바타유가 상당히 여러 차례 의미심장하게 a를 사용한 것은 라틴어를 참조하게 하는데, 라틴어에서 a는 많은 남성 어미 -us에 대립되는 여성의 표시이다. 따라서 디아누스(Dianus)의 -us, 마담 에드와르다(Madame Edwarda)의 네 개의 a가 있다…. 여기서 라틴어는 죽은 고전어보다는 종교의 언어로서 작용한다. 그것은 키케로(M. T. Cicero)의 언어가 아니라 미사의 언어이다.[148] 따라서 a라는 문자는 (라틴어로) 여성성과 (결여를 나타내는 그리스어 자모의 첫 문자 (alpha)로 되돌아가 프랑스어로) 부재를 나타낸다. 말하자면 에드와르다(Édwarda)는 동시에 한 여자이자 에두아르(Édouard)의 부재이다. 마치 반신학(athéologie)이 신학(théologie)의 부정이듯이, 아세팔(Acéphale)이 머리의 부재이듯이, 혹은 마네의 〈올랭피아(Olympia)〉가 올림포스(Olympos) 산에 대한 부정이듯이 말이다.("〈올랭피아〉는 근대시와 같이 이 세계에 대한 부정이다. 즉, 올림포스 산과 시와 신화적 기념물에 대한 부정, 기념물과 기념물의 관습에 대한 부정이다"[149]라고 바타유는 말한다.) 에드와르다는 a로 끝나는 바타유 작품의 유일한 여성 이름이 아니며, 실제로 사람들은 『내 어머니(Ma mère)』에서 레아(Réa)를, 『생트(Sainte)』에서 테레자(Theresa)를 만난다. 많은 이름들은 오히려 (단일성의 숫자로 씌어진 남근적 문자) i로 끝난다. 예를 들어 (『C 신부』에서는) 로지(Rosie), (『하늘의 푸른빛』에서는) 디르티(Dirty)와 그제니(Xénie), (『죽음(Le Mort)』에서는) 마리(Marie), (동일한 이름의 사후 소설에서는) 쥘리(Julie), (『내 어머니』에서는) 앙시(Hansi)가 있다. 프랑스어의 규칙은 여성성이 무음의 모음(묵음 e)의 침묵 속에서 사라지는 음절에 의해 표시되기를 기대한다. 반면에 바타유는 적어도 그의 인물의 이름을 선택하는 수준에서 여성 어미에 대한 독특한 취향을 보여준다. a에서 결여의 기호, 즉 모자란 것의 부가적인 기호를 파악해야 하는 것과 마찬가지로, 여성은 그 자체로 들리게 한다. 라캉은 이렇게 기술한다. "작용에 대한 암시: 부정의 접두사는 오로지 이 의미심장한 절제의 장소를 재점유함으로써만 나타나는가?"[150]

따라서 아르케는 혼란 상태에 빠져든다. 시작은 해체되고 사라진다. 과학적 인류학은 인간의 직립을 나타냈다. 송과안으로 설명하고자 했던 신화적 인류학으로 인해 바타유는 두뇌를 잃게 되고 지식을 상실하게 되었다. 시작의 사라짐은 『도퀴망』에 실린 사전의 항목들에서, 특히 '입'이라는 항목에서 인간에 대해 말하면서, "심지어 인간이 어디서 시작하는지를 말할 수 없다"[151]는 데서 이미 진행되었다. 호모 에렉투스. 그러나 직립은 갑자기 중단된다. 지식은 인간의 머리에서 나온다. 머리는 인간 지식에서 나오며, 인간의 지식은 거기서 눈, 즉 부재하는 눈을 뜨기 위해 자신의 조직을 분열시킨다. 그의 직립이 그의 머리를 잃게 한다. 호모 사피엔스의 지식은 존재의 체계가 조직되는 논리적 차이로서, 존재의 체계 가운데 인간에게 완전한 자리를 보장하는 차이로서 제시된다. 반면에 송과안은 상징적 체계를 뒤흔드는, 말하자면 지식이 구축한 특수한 차이들의 체계를 뒤흔드는 비논리적 차이로 나타난다. 상징적 체계의 이러한 위반은 '입'이라는 항목에서 신체의 이미지에 가해지는 작용으로, 말하자면 '송과의 입'의 생산으로 이미 나타났다. 왜냐하면 신체의 꼭대기에서 열리는 입은 언어학적 발성 기관이기를 멈추고, 고통이나 성적 쾌락의 동물적 소리를 내는 구멍으로만 활용되기 때문이다. 신체와 언어는 동시에 해체된다. 상징적 체계의 이러한 해체, 즉 언어학적 의사소통 도식의 이러한 파괴가 다섯 번이나 되풀이된 실패, 곧 신화의 해석을 정연한 견해로 모으는 책을 쓰려는 계획(그 절정이 「송과안」이다)의 실패로 귀착된 것은 결코 우연이 아니다.

송과안은 하나의 기관이 아니라 하나의 '허상'¹⁵²(혹은 하나의 '신화')이다. 허상은 이데아의 체계에서 벗어나는 한, 어떤 면에서 분변학 전체의 은밀한 요소이다. 이데아가 그것과 유사한 모상의 모델인 반면, 반대로 허상(phantasmon)은 모델도 모상도 아니다. 즉, 허상은 유사성이 없는 이미지이다.¹⁵³ "유사한 것처럼 보이지만, 유사하지 않다"고 플라톤의 『소피스트(Sophistes)』에서 [엘레아에서 온] 손님은 말하고 있다. 따라서 허상은 그 어떤 것도 닮지 않았다. 허상이 어떤 것과 유사하리라고는 상상조차 할 수 없다. 이는 허상을 의사소통 계획의 내용으로 만드는 것을 금하며, 그 결과 지식 전달의 구조에서 벗어나 허상을 출현하게 한다. 그런데 지식 전달의 기본적인 규칙은 반복될 수 있는 것만, 그리고 어떠한 변형도 없이 화자(선생)에게서 청자(제자)에게로 전달될 수 있는 것만 가르칠 수 있다는 사실을 내포한다. 허상은 불량한 학생이 질문에 답하기는커녕 질문을 잊어버릴 때, 혹은 대답(해결책)을 (다시) 모방하기는커녕 질문을 낙서로 뒤덮어 버릴 때 만들어내는 것이다. 글을 쓰기는커녕, 그는 얼룩을 만들어낸다. 수업 시간을 기억하며 바타유는 이렇게 썼다. "나는 내 펜대를 사용해 앞에 앉은 친구의 옷을 잉크로 칠하면서 수업 시간 전체를 보냈다. (…) 나중에는 우스꽝스러운 윤곽을 끊임없이 만들면서 형태가 생겨나게 그렸다. 그러나 어느 때든 어떤 종이에든 그럴 수 있던 것은 아니었다. 때로는 숙제를 베껴 써야 했고, 때로는 선생님이 읽어 주는 것을 노트에 받아 적어야 했다."[154] 정신의학 담론과 관련해, 분변학은 환자의 지위를 요구한다. 학문과 관련해서, 허상은 불량한 학생의 입장을 사로잡는다. 하지만 이 경우 불량한 학생은 알려는 욕망이 사라지지 않은 사람이다.("학문은 알려는 욕망이 사라져 버린 사람들에 의해 만들어지기"[155] 때문이다.)

매우 짧은 시기 동안, 다섯 번 되풀이해, 바타유는 송과안'에 관해 쓰고자' 했다. 그는 이 허상 혹은 신화의 이미지에 대한 해석(그의 말)을 상술할 수 있을 어떤 책을 쓰고자 했다. 이러한 시도를 나타내는 미완성의 다섯 가지 원고들 중의 하나에는 (『태양의 항문』에서 이미 두 번이나 나타나는 혼성어인) '제쥐브(Le Jésuve)'[156]라는 제목이 붙어 있고, 다른 네 개의 원고에는 「송과안」이라는 제목이 붙어 있다. 그중 한 원고의 첫 페이지에는 이것이 "'음산한 놀이'라는 제목의 미간행 에세이에서 발췌한 것"[157]이라고 지적하는 주석이 달려 있다. 그러나 「송과안」의 다양한 판본들과 (그것을 설명해 줄 수 있는 달리의 그림에서 '음산한 놀이'라는 제목을 차용하면서) 1929년 바타유가 『도퀴망』에 발표한 글 사이에는, 그것의 연장이나 결말을 감지할 수 있게 하는 어떤 연속성이나 충분한 연결이 나타나지 않는 듯하다. 그럼에도 불구하고, 첫 페이지의 아래쪽에 있는 같은 종류의 주석은 「음산한 놀이」라는 글을 "열등감 콤플렉스에 관한 미간행 에세이에서 발췌한 것"[158]으로 제시한다. 이 글의 발표본은 브르통 진영에서 탈퇴한 후 편집된, 애초에 화가 달리가 음산하고 하찮은 문학 놀이의 규칙에 대해 보여준 위반에 대한 찬사로 썼던 글의 두번째 판본이라는 사실은 알려져 있다. 첫번째 판본은 '달리는 사드와 어울리지 않는다'라는 다른 제목으로 되어 있다. 이 원고에서는 「열등감 콤플렉스에 관한 에세이(Essai sur le complexe d'infériorité)」를 참조하게 하는, 페이지 아래쪽의 주석이 발견된다. 그러나 글을 수정하면서 바타유가 '열등감' 대신에 '거세'를 썼다는 것을 알 수 있다. 이러한 끼워 넣기(「음산한 놀이」 속에 「송과안」을 끼워 넣기, 「거세…」 혹은 「열등감 콤플렉스에 관한 에세이」 속에 「음산한 놀이」를 끼워 넣기)는 계획된 책의 실패가 어떻게, 그리고 왜 종결되었는지를 함축적으로 드러낸다.

　책의 출판이 갑자기 중단되고, 송과안은 『랭스의 노트르담 대성당』의 지위를 대신하지 못한다. 즉, 송과안은 상징적 질서의 법칙에 이질적인 공백을 초래한다. 이제 상징적 질서는 스스로를 위해 (예를 들자면 그에 대한 해석을 상술하고 결집시키면서, 혹은 거기에서 '존재의 통일성에 한 번 더' 도달하려고 하면서) 이 공백을 재전유할 수는 없을 것이다. 송과안은 물신숭배 대상의 자리를 분명히 비운 채 남겨 놓는다. 그것은 대체할 수 없는 동시에 채울 수 없는 것이다. 송과안은 자신이 남겨 놓은 공백을 채울 수 있을 맹목적 숭배의 대상으로 전환될 수 없다. 송과안은 어머니에게 욕망의 대상이 되거나 그의 결핍을 채워 줄 어떤 책이나 다른 기념물로 전환될 수 없다. 모든 고딕 성당 건물에 달려 있는 둥근 천장의 종석을 대신하는, 송과안이라는 꼭대기의 구멍은 바타유의 글 속에서 지양의 함정을 쉼 없이 해체하는 글쓰기 행위를 나타낸다.

　지양은 여기서 거세로 표현된다. 지양하다는 그것이 기본 개념이 아님에도 불구하고, 즉 카를 아벨(Karl Abel)[159]이 연구한 상반되는 두 의미를 지닌 말의 범주에 속하지 않음에도 불구하고, 모순적이라 말할 수는 없지만 적어도 반대되는 두 의미를 지닌 말이다. 왜냐하면 그것은 '폐기'와 동시에 '보존'을 의미하기 때문이다.[160] 그러나 그 말은 모순을 내포하고 있다. 지양이 갖는 모든 논리의 유일한 목표는 모순을 내포하는 것이며, 동일성의 요소에서 벗어나지 못하도록 하는 것이다. 지양이란 말의 철학적 사용은 이 말의 논쟁적 다의성을 축소한다. 즉,

상반되는 두 의미 사이에서 지양을 오로지 부차적으로 자리잡게 하는 것(붕괴나 폐기 후에 오는 보전이나 보존)을 고려할 뿐이다. 말의 부정적 가치는 오직 긍정적 가치 속에서 반복되고 극복되는 최초의 순간에만 나타난다. 거세의 문제 또한 다르게 제기되지 않는다. 즉, 거세는 의심의 여지없이 남근을 사라지게 하지만, 동시에 이 사라짐은 남근에 실제 지위를 부여한다. 남근이 갖는 실제 지위의 본질은 남근이 자체를 결여하고 있다는 것이다. 라캉은 이 점에 대해 다음과 같이 기술했다. "남근은 베일로서만, 다시 말해서 그것이 시니피앙의 기능에 이르러(지양된) 모든 의미심장한 것이 사로잡히게 되는 잠재적인 기호로서만 자신의 역할을 할 수 있다. 남근은 이 **지양** 자체의 시니피앙이며, 그것의 사라짐으로 기능하기 시작한다."[161] 거세의 논리는 곧 지양의 논리이다. 남근은 남근을 부정하는 것에 의해 생산된다. 남근은 부정을 재전유하는 것에 지나지 않는다. 동화는 타자성을 '타자성의' 타자로 바꾸어 놓는다. 거세는 **실제로** 남근을 위협함에도 불구하고, 상징적 남근중심주의를 구성한다.

'일반적인 등가물'의 생산 또한 같은 도식을 따른다. 이는 『화폐(메달) 연구(Numismatiques)』에서 장 조제프 구(Jean Joseph Goux)[162]가 성적 구조의 체계 속에서 남근에, 상업적 교환의 체계 속에서 금에, 정치적 재현의 체계 속에서 왕에 그 지위를 부여하는 상응을 기술하기 위해 마르크스에게서 차용한 표현이다. [『화폐(메달) 연구』: 바타유가 쓴 초기의 논문들은 화폐(메달) 연구에 관한 것들이다. 사실 직업적 열의로 시작된 것처럼 보이는 이 논문에 지나친 중요성을 부여할 이유는 없다. 실제로 바타유는 1926년과 1929년 사이 잡지 『아레튀즈(Aréthuse)』에 협력할 당시, 국립도서관의 메달(화폐) 전시관(마드리드에 있는 프랑스 학교에서 몇 년을 보낸 후의 첫 근무지)에서 일하게 되었다. 바타유의 글, 「무굴제국 황제들의 화폐(Les monnaies des

Grands Mogols)」는 무굴제국 황제 자한기르(*Jahāngīr*)[163]를 묘사하고 있는데, 자한기르의 많은 특성들(그의 미신, 유치한 잔인성, 지나친 오만)이 질 드 레라는 인물로 재현된 것을 보면 그가 바타유에게 매혹적으로 다가온 것으로 짐작된다. 게다가 화폐를 있는 그대로, 즉 상업적 교환의 수단으로 간주하지 않고 그에 순전히 미학적, 자료적, 역사적 관심만을 지녔던, 화폐(메달) 전문가로서 바타유의 입장을 기억해야 한다. 결국 바타유가 『도퀴망』에 최초로 기여하는 것은 화폐(메달) 연구에 관한 글이다. 이 글, 「학구적인 말」은 골[갈리아] 화폐에 새겨진 기마 재현을 연구하는 데 바쳐졌다.] 성적 구조에서 남근은 일반적인 등가물로 기능한다. 유아의 성 발달의 최종 단계에서 이전의 단계 동안 불쑥 나타났던 모든 부분충동들이 남근 주위에 집결하기 때문이다. 다시 말해서 남근은 그의 가치 기준을 적용받는 부분대상들 모두에게(일반적인) **유효한**(등가적인) 일반적인 등가물로 기능하는 것이다. 남근적 단계로부터, 유아적 성 기관의 초기 단계에 해당하는 부분대상들은 생식능력의 우위에 따르는 다양한 충동들의 총합을 떠맡은 규범적 남근의 지배 아래 놓이게 된다. 그러나 남근의 이러한 특권은 동시에 부분대상들 자체의 체계, 남근이 체계의 일부가 (더 이상) 아닐 때만 지배하는 체계의 배제를 내포한다. "등가물로서 기능하는 대상인 성 기관은 거세로 환영이 연출되는 논리적 '작용' 가운데 상상된 육체와 충동 대상의 영역에서 반드시 배제된다. 거세, 즉 '남근의 제거'는 그것의 시나리오를 결정하는 피로 물든 극화가 무엇이건 간에, (부분대상들의) 상대적 가치에 대한 일반적인 등가물의 체계적인 배제 이외에 아무것도 아니다"[164]라고 장 조제프 구는 서술한다.

법은 그 자체가 권한을 행사하는 체계에서 배제된다. 공통의 척도는 그 자체가 모든 힘을 얻는 초월적인 장소에서 역설적으로 어떤 놀라운 기원을 갖는다. 따라서 동질적인 것은 본래 이질적인 것의 지배하에 있으며, 법은 법의 테두리를 벗어나 있다. 즉, 구제된 법은 구제된(지양된) 죄에 지나지 않는다. 집단의 연대성을 보장하는 사회생활의 한가운데서 반감을 일으키는 죄가 지배한다.

일반적인 등가물의 생성에 대한 이 모든 묘사는 바타유 글에서 가장 두드러진 변화 중 하나에 부합한다. 특히 그것은 정치적 구조인 파시즘의 분석에 대한 변화인데, 이 정치적 구조와 관련해 그는 '법의 이질적인 기초'를 규명한다.[165]

[따라서 여기서 정치가 출현한다. 하나, 『도퀴망』의 실패 이후, 바타유는 보리스 수바린(Boris Souvarin)[166]이 이끄는 공산주의 야당 그룹인 민주적 공산주의 서클(Cercle communiste démocratique)의 활동에 참여한다. 이 조직은 1931년과 1934년 사이에 바타유가 대부분이 직설적인 정치적 문제들과 관련된 다양한 기고(「국가의 문제(Le problème de l'État)」「파시즘의 심리적 구조(La structure psychologique du fascisme)」 등)를 하게 될 잡지 『라 크리티크 소시알』을 발행했다. 바타유의 이러한 활동 영역의 변화는 온갖 곡절에도 불구하고 전통적인 예술 잡지(적어도 잡지가 기능하는 방식과, 설사 그것이 결국 대중의 빈축을 살지라도 그들에게 호소하는 방식에 관해 말하자면)로 남아 있었던, 『도퀴망』의 실패와 분명히 결부되어 있다. 이 변화는 또한 역사적 상황의 변화와도 결부되는데, 전후 초기의 해방은 이미 과거의 것이 되었으며, 1929년에는 통화위기가 있었다. 스페인내전이란 격동이 발생했고, 급증하는 파시즘이 점점 더 유럽 국가들로 확산되었다. 둘, 그러나 정치는 바타유가 『라 크리티크 소시알』에 기여하기 이전의 글들에도 존재했다. 그는 "다른 유형의 실행으로 옮겨 가야 할 것이다"라고 베를의 글 「프로이트적 순응주의」에 대한 단평에서 선언했으며, 단평의 결론은 다른 유형의 실행을 정치적 활동 영역에 분명하게 위치시

컸다. 왜냐하면 단평의 결론에서 초현실주의 지지자들을 '하층 사회와 절대 접촉할 수 없는 퇴폐적인 탐미주의자'로 폭로했기 때문이다. 이러한 표현이 미완성 상태에 있는 초현실주의의 정치적 비참여라고 불릴 만한 것을 규탄하는 것은 아니다. 달리 말해 초현실주의의 정치적 입장은 있지만, 그것을 '하층 사회'에 호소하지 않고 정계의 '상층부'에 호소한다는 것이다. 셋, 정치적 활동 영역을 향한 바타유 글쓰기의 변화는 그 자체로 이질학적 행위이다. 그러나 그것은 전복적인 길(늙은 두더지의 길)을 따를 때만 이질학적이다. 다시 말해서 사회적 교환의 안정된 체계로부터의 전적인 그리고 대가 없는 배제('비천한 것')로서 규정되는, 프롤레타리아에게 호소할 때만 이질학적이다. 결과적으로 프롤레타리아는 배척당할 것이다. 심지어 일반적인 등가물을 구축하지 못하고 프롤레타리아를 배척하는 사회에 항의도 못한 채 말이다. 바타유의 정치적 텍스트들은 바로 대표성을 갖지 못하는 인간 쓰레기, 즉 **룸펜프롤레타리아**와 관련된다. 정치적 활동 영역을 향한 이러한 변화는, 정치적 분변학이 혼합될 때만 문학 활동의 원칙에 대한 이질학적 위반으로서의 가치를 지닌다. 넷, 파시즘의 정치 구조는 그것이 (유일한 지도자를 갖는) 대표성에 근거하는 한, 모든 정치체계의 무의식적 본질을 밝혀 준다. 여기서 권력에 의해 구성되는 이질적인 것은 권력이 강요하는 전체의 동질성을 보장하는 것 외의 다른 어떤 기능도 갖지 않는다. 조직된 프롤레타리아와는 달리 아무것도 대표하지 않는 룸펜은 대조적으로 이질적인 것이 될 테다. 이 이질적인 것으로의 해방은 사회체계의 동질성을 보장하는 모든 구조물의 해체를 초래할 것이다. 다섯, 결국 우리는 정치적인 것으로의 이행이 구성하는 이러한 단절을 넘어서 송과안의 문제 제기와 파시즘 연구로 발전된 문제 제기 사이에 가능한 연결이 존재한다는 것을 지적해야 한다. 송과안에 대한 해석은 열등감과 관련되어 있다. 파시즘을 '권력의 응축'으로 정의한 후, 바타유는 다음과 같은 짧은 글로 이 표현을 설명한다. "잠재적인 열등감과 분명 관련있는 *우월감의 응축: 이러한 콤플렉스는 또한 이탈리아와 독일과 깊은 관계가 있다.*"[167]

파시즘은 중앙으로 집중된 단일 지도자 구조의 가장 분명한 예인데, 이 구조에서 국가는 우두머리에 의해 대표된다. 그러나 일반적인 등가물을 생산하는 이와 같은 배제 행위는 이미 송과안에 관한 글 자체에도 존재했으며, 이러한 이미지가 발기/거세의 변증법에 의해 생산되는 남근적(남근중심주의적) 입장에 사로잡히게 했다.

첫째, 인간의 형상은 완전한 발기에 적합하다. 완전한 발기와 가장 유사한 것은 군인의 차려 자세이다. 이 완전한 발기는 결함 없는 성 기능의 의미를 지닐 것이다. 차려 자세는 완전한 발기에 가깝긴 하지만 거기에 도달하지는 못한다. 말하자면 수평의 눈은 수직의 발기 운동에서 배제된다. 남성의 응시는 '무력화된다'.[168] 송과안이 보충할 수 있는 것은 성 기능이 가진 수직성의 결함(바타유는 '성 기능과 수직성 같은 서로 다른 기능의 공통된 본질'[169]에 대해 말한다)이다. 따라서 어떤 면에서 성 기능 자체가 되는 것, 즉 남근의 결함 없는 성 기능이 되는 문제이다.

둘째, 그러나 송과안은 또한 거세의 경험으로 묘사된다. 그 점에 관해 바타유는 다음과 같이 서술한다.

> 모든 거세 콤플렉스의 진행 과정에서, 빛나다 못해 거의 눈멀게까지 하는 눈부심인 태양의 흑점(그것은 얼굴이 창백해지는 순간에 절단된 살점의 피와 역겨운 동요를 통해서만 어떤 결과를 갖는 것인데)을 규명하는 일은 가능할 것이다…. 절단에 대한 공포에 질린 채 출혈의 결과를 초래하고자 하는 아이에게

성 기능의 부재에 대한 증거는 전혀 없기 때문이다.[170]

따라서 거세는 성 기능의 부재가 아니다. 정반대이다. 거세는 오히려 성 기능을 구성하는 것이다. 거세는 남성화한다.(남근을 잃음으로써 우리는 남성화되는데, 남근을 갖지 못하는 동시에 남성화될 수 있기 때문이다.) 성의 무력화는 응시의 무력화를 만회한다. 이 남근중심주의는 바타유의 다른 글들, 특히 『태양의 항문』의 첫 부분에서 일반적인 등가물 중 가장 일반적인 형태인 존재와 연결되어 나타난다.

> 계사(copule)의 도움으로 각 문장은 어떤 것을 다른 것과 연결한다….
> 그러나 말의 계사는 육체의 연결보다 더 자극적이다. 내가 나는 태양이다라고 외칠 때, 그 결과는 완전한 발기이다. 왜냐하면 '-이다(être)'는 육체적 사랑의 광기의 전달 수단이기 때문이다.[171]

'copule'이라는 단어는 프랑스어로 여성 명사이다. 바타유가 그것을 남성 명사로 만드는 것은 실수인가? 그 실수는 의도적인가? 혹은 무지에서 비롯된 것인가?[172] 어쨌든 남성 명사 'copule'은 남성의 성기를 기준으로 세운다. 'être'가 항들을 동일시하는 것과 마찬가지로 'copule'은 생식의 중간 항이다. 따라서 존재는 남근적 위치에 있다.("사실 존재는 성 없이 조금도 상상할 수 없다. 일반적인 동의 아래 절대적인 것은 남성의 속성을 지닌다."[173]) 송과안의 남근중심적인 이 최초의 움직임은 거세의 논리에 따라 남근으로서의 존재를 구성한다.

그러나 이 형식적인 상동은 완전하지 않다. 송과안과 남근의 일반적인 등가물 사이의 일치는 일시적일 뿐이다.〔카를 아브라함(Karl Abraham)[174]은 "상상의 눈에 해당하는 이마의 중앙이 남자와 여자의 성을 상징적으로 나타낼 수 있다"[175]는 사실을 지적한다.) 바타유는 일반적인 등가물의 생성을 폭로하며 그것을 위반한다. 일반적인 등가물의 형성은 사용가치와 교환가치의 구별에, 즉 더 이상 사용가치를 지니지 않는 것만이 교환가치를 받아들인다는 구별에 연결되어 있다. "교환가치는 무엇보다도 필요한 사용가치의 잉여이다"라고 마르크스는 기술한다. 경제적인 차원에서 교환가치는 직접적인 사용가치를 지니지 않는 교환 수단(금), 즉 초과하는 것, 초과분(잉여)에 의해 표현된다. 마찬가지로 남근은 거세에 의해 파괴되기보다는 오히려 유보된다. 남근은 사람이 사용하는 어떤 기관이 되기를 멈추며 시니피앙이 된다.

그 체계가 '남성 명사' 계사에 의해 지배되는 일반적인 등가물에 대한 바타유의 작업은, 일반적인 등가물을 그 유보에서 벗어나게 해서 사용의 순환 속에 자리잡게 하는 것이다. 말하자면 (낭비라는 비(非) 등가를 수단으로) 일반적인 등가물의 지배에서 벗어나기 위해서 그것이 교환을 지배하도록 하는 일을 거부하는 것이다. 즉, 일반적인 등가물로 하여금 여타의 것에 적용되게 하는 승화에 의한 전환을 거부하는 것이다. 일반적인 등가물은 유보된 잉여이며, 실천적인 이질학은 이 잉여를 사용으로 회귀시켜 등가물이 교환 화폐로 보증되도록 하는 유보를 파괴한다. 실천적인 이질학은 그 어떤 것에도 소용되지 않는 것의 사용가치를 드러내 보인다. 지배의 계기가 일반적인 등가물의 계기가 되는 반면(지배자는 자신이 정하는 것에 의해 지배받는다), 실천적인 이질학은 지배를 절대적인 힘으로 바꾸어 놓는다.

예를 들어 사드의 경우가 그러하다. 바타유는 「사드의 사용가치」를 발표하면서, 자신의 글을 문학적 교환 화폐인 일종의 일반적인 등가물로 만들고자 하는 초현실주의자들과 대립한다. 그는 초현실주의자들의 왜곡된 인식이 은폐하고자 하는 배제를 즉각 진단한다.

오늘날 이 글들(그리고 그 속에 작가가 묘사한 인물)을 모든 것 (혹은 거의 모든 것)의 상위에 두는 일은 적절해 보이는데, 누군가는 이러한 글들에 반대할 수 있다. 그러나 개인적인 삶에서도 사회적인 삶에서도, 이론에서도 실천에서도, 이 글들에 최소한의 자리를 내주는 것은 전혀 문제가 되지 않는다. 사드와 관련해 그 찬미자들의 행동은 자신들이 증오하면서 숭배하는, 그리고 가혹하게 무력화시키면서도 명예로 감싸는, 왕에 대한 태곳적 신하들의 행동과 유사하다.[176]

예외가 규칙을 증명한다. 이는 바로 일반적인 등가물의 규칙이었다. 이질학은 이 규칙을 위반하는데, 완전히 규칙을 증명하지 못하는 방식으로 위반한다. 실상 예외가 거리를 유지하고 유보될 때만 규칙을 증명하는 것이다. 분변학은 이 거리를 끝낸다. 분변학은 사용가치와 교환가치의 구별이 뚜렷이 드러나는 대표성을 무시한다. 이 외설스러운 말은 교환가치를 지니지 않으며, 아무것도 재현하지 않고 어떤 무엇의 기호(예를 들어 외설스러운 현실의 기호)도 아니다. 그러나 외설스러운 말 자체는 분변학적 현실이다.

여기서 이질학적 놀이에 사로잡힌 송과안은 남근적 장소와 단절한다. 이 장소는 거세의 논리에 의해 갑자기 나타나게 되는 곳이다. 설사 그 장소가 실제로 어떤 측면에서 거세에 의해 제공된 남근적 장소, 즉 '남성 명사' 계사가 초월적 실체나 지고의 존재로 나타날 수밖에 없는 장소라 할지라도, 송과안은 그 장소를 가득 채우지 못한다. 현실 속의 구멍인 송과안은 상징적 봉합을 거부하는 것이다. 그것은 '거세에 의한 남근의 재전유'〔솔레르스(P. Sollers)[177]〕를 야기할 수 없다.

게다가 남근의 단계가 성의 유아적 발달이 진행되는 동안 일어난 부분충동이 생식능력 주위에 집중되는 것을 확실하게 하는 반면, 이와 반대로 '송과의 단계'라 불리는 것은 육체적 통합을 해체하고 그것의 완전함을 포기한다.

과학은 자신이 배치해 놓은 존재의 체계 속에서 스스로를 구성하면 서, 인간을 특수한 차이를 가진 것으로서 자연의 머리에 둔다. 과학은 과학에 의한 인간, 곧 **호모 사피엔스**를 정의한다. 그러나 머리는 그 안 에 구멍을 갖는다. 비지식의 기관인 송과안은 지식을 해체한다. 과학 이 인간을 숙고했다면, 송과안은 인간을 생각하지 않는다. 그것은 터 무니없이 인간을 소모시켜 자제력을 잃게 한다. 사실 자신의 머리의 위치에서, 그 꼭대기에서, 인간은 자제를 통해 자신을 지켜 왔다.

"인간은 결핍된 존재이다." 바타유는 「제쥐브」의 원고들 중 하나의 뒷면에 이 문구를 썼다.[178] 「송과안」의 판본들 중 하나는 다음과 같은 인간의 묘사로 끝난다. "병적인 태양 아래, 자신이 결여한 천상의 눈 이 외에 다른 어떤 것도 아닌 존재, 너무도 창백하지만 멋진 존재가 처음 으로 등장할 때, 그는 죽음의 후광으로 둘러싸여 있다."[179] 과학과는 달 리, 송과안은 오로지 부정적 행위에 따른 인간의 '본질적' 속성(특수한 차이)이다. 다시 말해 **부정적 행위로 표시되는 인간 존재가 빠져드는 불완 전한 속성이다.** 위의 두 문구들은 단순한 방정식이 아니다. 심지어 역 설적인 방정식이라 불릴 수 있는 것도 아니다. 이들은 바타유가 '비논 리적 차이' 혹은 '설명할 수 없는 차이',[180] 다시 말해서 동일성의 논리 밖에서 '인간'을 나타내는 비특수적 차이라 부른 것을 산출하는 방식 이다.

이 다른 논리는 동질적인 것의 재생산을 중지시키는 낭비의 논리이 다. 낭비는, 과정의 매 순간에 자체의 동일성을 보존하는 양만을 포함 하는, 교환과 소통의 항으로 환원될 수 없다. 낭비는 형식화할 수 없다. 이 미지수는 방정식에서 사용할 수 없다.(방정식의 계산은 미지수에 동일성을 부여할 수 있게 한다.) 이 방정식에서 알고 있는 수의 값으로 대체되어 사라질 수 있는 것은 X가 아니다. 삭제될 수 있는 것은 등호(=)이다. X가 바로 그곳이다.

낭비의 논리는 에너지 보존의 논리에 대립된다. 바타유는 기술한다. "일반적으로, 인간 능력으로 산출된 에너지의 총합은 항상 생산에 필요한 총합을 능가한다."[181] 바타유는 또한 이렇게도 쓴다. "비생산적인 낭비는 비의미, 심지어 비상식이다."[182] 송과안은 비의미의 기관이다.

5. 『하늘의 푸른빛』

"내가 깊은 고뇌 속에 기이한 부조리를 서서히 구할 때, 눈 하나가 내 두개골의 꼭대기 가운데서 열린다."[183] 이 문장은 바타유가 앙드레 마송의 삽화들과 함께 '하늘의 푸른빛'이라는 제목으로 1936년 6월 잡지 『미노타우로스』(이 제목을 생각해낸 것은 바타유다[184])의 6호에 게재한 글, 그리고 이어 「고통의 전례들(Antécédents au supplice)」 중에서 『내적 체험』에 게재했던 열네 개의 경구들 중 첫번째 것의 첫 문장이다. 이 경구들은 1934년 8월로 거슬러 올라간다.

'하늘의 푸른빛'은 또한 바타유가 다음 해 스페인에서 마침내 쓰게 될 어떤 소설의 제목이었다. 원고에는 '토사, 1935년 5월'이라는 날짜가 씌어져 있었다. 그러나 이 소설은 1957년에 출판된다. "1936년부터, 나는 그것을 더 이상 생각하지 않기로 결심했다"고 바타유는 출판된 책의 서문에 썼다. 소설은 앙드레 마송에게 헌증되었다.

서문 이외에도 책은 서론, 1부와 2부로 구성되어 있다. (1928년 날짜 표기와 함께 '디르티'라는 제목으로 1945년에 이미 따로 떼서 출판되었던) 서론은 폐기를 모면한 『변소』의 한 장(章), 바로 그것이었다. 다음의 두 부분(1부는 이탤릭체로 인쇄되어 있고, 2부는 로마체로 인쇄되어 있다)에 관해 말하자면 이들 사이에는 놀랄 만한 불균형이 존재한다. 1부는 두 페이지로 되어 있고, 2부는 팔십 페이지 이상을 차지한다. 『디르티』가 서론으로 제시되었다는 사실, 그것이 그 다음으로 오는 두 부분들 이전에 여러 해에 걸쳐 씌어졌다는 사실, 따로 출판되었다는 사실 모두는, 무엇보다 『디르티』를, 기이하게 불균형을 이루는 두 부분으로 이루어진 『하늘의 푸른빛』의 초반부 부록 같은 것으로 만드는 경향이 있다.

이 불균형, 극히 적은 분량의 1부에 주의해야 한다. 게다가 1부의 이질적인 활판 인쇄는 텍스트에 별쇄 삽화의 지위 같은 것을 부여한다. 시작의 중대(서문, 서론, 그리고 1부)처럼, 이 불균형에서 유래한 있을 수 없는, 끝없는 시작이라는 느낌이 있다. 원고를 검토해 보면 이 불균형이 확인된다. 십칠 페이지(2부의 첫 페이지)에서 삼십사 페이지로 옮겨 가는 동안 2부의 시작에서 중요한 삭제가 이루어졌다. 바타유는 "삭제된 열여섯 페이지가 없다"[185]고 직접 지적하는 데 만족했다.

그러나 이 형식적인 검토와는 다른 이유로 1부에 주의할 필요가 있다. 우선 1부는 (다른 이야기가 고전적인 형식을 채택하는 반면) 경구들로 구성된다. 그것은 총 네 개인데, 『내적 체험』에 실리기 전에 『미노타우로스』에 게재되었던 것으로, 1934년의 『하늘의 푸른빛』을 구성하는 열네 개의 경구들 중에서 아주 사소한 수정을 거친 것이다. 이 경구들 중 하나는 실제로 제시된 어떤 무대를 상기시키는데("며칠 전, 나는 악몽 속에서가 아니라 실제로 어떤 비극의 무대와 유사한 한 도시에 도착했다."[186]), 이 실제라는 말이 오히려 수수께끼 같은 것이 사실이다. 이때 밤, 도취, 춤 그리고 두 명의 늙은 남색꾼이 기사의 신비스러운 출현에 협력한다. 동일한 무대가 그것이 펼쳐졌던 장소를 언급하는 『니체에 관하여』에서 하나의 기억으로 다시 나타날 것이다. "트렌토(Trento)에서의 끔찍한 밤.(노인들은 멋졌고 신들처럼 춤추고 있었다. 지옥의 어느 방에서 본 폭풍우 같았다···. 창문은 광장 주위의 둥근 지붕과 궁전들을 향하고 있었다.) 그날 밤, 언덕 꼭대기에 있는 'V.'라는 작은 광장은 나에게는 트렌토의 광장과 유사해 보였다."[187] 그러므로 이 무대가 펼쳐졌던 곳은 트렌토이다. 바타유는 루이 트랑트(Louis Trente)라는 가명을 사용해 두 권의 책을 쓰게 된다. 하나는 초판이 1934년이라고 (틀리게) 적혀 있는 『르 프티』이고, 다른 하나는 『루이 30세의 무덤(La tombe de Louis XXX)』인데, 여기서 트랑트는 이탈리아 도시의 프랑스 이름처럼 씌어진 게 아니라 어떤 왕의 혈통을 풍자해 환기시키려 로마 숫자로 씌어졌다.[188]

> 내가 깊은 고뇌 속에 기이한 부조리를 서서히 구할 때, 눈 하나
> 가 내 두개골의 꼭대기 가운데서 열린다. 그 적나라함을 은밀
> 하게 응시하기 위해, 그 모든 영광 가운데 태양을 향해 이 눈이
> 열리는 것은 내 이성의 행위가 아니다. 오히려 그것은 나로부
> 터 벗어나려는 절규이다. 섬광이 눈멀게 할 때, 나는 좌절된 삶
> 의 파편이 되기 때문이다. 그리고 이 삶(고뇌와 현기증)은 끝없
> 는 허공을 향하고, 분열되고, 허공 속에서 단번에 고갈된다.[189]

이것은 『하늘의 푸른빛』의 첫번째 경구이며, 『하늘의 푸른빛』은 송과 안을 향해(그리고 송과안에서) 열린다.

송과안은 "내 이성의 행위가 아니다." 그것은 어떤 개념처럼 지성의 냉정한 작용에 의해 생겨나지 않는다. 반대로 끝없는 불안에 의해 생겨난다. 이성의 행위(아이가 학교에서 말하고 쓰는 법을 배우는 것처럼)이거나 이성의 행위가 되어야 하는 담론에 송과안을 도입함으로써 글쓰기의 이질학적 실천이 이행되기 시작한다. 그것은 다른 것들 가운데 이 담론이 기능할 수 있게 하는 언어학적 코드에 미치는 부조리한 효과가 된다.

바타유는 '이질학'이라는 표현을 선택하면서, '이단' '분변학' 혹은 '아기올로지' 같은 여러 말 사이에서 주저했다. (라틴어 사케르와 동의어인) 그리스어 아기오스에서 유래된 아기올로지는 이질학보다도, 사람들이 과학적 대상이라 부르기를 망설이는 것의 모호성을 나타냈을 테다. 왜냐하면 대상으로 구성되기를 거부함으로써 아기올로지는, 또한, 과학적 태도가 그 앞에서 발전에 필요한 토대를 발견하지 못하게 하기 때문이다. 사실 아기올로지의 '대상'인 성스러운 것은 모호하다. 그것은 가장 큰 존경의 대상이면서 동시에 전혀 존경하지 않는 것을 나타낸다. 성스러운 것은 프로이트의 관심을 끌었던 대립된 가치를 떠맡는 말들 중 하나였는데, 그는 언어학자 아벨의 연구를 받아들였다.[190] 거기서 프로이트는 모순을 인식하지 못한다는, 꿈의 논리의 특성 가운데 하나를 발견했다. 이 모호함의 결과로서 성스러운 것은 고귀할 수 있거나(그것은 종교적 숭배의 대상인 성스러운 것, 왕이나 신이라는 성스러운 것이다), 비천할 수 있다(그것은 혐오와 반감의 대상, 특히 불쾌감을 일으키는 어떤 질병이나 범죄 등에 의해 드러나는 성스러운 것이다). 높고 낮음: 프로이트는 성스러운 말 자체의 의미론적 모호함을 언급하기 전에 다음의 예를 인용한다. "라틴어로 알투스(altus)는 '높은'과 동시에 '깊은'을 뜻하고, 사케르는 '성스러운'과 동시에 '저주받은'을 뜻한다."[191]

꿈의 논리와 유사한 송과의 체험은 어휘 속에 다의적인 분열 생식을 포함시킨다. 첫째, 성스러운 것은 (사회적, 심리적) 전체가 일련의 동질적인 요소들(세속적인 것)과 이질적인 다른 요소(성스러운 것)로 분리되는 데서 생겨난 것이다. 둘째, 성스러운 것 자체는 고귀한 성스러운 것과 비천한 성스러운 것으로 분리된다. 비천한 성스러운 것은 분변학(엄지발가락, 기저 유물론, 하층의 사회계급⋯)에 의해 생겨나는 반면, 고귀한 성스러운 것은 그것이 반대하는 세속적인 것(한때 둘은 대립되었다)이 스스로에게 투영하는 이상적인 이미지일 뿐이다. 셋째, 그러나 고귀한 성스러운 것은 이 반영으로 고정되지 않는다. 그것은 다시 인정받은 고귀한 성스러운 것(발기의 절정, 군사력, 이러한 것은 또한 지배적인 성스러운 것으로, 그것을 규칙이자 이상으로 구성하는 세속적인 것에 의해 통제되는 한 그러하다)으로, 그리고 절대 비교, 그러니까 비교의 지시 대상을 사라지게 하는 비교를 사용하면서 '매우' 고귀한 성스러운 것이라 불릴 수 있는 것으로 분리된다. 매우 고귀한 것은 고귀한 것을 사라지게 하고 따라서 비천한 것과 다시 만난다. 이 최종적인 분리는 바로 송과안과 함께 수행되는 것이다. 송과안은 비천한 것과 더 이상 대립되지 않고, 반대로 '매우 고귀한 것'과 대립되는 비천한 것과 같은 편으로 옮겨 가는 한, '가장 고귀한 것'(신)이 된다. 대립은, 더 이상 '고귀한'과 '비천한' 사이에 있지 않고, 확고부동한 아르키메데스적인 기준점(여기서는 고귀한 것)과 고귀한 것으로 하여금 자신의 토대를 상실하게 하는 비교 사이에 있다.

이런 상황에서 이성적 담론에 대한 두 가지 위반은 이질학적 글쓰기를 통해 공모를 꾀한다. 첫번째 위반은 담론의 동화되지 않는 외부를 담론 속에 도입하는 것(외침, 침묵, 담론의 실패를 참조), 즉 전환되어야 했던('지워지지 않는 얼룩 같은') 비천한 요소를 담론에 도입하는 것이다. 두번째 위반은 관념 자체를 넘어서는 관념을 전개하면서 '내부'로부터 상징적 코드를 전복시키고, 말이 의미를 갖는 것을 보장해 주는 구별의 차이를 해소하는 것이다. 송과의 체험에서 독립적이긴 하지만 공모적인 이 두 위반('비천한' 위반과 '고귀한' 위반)이 서로 결합되는 것은 고귀한 것과 비천한 것의 구별을 보장하는 차이를 없애 버린 결과이다.

송과안의 '병적' 재현으로, 인간은 "갑자기 하늘에서 고통스럽게 추락하게 된다."[192] 추락은 그 의미(비천함)를 상실했다. 그러나 추락은 그 의미를 상실할 경우에만 발생이 가능하다. 추락이 의미의 범주를 따르는 한, 예를 들어 고귀한 것에 대립되는 비천한 것을 향해 가는 한, 그것은 진정한 추락이 아니다. 추락은 현기증으로 인해 비천한 것과 '가장' 고귀한 것을 더 이상 구별할 수 없는 때에 발생한다. 모든 면에서 혼란스러운 의미, 바로 무분별하고 방향을 상실한 담론이다. 앙드레 마송의 회화에 대한 헌사에서 바타유는, 회화가 교환가치의 관점에서 그것을 보도록 하기는커녕, 회화를 특징짓는 열광과 감정의 토로가 회화를 세상과 연결되어 영향을 주고 받는 방탕한 놀이로 보도록 얼마나 요구하는지 강조했다. 그는 다음과 같이 적는다.

> 부동(不動)의 대상, 확고한 대지, 천상의 자리는 환상이다. 이
> 환상의 폐허 속에서 인간의 비루함이 유치하게 존속한다. 그때
> 여명은 죽음과 시간의 절대적 힘을 불러오고, 추락의 절규를
> 향해 서두르는 운동을 초래한다. 왜냐하면 고귀한 것이 되었든
> 비천한 것이 되었든 어떠한 땅도 존재하지 않으며, 오히려 '방
> 탕한 놀이의 현기증'을 영원히 산출해내는 별들의 빛나는 축제
> 가 존재하는 것이 사실이기 때문이다.[193]

[이 글에는 「별을 먹는 사람들(Les mangeurs d'étoiles)」이라는 제목이 붙어 있다. (별을 먹는 것. 머리를 뒤로 젖히는 것. 가능한 한도를 넘어 입을 여는 것. 절규에 이르기까지.) 정신분석은 똥과 관련된 천체의 의미작용을 규명했다. 바타유는 그것을 공공연히 언급했다.(『눈 이야기』를 참조. "은하, 별의 정액과 하늘의 오줌으로 만들어진 기이한 통로."[194]) 별을 먹는 것은 바로 똥을 먹는 것이다. 동시에 고귀한 것과 비천한 것의 대립, 흡수와 배설(안과 밖)의 대립은 중단된다.]

바타유가 남긴 원고에는 스페인(바로셀로나)에서 1935년 5월 8일 수요일과 5월 30일 목요일 사이에 씌어진, 아주 간략한 일기 몇 페이지가 있다. 그때 그는 『하늘의 푸른빛』(소설)을 마무리하고 있었다. 파리로 돌아오기 전날인 29일, 바타유는 '『하늘의 푸른빛』은 완성되었다'[195]라고 적어 놓았다. 고귀하거나 비천한 어떤 장소들, 바르셀로나와 그 주변(교회, 매음굴, 미술관, 두 군데의 투우 경기장)에 구경 갔던 것을 제외하면, 그리고 회합이나 야회를 제외하면, 이 간결한 일기를 구성하는 짧은 글 대부분은 몇 년 동안 스페인에 살고 있었던 앙드레 마송에 관한 것이다. 이 일기는 1933년 6월 9일 처음으로 샤틀레에서 상연되었던 안무가 마신(L. Massine)의 발레(무대장치는 마송이 구상했다)에서 차용한 제목, 즉 '전조들(Les présages)'이라는 제목을 지녔다. 발레의 시나리오는 『미노타우로스』에 실리게 된다. 마송의 데생들은 『희생들』에 대한 다섯 개의 스케치들과 함께 잔 뷔셰(Jeanne Bucher) 화랑에 전시된다.[196](바타유는 1933년 여름 동안 『희생들』과 동일한 제목의 글을 썼다.) 또한 '전조들'은 바타유가 어떤 책에 붙이려 했던 제목이다. 1934년 10월, 마송이 토사에서 바타유에게 쓴 어느 편지가 우리에게 가르쳐 주듯 말이다.("당신의 책이 '전조들'이라 불리게 된다면 정말 기쁠 테고, 발레 사진들을 발견할 수 있는 곳을 알려 주겠습니다."[197]) 이 책의 계획이 결국 『하늘의 푸른빛』이 된 것일까? 2부의 1장은 어쨌든 「불길한 전조(Le mauvais présage)」라 붙여졌다….

하여튼 '전조들'이라는 제목이 붙은 바타유의 일기에는 그가 앙드레 마송과 함께 5월 10일 몬세라트[198]로 소풍을 갔다고 되어 있다.

5월 10일 금요일

거의 잠을 자지 못한 채 여덟시 이십분에 몬세라트를 향해 떠났다. (…) 앙드레는 그가 몬세라트의 어떤 바위산에서 보낸 밤을 나에게 점점 더 또렷이 설명한다. 풍경은 점점 더 웅장해진다. 나는 내가 땅과 하늘에 대해 생각하는 것을 앙드레에게 설명한다. 매혹적인 거대한 바위 기둥들(Gigante encantado)을 벗어나 어떤 곳에 도착하는데, 오른쪽에는 일종의 바위산 성소가 있다. 바위산 꼭대기: 처음으로 나는 그 세계를 본다. 망원경을 통해 보이는 만레사의 대성당. 산 제로니모에서의 만찬. 돌아오는 길에, 앙드레는 몬세라트에서 보낸 밤을 나에게 더욱 선명하게 설명한다. 하늘에서 추락하는 두려움. 하늘의 열림: 태아처럼 교회에서. 나는 그에게 우리의 여행 이야기를 쓸 것을 제안한다.[199]

하늘의 푸른빛에 빠져들기. 세상을 탄생시키는 어머니 같은 교회에 의해 세상을 벗어난 태양 없는 별, 즉 하늘에 떨어지기. 5월 17일 바타유는 다음과 같이 꿈을 적어 놓는다. "매우 슬픈 밤. 내 발 아래로 별이 총총한 하늘에 대한 꿈."[200]

분변학은 과학에 대한 최초의 위반, 즉 낮은 것에 의한 위반 혹은 전복을 실행했다. 갈릴레오에 의해 물체의 낙하 법칙을 발견함으로써 시작된 근대과학의 역사는, 적어도 처음에는, 낮은 것에 대한 가치 부여를 없애 버리려는 노력으로 귀결될 수 있다. 이런 제거는 당시까지 유일한 자연 운동으로 간주되던 낙하가(낙하에 의해 물체는 제자리로 돌아가기에, 곧 다른 모든 운동의 강제력에서 벗어나 본래의 장소나 정지하는 장소로 돌아가기에), 다른 어떤 운동보다 더 '자연적'이라 할 것이 없는, 아무런 특권을 부여받지 못한 그저 하나의 단순한 운동이 된다는 사실을 내포한다. 또한 이런 제거는 정지와 운동 사이에 더 이상 존재론적 차이가 없다는 사실을 내포한다.(정지는 중세 물리학이 생각했듯이 무거운 물체의 자연 상태가 되지 못하기 때문이다.)[201] 갈릴레오 자신은 이러한 결과로 진전될 줄 몰랐지만, 이런 결과에 힘입어 그는 세계에 수학적 방법을 적용하는 기획의 선구자가 되었다. 어디서나 동일한 법칙에 의해 지배되는 수학적 방법이 적용된 우주에서, 모든 점들은 동일하다. 이제 고대의 우주적 위계를 위한 어떠한 자리도 없다. 정지와 운동의 대립처럼, 혹은 하늘과 땅의 대립을 반영하는 높은 것과 낮은 것의 대립처럼, (생물학적, 심리학적인) 감각에서 기원하는 모든 대립은 이런 우주 속에서 그 가치를 상실한다. 갈릴레오 이전에 이런 우주를 상상하긴 했지만 수학적 언어를 통해 이런 직관을 공식으로 나타내지 못한 조르다노 브루노(Giordano Bruno)[202]는 이 대립이 내포하는 무한성, 동질성과 방향 상실을 동시에 이해했다. 〔쿠아레(A. Koyré)는 이렇게 언급했다. "높은 곳을 향한 운동! 낮은 곳을 향한 운동! 브루노에게 '높은 곳'과 '낮은 곳'은 '오른쪽'과 '왼쪽'만큼이나 상대적인, 전적으로 상대적인 개념이다. 모든 것은 무엇인가의 오른쪽이나 왼쪽에 있으며, 원하는 대로 높은 곳이나 낮은 곳에 있다."[203]〕 그러므로 바타유의 글에서 과학은 적어도 처음에는 역진적인 것으로 정의될 수 있을 첫번째 위반을 겪는다. 이 첫번째 위반은 과학이 현실에 수학적 방법을 적용하면서 발전함에 따라, 과학이 제거해야 했던 가치로 되돌아가는 것, 다시 말해서 낮은 것으로 되돌아가는 것이다.

이제 두번째 위반이 행해질 터인데, 이번에는 과학의 방향에서 행해질 것이다. 두번째 위반은 과학이 존재론적 유물론으로, 그리고 생명론적 존재론으로 구성되지 않도록 하기 위해 첫번째 위반에 연결될 것이다. 말하자면 낮은 것을 통한 과학의 위반이, 근대과학이 파괴했던, 위계화된 우주적 대성당의 복원이 되지 않도록 하기 위해서 두번째 위반이 첫번째 위반에 연결될 것이다. *[기저 유물론(bas matérialisme)[204] 은 존재론이 아니다. 말하자면 물질, 즉 낭비라는 관념에 의해 생산된*

'비논리적인 차이'는 존재하지 않는다. 물질에 대한 관념은 존재하지 않는다. 물질은 철학적, 종교적 관념론이 존재들을 구성하는 정점에 자리잡게 한 신성한 존재를 대체하지 못한다. 물질은 초월적인 시니피에도 최종적인 지시 대상도 아니다. 그것은 최종적인 현실(사태의 핵심)도 주요한 관념도 아니다. 이 두 범주는 객관성 그 자체로서 보증된 확실한 지위, 즉 이론적 입장만이 제공할 수 있는 지위를 전제로 한다. 그러나 이론적 태도를 위한 어떠한 물질도 존재하지 않는다. 일관성있는 유일한 유물론은 실천적이어야 한다. 실천이 이론의 적용이 아니라 반대로 이론의 영역을 위반하고 이론(더불어 이론의 주체)을 위험에 빠뜨릴 것이라는 점에서 말이다. 바타유가 이 유물론에 대해 내리는 유일한 정의는 그것이 이론의 영역에 속하지 않고 이성의 범주를 따르지 않는다는 것이다. 물질은 복종하지 않는다. 「낭비라는 관념」의 마지막 장에는 '물질적 현상에 대한 불복종(L'insubordination des faits matériels)'이라는 제목이 붙어 있다. 과학과 철학은 완전히 비굴한 태도에 사로잡혀 있다. 말하자면 과학과 철학은 모든 것 중에서 가장 일반적인 등가물인 존재의 관념에 따른다. 굴복하지 않는, 기저 유물론은 '물질 자체가 사물이라는 것을 전제로 하지 않는 하나의 유물론'[205]에 지나지 않을 수 있다. 유물론에서 불복종이 물질에 대한 긍정보다 본질적인 것이든, 그가 주장하는 낮은 것이 현실주의적 토대를 위한 지반이기보다 오히려 이상화하는 상승에 대한 위반이든 간에, 바타유가 이를 말하기 위해 일종의 프랑스어 문법 실수를 할 수밖에 없는 것은 분명하다. 위반적 태도는 언어라는 승화의 수단에 의한 위반을 통해서가 아니면 달리 표현할 수 없는 것이다.

무엇보다 나라는 존재, 혹은 이 존재를 무장시키는 이성에게
가짜 권위를 부여할 수 있는 무엇에도 복종하지 않는 것이 중

요하다. 존재와 이성은 사실상 오직 보다 낮은 것에만 복종할 수 있는데, 즉 어떤 상황에서 어떤 권위든 그것을 흉내내는 데 복무할 수 없는 것만을 따를 수 있다.[206]

복종은 자신을 아래에 두는 것이다. 사람들은 자신보다 높은 것을 따른다. 바타유가 복종하는 태도를 비판할 때, 그는 그 정반대의 것으로 대체하는 데 만족하지 않는다. 불복종은 높은 것을 낮은 것으로 대체할 수 있을 마술적 해방이 아니다. 타율성은 유지되며, 심지어 불복종에 의해 확실해진다. 불복종은 아무것도 따르지 않는 것이 아니라 아래에 있는 것만을, 즉 낮은 것만을 따르는 것이다. "가장 어려운 것은 가장 낮은 것에 이르는 것이다."」 첫번째 위반은 개념의 추상화에 반대하는 것, 곧 개념에서 어떤 생생한 질적 가치를 박탈하는 추상화에 대립되는 것이다. 이는 의미를 지니는 것과 감각적인 것을 동일시했으며, 의미의 지각에서 드러나는 질적 차이에 더 큰 가치를 부여했다.(반면에 과학은 그 자신이 질적 동질성에 이르게 한 우주에서 양적 동등함과 추상적 관계의 체계만을 받아들인다.) 그러므로 첫번째 위반은 과학이 지닌 하찮은 의미를 폭로한다. 두번째 위반은 과학이 지닌 하찮은 의미에서 시작할 것이며, 그것을 비의미의 긍정에까지 이르게 할 것이다. 두번째 위반 때문에 과학은, 첫번째 위반이 과학이 지닌 하찮은 의미를 말하면서 폭로한 부차적인(방어적인) 비의미에서 중요한 비의미, 말하자면 더 이상 의미에 대한 방어가 아니라 반대로 몰상식에 대한 공격(반격)으로 옮겨 간다. 더 이상 높은 것도 낮은 것도 없으며, 아무것도 의미를 지니지 못한다. 이러한 의미 상실은 우주를 '이해'했던 수학적 방법을 적용한 결과가 아니라, 이제 우주가 먹잇감이 되어 버린, 현기증 나는 방탕한 놀이의 결과이다.

　몰상식한 이야기. 자신의 『탁상 담화(Tischreden)』에서 루터(M. Lu-

ther)[207]는 코페르니쿠스(N. Copernicus)를 '몰상식한 사람(der Narr)'
이라 불렀다. 조르다노 브루노는 로마 피오리 광장에서 화형당해 죽었
다. 여러 차례 재판에서 비난받은 갈릴레오는 투옥되었다. 그러나 교
회가 잘못했는지는 확실하지 않다. 만약 '그것[지구]'이 돈다면, 나머
지 모든 것은 돌지 않게 될 것인지도 확실하지 않다. 그리고 이런 혼란
으로 인해 과학은 지구가 소용없어진 가운데 인간이 여전히 의지할 수
있을 지반으로 스스로를 구성하는 데 실패할 것이다. 고전주의 시대의
과학은 교회를 파괴했지만 그것을 대신할 것을 가지지는 못했다. 이성
은 신을 창조하는 데 충분하지 않았기 때문이다. 앞으로는 개신교의
타협을 위한 여지만이 있을 뿐이다. 헤겔은 무신론자였는가? 아니면
유신론자였는가? 바타유는 망설이면서, 경우에 따라 긍정적으로 혹은
부정적으로 대답한다. 어쨌든 헤겔은 자신이 근대 종교를 믿는 신교도
라고 말했다. 실제로 무신론과 개신교 사이의 차이는 상당하다.

[송과안은 차이로 구분되는 대립이 중화되는 지점이다. 상승은 추락
이 되고, 배설은 흡수가 되며, 비천한 것은 고귀한 것보다 더 고귀하
다. 이런 형태의 역전은 시라노 드 베르주라크(Cyrano de Bergerac)[208]
의 바로크 시학에서 가장 특징적인 방법들 중 하나를 구성했다.(수많
은 다른 예들 가운데 시라노 드 베르주라크의 편지 「강의 기적들(Des
miracles de rivière)」을 참고. "이제 우리는 하늘에 시선을 떨굴 수 있
다.") 이는 바로 현실이 환상이 되고, 고귀한 것이 비천한 것이 되며, 하
인이 주인이 되는 역전이다. 이러한 역전의 상황은 갈릴레오의 과학에
서 비롯한 감각의 역설이 초래한 방향 상실과 연결된다. 바로크의 수
사학은 바로 이 역설을 통제하려고 애썼다. 이 점에서, 그것은 이질학
과 반대될 것이다. 이는 타자성을 해방시키기 위해 역설을 이용하거
나, 기지를 미지 속에서 분해하는(바타유의 글들 속에서 맹점이 그렇

게 하듯이) 것과는 거리가 멀다. 그것은, 주네트가 강조했듯이, "미지를 기지의 전도(顚倒)된 반영으로 변형시키는 (안심이 되는) 대칭의 환상에 의존하면서, 터무니없이 확장되고 탈중심화되고 그야말로 방향을 잃은 우주를 통제하려는"[209] 것에 관한 일이다. 타자성은 대칭을 이룬 대립 가운데서만 출현한다. "모든 차이는 뜻밖의 유사성이며, 타자는 동일자의 역설적인 상태이다. 익숙한 말로 거침없이 말하자. 타자는 결국 동일자와 같다."[210] 우주의 이 괴이한[211] 역전이 사람들이 시선을 떨굴 때 만나는 한 축, 즉 [일반적으로 물(水)에 의한] 반사의 축을 중심으로 생겨나는 것은 사실이다. 반면에 바타유에게 이 역전은 응시에서 수직적 상승으로의 환상적 이행을 통해 어떠한 중개도 없이 이루어진다. 이는 바로 어떠한 축도 없는 역전, 축의 상실로서의 역전이다.]

첫번째 위반은 독재자의 제국주의에 의해 억눌린 어머니 대지로 돌아가는 것으로 읽힐 수 있을 것이다. 그러나 대지는 있어야 할 곳에 없다. 두번째 위반은 실상 어머니가 사형에 처해졌다는 것을 우리에게 상기시킨다. 이는 또한 대성당이란 더 이상 없으며, 자연이 자신의 소생인 **현생 인류**를 세상에 내보내면서 죽었음을 상기시킨다. 남은 것은 현기증을 일으키는 하늘의 무한한 공간뿐이다. 더 이상 알 수 없는 인간은 추락을 통해 그 공간에 빨려 들어간다. 뒤로, 옆으로, 앞으로, 사방으로? 여전히 높은 것과 낮은 것이 있는가? 여기서 구토가 일어난다.

그리고 무엇보다도 '아무것'도, 나는 '아무것'도 알지 못한다. 나는 고뇌하는 어머니가 머리를 잡고 있는 병든 아이처럼 (변기에 입을 벌린 채) 신음한다. 하지만 나에게는 어머니가 없다. 인간은 어머니를 갖지 못한다. 변기는 별이 총총한 하늘이

다.(나의 한심한 구토 속에서는 그와 같았다.)[212]

인간의 탄생은 우주에 치명적이었다.

인간을 낳는 자연은 죽어 가는 어머니였다. 자연은 세상에 태어
나 자연에 죽음을 가한 인간에게 '존재'를 부여했다.[213]

몬세라트에서, 마송은 바타유에게 자신이 보낸 밤의 체험을 점점 더
또렷이 설명한다.

하늘에서 추락하는 두려움. 하늘의 열림: 태아처럼 교회에서.

콩코르드 광장에서 대낮에, 바타유는 초롱을 손에 들고 불빛을 비추며
신의 죽음을 고한, 니체와 같은 광인의 행동을 환기시켰다.

우리가 태양으로부터 지구를 떼어 놓았을 때 우리는 무엇을 했는가?
지금 이 지구는 어디로 향하고 있는가? 우리는 어디로 향하고 있는
가? 모든 태양으로부터 멀어지고 있는가? 우리는 끊임없이 떨어지
고 있지 않은가? 뒤로, 옆으로, 앞으로, 사방으로 추락하고 있는 것
은 아닌가? 여전히 높은 것과 낮은 것이 있는가? 우리는 아무렇게나
끝없는 무에 이르는 것은 아닌가? 우리는 빈 공간의 숨결을 느끼지
못하는가? 점점 더 차가워지지는 않는가? 밤은 끊임없이 그리고 점
점 더 오고 있지 않은가? 대낮에 초롱에 불을 켜서는 안 되는가? 우
리는 신을 매장하는 산역꾼들이 내는 소음에서 아무것도 듣지 못하
는가?[214]

제왕절개

> "그들을 낳다가 죽은 어머니의 아이들은 더 좋은 운수로 태어난 셈이다. 로마 황제(César)가 임명한 원로원의 제일인자인 스키피오 아프리카누스(P. C. Scipio Africanus)는 이런 방식으로 태어났으며, 그의 어머니에게 행해진 시술에 황제의 칭호를 본떠 제왕절개(césarienne)라는 이름이 붙여졌다."[215]
> ─플리니우스(G. S. Plinius), 『박물지(Naturallis Historia)』, 7권.

신은 궁륭, 즉 신전 지붕 위의 상부를 덮는 (닫혀 있는) 입구의 종석과 같다.

따라서 어머니(혹은 성모 마리아)의 음경을 가정하자.

생드니 거리의 매음굴에서 에드와르다 부인은 읽으려 펼쳐 놓은 책 위에다 양다리를 벌리고 자신의 성기의 음순을 두 손으로 벌려 이야기꾼에게 보여준다.

"당신이 알다시피, 나는 신이다"라고 그녀는 말한다.

누가 알겠는가?

맨 먼저 나는 관례적으로 '성애 문학'이라 불리는 것에 대해 이야기할 것이다. 이러한 지칭은 (일반적으로 어떤 장르를 특징짓는 데 필요한)

형식적 기준에 의해서가 아니라, 다루어지는 주제에 의해 정의되는 유형의 글들을 망라한다. 말하자면 대체로 소설, 단편소설, 시이거나 매우 드물게 희곡이든, 공인된 문학에서는 일반적으로 언급되지 않았던 사랑의 관계를 어느 정도 외설스러운 말로 묘사하는 모든 글은 성애 문학에 속한다. 같은 방식으로 성애를 다룬 회화가 존재하는데, 그것 역시 예의범절의 측면에서 모든 이의 시선을 위한 것은 아닌 어떤 상태와 활동에 있는 인간 육체의 재현을 지칭한다. 따라서 이러한 문학 (그리고 이러한 회화)은 어느 정도 별개의 일탈적인 장르를 구성한다. 우리는 이를 '일탈의 장르'라 불러도 좋을 터이다. 다만 그것이 일탈의 장르가 된다고 해서 일탈을 갑자기 사소한 것으로 간주할 위험이 없는 한 그렇다.

사실 장르[216]는 재생산에 의해 정의된다. 반면 일탈은 무엇보다도 재생산의 일탈, 장르를 벗어난 재생산의 일탈, 특수하지도 논리적이지도 않지만 설명할 수 없는 차이의 생산에서의 일탈이다. 이것은 기형(奇形)이 장르에서 벗어나고 재생산이라는 장르의 규칙에서 벗어나는 방식이다. 한편으로 장르 구조를 재생산하지 않지만, 다른 한편으로 기형은 자체로서 재생산되지 않는다. 흔히 기형이 생식불능이든, 혹은 생식할 수 있든 간에 그 후손은 기형에서 벗어나 일반적인 구조로 복귀하기 때문이다. 만약 구조의 기형이 유전적이게 되었다면, 구조는 기형이기를 멈추고 새로운 장르의 규칙이 된다. 사실 기형에 대한 정의 자체는, 기형이 재생산에서 벗어난다는 것이다. 플라톤의 시뮬라크르처럼, 기형은 모상도 아니며 모델도 아니다. 헤겔 자신은 기형에 대한 다른 어떤 정의도 내리지 않았다. (바타유가 약간 다른 목적에서 참조하게 될) 『철학강요』의 단락 250에서, 부연하자면 그의 체계 속 이질학의 위치를 은연중에 드러내는 단락에서, 헤겔은 '개념의 실현 가운데 개념을 확고하게 지탱할 수 없는 자연의 무능'[217]을 설명하기 위해 기형을 사용한다. 사실, "한편으로 기형이 장르 안에서 고려되어야 한다면," "다른 한편으로 기형은 이 장르의 본질적인 특성으로 간주되어야 할 어떤 결정인자를 갖지 못한다." 자연으로부터 일탈하는 기형은 장르의 규칙을 따르지 않는다. 엄밀한 의미에서 기형은 퇴화한 것이다. "생물학자들이 종에 대해 하듯이 기형을 범주에 포함시키는 것은 문제될 것 없다. 기형은 역시 확실한 이상(異常)이자 모순이다"라고, 바타유는 「자연으로부터의 일탈(Les écarts de la nature)」[218]에서 기술한다. 문학으로부터의 일탈도 사정은 마찬가지다. 즉, 문학으로부터의 일탈은 오로지 일탈로서의 모든 가치를 상실함에 의해 어떤 장르를 구성할 따름이다.

그러므로 장르로서 성애 문학은 스캔들을 일으키는 대단한 힘을 갖지 못한다. 그것은 담론의 위계를 결정짓는 체계에서 자신의 위치를 갖는다. 그런데 그것은 실로 보잘것없는 위상이다. 이미 오만한 과학의 대상이 되어 버린 문학에서 성애 문학은 이중적인 경멸의 대상이 될 것이다. 그러나 이런 경멸은 성애 문학을 받아들이는 조건이다. 하나의 장르가 되면서 성애 문학은 스스로 부수 장르의 위치에 놓인다.

사드의 소설은 에로티시즘에 진짜 스캔들을 실어서 그것을 세속의 격리 상태로부터 벗어나게 한 최초의 것이다. 사드 이전에도 그랬듯이 사드 이후 오랫동안 모든 문학의 유형 중에서 성애 문학은 가장 온건한 주장이 담겨 있는 문학이 될 것이다. 『위험한 관계(Les Liaisons dangereuses)』에서 라클로(P. C. de Laclos)의 서문이나 『쥐스틴』에서 사드의 서문에서처럼, 어떤 서문이 저자가 악의 묘사에 부여한 역설적이고 교육적인 가치를 통해 유용성의 원칙에 호소한다면, 이는 그 쾌락이 너무도 명백하게 소설 자체의 유일한 원동력이기 때문이다. 게다가 납득하기 어려운 미덕을 강변하는 이들 서문은 성애 문학에서도 예외적인 것이다. 성애 문학은 도덕적 혹은 문학적인 주장이 없는 장르이다. 의심의 여지없이 도덕적 금기보다 더 근본적이고 더 중대한 금기 때문에 도덕적 혹은 문학적인 주장은 불가능하게 된다. 만약 성행위의 묘사가 등장하면, 글쓰기 작업은 필연적으로 부차적인 것이 된다. 기껏해야 문체의 어떤 효과가 (마치 서문에서의 미덕이 그렇듯이) 오직 기분 전환을 위해 거기에 있는 것이다. 반드시 필요한 것도 아니다. 누구나 무엇이 중요한지 잘 알고 있기 때문이다. 이런 유형의 문학이 오로지 그것이 다루는 것에 의해서만 정의된다는 사실을 누구나 알고 있다. 형식적인 창조는 아무것도 변화시키지 못한다. 이런 의미에서 성애 문학은 모든 장르 중에서 가장 단조로운 것이다. 말하자면, 역설적으로, 반복이 규칙의 수준에서 일어나는 곳이다. 반복은 일탈의 장르에서 장르의 규칙으로 행세한다. 대개의 경우 익명의 이야기들은 서로 반복되면서, 스스로를 어떤 일화의 반복만으로 구성해 가는데, 이는 무한히 확대 해석할 수 있는 조합으로 이끌지 못한다. "에로티시즘을 다룬 회화는 결코 새로워질 수 없다. 에로티시즘은 본래 쓸데없는 반복으로 바뀌어 정상과 지루함으로 돌아오는 역설이다."[219] 정상과 지루함은 일탈의 긍정적인 양상을 억압하는 것, 말하자면 환원 불가능한 일탈의 이상 및 모순의 가치를 억압하는 것이다.

스캔들을 일으키는 것은 결코 성애를 다룬 글 자체가 아니다. 성애를 다룬 글이 스캔들이 되는 것은 오직 성애 문학의 고립된 영토를 벗어날 때이다. 성애를 다룬 글은, 문학의 본질을 재현하고 있는 '위대한' 글들과 비교해서 더 이상 보잘것없는 것으로 간주될 수 없을 때 진정 스캔들이 된다. 하지만 그저 단순히 사드를 라신(J. Racine)이나 빅토르 위고와 동등한 수준의 작가로 간주해 바라보는 것은 별로 중요하지 않다. 그가 누구이든 작가에 대한 재평가는 준비되어 있다. 우리 문화는 제대로 평가받지 못한 사람들을 찾아내기를 열망하고 있는데, 이는 과거의 부주의로 인한 오류를 바로잡을 수 있다. 위험은 오히려 이와 같은 재평가 이후 문학 자체가 온전히 남아 있지 못할 것이라고 느껴진다는 데에 있다. 문학의 한가운데서 성애를 다루는 글쓰기의 보잘것없는 자유를 위해 유보된 관용의 영역을 지정하는 장벽이 사라질 때, 문학의 지위는 문제시된다. 『악의 꽃(Les Fleurs du mal)』에서 『마담 보바리(Madame Bovary)』에 이르기까지, 『율리시스(Ulysses)』에서 『채털리 부인의 사랑(Lady Chatterley's Lover)』에 이르기까지, 이러한 진행 과정은 이를 증명한다.

에로티시즘이 부수 장르의 규칙을 따를 것을 거부할 때, 그것은 문학 자체가 근거하고 있는 체계를 다시 문제 삼고 문화를 구성하는 담론의 위계를 뒤흔든다. 성애를 다룬 '위대한' 소설들만이 위반적인 힘을 지닌다고 말하는 것은 이런 위계를 확립하거나 확고하게 하는 것이 아니다. 그와 반대로 위반은, 규칙이 확립하는 분류를 방해하면서 규칙 자체에 영향을 미치는 행위를 통해 발생한다. 예를 들어 이 경우 위반은 서로 일치해서는 안 되는 형식과 내용('저급하다'고 여겨지는 내용과 고상한 형식)을 결합하면서 발생한다. 플로베르, 조이스와 같은 작가가 아니라면 성애 소설을 누가 쓴들 중요하지 않다. 그렇지 않다면 작가와 그저 누군가 사이에 차이를 규정하는 일은 훨씬 미묘하고 까다로워질 것이다.

성관계의 재현을 거래로 만들고 성적 쾌락을 교환가치로 기능하는 쾌락(최음제의 형태)으로 변형시키는 것은 조금도 금기를 위반하지 않는다. 교환 구조에 맞춰 전개되는 모든 것은 모든 거래를 결정하는 일반적인 등가물의 초월성을 확고하게 할 뿐이다. 바타유가 종종 의사소통에 대해 말할 때, 항상 그는 교환이라는 어휘로 바꿀 수 없는 어떤 체험에 관해 말하는 것이다. 그것이 성적인 접촉이든 문학적 매개의 결과를 지칭하든 간에 말이다. 의사소통은 모든 교환 구조를 이루는 구성 요소를 사용하지 않고 소비(낭비)한다. 즉, 의사소통은 분리된 양극(발신자와 수신자)에게 서로의 뚜렷한 동일성을 상실하게 하는 동시에 이 두 극이 따르는 코드를 교란한다. 어떤 이야기의 주제가 무엇이건, 그것은 결코 자체로서 스캔들이 될 수 없다.(사실주의는 어떤 측면에서는 문학 이데올로기들 중 가장 순응주의적인 것이다.) 어떤 이야기의 서술 체계를 결정짓는 코드가 문제되는 것만큼이나, 주제는 어떤 경우이건 스캔들과 관련되지는 않을 것이다. 성애를 다룬 작품이 그것이 허용되는 조건들을 따르지 않을 때 공격받는 것은, (특히 문학을 학교에서 가르칠 수 있기를 바라는) 우리 문화의 가장 본질적인 코드 중 하나이다. 사실 이것이 바로 스캔들이다. 즉, 글쓰기가 문학과 에로티시즘 사이의 밀접한 관계를 드러내기 때문에, 갑자기 문학은 사람들의 통념보다 더 진지한 활동, 심지어 과학보다 더 진지한 활동, 진지함을 넘어 유희의 영역으로 이동하는 진지한 활동이 되며, 지식과 성적 쾌락 사이의 관계를 결정하는 데에 우리 문화가 의존하는 어떤 심급으로 출현한다.

1946년 프랑스 법정은 헨리 밀러(Henry Miller)를 소환했다. (1934년 파리 오벨리스크 출판사에서 영어로 초판 발행된) 『북회귀선(Tropic of Cancer)』은 좋은 품행에 반하는 것으로 비난을 받았다. 이 기소에 대해, 바타유는 잡지 『크리티크(Critique)』에 에로틱한 동시에 문학적인 글에서 무엇이 스캔들과 관련되는지 선명하게 밝히는 글을 발표한다. "우리가 밀러에 관해 언급할 때, 중지된 것은 이 소송을 떠맡은 사람들이 상상하듯이 외설적인 책의 거래가 아니다. 오히려 '있는 그대로'를 분명하고 완전하게 표현할 의무를 지닌 인간 정신의 활동이다."[220] 인간 정신이 무엇인지를 말하는 것…. 이것은 도덕적 입장을 옹호하는 문제가 아니다. 이것은 또한 미학적 가치를 옹호하는 문제도 아니다. 문학은 에로티시즘의 스캔들을 통해 훨씬 더 근본적인 쟁점을 결정할 권력을 부여받았다는 것을 알게 되는데, 너무 근본적인 것이라 거기서 문학을 인식하기에 어떤 어려움이 있다.

어쨌든 에로티시즘은 문학에 남았다. 과학은 분명히 에로티시즘을 갖지 않을 것이다. 사실 정신분석 이전에는 성애를 다룬 이론적 담론을 위한 어떠한 자리도 결코 있었던 적이 없었다. 담론이 '이론적'으로 남지 못한다면, 엄밀히 말해서 담론이 성적 쾌락을 욕망의 충족으로서의 지식으로 대체하는 성애학으로 귀착되지 못한다면 말이다. 이론적 태도의 본질과 연관된 이유 때문에 모든 이론은 성적 쾌락에 반해 구상된다. 플라톤이 쾌락의 신봉자인 필레보스를 아무 말도 못하게 하는 그 연출의 기교를 상기해야 한다. 과학이 모든 담론에 행사하는 통제는 적어도 이러한 효과를 지닐 것이다. 즉, 쾌락은 말이 없고 말을 사용하는 것이 금지되어 있다. 프로이트는 일생 동안 격렬한 공격에 과감히 맞섰는데, 이는 지식의 영역과 성적 쾌락의 영역의 분리가 우리 이데올로기 체계의 균형에 얼마나 본질적인 것인지를 보여준다. 더욱이 정신분석 담론 자체가 이론적인 성애의 텍스트로 간주될 수 있는지는 확실하지 않다. 성적 쾌락이 과학적 탐구의 대상으로 구성될 수 없기 때문에, 성애를 다룬 담론 자체는 오로지 이론과의 이질학적 단절 후에 시작될 뿐이다.

[임신의 개념. "우리가 태어난 곳에 대해 어떻게 말해야 하는가?"라고 모페르튀이(P. L. M. de Maupertuis)는 『자연의 비너스(Vénus physique)』(1745)의 서두에서 묻는다. 사실 개념의 무염시태를 방해하는 지성에는 어떤 점(맹점)이 존재한다. 개념의 전달 수단인 지성 가운데 이해될 수 없는 모든 것, 상상조차 할 수 없는 모든 것이 어떤 점을 만든다. 눈의 구조에서와 마찬가지로 맹점은, 그것이 볼 수 없는 한, 시각 자체를 유지한다. 동일하게 지성에서 개념이 이 맹점에 해당하는데, 지성은 이 맹점 속으로 사라진다.

첫째, 오래된 의학 논문들은 공통적으로 인간이 자신의 기원에 대한 무지로 인해 책망받아야 함을 상기시키고 있다. 맹목적인 사랑(*caeca cupido*): 사랑은 상상할 수 없는 어떤 점(황반)과 같다. 단 한 번의 타락으로 인해 인간은 이중으로 유죄 선고를 받았다. 즉, 유성생식의 선고와 그것을 상상조차 할 수 없음이라는 선고이다. 일반적으로 말해서, 무염시태가 그 자체로 불가사의를 이룬다 할지라도, 이 불가사의는 (그것이 교리로 여겨지기 때문에) 지성의 문제보다는 오히려 유성생식의 문제를 제기한다. 십칠세기와 십팔세기의 의학자, 해부학자와 박물학자들이 탄생의 문제와 씨름했을 때, 그들은 불가사의의 선언과 다른 특수한 이론들 사이에서 선택하는 걸로 만족해야 했다. 전자는 인간 지성의 미미한 능력을 상기시키면서 그 불가사의를 이해 불가한 신의 신비한 전능으로 돌렸다. 반면 후자는 어떤 경우엔 자연신학(*théodicée*)과 연결되고 다른 경우엔 유물론적 주장에 연결되었는데, 그것들은 성적 차이를 없앤다는 점에서 모두 무염시태의 유사 과학적 이형들에 지나지 않았다. 그들의 선택은 먼저 불가사의의 선언이었다. 수많은 예들 가운데 해부학자 다니엘 토브리(*Daniel Tauvry*)의 『생식 개론(*Traité de la génération*)』(1700)의 첫 구절 중 하나를 인용해 보자. "어떤 식으로 생각을 바꾸더라도 사람들은 어떻게 가장 보잘것없는 것이 생식되는지를 이해할 수 없게 된다."[221] 설명적인 주장이 담겨 있는 이론, 즉 (말브랑슈(*N. Malebranche*)[222]에서 라이프니츠에 이르기까지 여러 이형들을 지녔던) 선재하거나 끼워 맞춰진 생식세포에 관한 이론으로 말하자면, 그것은 성교를 이용할 필요가 없는 창조자인 신이 창조의 순간에 아담이나 이브의 음부에 모든 인간 유형의 끼워 맞춰진 생식세포를 넣었다고 말하는 것과 같다. 말하자면 모든 인간은 이미 창조되었으며 오래전부터 생식세포의 형태로 존재하고, 성교는 수태가 아니며, 진짜 수태는 무염시태이다. 이와 반대되는 배종발달설(panspermie)[223]이나 분산(dissémination)도 그 점에서는 전혀 다르지 않다. 이 이론은 씨가 자연 속, 즉 공기, 물, 먹이 속에 흩어져 있어서, 여자가 소량의 정자를 실어 나르는 공기의 흐름에 몸을 맡기기만 하면 어떤 남자와 성관계를 갖지 않고서도 '임신'할 수 있을 것이라고 주장한다. 배종발달설이 아무리 유물론적이라 해도, 그것은 수태 이론으로부터 모든 성과학적 요소를 제거하지는 않는다. 성교는 생식의 임의적이고 부수적인 것에 지나지 않는다. 이 이론은 1750년 존 힐(John Hill)[224]에게 영감을 불어넣어 소책자를 쓰게 했는데, 그 제목 (*Lucina sine concubitu*)[225]은 함께 잠자리를 갖지 않아도 이루어지는 생식을 나타낸다. 생식의 초기 이론들을 압도하고 지배하는 무염시태의 마지막 예는 다음과 같다. 레오뮈르(R. A. F. de Réaumur)가 진딧물 과의 단위생식을 발견했을 때, 그는 자연이 어디에서나 그처럼 단순한 길을 추구하지 않았다는 사실에 놀랐다는 것이다.[226] 사실 성차로서 유성생식은 지성의 관점에서 보자면 비할 데 없는 불가사의이다. 말하자면 그것은 비논리적인 차이다. '과학'의 입장에서 그것은 성교를 최소화하면서, 다시 말해 무염시태에서 비롯된 계획 안에서 단지 우연한 원인으로 성교를 가짐으로써 신학적 금지를 푸는 문제가 된다. 인간을 더 이상 타락과 죄악의 관점에서 고려하지 않으면서 인간 생식을 정당화하는 것이다. 과학은 무엇보다도 섹스를 부정하면서 그렇게 한다.

둘째, 금지되어 있는 것에 대한 어떠한 과학도 존재하지 않는다. 과학은 금지를 인정하지 않는다는 점에서 금지를 무시한다. 그러나 같은 이유로 과학은 금지를 위반하지도 않는다.

하지만 섹스는 금지되어 있다.

정자의 발견은 네덜란드의 독학자 레이우엔훅(A. van Leeuwenhoek)에 의해 이루어졌다. 그는 취미 삼아 현미경을 제작하고 그것으로 온갖 다양한 사물과 물질을 관찰하는 데 시간을 보냈다. 어느 날 그가 관찰한 물질들 중 하나는 사정의 순간에 모은 정액이었다…. 이런 실험이 있은 지 몇 년 후인 1677년 왕립학회의 사무관에게 보낸 어느 편지에서, 레이우엔훅은 자신이 '정액 속의 극미동물(animalcules spermatiques)'이라 부르는 것의 존재를 발견했다고 보고했다. 그는 이렇게 적었다. "삼사 년 전에 올덴부르크(H. Oldenburg) 씨의 요청으로 남성의 정액을 관찰하고, 앞서 언급한 극미동물을 소구체(globule)로 간주했던 것을 기억합니다. 그러나 연구를 계속하는 데 싫증이 났고 내 연구에 대해 언급하는 것은 더욱 더 싫증이 났기에, 당시 그것을 언급하지 않았습니다."²²⁷ 언어상의 금지는 공공연한 지시이다. 과학이 논의해서는 안 되고, 따라서 논의할 수 없는 것들이 존재한다. 게다가 이 금지는 레이우엔훅이 상상한 것이 아니었다. 사실 1679년,『철학회보(Philosophical Transactions)』에 그가 관찰한 것들을 발표하는 일은 온갖 종류의 검열을 마주해야 했다. 저자는 결국 '검열이 허용되는 한'²²⁸ 자신이 관찰한 것들이 발표되도록 단념해야 했다.

그러나 모든 금지는 욕망과 상관관계가 있다. 레이우엔훅의 실험실은, 거기서 그가 행한 노골적인 실험에도 불구하고(혹은 노골적인 실험 때문에) 최상류층 방문객들이 자랑스럽게 생각하는 꽤나 근사한 장소가 되었다. 1680년 콘스탄테인 하위헌스 주니어(Constantijn Huygens jr.)²²⁹는 이렇게 썼다. "모든 사람들이 여전히 레이우엔훅의 집으로 모여든다. 그는 세기의 위인인 듯하다." 이런 실험은 델프트에서 이루어졌지만 파리에서도 또한 유행했다. 퐁트넬(B. Fontenelle)은 자신의 『뒤 베르네 씨에 대한 찬사(Éloge de M. du Verney)』에서 그 점을 환기한다. 모든 이들이 왕가가 주도한 해부학 강의에 모여들었으며, 가장 은밀한 신체 부분의 해부는 이런 열정을 증대시킬 뿐이었다. 때때로 사람들은 그것을 '기념품'으로 집에 들고 가기도 했다. 퐁트넬은 이렇게 썼다. "나는 그[해부학자 뒤 베르네]가 준비한, 건조된 해부용 조직 절편을 소지하고 있는 사람들을 본 것을 기억한다. 그들은 특히 가장 흥미있는 주제에 속하는 부위의 절편을 친구들에게 보여주는 걸 즐기고자 했다."[230] 벨(P. Bayle)은 이렇게 기술했다. "지난 세기부터 인간의 신체를 둘러싼 수많은 관찰이 수행됐다. 놀라운 호기심으로 신체의 모든 부위가 검토되었지만, 생식이 목적인 신체 부위보다 더 정밀하게 검토된 신체 부위는 결코 없었다."[231]

그러나 이 호기심(알려는 욕망)은 잠자코 있다. 과학은 이 호기심에 대답할 수 없다. 즉, 과학은 호기심에 응답할 수 있는 언어, 다시 말해서 금지를 푸는 언어를 발견하기 전에는 대답할 수 없다.

1685년 의사 샤를 드르랭쿠르(Charles Drelincourt)는 『임신의 개념(De Conceptu Conceptus)』을 출판했다. 드르랭쿠르는 이 책에서 다음과 같이 말한다. "인간 태아의 형성, 출산, 양육에 관한 신의 기적이 여전히 신성한 베일로 가려져 있던 임신의 개념은 행복의 체계에 의해 드러난다." 과학은 우리가 유래한 곳을 가리던 베일을 벗긴다. 벨의 설명에 따르면, 과학은 드르랭쿠르를 통해 요령있게 그렇게 했다. 과학을 좌절시킬 수 있는 어떠한 금지도 없었다. "그는 매우 특별한 재주로 자신의 호기심을 조종해 가장 멋들어진 위반을 범함으로써 자연을 훼손하지도 않고 길을 잃지도 않은 채, 이 훌륭한 자연의 여신의 성소로 들어갔다."[232] 이 '성소', 이 '위반'은 그 시대의 점잖은 수사학에서 직접 유래한 것으로 보인다. 설사 과학 이전의 시대에서 과학의 시대로의 이행이 어떤 담론 가운데 개념으로 대체된 은유의 사라짐으로 나타난다 할지라도, 이 텍스트들은 여전히 '문학'의 영역에 머무르고 있다! 하지만 그들은 과학적인 접근을 준비했다. 왜냐하면 그것이 금지의 '신화를 부수기' 때문이다. 불확실의 미덕을 나타내는 지나친 수줍음만이 드르랭쿠르의 관찰에 기분 나빠할 것이다. 적어도 벨의 견해는 그러하다. "이와 같은 관찰이 신중하고 섬세한 프랑스어와는 전혀 다른 언어에 적합할 것이라고 결코 내게 말하지 말아라. 그것은 조롱이다. 다른 언어와 마찬가지로, 우리의 언어는 귀를 때리는 어떤 소리로 창조될 뿐이다. 누구나 알고 있듯이, 소리는 추잡한 말이 될 수 없다. 까다롭게 구는 사람을 제외하고는 누구에게도 혐오감을 주지 않듯이, 추잡한 사람을 제외하고는 누구에게도 더럽지 않다. 이른바 우리 언어의 이 섬세함은 외설스러움에 대한 의심만으로도 구역질을 하는 재치있고 세련된 귀부인의 환상 같은 것이다. (…) 만약 벌거벗은 남자가 정숙한 여자에게 그저 조각상에 지나지 않는다면, 솔직하고 자연스러운 말은 정직한 사람을 위한 말 이외의 다른 무엇이 될 수 있겠는가?" 욕망을 위한 욕망인 호기심은 욕망을 추구했다. 과학은 호기심에 자궁을 제공한다. (『정신현상학』에서 두개골과 골상학에 관한 헤겔의 논의를 참조. 골상학은 의식을 가진 개체성에 도달하려고 애쓰며, 오로지 인간 정신의 존재를 하나의 뼈로 귀결시킬 뿐이다.) 과학은 알려고 하는 욕망이 사라져 버린 곳에서만 발전한다. 과학이 성에 도달할 수 있는 것은 성에서 성적 특성을 없애 버린 후이다.

셋째, 성은 합리주의 개념에서 벗어난다. 왜냐하면 성의 낭비는 개념의 작용을 통제하는 구성 체계에서는 생각할 수 없기 때문이다. 엄밀히 말해서 성이 살롱에 흩어져 있는 말라붙은 성기의 형태로 표현될 수 있다면, 이때 금지로 타격을 받는 것은 자유로운 성의 낭비이다. 성의 소비는 분산이나 배종발달설의 이론이 봉착하게 될 반론의 가장 확실한 주제일 것이다. 자연 속을 떠돌다가 사라지는 셀 수 없는 양의 씨앗들, 말하자면 대부분이 싹트지 못하는 이 씨들은, 무한한 공간의 침묵이 한 세기 전에 그렇게 했던 것보다 더 우리를 경악하게 한다. 바로 레이우엔훅에 의한 '정액 속의 극미동물'의 발견이 야기하게 될 현기증이다. 인간의 정액 속에 그토록 많은 양의 생식세포들이 있는 반면, 최선의 경우 단 하나의 생식세포만이 임신 가능하다. 유용성의 법칙에 따르는 사유 체계는 이같은 전적인 손실에 분노할 수밖에 없다. 자크 로제(Jacques Roger)는 이러한 반응에 대해 다음과 같이 이야기한다. "이러한 손실과 신의 지혜는 양립할 수 없다." "그 모두, 사람들이 자연 속에서 관찰하는 완벽한 조화와 어우러질 수 없다."[233] 어떠한 목적에도 도움이 되지 못하는 무엇인가를 상상하는 것은 있을 수 없는 일이다. 이것은 쓸모없음이 바로 범죄로 연결되는 체계에서 매우 막대한 문제를 내포한 사유의 스캔들이 아닐 수 없다. 아무런 미래도 없는, 이들 파괴되는 무수한 정자들은 신이 저지른 것으로 비난받는 유산(流産)이다. "이런 교리에 따르자면, 신은 결코 태어나지도 못할 무수히 많은 작은 인간들을 창조해서는 수많은 살해를 저지르고, 또 허다하게 쓸데없는 것들을 만들어낸 일에 대해서 비난을 받게 된다."[234]

섹스가 과학의 담론에서 벗어나는 것은 피임과 연결되면서, 즉 섹스가 낭비와 이어지면서이다. 낭비에는 개념이 없다. (바타유는 낭비라는 '관념'에 대해 말할 것이다. 그러나 관념은 개념이 아니다. 바타유는 1929년에 출판된 장 발(Jean Wahl)[235]의 책 『헤겔 철학에서의 불행한 의식(Le malheur de la conscience dans la philosophie de Hegel)』에서 이 말을 차용했을 것이다. 이 책에서 장 발은 헤겔의 관념이 어떻게 '개념들에 대항하면서' 구상되었는지를 보여준다.)

'concevoir'는 [프랑스어로] 집중하는 움직임, 수리, 모으기를 지칭한다. 이 말은 함께 나아가기, 어떤 산물에 형태를 부여하려는 구심적 활동을 나타낸다. 그리고, 어떤 형태를 둘러싸고 있는 일은 임신을 나타낸다. 엄밀하게 말해서, 임신은 반(反)분산이다. 임신은 생식세포들이 그들을 둘러싸고 있는 것을 벗어나 분산되는 것을, 그리고 생식세포들이 충분한 이유 없는 분산 가운데, 형태도 이유도 없는 분산 가운데 사라지는 것을 느끼지 못한다. 한 여자가 임신했을 때, 그녀는 어떤 형태를 둘러싸고 있는 것이다.

넷째, 'concevoir'는 본래의 의미로 여자의 임신을 뜻한다. 비유적 의미에서 이 동사는 개념을 생산하는 정신활동을 나타낸다. 십칠세기 라틴어에서 'conceptus'의 첫번째 의미는 여전히 태아를 가리킨다. 이 말이 'concept(개념)'의 의미를 획득하는 것은 은유를 통해서이다. 은유는 결코 단순하지 않다. 은유는 교환과 대응의 체계를 통해 전파되는데, 사람들은 사유나 성 중 어느 것이 다른 하나에 대한 은유로 기능하는지를 궁극에는 모르게 될 것이다. 성기와(혹은) 머리. 말의 연결과 육체 간의 결합은 유사한 연역적 추론을 보장할 것이다. 십팔세기에 이 은유는 무염시태에 맞서는 동일한 투쟁을 통해 발생학의 탐구와 경험주의 철학자의 시론을 결합시킬 것이다. 말하자면 감각적인 경험을 통해서가 아니면 어떠한 관념도 형성되지 않으며, 사전에 어떤 '경험'을 갖지 않고서는 어떠한 여자도 임신할 수 없다는 것이다. 천부의 아이들이 존재하지 않는 것과 마찬가지로, 본유 관념은 존재하지 않는다. 라 메트리(J. O. de La Mettrie)에 따르면 "자연이 여자에게 음부를 제공하는 것을 잊어버린다면 여성의 임신이 가능하지 않듯이, 모든 감각 능력을 잃은 남자가 어떤 관념을 보유하기는 불가능하다."[236] 흄(D. Hume)은 이렇게 물을 것이다. "왜 잘 조직된 체계는 두뇌에서처럼 복부에서는 만들어질 수 없는가?"[237] 그러나 캉길렘이 관찰하듯이, 아리스토텔레스는 이미 자신이 삶의 이론으로 구상했던 모델을 논리에 도입하면서 이 은유를 따랐다. 두 결합이 아닌 단 하나의 결합만이 존재한다. "모순 없는 논리적 원칙과 특수한 유성생식의 생물학적 법칙 사이에는 단순한 일치 이상이 존재한다. 보잘것없는 존재는 보잘것없는 존재에게서 태어난다고 할 수 없기 때문에, 보잘것없는 것이 보잘것없는 것에서 생겨난다고 주장하는 것 또한 불가능한 일이다."[238]

다섯째, 그러나 이 비교는 전혀 비교가 아니다. 그것은 성차에 의해 왜곡된다.[239] 사실 남자에게 구상의 기관이 머리인 반면, 여자에게 그것은 성기일 것이다. 여자는 아이를 만들고, 남자는 책을 만든다. 각 성에는 자신만의 수태가 있는 것이다.

지적인 의미에서 개념이 남자의 산물인 것과 같은 이유로 아이는 여자에 의해 산출된 개념이며, 둘 다 남녀 각자의 정신적 기능의 산물이라는 점은, 여자의 상상이 임신에서 중요한 역할을 한다는 뿌리 깊은 이론에 뚜렷이 나타나 있다. 이러한 상상을 북돋우는 것이 바로 욕망이다. 따라서 욕망은 매개를 통해서, 유난히 감각적인 성 기관에 의해 그 효과가 감지되는 동물적인 정신운동을 유발한다. 극단적인 경우에 이 효과는 임신 그 자체를 유발하기에 충분하다.(이러한 상상의 힘은 때론 남자의 임신을 유발하기에도 충분한 동력을 지닐 것이다![240]) 그러나 이 효과는 대체로 태아에 형태를 부여하기 위해 태아의 구조를 만드는 것으로 제한될 것이다. 그러므로 아이는 얼굴에 자신의 어머니의 욕망을 나타낸다. 정숙한 여자의 아이가 그 아버지를 닮는 것도 같은 까닭이다. 그러나 특히 자연으로부터의 일탈(그리고 여자의 일탈)을 설명하기 위해 욕망은 다음과 같은 원인에 호소하게 된다. 말하자면 어떤 아이는 어머니가 아이를 뱄을 때 욕망했던 소의 신장을 갖고 태어난다. 다른 아이는 뼈가 부서져 태어난다. 임신했을 때 어머니가 누군가 수레바퀴 형벌에 처해지는 충격적인 광경을 목격했던 것이다. 혹은, 어린 양은 그 어미를 두렵게 했던 늑대의 털을 갖고 태어난다. 어머니의 욕망(혹은 두려움)의 이미지를 갖는 아이는 어머니에게 없는 남근으로 기능한다. 클로드 브뤼네(Claude Brunet)의 『1697년의 의학발전(Les progrès de la médecine pour l'année 1697)』에 따르면, 외눈박이에다 그 위에 남근이 달려 태어난 아이는 문자 그대로 그런 작인(作因)에 기인한 것이다. 더 구체적으로 설명하자면, "임신한 여자가 이마에 매달린 남근을 상상하면서 자신의 두 눈앞에서 두 부위를 연결시키려 했다고 가정해야 한다. 선명하게 혹은 놀라움으로. 그런 일은 꿈속에서 혹은 남편과 농담을 하거나, 아니면 프리아포스의 축제에서 어떤 공연을 주의 깊게 바라보다가 일어났을 수도 있다."[241]

　말할 필요도 없이, 발생학이 발전하면서 어머니의 이런 상상은 통속적인 상상으로 내버려진다. 어머니의 욕망은 개념이 아니다.

　여섯째, 책은 아이처럼 만들어지는가? 아니면 책은 아이처럼 만들어지지 않는가? 우리가 비롯된 곳에 대해 어떻게 말해야 하는가? 정신분석학자 카를 아브라함은 한때 어느 젊은 철학자에 대해 언급했는데, 이 철학자의 모든 성찰은 가장 전통적인 문제, 즉 관념들의 기원에 집중되었다. 어느 날 이 철학자는 "나는 두뇌를 자궁과 견주어 본다"[242]라고 했다.]

성애의 담론이 전환 없는 섹스(욕망, 나체, 성적 쾌락)를 말하는 담론으로 불릴 수 있는 한, 이론적인 성애 담론은 상상할 수 없다. 사실 이론적인 담론은 금지된 성애 담론을 다른 담론으로 전환시킬 뿐이다. 임신은 성적 작용의 은유에 지나지 않는다. 임신하는 것은 성의 소비를 하나의 의미에 종속시키면서, 그리고 그것을 생식 가능성의 규범에 따르게 하면서 전환시킨다. 그러나 벨이 생각한 것과는 반대로, 어떤 소리는 외설스러운 말이 될 수 있다. 특히 어떤 말 속의 소리는 전환이라는 연결에서 벗어날 수 있을 것이다.(이 연결에 의해 부차적인 과정, 다시 말해서 논리적 사유는 소리로 하여금 오로지 전형적인 지위만을 갖도록 하고, 의미의 교체로서 오로지 다른 것을 환기시키기 위해서만 거기에 있도록 할 것이다.) 어떤 소리가 이론적 전환(개념적 은유)에서 벗어나는 순간, 그것은 외설스러운 말의 효과를 지닌다. 사실 외설스러운 말은 말의 의미에 의해 동화될 수 없는 것이다. 그러므로 성애의 담론은 상상할 수 없는 점(tache)처럼, 개념이나 고유 명사들에 상응하지 않는 소리(가짜 이름, 이름 붙일 수 없는 이름, 가명 등)처럼 이론에 내포된 담론일 것이다.

어떤 문화를 구성하는 승화의 체계는 지식과 성적 쾌락의 분리에 근거한다. 한편으로 더 큰 가치가 부여되는 과학은 담론이 가진 위계의 정점에서 규범으로 여겨지는 반면, 문학은 과학의 관심에 가장 적합하도록 쾌락 문제를 해결하는 일을 떠맡는다. '쾌락'의 기능. 이 승화의 체계에서 성애를 다룬 전통적인 글들(장르의 규칙을 따르는 글들)은 매우 분명한 자리를 차지한다. 그곳은 지식을 쾌락으로부터 보호하는 조루의 위상이다. 여자의 오르가슴에 선행하는 남자의 오르가슴, 즉 조루 현상은 정신분석에 의하면 남자가 상대방의 성적 쾌락인 오르가슴을 거부하는 것으로 해석되어 왔다.[243] 과학은 오르가슴에 도달해서는 안 되며, 문학은 이를 주시하는 일을 떠맡았다. 십팔세기의 세속적인 '성적 충동' 가운데 과학과 성이 만들어내는 추파는 가장 애매한 수준에 머물러 있다. 추파는 과학과 성의 분업을 문제 삼지 않는데, 이때 과학은 현실에 관한 조사를 자유롭게 할 수 있도록 문학으로 하여금 쾌락 원칙이 제기하는 문제들을 해결할 것을 요구한다.

바타유의 성애를 다룬 글들은 승화 체계 자체를 비난한다. 그것들은 외설적인 심미주의자의 쾌락을 위해 유보된 영역의 편협한 한계를 고려하지 않는다. 그리고 무엇보다 성애 소설이 오로지 주제에 의해서만 규정되기를 바라는 장르의 규칙을 거부한다. 바타유의 성애 이야기에서, 성적 지시 대상은 그저 유희의 요소 중 하나에 지나지 않는다.[그래서 바타유의 '성애를 다루지 않은' 작품들, 법적 금지의 위험을 무릅쓰지 않는 소설들, 격언집 등은 이 지시 대상의 (상대적) 부재에도 불구하고 성애를 다룬 글쓰기의 일반적 흐름에 속한다.] 지시적 외설스러움은 자체로는 아무것도 아니다. 그것은 훨씬 더 결정적인 형식적 효과의 시작일 뿐이다. 이 효과가 담론의 위계를 방해하기 때문이다. 사실 지시적 외설스러움은 **작용할 수 있을 때만** 존재한다. 그리고 지시

대상이 글쓰기 작업을 제한하지 않을 때만, 외설스러움이 단지 지시적인 것만은 아닐 때만, 지시적 외설스러움은 작용할 수 있다. 이런 의미에서 바타유의 이야기는 외설스러운 기록(기록으로서의 외설스러움)으로 간주되어야 한다. 무엇보다도 바타유의 이야기는 외설스럽다. 왜냐하면 외설스러운 기록은 승화 체계의 토대(지식과 성적 쾌락의 분리)를 파괴하는 방식으로 허구와 이론을 병렬하면서 코드의 분배를 고려하지 않기 때문이다.

(쾌락 원칙 너머로⋯.『눈 이야기』도, 하물며『마담 에드와르다』도 외설스러운 소설의 쾌락주의적 체계에 갇히지 않는다.『눈 이야기』에는 이렇게 씌어져 있다. "나는 '육체의 쾌락'이라 불리는 것을 좋아하지 않았다. 사실 육체의 쾌락은 항상 성적 쾌락이기 때문이다."[244]『마담 에드와르다』의 서문에는 이렇게 씌어져 있다. "나는 이 세상의 본질적인 것이 성적 쾌락이라 생각하지 않는다. 인간은 성적 쾌락의 기관에 제한되어 있지 않다."[245] 쾌락 원칙 너머에 죽음이 있으며, 죽음의 행위를 견뎌내는 일은 가장 위대한 힘을 요구한다.)

『마담 에드와르다』⋯.

"나는『내적 체험』의 2부를 이루는「고통(Le supplice)」을 쓰기 직전인 1941년 9월과 10월에 걸쳐 이 얇은 책을 썼다. 나의 견해로는, 이 두 텍스트는 서로 밀접한 관계를 맺고 있으며, 하나는 다른 하나 없이 이해될 수 없다."[246] (「고통」이 이론적 텍스트라 불릴 수 있는 것은 오직 온갖 종류의 유보 이후일 것이다. 이론적 텍스트들은「고통」과 마찬가지로 거의 논란이 없고 혹평을 받지 않는다. 그럼에도 불구하고『마담 에드와르다』는「고통」과 함께 출판되지 않았으며, 서로 밀접한 관계를 맺고 있는 두 텍스트는 분리되어야 했는데, 그 까닭은 바타유에 의해 '적합한 이유'로 기술된다. 즉, 에로티시즘과 이론을 나누는 승화가 강요하는 구획에 좌우된다는 것이다. 이 분리만으로도「고통」을 이론적 텍스트의 지위에 놓을 수 있다.) "『마담 에드와르다』가「고통」과 결합되지 못한 것은 유감스럽게도 부분적으로 이 '적합한 이유' 때문이다. 물론『마담 에드와르다』는 나에 대한 더 효과적이고 진실한 표현이다. 만약 내가 앞서「고통」의 수수께끼를 푸는 열쇠를 제공하지 못했다면,「고통」을 쓸 수 없었을 것이다."

[1941년은 이차대전이 한창이던 때이다. 바타유는 일차대전과 전혀 다른 방식으로 이차대전을 체험했다. 그가 일차대전을 회피했던 반면, 이차대전의 경우 체험했다고 말하자. 두 경우 가운데 전쟁과 그의 관계는 전복되었다. 어떤 면에서 내가 이 책에 쓰고자 했던 것은 두 전쟁 사이의 시기인데, 해가 거듭될수록 점점 더 위협적으로 변하는 상황에서 바타유의 글쓰기는 자신의 길을 헤쳐 나아가게 된다.

일차대전이 끝나기 직전인 아마도 1918년에, 바타유는 사람들의 상처와 대성당의 상처를 치유할 수 있게 하는, 승리와 평화에 호소하고 평화의 승리에 호소하는『랭스의 노트르담 대성당』을 썼다. 이차대전이 발발하기 직전인 1939년에, 그는 니체에게서 차용한 제목으로 그의 방향 전환의 정도를 보여주기에 충분한 글을 쓰기 시작했다. 전쟁은 지금으로서는 상상력을 불러일으키는 가장 강력한 자극제이다.[247]

두 전쟁 사이의 시기는 바타유의 작업에서 다양한 정치적 입장 표명에 의해 특징지어진다. 1918년에는 평화에 대한 희망이 표명된다.『라 크리티크 소시알』과 밀접한 관계를 맺는 동안, 그는 사회적 폭력을 유발하는 모든 형태의 조직과 국가에 반대하고, 계획되지 않은 혁명적 (이질학적?) 반란에 열광한다. 혁명은 노동자 계급의 힘이 상승하는 수단이 아니라 대중의 자유로운 분노이기 때문이다. '콩트르 아타크 (Contre-attaque)'[248] 및 인민전선과 더불어, 그는 또다시 전쟁에 반대하는데, 이는 (사회적으로 혹은 국제적으로 누가 보아도 명백한) 평화의 이름이 아닌 혁명의 이름으로 행해진다. 이때 호전적 폭력에 대립되는 혁명적 폭력과 함께 국가적 자본주의 간의 갈등 가운데 총알받이 구실을 원치 않는 프롤레타리아의 격렬한 거부가 생겨났다. 바타유가 창안해 구성한 프랑스 지성 집단인 사회학회가 활동하던 시기에, 다시 말해서 ("평화적인 이상, 히틀러에게 어떠한 해결에도 동의해 달라고 간청하기"[249]까지 하면서) 민주주의가 평화의 환상을 필사적으로 유지하려고 하는 뮌헨에서의 굴욕적인 유화정책의 시기에, 그것이 우파에서 나타나든 혹은 좌파에서 나타나든 상관없이, 평화에 대한 맹목적 숭배와 전쟁에 대한 병적인 두려움이 폭로되었다. 그가 보기에, 혁명은 더 이상 전쟁에 반대하는 힘을 갖지 못했다.

1918년과 1939년 사이에, 민주주의적 화합의 신화와 더불어 '최후의' 전쟁이라는 신화가 무너진다. 전쟁 이후의 시기는 점차 그것이 무엇이었는지 드러낸다. 즉, 두 대전 사이인 것이다. 왜냐하면 평화는 시간에 맞서지 못하며, 시간의 본질은 논쟁적이기 때문이다. 시간은 바로 전쟁이자 찢어진 상처이다. 헤라클레이토스의 시간〔시간(크로노스) = 전쟁(폴레오스)〕은 피라미드의 조화를 무너뜨린다.

바타유에 따르면 1941년에 씌어진 「고통」은 '나의 삶에 따라 반응하면서 불가피하게 쓴'[250] 『내적 체험』의 두 부분 중 하나이다.

『내적 체험』은 1943년에 출판된다. 1944년에는 『죄인』을 수반하고 1945년에는 『니체에 관하여』를 수반하게 된다. 일종의 전쟁 삼부작을 구성하는 이 세 권의 책은 『반신학총서』에 결집되었다.(그러나 처음 두 권의 책만이 이 출판에 포함되기 위해 재편집되는 혜택을 누렸다.) 이차대전 동안 출판된 『반신학총서』는 일차대전의 종언을 찬양하는 테 데움을 예감케 하는 대성당, 즉 랭스의 노트르담 대성당을 사라지게 한다.

이 세 권의 책이 오로지 출판 날짜에 의해서만 전쟁과 연결되는 것은 아니다. 『내적 체험』은(그것의 고통스러운 핵심은 1941년에 씌어졌다. 그리고 고통과 전쟁이 동시에 발생한 것은 확실히 단순한 우연의 일치가 아니다) 두 전쟁 사이의 시기에 생겨난 여러 글들을 「고통의 전례들」에 결집시킨다.(이 전례들은 1920년에 시작된다. 『희생들』이라는 텍스트의 새로운 판본은 '죽음은 어떤 의미에서 기만이다(La mort est en un sens imposture)'라는 제목으로 출간된다. 『하늘의 푸른빛』은 『미노타우로스』에 실렸고, 「미로」는 장 발이 발간하던 『철학적 탐구(Recherches philosophiques)』에 실렸다.)『내적 체험』은 시간에 맞서지 않고 시간과 더불어 쓴 책이다. 말하자면 바타유는 『내적 체험』에 시간을 담았다. 그 시간은 먼저 [일차]대전 이후의 시기를 두 전쟁 사이로 바꾸어 놓았고, 그 다음을 이차대전으로 바꾸어 놓았다. 시간과 더불어 바타유는 글을 쓰기 시작했다.

『내적 체험』에는 전쟁에 대한 예감이 존재한다. 『죄인』의 첫번째 경구는 선전포고가 있었던 바로 그 날로 거슬러 올라간다. "내가 쓰기 시작한 그 날(1939년 9월 5일)은 우연의 일치가 아니다. 나는 사건 때문에 쓰기를 시작하지만, 사건에 대해 말하기 위해서가 아니다. 다른 것을 할 줄 모르는 나는 이 짧은 글들을 쓴다. 이제 나는 자유롭게, 변덕스럽게, 되는 대로 쓰려고 한다. 갑작스레, 솔직하게 말해야 할 순간이 왔다."[251] 여기서 지나친 남용이 없다면, 바타유가 사용하는 '쓰다(écrire)' 동사의 자동사적 용법이 요구될 수 있을 것이다. 말하자면 그는 선전포고가 있던 날 쓰기 시작한다.]

그러므로 바타유가 밀접한 관계를 맺고 있다고 선언하는 두 텍스트(『마담 에드와르다』, 「고통」)는, 하나는 허구이고 다른 하나는 경구집이긴 하지만, '적합한 이유'로 분리되었다. 이 텍스트들은 동시에 씌어졌고 동시에 읽혀야 한다.("하나는 다른 하나 없이 이해될 수 없다.") 그러나 동시에 출판될 수는 없었다. 바타유가 우리에게 그것을 가르쳐 준 것은 『마담 에드와르다』의 서문에 대한 계획들 중 하나를 통해서이다.

실제로 『마담 에드와르다』의 서문이 존재한다. 따라서 그 성애 소설은 결국 이론적 텍스트를 수반하게 된다. 이 두 담론의 연결은 필연적이었다. 이 소설이 그저 단순히 '성애 소설'로 기능하지 않도록 하기 위해서, 즉 그것이 승화 메커니즘의 희생물(예를 들어 '적합한 이유')로 남지 않도록 하기 위해서 그러하다. 허구만으로는 위반의 장소가 될 수 없다. 이는 이론적 담론과 연결되면서 분리시키는 공간을 벗어날 때만 가능하다. 에로틱한 내용으로 구성된 내적 위반은 외적 위반, 그러니까 진지한 것과 문학(하물며 가장 '경박하다'고 여겨지는 문학 형식)이 분리되는 담론의 위계를 문제시하는 위반과 연결되지 않는다면 완화될 것이다.

이론적 텍스트가 성애 이야기의 서문으로 나오고, 결과적으로 통시적 읽기를 통해 성애 이야기가 이론적 텍스트보다 앞서는 것은 성적 쾌락과 지식 사이 관계의 역전을 나타낸다. 쾌락은 플라톤의 성애학과는 달리 더 이상 지식을 위한 예비 과정이 아니다. 반대로 서문이 되는 것은 이론이다. 그러므로 이러한 배치에 따르면 성적 쾌락의 위치는 더 이상 과학 이전의 사정(射精)의 위치가 아니다. 그것은 지식에 도달하고 지식을 넘어선다. 바타유의 성애 이야기는 깊이 파고들고 과열되어 침해된 과학이며, 열렬한 성적 쾌락으로 향한다. 성적 쾌락은 과학의 공간 바로 그곳에 나타나 과학이 의존하는 이론적 울타리를 무너뜨린다. 이론으로부터 성애 이야기로의 이행은 '자체의' 맹점 가운데 지식의 붕괴를 나타낸다. 개념이 전개되었던 내부에서 울타리는 열린다.

따라서 소설의 최종판은 다음과 같이 구성된 제목의 한 페이지로 시작된다.

마담 에드와르다
피에르 앙젤리크

서문
조르주 바타유

이론적 텍스트만이 '고유' 명사로 서명되어 있다. 성애를 다룬 텍스트는 아버지의 이름을 부정(삭제)한다.

　(정신분석의 관점에서, 지식에 대한 아이의 욕망은 지식이 어디서 생겨나는지를 알려는 욕망이다. 어머니의 욕망의 결과인 아이 역시 이 욕망을 불러일으키려 할 것이다. 어머니의 욕망에 전적으로 종속된 자신의 지위를 확보하고자, 아이는 욕망의 원인이 무엇인지 알고 싶어 하며 자신을 낳아 준 어머니의 욕망이 무엇인지 알고 싶어 한다. 자신의 존재를 보장받기 위해, 아이는 자신의 욕망을 일으키는 것을 확실하게 숙지하고 싶어 할 것이다. 그러므로 아이의 관점에서, 아이를 생산하는 욕망의 장소로서 어머니의 신체는 그가 간파하고 싶어 하는 수수께끼 같은 것이다. 그러나 바라던 욕망으로 아이의 욕망에 응하기보다 오히려, 아이에 대한 어머니의 응답은 아버지의 이름이다. 아버지의 이름은 바로 어머니의 욕망의 열쇠이자 아이 존재의 원인이다. 어머니 욕망의 원인이자 어머니의 욕망을 대신하는 것으로서 아버지의 이름은 지식에 대한 욕망에 답하는 최초의 말이다.)

　고유 명사는 고유한 텍스트에만 적합하다. 그러나 과학은 지식에 대한 욕망을 충족시키지 못한다. ("과학은 알려고 하는 욕망이 사라진 사람들에 의해 창조된다"[252]라고 바타유는 말할 것이다.) 따라서 이러한 욕망은 어머니의 욕망을 위한 욕망으로서 다시 나타난다. 아버지의 이름이 부재함을 용인하는 성애 소설이 시작되는 공간 어딘가에서 과학을 넘어서. 가명은 단지 '적합한 이유'와 관련있는 것은 아니다.

　정신분석의 관점에서 책은 어머니의 상징이다. 책은 읽기와 쓰기 같은 활동, 책 수집 취미 같은 편집증, 다원적으로 결정되는 무의식적 가치를 제공한다. 읽기가 그냥 읽기가 아닌 것과 마찬가지로, 책은 그저 책이 아니다. 멜라니 클라인(Melanie Klein)[253]에 따르면 "읽기는 어머니의 몸 안에서 무의식적으로 지식을 획득하는 것을 의미한다."[254] 그러므로 은유에 의해 지식의 장소는 어머니의 몸에서 책장(冊張)으로 이동한다. 이러한 전환은 사회에 의해 교육에 부여된 완전한 임무를 구성한다. 이 전환은 지식의 장소를 이동시킬 뿐만 아니라, 그 이동에 의해 지식을 욕망으로부터 멀어지게 한다. 또한 이 전환은 지식과 지식이 전환시키는 욕망을 분리한다. 교육을 통해 지식에 대한 욕망이 해체되어야 한다. 한편으로 욕망이 해체되어야 하고, 다른 한편으로 지식이 해체되어야 한다. 아이가 알고 싶어 하는 것은 어머니의 욕망이 구성하는 무언가이다. 그러나 과학은 이 기원을 적극적으로 망각함으로써, 혹은 같은 말에 해당하겠지만, 이런 기원의 은유를 구성함으로써만 발전되었다.

　정신분석은 어떤 면에서는 이 은유를 해체하려고 애쓸 것이다. 따라서 정신분석은 과학의 영역에서 공개되지 않은 자리를 차지할 것이다. 이런 해체하려는 야심은 프로이트의 첫번째 위대한 책 『꿈의 해석(Die Traumdeutung)』에서 특별히 감지할 수 있는데, 어떻게 보면 책의 함축적인 의미를 구성하기도 한다.[255] 이 책은 정신 현상에서 욕망이 가진 절대적 힘을 폭로하기 하지만, 아울러 이 욕망이 필연적으로 무의식적이며 오로지 어떤 위반에 의해서만 밝혀질 수 있다는 것을 보여준다. 꿈을 해석하는 열쇠로서 일종의 욕망의 과학을 제시하는 것은 따라서 그 자체로서 이중의 위반을 구성한다. 더 구체적으로 말하자면 (오로지 욕망의 억압으로부터, 그리고 오로지 욕망의 억압과 전환으로서만 전개되는) 과학의 위반, 그리고 과학이 그 비밀을 캐내려는 욕망의 위반을 구성한다. 『꿈의 해석』의 구성을 둘러싼 상황에서 추출된 여러 요소들(책 자체가 이들 중 일부를 포함한다)은 이 위반이 실제로 프로이트의 중대한 야심이었다는 사실을 입증한다. 프로이트는 자신이 임신의 문제와 임신을 상상하는 문제에 몰두하던 시기에 『꿈의 해석』을 쓰기 시작했다. 책을 쓰는 것과 아이를 갖는 것 중에, 불멸의 가장 확실한 증거는 무엇일까? (그는 그의 첫번째 책을 막 쓰려 하고 있었고, 그의 아내는 여섯번째 아이를 낳기 직전에 있었다.) 모든 희망을 걸고 불멸에 대한 자신의 모든 욕망을 투사한 책 『꿈의 해석』을 쓰고 있는 중에, 프로이트는 테이블 위에 놓여 있는 완성된 책을 보았다는 친구의 꿈 이야기를 들었다. 친구의 이 이야기는 낮 동안의 잔재가 되어, 그날 밤 거기에 프로이트의 「식물학 논문에 관한 꿈(Traum von der botanischen Monographie)」자료가 덧붙여졌다. 이 꿈에 대한 그의 해석은 그를 유년 시절의 기억으로 되돌려 놓았다. 예를 들어 그는 그의 아버지가 그에게 준 책을 찢고 있다. 책을 찢는 것은 어머니의 몸을 절개하는 것이고, 책을 쓰는 것은 욕망의 비밀을 캐내려 씨름하는 것이다. 이런 행위는 책에서 얻은 은유를 뒤흔들어 놓으며, 지식 체계를 다시 문제 삼는다.(그 지식 체계의 주요 기능은 어머니의 몸을 능동적으로 망각하는 것이다.) 그럼에도 불구하고 욕망에서 벗어나려는 욕망과도 같이, 영원에 대한 모든 욕망은(오귀스트 콩트가 말했듯이, 천사는 불멸하기 때문에 성을 갖지 않는다는 것을 누구나 알고 있다) 책을 다시 제자리에 놓을 수밖에 없게 한다.

은유는 욕망을 억누른다. 책에서 페이지를 떼어내는 것(그리고 심지어 페이지를 읽기 위해 펼치는 것)은 책을 깨어나게 한다. 책은 아버지의 이름으로 날인되었다. 규칙에 따라, 책은 표지 위에 저자의 성(姓)을 지닌다. 실제로 아버지의 이름은 욕망과 지식 중에서 양자택일하기 위해 두 항목을 분리하면서 지식에 대한 욕망을 차단한다. 이렇게 해서 책이 탄생하고, 개념도 또한 이렇게 탄생한다. 은유는 아버지의 이름으로 은유의 기원에서 삭제된다. 아버지의 이름은 책을 보증하며 지식에 대한 욕망을 죽인다. 개념의 탄생은 욕망의 죽음을 가져온다.

죽음의 은유. 책은 욕망의 종말이고, 영원은 시간의 종말이다. 책은 (주체의) 무덤이다.

> 역사의 종말은 엄밀한 의미에서 인간의 **죽음**이다. 이 죽음 이후에 다음의 것이 남는다. 첫째, 인간의 형상을 지닌 살아 있는 몸. 하지만 정신이 없는, 즉 시간이나 창조력이 없는 몸. 둘째, 경험적으로 존재하나 살아 있지 않은, 비생명적인 실재의 형태로 있는 정신. 심지어 동물적 존재도 아니기 때문에 더 이상 시간과 아무런 관련이 없는 책으로서의 정신.[256]

코제브가 쓴 이 구절은 역사의 종말, 헤겔적 구조물의 마지막 묘석, 체계의 피라미드의 정점을 언급한다. 이 구절을 인용하면서, 바타유는 '말 자체가 죽음에 사로잡혀 있는 것 같은 기이한 텍스트'에 대해 말한다.

> 책은 첫째, 역사를 끝내고, 둘째, (역사를 쓴) 인간을 죽이며, 셋째, 시간(죽음의 죽음)에서 벗어나고, 넷째, 객관적이고 생명이 없고 무기력하고 순수한 실재가 되어 버린 정신에 지나지 않는다.〔『정신현상학』의 두개골에 관한 설명을 참조. "정신의 존재는 유골이다." 가엾은 요릭(Poor Yorick)![257]〕

그럼에도 불구하고 무덤을 열자.

1942년 무렵에 바타유에 의해 구성되었던, 유고집 『루이 30세의 무덤』을 펼쳐 보자. (그것을 펼쳐 보자. 책 중간의 페이지들을 펼쳐 보자. 원고 위에 손으로 쓴 지시들이 가리키듯, 원래대로라면 외음부 사진이 삽입되었을 곳을.) 그의 마지막 시에는 「책(Le Livre)」이라는 제목이 붙어 있다.

책
나는 네 마음의 상처로부터 마신다
그리고 네 벌거벗은 두 다리를 늘어놓는다
그 다리를 책처럼 펼친다
나를 죽이는 무언가를 읽어낸다.[258]

펼쳐진 책은, 코제브에 의해 역사의 종말로 기술된, 생명이 없고 무기력한 실재가 아니다. 이 책은 돌로 만들어진 책이 아니라 살(肉)로 만들어진 책이다. 책의 펼쳐진 페이지 사이로 글쓰기의 주체가 출현한다.

주체: 주체의 배제 위에서 책은 제작된다. 책의 제작은 주체의 억압 그 위에서 이루어진다. 적어도 이것은 모든 책들 중에서 가장 차분한 과학 서적(그러나 다른 종류의 책이 있기나 한가?)에 대해서는 사실이다. 책은 주체의 무덤이다. 주체는 그 밑에 있다. 주체(subjectum), 여기 잠들다.

바타유의 헤겔 읽기는 주체와 지식의 상호 배제를 기본 방향으로 삼을 것이다. 이 배제는 어디서나, 즉 지식에 대한 모든 계획에서 은연중에 암시된다. 그러나 절대적 지식에 대한 야망만이 그것을 만천하에 드러낸다. 사실 절대적 지식이란 어떠한 주체와도 관련되지 않는 지식을 뜻한다. 이 배제는 그야말로 매우 중요한 문제를 구성한다. 그것은 과학의 주체가 오직 부재할 권리만을 갖는 순간부터, 그리고 주체의 담론에 의해 주체가 갖는 전기(傳記)의 권리가 부정되는 순간부터, 삶 자체가 문제시된다는 문제다. 그러므로 바타유의 헤겔 읽기는 과학이 삭제하지 못하는 어떤 전기적 보충에 사로잡히게 될 것이다.〔이 보충은「인간의 형상」에서 논의된 적 있는 '형이상학 전체에서의 자아의 출현'만큼이나 엉뚱한 것이다. 그러나 헤겔 자신은『철학강요』의 중요한 단락인 250에서 "그가 쓰는 펜을 그저 추론하는 어려운 일을 철학이 해내길 바란다"라는 크루크(W. T. Krug)[259]의 주장을 비웃었다.〕 이 보충의 현존은 환원될 수 없는 비개연성으로 철학적 구성에 반응을 일으킨다. 바타유는 개념의 전기적 읽기를 제안한다. 그래서 어떤 의미에서 헤겔 전기는 그에게 니체 전기보다 더 중요한 문제를 제기한다. 글쓰기의 주체는 전기적인 결정을 통해 개념으로 변형되는 것을 받아들이거나, 혹은 원한다면 (마찬가지 결과이겠지만) 주체로서 제거되는 것을 받아들인다. 여러 차례 반복해서, 바타유는 위기('우울증'이나 '심기증'의 위기)를 거론한다. 이런 식의 위기 동안, 헤겔(그의 아버지가 막 사망했다)은 "자신이 미쳐 가고 있다고 믿었다."[260] 위기에 대한 탄원의 계기는 거의 즉각적으로 체계에 의해 폐기되었다. 그러나 이 위기의 대상은 이미 체계에 연결되어 있었다. 헤겔은 자율적이기에 필연적인 체계의 발전을 규명하기 시작했다. 이 체계의 발전은 너무나 필연적이어서 체계는 주체에 대해 독립적인 가치를 지닐 뿐 아니라, 주체는 체계 속에서 사라질 때만 완성될 수 있을 것이다. 따라서 1800년의 헤겔의 위기는 이 필연성과 관련된다. 필연적으로 체계는 사유의 주체인 헤겔을 〔보편〕 개념으로 변형되도록 몰아갔다. "더 이상 개별적인 존재, 과거 개인으로서의 헤겔이 아니고, 대신에 보편적 이데아가 되는, 요컨대 신이 되는 필연성을 상상하는 그는 자신이 미쳐 가고 있음을 느꼈다."[261]

개념은 주체가 개념으로 변형되는 것을 요구할 정도로 주체의 복종을 요구한다. 이것이 자기희생이 아님은 말할 필요도 없다. 그것은 전기의 위기, 주체를 구성하는 위기 끝에 결정된다. 말하자면 위기에서만 주체가 존재하며, 주체는 희생됨으로써만 생산된다. 그러나 주체의 제거는 두 가지 형태를 지닐 수 있다. 즉, 주체를 개념으로 변형시키는, 동일성을 나타내는 '고유' 명사를 부여하거나, 아니면 주체를 가명의 시뮬라크르로 분산시킬 수 있다. 책과 과학은 이 제거의 첫번째 형태에 따라 생산된다. "헤겔의 욕망은 따라서 절대적인 지식으로, 알고 있는 주체의 제거를 내포하는 지식으로 변형된다. 왜냐하면 주체는 상대적이기 때문이다."262

책을 펼치는 것은 주체를 해방시키는 것이다.

「책」이라는 제목의 바타유의 시는 은유를 자세히 말하지 않는다. 정신분석이 무의식적인 과정에서 밝혀낸 상징적 전환들 중 하나를 문학적 목적을 위해 사용하지 않는다. 사실 책이 아이의 정신 속에 어머니의 몸을 연상시킬 수 있었던 것을 간직하는 것은 더 이상 문제가 되지 않는다. 말하자면 어머니와 같은 것이 책이 아니며, '책 같은' 것이 여자라는 것이다. 이 두 제스처는 서로 대응되지 않는다. 왜냐하면 첫번째 제스처는 은유를 이상화하는 행위를 강화하는 반면, 두번째 제스처는 반대로 성적 쾌락의 장소에서 지식의 문제를 제기하기 때문이다. 원한다면, 우리는 은유의 격상이 아닌 은유의 해체를 목격한다. 은유의 해체는 성적 지시 대상을 드러낸다. 성적 지시 대상의 억압은, 그것이 은유였는지, 무엇을 위한 은유였는지를 잊게 할 정도로 은유를 가린다.

『마담 에드와르다』의 이야기는 독자를 위한 경구, 즉 일종의 머리말로 시작되는데, 그것은 책의 바로 그 장소에 입각해 책의 문제를 곧바로 제기한다. 책을 읽는 독자(책이 호소하는 독자)가 그의 두 손에, 그의 두 눈앞에, 페이지들이 펼쳐져 있는 열린 책을 갖기 때문이다.

만약 당신이 모든 것을 두려워한다면, 이 책을 읽어라. 그러나 먼저 나에게 귀를 기울여라. 당신이 웃는 것은 두려워하기 때문이다. 당신에게 책은 무기력한 것으로 보일 수 있다. 그럴 수 있다. 그러나 때때로 그러하듯 네가 어떻게 읽어야 하는지 모른다면? 네가 두려워해야 한다면? 너는 혼자인가? 추운가? 그 사람이 어느 정도까지 '네 자신'인지 아는가? 너는 어리석은가? 그리고 벌거벗고 있는가?[263]

읽는 것은 연결하는 것이다. 사실 우리는 어떻게 읽어야 하는지를 모른다. 왜냐하면 우리는 읽기를 통해 단지 책 자체에 다가갈 줄밖에 모르기 때문이다. 책을 초월적인 객관성으로 둘러싸면서 책을 연결하는 것. 텍스트는 내용들이 연결될 때만 읽힐 수 있다. 텍스트는 전달될 수 있어야 하는데, 정숙한 외투(가능하다면, 수학적인 외투)로 덮일 때만 그럴 수 있다. "모든 철학은 어떤 다른 목표를 갖지 않는다." 책의 은유(세계의 책, 자연의 책, 우주의 책)는 읽기를 과학적인 보증 아래 자리 잡게 하면서 기능한다. "우주는 구체화되어야 한다"고 바타유는 『도퀴망』에 실린 사전의 '비정형'이라는 항목에서 기술했다. 갈릴레오 시대 이래로 가독성은 (삼각형, 원 그리고 다른 기하학적 형태의) 수학적인 외투에 맞추어 만들어질 때만 과학적으로 보증된다.

　읽기는 형태를 수학적인 외투로 덮으면서 확고하게 한다. 그러나 수학적인 외투는 형태를 제공하면서 노출을 완전히 덮는다. 『마담 에드와르다』를 읽는 것(바타유를 읽는 것, 우리가 어떻게 읽어야 하는지를 안다면, 그렇게 읽는 것)은 책을 해체하며, 바탕의 부재 그리고 사태의 핵심의 부재를 드러낸다. 비정형으로 노출되는 마음의 상처를 드러내는 것이다.

　[벌거벗음. "〈올랭피아〉는 여신으로서가 아니라 매춘부로서 벌거벗

은 채 나타났다….”²⁶⁴ 매춘부, 창녀, 따라서 여신보다 더 벌거벗은, ‘나는 신이다’라고 말할 정도까지 벌거벗은 올랭피아 혹은 에드와르다. 매춘과 반신학적인 묘사. “〈올랭피아〉는 올림포스 산의 신들을 부정한다.” 여신으로서가 아니라 ‘매춘부’로서 벌거벗은. 〔누드는 ‘벌거벗은 상태’에서 초월하는데, 이는 아카데믹한 회화를 위한 선택 행위이다.(“아카데믹한 사람들은 하나의 우주가 형성되어야 만족한다.”²⁶⁵) 벌거벗은 것을 드러내는 벌거벗은 상태에 대항하는 누드. 비정형의, 이해하기 어렵고 파악할 수 없는 누드…. 그것은 스스로 생각하지 않지만 스스로 욕망한다. 은유의 함정에 빠져들지 말라. 그것이 나타내는 것은 아카데믹한 회화가 아니라 타락한(타락한 = ‘근대적’) 회화이다.〕

　은유로서의 누드에 관해서는 피렌체에서의 신플라톤주의 운동에 대한 파노프스키의 글을 참조할 것.²⁶⁶ 회화는 스스로를 위해 누드와 결부되어서는 안 된다. 누드는 알레고리나 다른 것의 상징(진리, 미덕, 진정성 등)이 되는 권리만을 갖는다. 누드는 은유의 형태로 출현할 뿐이며 드러나지 않는다. 이 베일의 우회적인 수단에 의해서만 이미지가 된다. 그러므로 누드는 은유의 모든 우회적인 수단을 제공할 뿐만 아니라 심지어 이 우회적인 수단, 모든 우회적인 수단을 강요하는 것의 은유이다. 진리는 그 자체로서 충분하다. 마치 미덕이 자랑스럽게 베일을 필요로 하지 않고 진정성이 수사학적 기교를 필요로 하지 않듯이 말이다.

　(벌거벗음과는 달리) 누드는 인간의 형상을 자랑스럽게 긍정하는 것이 아니다. 누드는 드러나는 것이 아니라 피하는 것이다. 형상은 나타나지 않는 것, 나타나지 않는 것으로 정의되어야 하는 것, 말하자면 누드를 위장(은닉)한다. (벌거벗음은 결코 발기가 아니다. 누드는 여성적이며 여성성 그 자체이다.) 전통적 형식주의는 형식에 대한 의지이다. 그 점에 대해 바타유는 (남자의) 외투, 프록코트(수학적인 외투)

를 상기시킨다. 〔『마네(Manet)』[267] 속 삼부작은 첫번째 〈튈르리에서의 음악회〉(프록코트를 걸친 남자들) 두번째 〈풀밭 위의 점심식사〉(매춘부, 프록코트를 걸친 남자들) 세번째 〈올랭피아〉(매춘부)를 포함한다.〕 그러나 수학적인 것뿐만 아니라, 모든 언어들이 같은 방식으로 외투로 정의될 수 있을 것이다. 상징적(혹은 정보를 제공하는) 모든 체계는 외투 같은 것으로 기능하며 누드를 드러낸다고 말할 수 있을 것이다. 언어와 관련해, 누드는 텍스트의 결이 완전히 동화시키지도 완전히 거부하지도 못하는 텍스트의 외부가 될 것이다. 텍스트가 책으로 다시 닫히는 것(어떤 징후, 즉 말의 모방으로 나타나는 것)을 막는 마음의 상처를 산출하면서. 처음에는 회화에 의해 가득 채워지는, 말의 한계를 넘어선 곳을 산출하면서. 보이는 것을 참조하기. 시선의 체계를 참조하기.

그러나 누드는 사물이 아니다. 오히려 일종의 '순간'이다. 말하자면 사물(여자의 몸)이 해체되는 일시 정지된 순간이다. 사물의 한계가 사라지고 무너진다. 〔희생. 몸을 드러내기. 마음의 상처. 잔인한 행위. 죽음의 스펙터클. "〈올랭피아〉는 범죄나 죽음의 스펙터클과 완전히 구별되지 않는다."[268]〕 끝없이 드러난 몸, 즉 해체된 형상들은 사람의 눈을 피한다. 인식은 더 이상 그러한 몸이나 형상들에 부딪치지 못하고 기반을 잃은 채 사라진다. 보이는 것에의 호소는 잠깐이다. 누드가 가리키는 눈은 바로 먼눈, 송과안이다. 〔큐피드(에로스, 아모르)는 누드인(nudus) 동시에 눈먼 채로(caecus) 나타났다.〕 비정형의, 이해하기 어렵고 파악할 수 없는 누드…. 그것은 당장에 글쓰기를 가리킨다. "글쓰기는 파악할 수 없는 현실과 놀이를 하는 것에 다름 아니기 때문이다."[269] 드레스 속으로 몸을 피하는 것. 글로 씌어질 수 없는 것. 언어는 제거된다! 글쓰기에 의해 제거된 말들. 스트립쇼. 상징적이고 수학적인 외투와 드레스를 들어 올리기. "나는 한 여자가 자신의 드레스를 벗는

방식을 생각한다."²⁷⁰

　벌거벗은. 말없이. 은유 없이. 〔『마네』²⁷¹에서는 회화에 의한 텍스트의 삭제가 언급된다. *침묵. 말없는 인간.* 〕 *언어의 해체. 언어를 해체하기. 불결한. '머리가 헝클어진'.〕*

독자에게 호소하는 첫 페이지의 머리말에 '응하는'『마담 에드와르다』의 마지막 페이지는 다음과 같은 주석으로 구성된다.

> 　나는 이렇게 말했다. "신은, 만약 그가 '알고' 있다면, 돼지일 것이다." 사고의 논리적 귀결을 포착할 수 있을 사람(나는 그가 불결하고 '머리가 헝클어져 있을' 거라고 상상한다)에게 인간적인 것이 있을까? 모든 것을 넘어서… 더 멀리, 그리고 더 멀리… 공허를 초월해 황홀경에 있는 그 자신…. 그런데 지금은? **나는 떨고 있다**(JE TREMBLE).²⁷²

첫째, **두려움**. 이야기는 다음과 같은 말로 시작되었다. "만약 네가 모든 것을 두려워한다면, 이 책을 읽어라."(독자에게 호소하는 머리말.) '나는 떨고 있다'라는, 이야기의 마지막 말은, '포착할 수 있을 사람'(삼인칭 단수와 조건법, 다시 말해서 부정적이지 않은 말이긴 하지만 주체의 부재를 표현하는 동사의 형태로)을 상기시키는 주석을 '종결짓는다.' 첫번째 경구는 독자에게 이인칭의 명령형으로 호소한다. 마치 책을 읽는 가운데 독자가 부재하는 것처럼, 마치 독자가 희생된 것처럼 말이다. '어떻게 읽어야 하는지'를 모르기 때문에. 아니 오히려 독자가 어떻게 읽어야 할지를 안다고 생각하기 때문에.(사실 책이 무기력한 것일 때만, 책이 펼쳐지지 않을 때만, 독자는 어떻게 읽어야 하는지를 알 수 있다.) 그러므로 독자는 책을 읽는 동안 희생된다. 그러나 동시에 이는 책 자체가 희생이며, 닫히지 않고, 또한 이 횡단의 희생물이기 때문이다. 처음에 '네가 두려워한다면'에서 마지막에 '**나는 떨고 있다**'로의 인칭 변화는 텍스트에 순환 구조를 제공하기 위해 인칭에 갇히는 두려움을 없애 준다.

둘째, 주석. 페이지 하단에 있는 주석은 지식의 수사학에 관한 한 가지 형태이다. 그것은 해박한 참조를 제공한다. 그것은 상술하는, 어떤 가능한 연결, 어떤 보충적인 확인을 환기시킨다. 모든 경우에 그것은 무엇인가를 알려 준다.

『마담 에드와르다』의 끝에 있는 이 주석은 허구 가운데 현존함으로써 코드의 위반을 구성한다. 그것은 이야기의 전개 안에 그와 관계없는 코드에서 차용한 어떤 부분을 삽입한다.

그러나 거기에는 더 많은 것이 있다. 지식을 보충하는 형태를 구실 삼아 애매한 문장을 규명하는 척하는 이 주석은 실제로는 이 문장의 발화를 분해할 뿐인데, 그 문장을 발화하는 주체의 불안 속에서 특히 그렇게 한다. 달리 말하자면 주석은 주석으로서 이야기 코드를 위반할 뿐만 아니라, 그것이 의도하는 바대로 기능하지도 않는다. 그것은 부가되는 텍스트에 어떠한 보충적인 설명도 제공하지 않는, 주석의 시뮬라크르에 지나지 않는다.

이와 반대로, 이 주석은 오히려 애매한 문장에 대한 결정적인 무지를 초래하는 결과를 갖는다. 특히 의미를 전달하는 언어학적 구조를 유기적으로 연결하지 못하기 때문이다. 설명하기보다는 오히려, 일관성 없는 문장(주절 없는 종속절, 조건 없는 조건문), 엉뚱한 삽입구에 의해 중단되는 문장, 대문자로 발화된 '**나는 떨고 있다**'라는, 불안에 대해 순수하고 단순하게 구체화된, 확인된 사실을 강조하는 문장만을 제공한다.

주석은 언어를 해체한다. 주석의 현존이 구성하는 수사학적 위반은 언어학적 위반에 의해 배가된다. 무엇인가가 드러나는 책의 이면에서 형태와 외투는 벗겨지고 찢어진다.

셋째, 지식. 이 주석에서 문제가 되는 것은 바로 지식이다. 주석은 이 야기 속의 이 문장을 언급한다. "최소한, 신은 알고 있을까? 신(DIEU) 은, 만약 그가 '알고' 있다면, 돼지일 것이다."

일종의 엄청난 위엄으로 신이라는 말을 떼어 놓는 대문자, 타동사 '알다'를 기이한 것으로 표현하는 인용부호(말 그대로 절대적인 지 식), 문장에 의해 부과되는 술어의 역할로 길들여지기를 거부하는 돼 지라는 단어의 배설 에너지, 선행하는 물음에 형식적으로 답하는 문장 이 회피하는 대답 혹은 대답의 부재(신은 아는가? 신은 모르는가? 사 람들은 신이 알고 있는지를 모른다. 그러나 "만약 그가 '알고' 있다면" 등. 게다가 무엇을 '알아야' 하는가?) 그러나 답은 '질문을 잊어버렸습니 다'가 아닐까? 문장은 실로 매우 애매하다. 그래서 주석이 요구된다.

이야기의 텍스트가 제공하는 '대답'에 의해 애초에 회피된 설명은 그것을 규명하는 척하는 주석의 텍스트 속으로 또다시 회피할 것이다. 욕망에의 응답은 개념을 회피하기 때문이다.

['신은, 만약 그가 알고 있다면'이라는 문구는 바타유가 『마담 에드 와르다』와 동시에 썼으며 그와 별도로 이해될 수 없다고 말한 『내적 체 험』의 일부분인 「고통」에서도 발견된다.[273] 이 문구는 이야기의 마지 막 주석에 있는 '더 멀리, 그리고 더 멀리'라는 말을 수반한다. 또한 주 석이 '공허를 초월해 황홀경에 있는' 독자를 묘사한 것처럼, 이 경우에 는 '공허 속으로의 추락'을 이야기한다.

「고통」의 이 경구는 비지식의 체험을 대답의 회피라는 수행적 경험 으로 묘사한다.

그리고, 추락 속에서도 공허 속에서도 아무것도 드러나지 않는

다. 왜냐하면 공허 속의 드러남은 부재 안으로 좀더 깊이 추락
하는 방법에 불과하기 때문이다.

이것은 또한 『마담 에드와르다』의 마지막 주석이 지닌 기능이다. 즉,
대답의 욕망을 불러일으키면서 대답을 회피하고, 아무것도 드러내지
않는 것이다. 지식의 수사학에서 차용된 형태의 방향 전환은 비지식을
생산한다.('드러난 비지식'은 「고통」 속 다음 경구의 제목이다.)]
　'신은, 만약 그가 알고 있다면'은 「고통」에서 지식을 끝내고, 『마담
에드와르다』에서는 허구를 끝낸다. "나는 이야기를 계속해야 하는
가?" "나는 끝냈다." 지식과 허구는 양자의 분리만으로 존속 가능하다.
그것은 지식과 외설스러움의 분리를 보장하고, "신은, 만약 그가 알고
있다면, 돼지일 것이다"라고 말할 수 있는 어떤 장소가 어디에도 없음
을 보장하는 일이다. 지식, 돼지. 한편으로는 지식, 다른 한편으로는 돼
지. 이 분할을 고려하지 않는다면 그것은 말할 수 없는 것의 공간 내부
로 들어가는 것이다. 그것은 텍스트가 그 자체의 사라짐과 더 이상 구
별되지 않는 어떤 공간 속으로 텍스트를 집어넣는 것이다. "나는 끝냈
다."
　책은 주체의 무덤이다. '나'는 책을 펼칠까 봐 불안에 떨고 있다.
　『마담 에드와르다』의 끝.
　끝과 연속.
　『마담 에드와르다』를 잇는 속편이 있을 것이기 때문이다. 여기서 나
는 이 속편이 『내 어머니』라는 제목을 지닌다는 사실에 주목하고자 한
다. 말하자면 책(생명이 없고 무기력한 실재, 인쇄된 종이책)과 여자
(아무 여자가 아니라, 소유대명사가 『내 어머니』의 저자를 탄생시킨
일인칭 단수로 전환되면서 나타나는 여자) 사이에서 이 제목이 산출해
내는 놀라운 동음이의에 주목하고자 한다.[274]

그러나 무엇보다도 나는 체계 안에서 이 동음이의를 중요하게 만드는 요소들을 강조하면서 가능한 한 이야기를 요약할 것이다. 왜냐하면 어머니와 책 사이의 이 방정식은 특히나 추잡한 계획, 말하자면 근친상간을 다루는 성애 소설에 대한 계획의 부차적인 결과로 독해될 수 없기 때문이다. 어머니와 책 사이에 이 방정식을 작동하게 하는 것은, 실은 지식과 성적 쾌락 사이에 확립된 관계를 위기로 몰아간다.

게다가 『내 어머니』에는 실제로 '어머니 = 책'이라는 방정식이 존재하지 않는다. 아니 오히려 이 은유적 방정식은 이야기에 의해 풀린다. 맨 먼저, 이야기 속에서 어머니는 죽기 때문이다. 이는 어떤 의미에서 어머니를 알고 싶어 하는 아들의 욕망에 의해 아들이 어머니를 살해하는 이야기이다.(그리고 '알다'라는 이 동사에서 육체적 지각(성적 쾌락)과 지식을 더 이상 분리해서는 안 된다.) 그러나 '어머니 = 책'이라는 방정식은 그 다음에는 해체된다. 왜냐하면 『내 어머니』는 책이 아니기 때문이다. 즉, 그것은 미완성의 책이다. 바타유의 텍스트에서 미완성은 단순한 사건이 아니라 그의 글쓰기를 구성하는 행위들 중 하나로 간주되어야 한다.

그러나 『내 어머니』는 완성되었다. 그것은 생각할 수 없는 것이 아니며, 미완성은 단지 연기되었을 뿐이다. 말하자면 1부 『마담 에드와르다』, 2부 『내 어머니』와 함께 '성스러운 신(Divinus deus)'을 구성하는, 『샤를로트 댕제르빌(Charlotte d'Ingerville)』과 『생트(Sainte)』라는 제목으로 이미 윤곽이 잡힌 이 새로운 연속을 향해 이동하면서 연기되었을 뿐이다. 사실 사람들이 이 끝을 연속의 시작으로, 그리고 '성스러운 신'의 시작으로 간주하지 않는다면, 『마담 에드와르다』는 끝난다고 말할 수 없다. 바타유에게 완성된 책은 그 책이 고착되고 경직되는 것을 막는 연속성을 필요로 한다. 『눈 이야기』 역시 후속편을 갖기로 되어 있었다. 바타유는 그럴 계획을 세웠다.[275] 이와 같은 움직임은 그의 시론들에서도 발견된다. 『반신학총서』 속에 『내적 체험』 『죄인』 『니체에 관하여』(『니체에 관하여』는 실제로 수록되지 않았음에도 불구하고)를 결집시킨 것은 종합적인 평가와 '결론'의 계기이기보다는 오히려 과거의 책을 미래의 책과 연결하는, 하나의 시작의 계기이다. 그것은 이미 씌어진 책의 공간을 알 수 없는 미래를 위해 여는 일일 테다. 『반신학총서』 I권의 속지에 예고된, 계획 중인 두 권의 책들(『순수한 행복(Le pur bonheur)』, 그리고 더 이상 논평을 필요로 하지 않는 제목을 가진 『비지식의 불완전한 체계(Le système inachevé du non-savoir)』)은 출판된 세 권의 책보다 바타유가 생각한 '결론' 형태의 해석에 더 필요한 것이다. 거기에는 『저주의 몫』에서 엿볼 수 있는 동일한 충동이 있다. 이 제목으로 출판된 책은 처음에는 시리즈의 첫 번째 책으로 소개되었는데, 그것은 『주권(La souveraineté)』과 『에로티슴』을 수반한다. 바타유는 항상 어떤 책의 출판이나 재판을 텍스트를 재배치하는 기회로 삼았다.(예를 들어 『시에 대한 증오(Haine de la poésie)』를 『불가능(L'impossible)』 속에 재구성한 것이 언급되어야 할 것이다.) 이러한 계획 자체는 바타유의 텍스트가 지닌 본질적인 미완성을 보여주는데, 이 미완성으로 인해 책은 실제로 닫힐 수 없게 된다. '완성된' 책은 그것을 재배치하는, 공개되지 않은 새로운 구성 속에 즉각 삽입될 것이다.

『내 어머니』는 『마담 에드와르다』처럼 일인칭으로 씌어진 이야기이다. 『마담 에드와르다』처럼, 완성된다면 피에르 앙젤리크라는 가명으로 출판할 계획이었다. 그러나 책은 또한 『마담 에드와르다』처럼 단순 과거시제로 씌어졌지만, 화자의 삶에서 더 앞선 시기, 즉 그의 청춘기 끝으로 훨씬 더 거슬러 간다.

『내 어머니』는 아버지의 죽음으로 시작된다. 겉보기에 어머니만큼이나 아들을 만족시킨 이 사건은 자신의 어머니가 소유한 지식에 화자가 입문하는 출발점이다. 아울러 어머니를 자신의 욕망과 존경의 대상으로 삼는 출발점이기도 하다. 끊임없이 화자는 알지 못하는 이로서 자신의 위치를 강조한다. 게다가 그의 어머니는 거만하게 그리고 도발적으로 그에게 이러한 위치를 계속 상기시킨다. "너는 그것에 대해 무엇을 알고 있니?" "너는 내 삶에 대해 아무것도 알지 못해."[276] 어머니는 욕망된다. 이런 욕망은 그 자체로, 그녀를 지식의 장소로 인정한다. 그래서 지식에 대한 아이의 욕망은 자기 어머니의 욕망이 무엇인지를 알려는 욕망, 어머니가 무엇을 '원하는지'를 알고자 하는 욕망으로 나타난다.("정신 나간 듯이 나는 말한다. 나는 엄마가 무엇을 원하는지를 알고 싶어요, 라고."[277]) 승화가 본질적으로 지식과 성적 쾌락의 분리("지식과 성적 쾌락의 관계를 승화시키는 것은 지식의 길과 성적 쾌락의 길을 분리할 수 있다는 것을 의미한다"[278])라는 점이 사실이라면, 다시 말해 승화가 '알게 된 것이 욕망으로 인해 사라진다'는 것을 내포하는 분리라는 점이 사실이라면, 『내 어머니』는 승화의 힘을 잃는다. 왜냐하면 그와 반대로 욕망과 지식은 서로를 도발해 자극, 증대, 격화하기를 멈춘 적이 없기 때문이다. 양자는 항상 지식의 외설스러움을 충격적으로 드러내는 데에 더욱 접근하곤 했다. "신은, 만약 그가 '알고' 있다면, 돼지일 것이다." 나의 어머니는, 그녀가 알고 있기 때문에, 돼지이다.(『C 신부』에서 또 다른 '창녀'인 로지는 이와 유사한 말로 속삭인다. "안다는 것은 얼마나 아름답고 추잡한가!" "아무도 나보다 외설스럽지 않다. 내가 외설스러움을 드러내는 것은 지식으로부터이며, 내가 행복한 것 또한 지식으로부터이다."[279]) 그러므로 『내 어머니』에서 화자의 성애에 관한 입문은 플라톤의 대화편 『향연(Symposion)』에서 이야기된 디오티마에 의한 소크라테스의 입문과 아무런 관련이 없다. 『향연』에서 지식과 성적 쾌락은 마지막에 이르러 분리된다. 반대로 『내 어머니』는 같은 행위에서 지식과 성적 쾌락을 모두 산출한다.

어머니는 자살하면서 아들에게 지식과 성적 쾌락을 비교한 글을 봉인한 짤막한 편지를 남긴다. 그녀는 거기에 이렇게 썼다. "나는 네가 내가 혐오스럽다는 것을 알아야만, 또 그 사실을 알고서도 나를 사랑할 경우에만 네 사랑을 원해."[280]

따라서 이야기 전체를 통해 화자가 '내 어머니'라고 부르는 여자는 그의 욕망의 대상이다. 그러나 화자인 아들은 거꾸로 계속 자신을 어머니의 욕망의 대상으로 묘사하기를 멈추지 않는다. 이 두 욕망은 서로 유사하지 않다. 화자의 욕망의 관점에서 어머니는 전형적인 타자, 화자에게 없는 지식의 장소이다. 반면, 어머니의 욕망은 그녀의 아들에게서 욕망 바깥의 그 어떤 것도 발견하지 못한다. "그녀가 (내게서) 사랑한 것은 언제나 그녀의 자궁 속 아이였다. 그녀가 사랑했던 인간을 나에게서 보는 것보다 그녀에게 더 낯선 일은 없다, 라고 아들은 말한다."[281] 그러나 이 두 욕망이 서로 유사하지 않는데도, 그것들은 저마다 욕망의 고유한 방식으로 아버지의 이름을 제거하는 데 협력한다. 소설은 아버지의 죽음으로 시작된다. 이로 인한 어머니의 분변학적 지식으로의 입문은 부성의 반작용적 사라짐으로 묘사될 수 있을 것이다. 왜냐하면 이 사라짐은 지식의 다른 면에 지나지 않기 때문이다. 욕망이란 무엇인가에 대한 직관적 인식이 다가올수록(화자가 존재하게 된 것은 욕망 덕분이다), 아버지의 이름은 더욱 잔인하게 삭제되고 부정되고 거부된다.

어떤 면에서 아버지의 이름이 연속되지 않는 것은 이 직관적 인식의 내용을 구성한다. 마치 어머니가 드디어 아들에게 말하면서 그가 어떻게 임신되었는지를 가르쳐 주는 대단한 장면에서 우리가 볼 수 있듯이.

피에르! 너는 그의 아들이 아니라 내가 숲속에서 느꼈던 불안에서 생겨난 아이란다. 내가 마치 짐승처럼 숲속에서 벌거벗었을 때, 불안에 떠는 황홀경 가운데 느꼈던 공포로부터 네가 생겨난 거야. 피에르, 나는 썩은 나뭇잎 속에서 뒹굴면서 몇 시간 동안 절정의 순간을 느꼈어. 너는 이 성적 쾌락에서 태어난 거야.[282]

『내 어머니』는 저자의 [부계] 성(姓)이 아니라 저자와 화자가 완전히 일치되어 보일 수 있는 가명으로 출판되었다.

불안과 공포는 그것들에 의해 지배되고 분열되는 주체의 정체성을 문제 삼는다. 그의 어머니가 그에게 말한 바에 따르면, 화자를 낳은 것은 말 그대로 분열 생식의 갈라지는 고통이다. 그는 아버지의 성교에 전혀 빚지고 있지 않다. 그의 존재는 가족의 삼단논법을 벗어난다.

여기서 책은, 그것을 펼치고 다시 닫았을 아버지의 이름으로 뒤덮이기를 거부한다. 왜냐하면 아버지를 제거한 후 분열 생식의 불안은 어머니의 죽음을 초래하기 때문이다. 아버지의 죽음에 의해 펼쳐진 책은 결코 다시 덮이지 않는다. 그 다음에 어머니가 사라진다. 책도 어머니도 아버지의 이름보다 오래 남지 못한다. 아버지의 죽음은 책을 펼치는 것이고, 어머니의 죽음은 책을 다시 덮을 수 없게 한다. 이야기의 관건은 근친상간, 즉 어머니로의 귀환이기보다는 오히려 실체를 창조하는 성교 체계의 위반이다. 여기서 성교 체계의 위반이 억압하는 분열 생식은 성교의 공간에 내포되는데, 이 분열 생식은 바타유가 에로티시즘을 특징짓기 위해 사용하는 말들(삶과 죽음의 동일성, 삶과 죽음의 차이 없음, 삶과 죽음의 지연 없음)로 정의될 수 있다. 아이의 탄생은 실제로 그리고 즉각적으로 부모의 죽음이 될 것이다.

어머니는 아버지 못지않게 가족 그리고 성교를 통한 생식체계의 결정적인 요소이다. 그러므로 그들은 둘 다 『내 어머니』에서 화자의 알고자 하는 욕망에 의해 죽는다. 게다가 바타유는 한 사람의 죽음이 다른 사람의 죽음과 분리될 수 없다는 것을 잘 보여주는 의미심장한 실수를 한다. 바타유는 화자의 입을 통해 어머니의 죽음을 다음과 같은 말로 설명한다. "나는 내가 내 아버지를 죽였다고 생각한다. 아마도 그녀는 내가 그녀의 입술에 갖다 댄 부드러운 입맞춤에 몸을 맡겼기 때문에 죽었을 것이다."[283] 분명히는, "내가 내 아버지를 죽였다" 대신에 "내가 내 어머니를 죽였다"라고 읽어야 한다. 그러나 엄밀히 말해서 무슨 상관이란 말인가?

제왕절개: 배에서 아이를 빼내기 위해 어머니의 배를 여는 외과수술. 이 수술은 오랫동안, 어머니가 이미 죽었을 경우, 시체에게 시행되었다.(예를 들어 『맥베스(Macbeth)』를 참조.) 어쨌거나 멀지 않은 과거에 이 수술은 어머니의 희생을 의미했다.

분열 생식
성애를 다룬 바타유의 글쓰기는 그 자체를 성교의 묘사에 한정하지 않으면서 장르의 법칙을 위반한다.

'성스러운 신'(『마담 에드와르다』에 의해 시작되어 『내 어머니』로 이어지고, 『샤를로트 댕제르빌』과 『생트』가 뒤를 잇는 이야기들의 연속)이 「에로티슴의 역설(Le Paradoxe de l'érotisme)」이라는 제목의 시론으로 끝날 계획이었다는 것은 알려져 있다. 몇몇 페이지의 초고들은 무엇이 문제였는지를 대략 이해할 수 있게 해 준다. 이 초고들 중 하나는 분열 생식과 성교 간의 대립을 다룬다.

죽음과 탄생은 오직 우리 인간에게 가장 익숙한 복잡한 동물성의 형태에서만 분리되어 발현한다. 가장 단순한 동물의 생식

방식 가운데 죽음과 탄생은 뒤섞인 채 나타난다. 뒤섞이기에
결과적으로 우리는 이 동물들이 태어나고 있다고 혹은 죽어 가
고 있다고 결코 말할 수 없다.[284]

죽음(우리가 이 비현실을 그렇게 부르고자 한다면), 그것은 바타유의
성애 이야기들 속에서 쾌락 원칙을 넘어 나타난다. 죽음은 바로 그 정
의에 의해 미지의 것이기를 바란다. 말하자면 죽음은, 죽음을 알고자
하면서 결국 거기에 이르는 사람을 끝장낸다. 죽음을 아는 것은 죽음
에 희생되는 것이다. 흔적의 체계는 이 난관을 회피할 수 있도록 한다.
모든 차이들은 그 체계에 연결되어 있으며, 희생은 오직 차이를 사라
지게 하기 위해 일어난다. 이 차이들 중 첫번째는 거리(이론이 토대로
삼게 될 거리) 유지를 가능하게 해 주는, 희생을 집행하는 일과 희생물
사이의 차이다. 그러나 희생은 이 거리가 끝까지 유지될 가능성을 배
제한다. 희생은 그것의 집행이 마침내 희생물과 동일시될 때만 존재한
다. 다시 말해 이 거리 또한 희생된다면 말이다.
　에로티시즘은 (성교가 흔적, 지연, 차이의 체계를 산출하는 한) 성
교 행위 안에, 성적 생식 안에 그 타자를, 즉 흔적의 부재나 사라짐 혹
은 흔적의 상실(그리고 흔적 속으로의 상실)을 내포하는 분열 생식을
끌어들인다. 마찬가지로 희생은 아는 주체와 죽는 주체 사이의 거리를
내포하긴 하지만, 오직 거리를 제거하기 위해서만, 그리고 때가 되면
거리를 희생시키기 위해서만, 거리를 내포한다.(그러므로 희생을 구
성하는 이 거리는 희생에 의해 사라진다. 말하자면 희생 안에서 희생
을 구성하는 것은 희생되는 것이다. 초월적인 희생이란 존재하지 않는
다. 희생은 자기파괴, 자상일 수밖에 없다.) 마찬가지로 에로티시즘은
성교에 연결된 삶과 죽음의 분리, 즉 차이를 내포한다. 그러나 에로티
시즘은 이 차이를 없애기 위해, 그리고 성교에 의해 배제된 탄생과 죽

음의 일치를 성교 속에 포함시키기 위해, 이 차이를 내포한다.

에로티시즘은 분열 생식 그 자체가 아니다. 이런 생식의 형태가 차이를 사라지게 할 수 없기 때문이며, 따라서 차이의 문제를 제기할 수조차 없게 하기 때문이다. "우리는 이 동물들이 태어나고 있다고 혹은 죽어 가고 있다고 결코 말할 수 없다." 삶과 죽음의 대립은 분열 생식과 관련해 어떠한 의미도 갖지 못한다. 분열 생식의 세포들은 단순하며, 단순한 것에게는 어떠한 죽음(또는 삶)도 없다. 『저주의 몫』을 참조하면, "삶의 단순한 형태들은 불멸한다."[285] 이것은 자기 자신을 위한 분열 생식이 아니다. 성교가 (영원한) 아버지의 이름으로 실체화되는 것을 막기 위해 분열 생식이 성교로 돌아가는 것이다.

죽음의 스펙터클

로마에 있는 무염시태 성모 마리아 교회에는 매장된 수도사의 뼈로 장식된 소제단이 있다. 죽음이 무덤을 위한 재료 자체인 것이다.

1922년 5월 7일 유명한 투우사 그라네로(M. Granero)는 황소에게 죽임을 당했다.(바타유는 당시 마드리드에 있는 스페인어권 연구를 위한 고등교육원에 다니고 있었고, 이 투우를 목격한다. 그는 『눈 이야기』에서 이를 묘사하고 있다.) "태양이 작열하는 축제 한가운데서 이 극적인 죽음으로의 진입은, 뭔가 확실하고 기대되며 참을 수 없는 점이 있었다."[286]

> (하나, 투우: 첫번째는 라스코 동굴 한가운데에 있는 '우물의 장면'에서 발견된다. 그 옆에 동물(들소 혹은 황소?)과 함께 죽어서 땅바닥에 누워 있는 인간. 두번째는 1864년 마네가 그린 그림⟨투우사의 죽음⟩.)

1925년 보렐 박사는 바타유에게 고문으로 '갈기갈기 찢기는' 중국인의 고통을 찍은 사진을 주었다. 희생의 재현, 즉 재현의 희생. 더 이상 거리 유지는 없으며, 죽음의 스펙터클, 즉 스펙터클한 죽음이 있다. 1945년에 죄의 개념에 대한 강의에 뒤이은 떠들썩한 토론이 끝난 후, 바타유는 자신의 입장을 다음과 같이 설명했다.

("나는 바닷가에서 당신 앞에 내가 자리하고 있었음을 감지한다. 당신은 돛대가 부서진 배들을 태평하게 바라보는 누군가의 건너편에 있었다. 나는 그 배의 돛대가 부서졌음을 확신한다. 바로 그 점을 힘주어 강조하고자 한다. 나는 즐거운 시간을 보내던 중 바닷가의 사람들을 바라보며 웃었다. 해변에서 돛대가 부서진 배를 바라보는 어느 누구보다 심하게 웃었다고 생각한다. 사실, 그 모든 것에도 불구하고, 바닷가에서 돛대가 부서진 배를 아무런 거리낌 없이 웃으며 볼 만큼 잔인한 누군가를 상상할 수 없기에 그렇다. 그러나 침몰은, 전혀 다른 일이기는 하지만, 사람들은 그와 함께 마음껏 즐거운 시간을 가질 수 있다.")287

이론의 종말, 거리의 결여.

목격자는 자신이 보는 것(칼날, 황소의 뿔)에 의해 찔려 죽게 된다. 죽음이 출현하지만, 그것은 나의 응시 안에 있다. 나는 내가 보는 것의 일부를 이룬다.

1793년 1월 21일, 오늘날에는 콩코르드(이 광장은 그 당시 혁명 광장이라 불렸다)라 불리는 광장에 모인 파리의 민중은 루이 16세의 처형을 목격한다.

(둘, 왕의 처형: 1867년 마네가 그린 〈막시밀리안 황제의 처형〉.[288])

흔적 없이

죽으면서 사드는 유언장에 이렇게 썼다. '나의 기억이 사람들의 기억에서 사라지리라 기대하듯, 내 무덤의 흔적도 지구 표면에서 사라지리라'고 기대한다. 바타유는 이렇게 논평했다. "엄청나게 심오한 작품의 의미는 사라지려는(인간의 흔적도 남기지 않고 분해되려는) 작가의 욕망 가운데 있다."[289]

바타유는 카프카(F. Kafka)에 관해 이렇게 논평했다. "그러나 그는 겉으로 이 단호한 의지를 표명하기 전에는 죽지 않았다. 그가 남긴 것은 소각되어야 했다."[290]

바타유가 출판한 최후의 텍스트, 즉 『죄인』의 재판 서문에서 그는 자신이 쓴 것에 대해 이렇게 말했다. 이 말들은, "갑작스레 그리고 최종적으로 망각 속에 떨어지면서 잊힐 때에만 완전히 의미를 갖게 될 것이다."[291]

(바타유는 여기서 그가 바라던 길을 망각한 것인가? 아니면 끈질기게 이 흔적을 지탱하면서 속셈을 드러낸 것인가? 어떤 흔적은 새로운 흔적들에 의해서만 사라지는가? 그것은 자체의 과잉 속으로만 사라지는가? 아무것도 말하지 않는 것이 아니라 아무것도 아닌 것을 말하는 것. 침묵에 대해 말할 수 있을 때까지 계속하는 것. 그래서 말 속에서 침묵의 반향 같은 무엇인가를 포착하는 것. 유보 없는 과잉에 이르기까지 흔적, 즉 유보된 과잉을 증대시키는 것. 결국 나는 분열 생식하는 불안에 사로잡혀 있는 숲속의 왕이자 죄를 범한, 힘없는 지배자인 디아누스의 수수께끼를 푸는 것 이외에 다른 것은 원치 않았다. 내 어머니: "너는 내가 숲속에서 느꼈던 불안에서 태어난 아이란다…." 숲속

의 왕: "숲속에서 나의 불안은 지배적인 양상으로 퍼져 있으며, 숲속에서 나는 왕의 광기에 빠져든다. 아무도 죽음을 없앨 수 없다."[292] 죽음은 흔적을 남기지 않는다. 개처럼 죽어라. 아메바처럼, 디아누스처럼 죽어라. 죽으면서 어느 누가, 잊힐 때에만 완전히 의미를 갖게 될 이 말을 남겼단 말인가. 의미를 잊지 않으면서 우리는 이 말을 의미 없게 만든다. 죽음은 흔적을 사라지게 한다. 무덤을 사라지게 하라. "나는 무(無)에 대해 말하지 않는다. 다만 언어가 세계에 부가한 것을 제거하는 일에 관해 말한다.")[293]

흔적의 제거.

분열 생식에서 '그' 모체, 즉 원시세포('모'세포)는 세포분열의 산물이 출현할 때 흔적도 없이 사라진다.

제왕절개

> "새로운 삶은 적어도 어머니를 죽이는 일의 시작이다."
> — 조르주 바타유, 「별을 먹는 사람들」.[294]
> "인간을 탄생시킬 때 자연은 죽어 가는 어머니였다."
> — 조르주 바타유, 『내적 체험』.[295]

그렇다면 카이사르(J. Caesar)는 애초에 어느 누군가의 이름, 그의 어머니가 죽어 가며 세상에 낳은 자의 이름이다. 죽음을 동반하는 이 출산은 모든 황제정치(차르, 카이저 등)를 나타낼 것이다. 말하자면 이는 지배와 예속의 공모이다. 황제의 권력은 그 지배에 의해 완수된다. 예속은 또한 과학과 언어로 확대된다. 과학과 지배력 사이의 갈라놓을 수 없는 깊은 공모는 이 제왕절개와 관련해 고려되어야 한다. 왜냐하면 과학은 권력이며, 권력에 불과하기 때문이다.(여기서 흔히 아는 '근대과학'의 창시자 중 한 사람인 데카르트가 태어나면서 자신의 어머니를 '죽였다'는 사실을 기억해야 한다.)

이 제왕절개에서, 희생된 것은 어머니 자체라기보다는 오히려 이중의 근원일 것이다. 말하자면 두 부모 중 필요 없는 한 부모일 것이다. 이중의 근원은 바로 미로로 향하는 문이다. 따라서 피라미드는 오직 하나의 문만을 필요로 한다. 과학(지배력)은 어머니를 죽인다. 이는 어머니를 제거하기 위해서가 아니라 어머니를 대체하고 대신하기 위해서이다.〔공화국의 기적적인 통합 즉, 모국(母國)을 참조할 것.〕²⁹⁶확실히 갈릴레오는 움직이지 않는 지반으로서의 지구를 해체하긴 하지만, 이는 똑같이 안정된 지시 기능을 진리에 부여하기 위해서이다. 중심은 이동하지만 사라지지 않는다. 어머니는 오로지 개념을 보전하기 위해 죽는다. 어머니는 천상으로 올라가 이상화되고 순결한 모습으로 변모한다. 이카로스적 제왕절개.

그러나 디오니소스 역시 제왕절개로 태어난 아이였다. 즉, 제우스는 디오니소스의 어머니 세멜레의 배에서 그를 끄집어내었다. 이카로스적 제왕절개보다는 오히려 디오니소스적 제왕절개, 즉 두번째 제왕절개 혹은 다른 제왕절개(이 역시 분열 생식에 압도되어 분할되고 분리된다)는 과학이 근거로 삼고 있는 바로 그 토대를 과학에게서 가로챈다. 하나의 피라미드로 단순화되는 대신에, 이중의 근원은 미로 속으로 분산된다. 영구적인 흔적을 기입할 수 있는 지반은 더 이상 없다. 책은 산산조각으로 떨어져 나간다. 기념비들은 시간의 강으로 떠내려간다. 갑자기 콩코르드 광장 위로 침묵이 깃든다. 콩코르드 광장은 공포의 광장으로 이름을 바꾼다. 오벨리스크와 피라미드는 (나일강이든 센강이든) 인접한 강의 환유적인 오염에 직면해 무너진다. 두번째 제왕절개는 카이사르의 머리를 자른다. 최고 권위자의 수술: 굴러떨어진 머리, 텅 빈 머리.

죽은 왕을 대신해서 죽음은 태양의 광휘로 바뀌어, 무한한 존
재로 변했다. 피라미드는 가장 영구적인 기념물일 뿐만 아니라
기념물과 그 부재의 일치, 횡단과 지워진 흔적의 일치, 존재와
그 부재의 일치이기도 하다.[297]

로마, 1972년 8월–1973년 1월.

참고.
『조르주 바타유 전집』 1권의 초판에서는 『랭스의 노트르담 대성당』의 존재만을 알릴 수
있었다. 그 후, 장 브뤼노(Jean Bruno)가 이 글의 사본을 찾아냈다. 이제 그것을 전하게
되어 기쁘다.
　1974년에 나온, 1권의 재판에는 1928년에 바타유가 발표한 화가 장 라우(Jean Raoux,
1677–1734)에 관한 연구와 함께 그 사본의 몇몇 페이지를 끼워 넣을 수 있었다.

연인과 함께 정원을 산책하는 파리 대주교의 뒤를 따르며
갈퀴를 든 세 남자가 그들의 발자국을 지워 버리는 것처럼,
우리는 간신히 만들어진 말을 침묵 속으로 사라지게 할 수밖에 없다.[298]

주 註

인용된 저작물 중 프랑스 전집류는 'Œuvres complètes' 의 약어인 'O.C.'로 표기했다. 특히 반복적으로 언급 되는 『조르주 바타유 전집』은 'O.C., t. I.'와 같이 간략 히 기입했고, 해당 서지사항은 다음과 같다. Georges Bataille, *Œuvres complètes*, tome I, Éditions originales, Gallimard, 1970; tome II, 1970; tome III, 1971; tome IV, 1971; tome V, 1973; tome IX, 1979; tome X, 1987.

저자가 참고한 문헌이 프랑스 번역본일 경우, 원전 이 다른 언어권이라도 프랑스어판 서지사항으로 표기 했다.

서문 ─ 인생의 일요일

1 조르주 앙리 리비에르(Georges Henri Rivière)와 바타유가 1929년에 창간한 잡 지. 바타유는 1929년에 편집장을 맡았으며, 미셸 레리스(그에 대한 소개는 「건 축적 은유」의 주 28번 참고)는 그를 보좌하는 편집 실무 책임자로 일하다가 이 듬해 편집장을 맡았다. 이 잡지는 주로 고고학, 미술, 민족지학 등을 다루었다. 드니 올리에는 재발행된 『도퀴망』 1호에 서문 「불가능의 사용가치(La valeur d'usage de l'impossible)」를 썼다. ─ 옮긴이

2 이 책의 프랑스어판 제목에 나오는 '콩코르드(concorde)'는 화합 혹은 일치라 는 뜻이다. 프랑스혁명 당시 이곳에서 엄청난 참수가 행해진 후 이와 같은 이름 을 새로 얻게 되었다. '콩코르드 광장의 점령'은 바타유의 상상력을 통해 파리

의 어떤 장소에 대한 중요성을 나타낸다. 바타유에게 콩코르드 광장은 결핍된 존재인 인간이 상실의 순간을 직면하는 장소이다.— 옮긴이

3 건축에는 '훈작 기사의 건축'이라는 분류는 없으며, 여기서는 문학적인 수사적 표현으로 상류 귀족층이나 지배자를 위한 건축이라는 뜻으로 사용되었다.— 옮긴이

4 Georges Bataille, "Architecture," *O.C.*, t. 1, pp. 171-172. 이 항목은 『도퀴망』 1929 년 2호에 게재되었으며, 1991년 장 미셸 플라스 판본으로 재출간된 잡지(p. 117)에도 수록되었다.

바타유가 유일하게 건축을 이렇게 정의한 건 아니라는 점을 분명히 해야 한 다. 예를 들어 뵐플린은 건축으로 하여금 자아 이상을 구현하게 했다. "예술로 서의 건축은 이 대단히 중요한 감성을 증대시키고 이상화할 것이며, 인간이 무 엇이 되고자 하는지를 제시하려고 할 것이다."(H. Wölfflin, *Renaissance et ba-roque*, trad. Guy Balangé, Benno Schwabe, 1961.) 그리고 알도 로시는 이렇게 기 술했다. "바스티유 감옥을 파괴하면서, 파리 사람들은 바스티유 감옥이 그 모 체였던 권력 남용과 슬픔의 세기를 무너뜨렸다."(Aldo Rossi, *The Architecture of the City*, MIT Press, 1982.)

5 Michel Foucault, *Surveiller et punir. Naissance de la prison*, Gallimard, 1975, p. 174.

6 철학자 데리다가 디자인에 관여한 것으로도 유명한 라 빌레트는 파리 북동부 에 위치한 공원이다. 원래는 파리 시민을 위한 대형 도살장이었는데 재개발 해 문화공원으로 만들었다. 1980년대에 낙후한 이곳을 재생해 명소로 만들기 위한 현상설계가 실시되었고 스위스 건축가 추미의 안이 선정되었다. 공원은 1993년에 개장했으며, 통상적인 공원 개념을 뒤집은 라 빌레트 내에는 과학산 업관, 음악의 전당, 공연장, 전시장 등 다양한 문화 시설이 수용되었다. 이른바 '해체주의 건축'이라고 불리는 라 빌레트는 이십세기 말에 파리에 새로 조성 된, 거대한 복합문화공간이자 새로운 형식의 공원이다.— 옮긴이

7 Bernard Tschumi, *Cinegram folie. Le parc de La Villette*, Princeton Architectural Press, 1987, p. VII.

8 다이달로스는 그리스 신화에 등장하는 인물로, 크레타섬의 미로 '라비린토스 (Labyrinthos)'를 만든 건축가, 기술자, 발명가이다. 그는 비록 신화 속의 인물 이지만 서구 최초의 건축가로 간주된다.— 옮긴이

9 흔히 신인동형설로 해석되는 'anthropomorphism'은 건축에서는 건축물을 의 인화하는 관점을 말한다. 즉, 건축물의 형태나 속성을 인간에 비유하거나 상동

(相同)의 관계로 보려는 이론적 입장이다.—옮긴이

10 헤라클레스는 아내 데이아네이라에게 제우스에게 제사 지낼 때 입을 옷을 준
비하라고 했다. 일전에 그는 히드라의 피가 묻은 화살로 켄타우로스족 네소스
를 쏘아 죽였다. 따라서 네소스의 피도 독극물과 다름없었지만 네소스에게 속
은 데이아네이라는 오히려 그 피가 사랑의 묘약이라고 믿었다. 때마침 헤라클
레스가 아름다운 이올레를 사랑한다는 소문을 들은 그녀는 네소스의 피를 남
편의 옷에 바른다. 옷에 스며 있던 히드라의 피가 열기에 녹으며 헤라클레스의
살갗을 태워 버린다. 헤라클레스는 옷을 벗으려 했지만 이내 녹아 버린 옷이 몸
에 달라 붙어 살점이 뜯겨 나가는 비참한 신세에 처했다.—옮긴이

11 '아세팔'은 그리스어 아케팔로스(Acephalus)에서 온 것으로, '머리 없는' 또는
'머리 없는 사람'이라는 뜻이다.—옮긴이

12 앙드레 마송(1896-1987)은 프랑스의 대표적인 초현실주의 화가이며 헤라클
레이토스, 니체, 랭보 등의 저작으로부터 예술적 원천을 얻었다. 그의 작품은
초현실주의에만 국한되지 않는데, 그 예로 그리스 신화를 주제로 한 〈아리아드
네의 실〉(1938)이 있다.—옮긴이

13 Georges Bataille, O.C., t. 1, p. 676.

14 장 미셸 플라스 판본(pp. 328-330)에 수록된 『도퀴망』 1929년 6호를 참조.

15 Georges Bataille, "Abattoir," O.C., t. 1, p. 204.

16 Georges Bataille, Documents, 1930, n° 5, p. 300; Georges Bataille, "Musée," O.C., t.
1, p. 239.

17 1792년부터 1795년까지 열린 프랑스의 혁명의회를 통해 왕의 궁전이었던 루
브르는 민중을 위한 전시 공간으로 전환되었다.—옮긴이

18 바타유는 절제와 축적의 힘으로 생산된 산물을 소모시키는 무의미한 과정을
통해 인간의 문명과 문화가 유지된다고 생각한다. 바타유에게 낭비는 합리성,
효율성, 도덕성, 의미, 가치를 추구하는 행위와 정반대의 것이며, 이는 비합리
적이고 무의미한 행위와 연결된다. "낭비는 모든 활동 중에서 가장 영광스러
운 활동"(조르주 바타유, 조한경 옮김, 『저주의 몫』, 문학동네, 2000), 즉 중요
한 문화적 활동이며 일탈이나 유희의 즐거움을 준다는 것이다.—옮긴이

19 라 빌레트 공원을 디자인한 베르나르 추미 또한 건축에서 낭비의 미덕을 강조
한다. 추미는 공원에 사방 백십 미터 간격으로 구조물 혹은 조형물을 세우고 붉
게 칠한 뒤, '폴리(folie)'라고 불렀다. 프랑스어로 어리석은 짓, 광기의 뜻을 지
닌 폴리에 대해 그는 아무런 의미도 없는 것이라 했다. 아무 쓸모도 없는 무의
미한 그것은 바로 '낭비의 건축'이다.(건축에서 낭비는 무절제와 상통하며, 효

율이나 합리성의 기준으로는 허용할 수 없는 다양하고 화려한 장식이나 치장에 해당한다. 이는 권력과 부를 가진 자들의 것이었고 곧 그 상징이었다.) 그런데 추미에게는 무의미한 낭비야말로 근대 건축의 획일화된 금욕주의로부터 벗어날 수 있는 탈출구가 된다. 그에게 포스트모더니즘 건축은 근대의 합리성과 금욕주의를 넘어서 낭비의 미덕을 실현하는 유희의 건축이다. 낭비에 대한 추미의 찬양은 그가 바타유 사상에 적지 않게 빚지고 있음을 보여준다.— 옮긴이

20 E. Zola, "Les squares," in *Contes et nouvelles*, édité par Roger Ripoll, Gallimard, 1976, pp. 319, 321.

21 나폴레옹 3세의 제2제정기, 오스만 남작이 시장이던 시기에 파리는 중세적 공간 구조에서 근대도시로 근본적인 변화를 겪는다. 그 일환으로 파리 시민에게 육류를 공급하기 위해 중앙 집중적인 대형 도살장이 레 알과 라 빌레트에 건립되었다. 이십세기 후반에 두 시설은 도시 부적격 시설로 간주되어 쇼핑센터와 문화공원으로 전환되었다.— 옮긴이

22 중세와 고딕 건축을 호의적으로 그린 빅토르 위고의 소설 『파리의 노트르담』을 가리킨다. 근대의 역기능이 드러나기 시작하는 이 시기에 낭만주의자들은 근대성을 비판하며, 중세 건축 및 거기에 바쳐진 수공예와 노동을 찬미했다.— 옮긴이

23 오스만은 거미줄처럼 복잡한 파리의 중세적인 가로 조직에 거대한 직선대로(불바르)를 놓아 파리를 근대적인 계획도시로 변환했다. 오늘의 파리 도심은 오스만의 도시계획과 개조의 결과이다. 그가 한 일 중의 하나는 동일한 높이를 가진, 하층부에는 상점이 있고 상부에는 주거가 있는 수직 건물들을 가로에 집단 건설한 것이다. 당시 고층 건물이었던 이들의 집적은 오늘날 파리 도심의 거리 표정을 이룬다.— 옮긴이

24 '새로운 미술'을 뜻하는 아르누보는 자연물, 특히 꽃이나 식물 덩굴에서 따온 장식적인 곡선을 특징으로 한다. 아르누보 양식은 지하철 입구 건축에 도입돼 파리의 새로운 풍경을 만들었다.— 옮긴이

25 T. J. 클라크(Timothy James Clark, 1943-)는 1970년대 이후 최근까지 마르크스주의적 입장에서 비평 작업을 해 온 영국의 저명한 미술사가이다. 쿠르베(G. Courbet)에 대한 연구 등 많은 저술과 논문을 발표했으며, 그의 미술사는 급진적이고 비판적인 형태의 사회사적 성격을 가지고 있다.— 옮긴이

26 T. J. Clark, *The Painting of Modern Life*, Knopf, 1985, p. 194.

27 위의 책, p. 280, note 115.

28 E. Zola, *O.C.*, éd. Henri Mittérand, vol. 13, Cercle du Livre Précieux, 1968, p. 194.

29 위의 책, p. 195.

30 E. Zola, "Celle qui m' aime," in *Contes et nouvelles*, édité par Roger Ripoll, Gallimard, 1976, p. 40.

31 E. Zola, *Travail, O.C.*, vol. 8, p. 669.

32 샤를 푸리에(Charles Fourier, 1772-1837)는 프랑스의 사상가, 사회주의자로 생시몽(Saint-Simon)과 함께 마르크스 이전의 유토피아주의의 토대를 제공한 인물이다. 그의 근대사회 비판의 핵심에는, 욕망의 해방이라는 이상을 추구하면서 억압된 욕망을 권력의 중요 문제로 보는 사고가 자리잡고 있다. 푸리에주의는 인간의 욕망을 억압하는 것을 비판하고 인류애적 가치 중심의 사회 건설을 지향하며, 인민의 빈곤을 제거하는 사회 변혁을 시도했다.—옮긴이

33 E. Zola, *Travail, O.C.*, vol. 8, p. 908.

34 E. Zola, *Paris, O.C.*, vol. 7, p. 1487.

35 아돌프 로스(1870-1933)는 세기말의 비엔나에서 활약한 건축가, 비평가, 이론가이다. 그는 허다한 천재들이 들끓던 비엔나에서도 유독 특이한 인물이었으며, 근대건축운동의 주요한 흐름인 세제션(secession, 이전 건축양식으로부터의 분리)을 주도했던 건축가들에게 촌철살인의 비판을 날리던 문제적 인물이었다. 그의 사고는 비엔나의 동시대 인물 중에서는 비트겐슈타인(L. Wittgenstein), 카를 크라우스(Karl Kraus)와 유사성을 보인다. 그의 건축과 글은 르 코르뷔지에(Le Corbusier)에게 큰 감화를 주는 등, 모더니즘 건축에 큰 영향을 미쳤다.—옮긴이

36 이 문장은 그의 「건축(Architektur)」이라는 에세이의 말미에 나오는 것으로, 자주 인용되는 유명한 말이다. 다음을 참조. 아돌프 로스, 현미정 역, 『장식과 범죄』, 소오건축, 2006, p. 313.—옮긴이

37 'Et in Arcadia ego'는 라틴어 경구로, 직역하면 '아르카디아에도 나는 있다'이다. 죽음은 낙원에도 있다는 뜻이다. 같은 제목의 푸생의 그림에도 이 경구가 적힌 묘비(무덤)가 나타나는데, 목가적인 낙원(이상향)에도 죽음은 존재한다는 것을 상기시킨다. 이와 관련해 로스의 「건축」의 내용을 참고하면 본문을 이해하는 데 도움이 될 것이다. "건축의 아주 작은 부분만이 예술에 속한다. 묘지와 추모비 이외의 모든 것, 어떤 목적을 위해 사용되는 것은 예술의 왕국에서 제외되어야 한다." 말하자면, 실용적인 것을 추구하는 것은 건축 예술이 아니고 죽음과 관련된 무덤과 추모비가 예술이다. 다음을 참조. 위의 책, p. 311.—옮긴이

38 그는 졸라의 작품에 등장하는 독특한 건축가들 중 한 사람이다. E. Zola, *Paris,*

O.C., vol. 7, p. 549.

39 F. R. Chateaubriand, *Essai sur les révolutions, Génie du Christianisme*, éd. Maurice Regard, Gallimard, 1978, p. 328.(1826년에 추가된 주석.)

40 V. Hugo, "En passant dans la Place Louis-XV un jour de fête publique," *Les rayons et les ombres, in Œuvres poétiques*, éd. Pierre Albouy, vol. 1, Gallimard, 1964, pp. 1081-1082.

41 바타유가 「사순절 전의 화요일 찬양(La Célébration du Mardi gras)」이라는 강의를 하긴 했지만, 그가 말하려는 것은 '민주주의 정신'이었다. 다음을 참조. D. Hollier, "January 21st," *Stanford French Review*, XII, 1, Spring 1988 et l'édition américaine (refondue) du Collège de Sociologie, *The College of Sociology (1937-1939)*, trans. Betsy Wing, University of Minnesota Press, 1988, p. 196.

42 미하일 바흐친(1895-1975)은 『프랑수아 라블레의 작품과 중세 및 르네상스의 민중문화』(1965)를 썼다. 그는 라블레 작품 속 카니발은 종교적 관습이나 사회 규범에서 해방되어 본능적이고 충만한 삶의 모습, 곧 생명력의 근원을 보여준다고 강조했다.—옮긴이

43 Katerina Clark and Michael Holquist, *Mikhail Bakhtin*, Harvard University Press, 1984, p. 303.

헤겔적 구조물

1 1807년 출간된 헤겔의 『정신현상학』의 서문이다.—옮긴이

2 아르케는 시작이나 기원을 의미하는 그리스어 단어이다. 플라톤은 '처음'을 지칭하는 말로 아르케를 사용했는데, 건축에서는 근원이 되는 기초나 원리를 뜻한다.—옮긴이

3 텔로스는 그리스어로 목적, 목표, 끝을 의미한다. 모든 활동은 하나의 목적, 즉 최종적인 이상을 갖는다. 이것은 존재의 세계 밖에 있는 것이 아니며, 활동 자체의 내부에 존재한다.—옮긴이

4 G. W. F. Hegel, "Les arts plastiques," "L'architecture," *Esthétique*, trad, Jankélévitch, Aubier, 1964, t. VI, p. 33. (영어와 프랑스어에서 건축에 해당하는 단어가 'Architecture'라면, 독일에서는 'Architektur'와 더불어 'Baukunst'를 사용한다. 시작 또는 기초의 의미를 가진 아르케의 변형 'Archi'와 'tect', 즉 'techne(기술)'가 결합된 아키텍처(Architecture)와, 건축 또는 건설을 뜻하는 'Bau'와 예

316

술을 의미하는 'kunst'의 합성어 Baukunst는 그 어원적 특징에서 미묘한 차이
를 갖는다.— 옮긴이)

5 이는 고전 건축으로 분류되는 그리스, 로마 건축 이전의 건축, 즉 이집트와 동
방의 건축을 뜻한다. 이들 건축의 가장 큰 특징은 상징적이라는 데 있다. 고전
건축에 이어 출현한 낭만적인 건축은 중세의 고딕 건축에 해당한다.— 옮긴이

6 지양이란 사전적 의미로 부정을 통해 더 높은 차원의 긍정을 이끌어내는 것이
다. 헤겔 철학에서 핵심 개념의 하나이며, '폐기하다'와 '보존하다'라는 서로 상
반된 두 가지 의미를 함께 지니고 있다. 헤겔은 이것을 '폐기하다'라는 의미로
빈번히 사용하지만, 동시에 이 말의 이러한 이중의 의미에 주의를 촉구한다. 동
시에 '보존하다'라는 의미도 함의하고 있다는 것을 강조하는 것이다.— 옮긴이

7 최후의 예술인 시는 동시대적 상황에서 철학에 의해 뒤처진 것이 된다.— 옮
긴이

8 G. W. F. Hegel, "Introduction à l'esthétique", *Esthétique*, t. I, p. 175. (헤겔은 예술
에서 철학으로의 이행에서 산문을 중시했다.— 옮긴이)

9 위의 글, p. 42.

10 미자나빔은 예술 형식을 격자(액자) 형태로 구조화하는 것을 지칭하는데, 이
는 귀족 가문의 방패꼴 문장(紋章)의 도안 중앙부에 다시 방패꼴이 삽입된 데
서 유래한다. 어떤 소설이나 영화가 그 작품과 동일한 구조와 줄거리를 지닌 이
야기를 그 안에 담고 있어 '이야기 속의 이야기' 또는 '영화 속의 영화'와 같은
구조를 이룬 것을 뜻한다. 사진, 회화, 음악, 건축 등의 여러 예술 장르에 적용되
기도 한다.

11 헤겔 미학에 따르면 예술은 건축, 조각, 음악, 회화, 시의 발전 단계를 거친다.
최초의 예술이지만 열등한 단계의 예술인 건축은 돌이라는 질료에 정신이 매
여 있다. 반면 우월한 예술인 시는 질료에 매이지 않고 자유로우며, 정신이 가
장 심오하게 드러난다.— 옮긴이

12 G. W. F. Hegel, "Les arts plastiques," "L'architecture," *Esthétique*, t. VI, p. 35.

13 위의 글, p. 36.

14 위의 글, p. 37.

15 위의 글, p. 37.

16 위의 글, p. 38.

17 위의 글, p. 46.

18 G. W. F. Hegel, "L'art symbolique," *Esthétique*, t. III, p. 14.

19 위의 글, p. 15.

20 위의 글, p. 16.

21 기원전 팔세기에 시리아 팔미라에 있었던 거대한 신전이며, 바알은 마르둑(Marduk)으로 알려진 바빌론 국가 신의 이름에서 유래되었다.—옮긴이

22 고대 메소포타미아의 메디아 지방에 있었다는 도시로, 지금의 이란 하마단에 해당한다.—옮긴이

23 G. W. F. Hegel, "L'architecture," *Esthétique*, t. VI, p. 47.

24 위의 글, p. 45.

25 위의 글, p. 35.

26 무덤인 피라미드는 실제로는 속이 석재로 거의 차 있고 묘실 같은 빈 공간은 얼마 되지 않는다. 그러나 죽은 자의 거주라는 상징적인 의미에서 보자면 비어 있다고 말할 수 있을 것이다.—옮긴이

27 G. W. F. Hegel, "L'architecture," *Esthétique*, t. VI, p. 47.

건축적 은유

1 노트르담은 성모 마리아를 뜻하며, 따라서 노트르담 성당은 성모 마리아에게 봉헌된 가톨릭 교회를 가리킨다. 노트르담 성당은 고딕 시기에 집중적으로 중세 도시에 세워졌고 대개 장대한 대성당(cathédrale)이었다. 파리의 노트르담이 가장 유명하지만 랭스, 아미앵, 샤르트르, 부르주 등과 같은 파리 주변(일 드 프랑스, Ile de France) 지역을 둘러싼 중세도시에 세워진 대성당들도 모두 노트르담 성당이다. 랭스의 노트르담 대성당은 프랑스 고딕 건축의 몇몇 걸작 중에서도 파사드, 즉 정면 외관이 가장 아름답고 완벽한 성당으로 꼽힌다. 랭스의 노트르담 대성당에서 역대 프랑스 왕들의 즉위식이 거행된 사실 또한 이 고딕 성당의 위상과 비중을 알려준다.—옮긴이

2 알렉상드르 코제브(1902-1968)는 프랑스의 헤겔 이해에 지대한 영향을 미친 철학자이다. 러시아 출신인 그는 독일에서 야스퍼스(K. Jaspers)의 지도로 박사 논문을 썼고, 프랑스로 건너가 헤겔의 『정신현상학』을 강의했다. 라캉, 바타유, 시몬 베유 등이 그의 강의를 들었으며, 그의 독자적인 헤겔 해석은 『헤겔독해입문(Introduction à la lecture de Hegel)』으로 출간되었다.—옮긴이

3 1955년에 출간된 예술론이자 미술비평서 『라스코 혹은 예술의 탄생(Lascaux, ou la naissance de l'art)』을 가리킨다.—옮긴이

4 1918년 출간된, 여섯 페이지짜리 소책자를 가리킨다.—옮긴이

5 초기 교회의 찬송가를 말한다.— 옮긴이

6 1923년과 1931년 사이 간행된 예술, 고고학 관련 계간지로, '아레튀즈'는 그리스 신화에 나오는 숲의 요정 아레투사(Arethusa)의 프랑스어 단어이다. 바타유는 1926년부터 1929년까지 이 잡지에 비평을 실었다.— 옮긴이

7 「생 세베르의 묵시록」은 잡지『도퀴망』(1929년 5월, 2호)에 게재된 글이다. 이때 생 세베르는 베네틱트회 수도원 부속 교회로, 『생 세베르의 묵시록』이라고 불리는 채식본인『베아투스의 예언서』가 십일세기에 이 수도원에서 만들어졌다.— 옮긴이

8 여기서 우리는 대성당을 양의적으로 읽을 수 있다. 우선은 바타유의 텍스트인 『랭스의 노트르담 대성당』자체로 볼 수 있을 것이며, 나아가 '대성당 건축'에 대한 것으로도 볼 수 있다. 이후 그는 자신의 텍스트에 반하는 글을 쓰게 된다. 『랭스의 노트르담 대성당』은 그에게 원죄와 같은 것으로 작용했다. 또한 그는 '대성당 건축'에도 반하는 글을 쓰게 된다.— 옮긴이

9 바타유의 이 소책자는 쿠리에 도베르뉴(Courrier d'Auvergne) 인쇄소에서 생 플루르(Saint-Flour) 출판사에 의해 제작되었다.

10 프랑크족의 수장인 클로비스 1세는 498년경 성직자 생레미의 세례를 받아 로마 가톨릭으로 개종하고 프랑크 왕국을 건설했다. 메로빙거 왕조의 실질적인 창시자이며, 수도를 파리로 옮겨 오늘의 프랑스의 터를 닦은 인물이다. 야만인이라는 지칭은 그가 변방 만족 출신이기 때문이다. 하지만 그는 로마 문명의 계승자로서 기독교 유럽 세계의 수립자이기도 하다.— 옮긴이

11 포치(porche) 또는 포털(portal)은 고딕 성당 정면의 하부에 있는 커다란 현관문이다. 대개 세 개이며 가운데 것이 가장 크다. 문 주변을 장식하고 경계선을 덧붙여 실제 문 크기보다 훨씬 장대하게 보인다. 인터넷의 포털 역시 이 말에서 왔다.— 옮긴이

12 주교좌성당의 참사원 모리스 랑드리외의 저서를 참조. Maurice Landrieux, *La cathédrale de Reims : un crime allemand*, H. Laurens, 1919. "우리가 '대성당'이나 '성모 마리아'를 구별 없이 말할 때, 우리는 궁전과 여왕을 혼동하지 않는다…. 우리는 대성당이 그 자체의 영역이자 성역이라는 것을 말하고자 한다. 대성당과 관련되는 것은 성모 마리아와 관련되는 것이며, 대성당을 침범하는 것은 성모 마리아를 침범하는 것이다."(p. 126.)
    이 책의 속표지에는 주교좌성당의 참사원 랑드리외가 1912년부터 1916년까지 랭스 대성당의 주임신부였음이 밝혀져 있다. 그는 또한 전쟁 동안『전쟁에 관한 몇 가지 설교집: 랭스, 1914-1915(Quelques prônes de guerre—Reims,

1914-1915)』를 출판했다. 전쟁 이후, 그는 뤼송(Luçon) 추기경을 따라 샤를 샬메트(Charles Chalmette) 신부가 1921년 리모주에서 발표한 시집 『랭스의 대성당(La cathédrale de Reims)』의 서두에 몇 마디를 쓴다…. 〔전쟁 초기에 랭스의 대주교인 뤼송 추기경이 리옹 에스 몽타뉴(바타유 어머니의 고향―옮긴이)에서 가까운 오리야크로 간 적이 있다는 것을 주목하자. 그가 바로 『랭스의 노트르담 대성당』의 5쪽에 나오는, 미사를 올리는 추기경이다. "오전에는 추기경이 침묵 속에서, 하지만 뜨거운 열의로 프랑스를 위한 미사를 올리러 왔습니다." 또한, 앞서 언급한 랑드리외의 책을 참조. "8월 24일 교황선거회를 위해 떠나기 전까지, 오전마다 뤼송 추기경이 그곳에서 프랑스 군대를 위해 미사를 올렸다…." p. 7.〕

13 프랑스어에서 교회와 국가는 여성 명사이다. ― 옮긴이

14 Georges Bataille, *Le petit, O.C.*, t. III, p. 60. 전쟁을 일으킨 독일군들은 공격을 가하면서 1914년 9월 4일 프랑스 군대가 철수한 랭스에 당도했다. 그들은 프랑스의 반격에 의해 쫓겨날 때까지 며칠간 도시를 점령했다. 9월 12일 독일군은 주민들의 중립을 확보하기 위해, 벽에 붙인 진정하라는 호소문에 인질들의 명단을 첨부한다. 갑자기 일어난 일들로 주민들은 이 명단을 신뢰할 수가 없었다. 결국 독일군들이 퇴각할 때 가져간 인질들의 명단은 랑드리외에 의해 공개되었다. 공개된 첫번째 이름이 바타유였다.(Maurice Landrieux, *La cathédrale de Reims : un crime allemand*, p. 207.)

15 위의 책, p. 61. 우리의 시선을 끄는 이러한 바타유의 태도 변화는, 성직자 피나르 드 라 불레(H. Pinard de la Boullaye)의 두 저서에 대한 그의 비평(*La critique sociale*, n° 6, septembre 1932)에서 매우 분명하게 나타난다. "설득력있는 예수회의 예수(신)는 예수(신)를 이해하는 사람에 상응하여 단지 한 여성으로 정의될 수 있다…." "대부분의 경건한 여자들의 경우처럼 가족의 틀은 그에게 가장 중요한 것이다. 반면 복음은 일반적으로 가족뿐만 아니라 그의 어머니까지도 경멸하면서 예수를 묘사했다…."(*O.C.*, t. I, pp. 295-296.)

16 로드(Lord)는 영어로 '신'을 의미하고, 오슈(Auch)는 '망할 자식(Aux Chiottes)'의 약어이다. ― 옮긴이

17 랑드리외는 독일 장군인 훔멜(Hummel)의 선언을 다음과 같이 인용한다. "나는 랭스 대성당의 파괴가 프랑스인의 입장에서 모두가 비난하는 영벌의 대상이 되리라고는 생각하지 못했고, 내 동포들도 마찬가지였다. 루터 교리에 따르며, 실제로는 자유사상가인 나는 가톨릭 신앙에 대한 나의 증오 속에서 종교의 박해와 분리법에 따른 프랑스 교회들의 파괴를 즐겼다. 랭스 대성당을 대포

로 공격하면서, 우리가 동일한 의미에서 파괴한 게 아니라면 달리 무엇을 했겠는가? 그러나 지금 프랑스인들은 우리가 문화재를 파괴했다고 비난한다!"(p. 81.)

18 이 이름('Martial'은 '군대의'라는 뜻이다.—옮긴이)은 바타유 가문의 족보에도 이미 나와 있다. 마르시알 바타유는 1848년 클레르몽페랑에서 『프랑스 국민이 새로운 정부에게 던지는 몇 가지 말(Quelques mots du peuple français au governement nouveau)』이라는 제목의 소책자를 출간한 바 있다. 1957년에 작성된 자신의 전기에 관한 주석에서 이렇게 언급할 때 그는 분명 이 조상을 생각했을 것이다. "농민 출신인 그의 가족은 1848년부터 정치에 개입했다."

19 그는 1961년 3월 『렉스프레스(L'Express)』에서 마들렌 샵살(Madeleine Chapsal)이 있는 그대로 인용한, 『눈 이야기』 속 바타유의 무의식적 기억을 읽으면서 그 사실을 알게 되었다. 정체가 밝혀진 로드 오슈에게 보낸 고통스럽고 분노에 찬 편지 내용은 다음과 같다. 첫째, 마르시알은 그의 형제가 부모에 관한 그런 끔찍한 내용을 말하거나 글로 쓸 수 있다는 것을 결코 믿지 않았다. 둘째, 이 끔찍한 내용은 완전히 거짓이며 그들의 기억을 더욱 더 나쁘게 만들었다. 셋째, 마침내 마르시알만이 가족 비극의 비밀(연장자로서 어린 동생보다 더 많은 것을 알고 있을 그의 상황에 관한 언급, 혹은 나머지 가족에 의해 버림받은 채 죽어 가는 아버지 곁 자신의 우연한 현존에 대한 암시)에 접근했다. 수취인에게는 정신적 충격에 또 한 번의 정신적 충격일 수 있는 편지였다.(이 수취인은 일 년 후 죽게 된다.) 바타유는 마르시알에게 이렇게 답장했다. "내가 형에게 일찍 답장하지 못한 것은 무엇보다도 부활절 휴일 동안 잠시 떠나 있었기 때문이고 또한 내가 방데를 향해 떠났는데도 베즐레까지 형의 편지가 나를 추적했기('추적'은 에이레(아일랜드의 옛 이름)의 편지에 사용되던 오레스테스 이야기 속의 말) 때문이야. 곧이어 그 편지로 인해 내 정신이 혼란해져서 나는 정말 병이 들었어." 이 답장, 아니 오히려 이 초고(그것이 바타유의 원고 속에 있었기 때문에, 결코 보내지지 않았거나 적어도 이런 형태로는 보내지지 않았을 수 있다)에서 주목할 만한 점은 바타유가 자신의 무의식적 기억의 진실을 옹호하지 않는다는 것이다. 이런 점에서 이 유일한 답장은 그리 경솔하게 씌어지지는 않는다.("형의 편지는 나를 절망에 빠뜨렸어. 그것은 나를 더욱 더 절망에 빠뜨렸어. 『렉스프레스』에 인용된 것에는 어떤 사실의 근거가 있기 때문이지.") 따라서 그는 비난받을 무의식적 기억의 진실을 옹호하지 않지만, 한 정신분석가의 감독 아래 질병에서 벗어나려는 의지에 자신을 맡긴다. "나에게 이것은 지옥이야. 나의 무분별함으로 인해 형에게 해를 끼쳤더라면 형의 용서를 구

해. 하지만 무엇보다 나는 문제가 되는 것을 형에게 말할 수 있고, 목숨을 위해 정신이 이상해진 채 거기에서 벗어났어. 적어도 나를 오해했다고 해서 형에게 원한을 품을 수는 없어. 하지만 거의 오십 년 전에 일어났던 일로 인해 내가 아직 불안에 떨고 있다는 사실과 내가 익명으로 스스로를 표현하는 것 이외에는 거기에서 벗어나는 다른 방법을 찾지 못했다는 사실에 놀라지 않는다는 것을 말하고 싶어."(*O.C.*, t. I, p. 612.)

20 이 글의 원래 제목은 「일치들(Coïncidences)」이었으나 『눈 이야기』의 두번째 판본에서 지금의 제목으로 바뀌었다.— 옮긴이

21 질 드 레(1404-1440)는 프랑스 귀족이자 기사로, 잔 다르크 부대의 군인이자 지도자이기도 했다. 그러나 그는 고문, 강간, 연쇄 아동 살해의 죄목으로 기소되어 사형당한 인물로 더 잘 알려져 있다. 바타유는 교회 전통에 의해 잔인한 인물로 평가되는 그를 연구했다.— 옮긴이

22 Georges Bataille, *Le petit*, *O.C.*, t. III, p. 61.

23 성모의 동정녀 잉태를 암시하고 있다.— 옮긴이

24 피너클은 성당 등에 수직으로 솟은 첨탑이나 원뿔형 구조를 가리키는 건축 용어이다.— 옮긴이

25 동물의 날개, 지느러미 또는 이에 상당하는 기관을 뜻하며, 포유류의 귓바퀴를 의미하기도 한다.— 옮긴이

26 피네알, 즉 '송과체'는 대뇌 반구 사이에 있는 솔방울 모양의 내분비 기관을 의미한다.— 옮긴이

27 송과안(松果眼)은 바타유 사상의 핵심 개념들 중 하나이다. 바타유는 송과안을 세번째 눈으로 생각했다.(쉽게는 '두정안'이라는 원구류, 경골어류, 뱀거북류 따위의 척추동물의 사이뇌 위에 솟아 있는 시각 기관으로도 이해할 수 있다.) 그리고 송과안 개념을 서구적 합리성의 '정점'으로, 지식을 해체하는 '비지식의 기관'으로 여겼다. 이 개념적 장치는 그의 작품 「제쥐브」와 「송과안」에서 명확히 드러난다. 더불어, 바타유는 그의 작품 『눈 이야기』에서 보여지듯이 유별나게 '눈'에 집착한 사상가였다. 그가 눈의 맹점을 넘어 지성의 맹점을 논하면서 인간의 지적인 실명을 연구한 것은 우리로 하여금 오늘날의 인문학적 성찰을 되돌아보게 한다.— 옮긴이

28 미셸 레리스(1901-1990)는 프랑스의 초현실주의 작가이며 민족지학자이다. 그는 1920년대에 초현실주의 운동에 가담했으며 『초현실주의 혁명』에 기여했다. 초현실주의 그룹에서 탈퇴한 후, 그는 바타유와 조르주 앙리 리비에르가 협력해 창간한 잡지 『도퀴망』에서 편집 실무 책임자로서 활동했다.— 옮긴이

322

29 이카로스는 그리스 신화에 나오는 인물로 다이달로스의 아들이다. 다이달로스
와 함께 미궁에 갇혔다가 그가 만든 날개를 달고 크레타섬을 탈출한다. 그러나
더 높이 날고 싶은 욕망으로 인해 아버지의 경고를 무시하고 날아가 추락하고
만다. 비극적이면서도 교훈적인 이카로스 이야기는 여러 화가들에게 인기있는
주제였다.—옮긴이

30 Georges Bataille, "La 'vieille taupe' et le préfixe sur dans lesmots surhomme et
surréaliste," *O.C.*, t. II, 1970, pp. 93-109.

31 Maurice Blanchot, *L'amitié*, Gallimard, 1971. p. 327. 바타유가 죽은 후 블랑쇼는
이렇게 썼다. "이것이 바로 완전한 작품의 순간이다. 사람들은 '모든 것'을 출판
하고 '모든 것'을 말하고자 한다. 마치 단 하나의 서두름, 모든 것이 말해졌다는
듯이, 마치 '모든 것이 말해진' 것이 결국 우리로 하여금 죽은 말을 멈추게 하듯
이. 다시 말해 죽은 말에서 비롯되는 가없은 침묵을 멈추게 하고, 매우 제한된
범위 안에서 사후의 모호한 기대가 우리의 살아 있는 말에 헛되이 섞어 놓은 것
을 확실하게 내포하게 하듯이."

32 Georges Bataille, *Méthode de méditation, L'expérience intérieure (Somme
athéologique I)*, Gallimard, 1954, p. 216. (*O.C.*, t. V, p. 200.)

33 Georges Bataille, *Le coupable (Somme athéologique II)*, Gallimard, 1961, p. XIII.
(*O.C.*, t. V, p. 241.)

34 위의 책, p. 59. (*O.C.*, t. V, p. 284.)

35 Georges Bataille, *Sur Nietzsche*, Gallimard, 1945.

36 그는 『니체에 관하여』에서 이렇게 썼다. "나는 나의 삶을 통해 니체에게 투사된
책을 쓸 수밖에 없었다."

37 이때의 즐거운 지식은 '시'를 가리킨다.—옮긴이

38 프랑스어로 'glossaire(글로세르)'와 'glosserre(글로세르)'는 발음이 같다.—
옮긴이

39 'V'가 'L'에 부딪친다는 뜻으로, 'V'가 부딪쳐 넘어져 'L'이 된 모양으로 'VOL'
을 어휘풀이한 것으로 추정된다.—옮긴이

40 각 어휘의 발음(LUEUR[lɥœːʀ], MER[mɛːʀ], OPIUM[ɔpjɔm])과 동일한 소리
가 나는 단어들을 가져와 발음기호처럼 나열한 것으로 추정된다.—옮긴이

41 Michel Leiris, *Brisées*, Mercure de France, 1966, p. 11.

42 A. Artaud, *O.C.*, t. I, 1970, p. 330.

43 '도살장(Abattoir)'으로서의 A, '입(Bouche)'으로서의 B, '내뱉은 침(Crachat)'
으로서의 C 등의 항목들에서 알 수 있듯이, 「비평 사전」은 말과 개념의 체계적

인 분류가 아닌 공격성의 분출인 것 같다. 조르주 바타유, 미셸 레리스, 마르셀 그리올(Marcel Griaule), 카를 아인슈타인, 로베르 데스노스, 자크 바롱, 즈덴코 라이히(Zdenko Reich), 아르노 당디외(Arnaud Dandieu)가 쓴 약 사십 개 항목으로 구성된 이 사전은 잡지 『도퀴망』(1929-1930)에 실렸다. 시각적 충격을 주는 사진들을 많이 사용하면서 다양한 지식을 광기, 민족지학, 풍자에 뒤섞어 놓은 이 사전은, 바타유 그리고 초현실주의에 반기를 드는 그의 동료들의 정신 속에 관념론에 대항하는 병기(兵器)를 구성했다. 바타유는 이 사전에서 열네 개의 항목('건축' '유물론' '나이팅게일' '눈' '낙타' '불행' '먼지' '도살장' '공장 굴뚝' '비정형' '심미가' '입' '박물관' '파괴의 신')을 썼다. 레리스, 그리올, 당디외와 함께 쓴 두 개의 항목('변형' '공간')을 포함하면 열여섯 개의 항목을 게재한 셈이다.—옮긴이

44   A. Breton, *Le surréalisme et la peinture*, 1928, nouvelle édition, Gallimard, 1965, p. 10.

45   그리스 철학에서 형상이라는 뜻. '본다'라는 의미의 동사 이데인(idein)에서 파생된 말로 원래는 모양, 모습을 의미했다.—옮긴이

46   Georges Bataille, "Informe," *Documents*, n° 7, décembre 1929. (*O.C.*, t. I, p. 217.) '비정형'과 '내뱉은 침'의 연상은 『도퀴망』에 실린 사전의 '내뱉은 침'이라는 항목에 대한 레리스의 시론, 즉 「군침(L'eau à la bouche)」이라는 제목이 붙은 시론에서 제시되고 있다. "내뱉은 침은 결국 자체의 단단하지 못함, 불명확한 윤곽, 색깔의 상대적 모호함에 의해, 자체의 수분에 의해 비정형, 확인할 수 없는 것, 계층화되지 않는 것의 상징이 된다…."(이 글은 『전례들』의 43쪽에서 반복된다.) 레리스는 1930년에 잡지 『레 카이에 뒤 쉬드(Les cahiers du sud)」('남부 지역 연구'라는 뜻—옮긴이)에서 「내뱉은 침을 매우 좋아하는 사람(L'amoureux des crachats)」이라는 제목의 시를 바타유에게 헌정했다. (다음을 참조. Michel Leiris, *Haut mal*, Gallimard, 1943, p. 47.)

47   종석, 키스톤(keystone)은 아치 맨 위 한가운데 놓이는 돌로, 구조적으로 아치를 완결하는 결정적인 역할을 한다.—옮긴이

48   외젠 비올레 르 뒤크(1814-1879)는 십구세기 프랑스의 저명한 건축가이자 복원 전문가, 그리고 이론가이다. 그는 고딕 부흥을 주장한 건축가로, 카르카손 성과 파리 노트르담의 복원가로 알려져 있지만, 구조적 합리주의 이론으로 근대 건축의 사고 형성에 깊은 영향을 미쳤다는 사실이 더 중요하다. 그는 『파리의 노트르담』을 쓴 빅토르 위고를 깊이 존경했고 『11-16세기 프랑스 건축에 관한 체계적인 사전』과 『건축 강의(Entretiens sur l'architecture)』라는 중요한 이

론서를 남겼다.—옮긴이

49 실제로 위베르 다미슈(Hubert Damisch)는 '건축적인 전체와 그 구성 요소들 사이의 관계에 대해 비올레 르 뒤크가 구상했던 구조(혹은 구조주의적) 개념' 을 언급한 바 있다. 그는 또 이렇게 말했다. 『11-16세기 프랑스 건축에 관한 체계적인 사전』, 즉 "이 사전의 명백한 동기가 되는, 부분에 대한 전체의 변증 법, 그리고 전체에 대한 부분의 변증법을 주의깊게 읽는다면, 이 '체계적인' 사 전은 틀림없이 오늘날 언어학과 인류학에서 널리 알려진 일종의 구조적 사유 의 방법과 이데올로기에 대한 선언, 또는 때 이르게 결정된 초안처럼 보일 것 이다." Hubert Damisch, "Introduction," *L'architecture raisonné: extraits du Dictionnaire de l'architecture française de Eugène Viollet-le-Duc*, Hermann, 1964, p. 14. 〔위베르 다미슈(1928-2017)는 프랑스의 학자이자 교수로, 메를로퐁티(M. Merleau-Ponty)와 프랑카스텔(P. Francastel) 밑에서 공부했다. 그의 전문 영역 은 시각예술과 미학 분야이며 건축, 회화, 사진, 미술관 등에 대한 깊이있는 담 론을 발표해 왔다. 그의 재현과 투시도에 대한 연구는 특히 정평이 나 있다.— 옮긴이〕

50 어니스트 존스(1879-1958)는 영국 정신분석학자이다. 그는 프로이트를 만난 후 그의 동료가 되었으며 그의 전기를 쓰기도 했다. 그는 영어권의 최초의 정신 분석학자로 간주된다.—옮긴이

51 Jacques Lacan, "A la mémoire d'Ernest Jones : Sur sa théorie du symbolisme," *Écrits*, Seuil, 1966, p. 698.

52 펠리비앙은 십칠세기 루이 14세 집권 당시의 역사가, 저술가이며 왕립건축아 카데미의 강사였다.—옮긴이

53 Félibien, *La vie et des architectes*, liv. I.

54 사르트르의 아날로공은 유사나 유비를 지칭하는 그리스어 아날로기아(analogiā)에서 기원한 말로, 상상 의식이 겨냥한 대상의 직관적 내용을 채울 수 있 게 도와주는 유사물 혹은 유사 표상물을 일컫는다. 사르트르가 보기에, 모든 예 술작품은 하나의 아날로공이다.—옮긴이

55 다음의 책에 수록된 케플러의 말을 재인용. H. Damisch, *Théorie du nuage*, p. 236.

56 팔라디오(1508-1580)는 후기 르네상스 시대에 이탈리아 베네치아를 중심으 로 활약한 위대한 건축가이다. 그는 베네토 지역에 정원이 딸린 빌라들을 지었 으며 빼어난 성당들을 설계했다. 실무뿐 아니라 이론에도 밝아 유명한 『건축 사서(Quattro Libri dell'Architettura)』를 지었다. 그의 건축과 이론은 후대에 깊

은 영향을 끼쳤는데, 영국과 미국에서 특히 그러했다.— 옮긴이

57 다음의 책에 수록된 팔라디오의 『건축 사서』에서. H. Damisch, *Théorie du nuage*, éd. du Seuil, 1972, p. 236.

58 여기서 '위대한 신전'이란 건축이 모방하거나 모형으로 삼아야 할 우주를 가리키는 은유이다.— 옮긴이

59 세미라미스는 아시리아의 여왕으로, 도시와 도로와 상하수도를 건설하고 바빌론 궁전을 지은 전설 속의 위대한 건립자이다.— 옮긴이

60 카트로메르 드 캥시(1755-1849)는 십구세기에 프랑스 파리에서 활약한 건축학자이자 이론가이다. 그는 국립미술학교 에콜 데 보자르의 교장으로서 원리와 규범에 입각한 고전주의 건축을 옹호하고 전파했다. 이런 점에서 그는 근대이성주의 건축의 선구자들 중 하나로 간주된다. 파리의 생 준비에브 교회를 팡테옹(국립묘지)으로 바꾼 것도 그였다.— 옮긴이

61 Quatremère de Quincy, "Architecture," *Encyclopédie méthodique: Architecture*, t. I, 1788, p. 120.

62 캥시는 자연에서 추상화된 건축만의 고유한 전범을 보편적 상징, 즉 '원형(原型)'이라고 불렀다.— 옮긴이

63 이폴리트 텐(1828-1893)은 십구세기 프랑스의 비평가, 예술철학자, 역사가이다. 그는 십구세기 실증주의 미학을 대표하는 『예술철학』(1865-1882)을 썼으며, 이 책에서 예술작품을 그것이 생산된 환경, 시대, 종족의 세 가지 관점에서 설명했다.— 옮긴이

64 회화, 조각, 시가 여기에 해당한다.— 옮긴이

65 H. Taine, *Philosophie de l'art*, I, I, VI.

66 비트루비우스(기원전 80년경-기원전 15년경)는 『건축 십서(De Architectura)』를 만들어 황제 아우구스투스에게 헌정했다. 비트루비우스의 『건축 십서』는 유럽 건축의 역사에서 가장 오래된, 유일하게 전해져 온 고전이 되었다. 그 책은 '서구 건축의 바이블'로 통용되었고 많은 이들의 영감의 원천이 되었다.— 옮긴이

67 에티엔 루이 불레(1728-1799)는 프랑스 계몽주의 시대 신고전주의 건축가이자 교수, 저명한 작가이자 사상가였다. 비록 실제로 지은 건축물은 거의 없지만, 이론을 통해, 그리고 상상의 산물로서 종이 위에 그린 드로잉 건축을 통해, 그는 학생과 동료 들에게 큰 영향력을 지녔다. 기념비적 특성과 기하학적 단순성이 그의 디자인을 특징짓는다. 그의 대표작은 만유인력을 발견한 뉴턴을 찬양하고 근대과학이 발견한 우주를 표상하는 상상적인 건축인 뉴턴 기념관이

다.—옮긴이

68 É. L. Boullée, *Essai sur l'art*, éd. Pérouse de Montclos, Hermann, 1968.

69 클로드 페로(1613-1688)는 프랑스에 비트루비우스의 『건축 십서』를 최초로 번역, 소개한 인물이다. 전문적인 건축가이기 이전에 의사, 과학자였던 그는 형제인 샤를과 함께 유명한 신구 논쟁에 참여했으며, 단순한 박공과 열주로 이루어진 루브르궁 동관의 파사드 건립에 관여했다고 알려져 있다.—옮긴이

70 레온 바티스타 알베르티(1404-1472)는 이탈리아 르네상스 시대 피렌체에서 활약한 다재다능한 인문주의자이자 건축가이다. 그는 유명한 회화론과 함께 건축이론서인 『건축론(De Re Aedificatoria)』(10권)을 저술했다. 동시대의 실무적인 건축가와 달리 그는 이론적인 성격의 건축가였으며 자신의 이론을 구현한 걸작들을 남겼다.—옮긴이

71 기둥 양식은 오더(order) 혹은 주범으로 불리며, 기둥머리(주두)의 형태에 따라 도리아식, 이오니아식, 코린트식이 있다. 건축물의 특징과 성격을 규정하는 중요한 디자인 요소로 간주된다.—옮긴이

72 코니스는 건축물(특히 고전주의 건축물)에서 박공이나 상부구조에 수평 띠줄을 그리며 앞으로 튀어나와 장식 기능을 하는 부위이다. 건물 윤곽을 두드러지게 하거나 벽면을 분절해 장식성을 부여한다.—옮긴이

73 L.-B. Alberti, *Della tranquillità dell'animo*. 다음 책에서 인용. R. Klein et A. Chastel, *L'âge de l' humanisme*, éd. des Deux Mondes, 1963, p. 120.

74 위고는 『파리의 노트르담』에서 인쇄술이 야기한 종이책의 대량생산이 돌로 된 책, 즉 건축의 종말을 초래했다고 선언한다. "이것이 저것을 죽이리라." 겉보기에 견고하고 오래 지탱하는 석재로 된 책인 대성당(노트르담)은 복제 가능하고, 가벼우며, 운반 가능한 책에게 역사적인 지위를 내주게 되었다.(실제로 중세의 대성당은 문맹인 민중을 위한 성서 기능을 담당하기도 했다.) 유리하고 우월해 보였던 돌의 물질성이 근대에 이르러 취약해진 것이다.—옮긴이

75 고딕 대성당이 세워지는 중세 후기에는 도시가 발달하는데, 장원이나 수도원을 중심으로 지방 각지에 세워지던 로마네스크 성당과 달리 고딕 성당은 이 중세 도시를 배경으로 건립되었다. 상업과 교역이 발달하고 도시민이 성장하는 이 시기에 봉건제라는 중세적 질서는 흔들리며 왕권이 강화된다.—옮긴이

76 최초의 고딕 성당으로 간주되는 파리 외곽의 생드니 성당의 콰이어(choir) 부분의 확장 공사 역시 사제인 쉬제르(Suger) 신부의 주도로 이루어졌다.—옮긴이

77 에밀 말(1862-1954)은 중세 교회미술을 깊이 연구한 프랑스 미술사학자이다.

— 옮긴이

78 Emile Mâle, *L'art religieux du XIIIe siècle en France*, 1902, chap. II.

79 영국의 예술비평가인 존 러스킨(1819-1900) 역시 열렬한 중세주의자이며 그의 『베니스의 돌(The Stones of Venice)』은 중세 건축의 장인적 기예와 열정을 찬양한 책이다.— 옮긴이

80 바타유는 십일세기 채식본의 삽화를 연구하는 논문인 「생 세베르의 묵시록」에서 에밀 말(『프랑스의 종교 예술(L'art religieux en France)』과 『십이세기의 종교 예술(L'art religieux du XIIe siècle)』)을 인용한다.

에밀 말은 민족적, 종교적, 미학적으로 진부한 주제들을 조금도 소홀히 하지 않는 『랭스의 대성당에 관한 새로운 연구(Nouvelle étude sur la cathédrale de Reims)』를 1921년에 출판했는데, 전쟁으로 인해 이 구조물이 입은 손상 때문에 그는 다음과 같은 불가피한 상황에 놓이게 되었다. "나는 심각한 타격을 입은 랭스의 대성당을 보았다. 다시 말해서 도시의 유령 한가운데에 있는 성당의 유령을 보았다. 이 황량한 곳에서 모든 것은 허울뿐이었다…. 깊은 외상으로 뒤덮이고 앙상한 뼈대를 드러내며 검게 탄 대성당은 무엇보다 나를 공포에 사로잡히게 했다…. 그러나 곧 다른 것들을 잊게 하는 어떤 감정이 점점 강해졌다. 그것은 바로 감동을 주는 심오한 숭배심이었다. 대성당은 막 형벌을 받긴 했지만 사형 집행인이 죽일 수 없는 순교자 같았다. 대성당 역시 그리스도의 수난 같은 것을 겪었다. 이후 대성당의 신성함이 그 아름다움에 덧붙여졌다." (다음 책에 다시 게재됨. *Art et artistes du Moyen Age*, Flammarion, 1968, p. 166.)

그러나 이 경우 대성당으로 하여금 그 타격에도 존속할 수 있게 하는 구원의 통합, 즉 지양은 랭스의 노트르담 대성당이라는 기도의 대성당이 아니라… 대재앙 이전의 대성당의 흰 빛을 복원하는 사진첩이다.

매우 정교하게 구성된 이 진부한 주제들은 랑드리외의 앞서 언급한 작품에서 발견될 것이다. M. Landrieux, *La cathédrale de Reims: un crime allemand*, H. Laurens, 1919.

81 「대성당의 죽음. 분리에 관한 브리앙 법률안의 결과(La mort des cathédrales. Une conséquence du projet Briand sur la séparation)」라는 글이 1904년 8월 16일 『르 피가로』에 발표되었다. 1919년 프루스트는 「말살된 교회들을 추모하여(En mémoire des églises assassinées)」를 구성하는 텍스트들에 이어 『모방과 혼합(Pastiches et mélanges)』에 그 글을 삽입한다. 이때 그는 이를 다음과 같이 요약한다. "이 연구는 정말 보잘것없다. 나는 몇 년 사이에 말들이 스스로 얼마나 의미를 바꾸는지를 보여주기 위해 간결하게 발췌할 뿐이다." 『르 피가로』 글의

전체는 프루스트가 사망한 후 유작 『시평집(Chroniques)』으로 간행된다. 1904
년부터 1919년까지 말들은 의미를 바꾸었다. 특히 '대성당의 죽음'이라는 표현
이 그러했다. "십 년의 세월이 지나가자, '대성당의 죽음'은 오늘날에는 우리의
애국적인 주교들과 연합하게 된 반교권주의 의회에 의한 대성당 정신의 파괴
가 아니라 독일인 군대에 의한, 대성당 건물의 파괴이다." (*Pastiches et mélanges*
in *Contre Sainte-Beuve*, éd. de la Pléiade, 1971, p. 142. 다음을 참조. La Préface
aux *Propos de peintre* de J.-É. Blanche, 같은 책, p. 573.)

82 이 문장은 전쟁 이전(1904년) 『르 피가로』에 발행된 판본, 다시 말해서 유작
『시평집』에 되풀이된 판본에 실려 있을 뿐이다. 1919년 『모방과 혼합』에는 수
록되지 않았다. 전쟁으로 인해 교회가 파괴되는 최악의 상황이 실제로 벌어졌
기 때문이다.

83 M. Proust, *Du côté de chez Swann (À la recherche du temps perdu)*, Gallimard,
1955-1956, t. I, p. 62.)

84 위의 책, p. 58. (콩브레 교회에 관한 부분은 1912년 「마을 교회(L'église de vil-
lage)」라는 제목으로 『르 피가로』에 실린 시평을 다시 사용한 것이다. 이 시평
은 유작 『시평집』에서 따로 가필해 출판된다.)

85 후진(後陣), 또는 애프스(apse)는 성당의 동쪽 끝부분이다. 성당 현관과 탑이
서쪽에 있기에 후진은 반대편 끝이 되며, 대개 튀어나온 둥근 공간의 형태를 취
한다. 예루살렘을 향하는 동쪽 방향의 후진은 마치 성지처럼 성당에서 가장 성
스럽고 핵심에 해당하는 공간이다. 고딕 성당에서 후진의 벽면은 거의 모두 스
테인드글라스 창으로 덮이고 그 안으로 투과한 빛이 스며든다.—옮긴이

86 앙드레 모루아(André Maurois)가 『잃어버린 시간을 찾아서』의 플레이아드
(Bibliothèque de la Pléide) 판 서문(p. XVII)에서 인용했다.

87 1948년 12월 『크리티크』에 실린 바타유의 단평을 참조. "프루스트의 교훈에 특
권적 개성을 부여하는 것은 의심의 여지없이 엄밀함인데, 이 엄밀함으로 그는
자신의 탐구 대상을 무의지적인 착상으로 귀결시켰다."(프루스트에게 바친 『라
르크(L'Arc)』의 특집호(1971년 47호, p. 3)에서 다시 인용됨.) 따라서 착상은 탐
구의 결과라기보다는 오히려 탐구에 대한 부정이다. 탐구는 계획의 범위에 속
하지 않는다. 탐구는 구성에 의해서보다는 그 '파괴'에 의해서, 그리고 탐구가
이루어지는 방식에 의해서보다는 탐구가 해체되는 방식으로 좀더 신뢰할 만
하다.
    바타유는 언제 프루스트를 읽었을까? 그는 『내적 체험』에 수록된 「시에 관
한 여담과 마르셀 프루스트(Digression sur la poésie et Marcel Proust)」 이전

에는 프루스트를 인용한 적이 없다. 그러나 기이하게도 그의 초기작 중 「사라진 아메리카」(1928)라는 중요한 글의 제목은 프루스트적이다. 그리고 1929년부터 그는 오늘날 프루스트의 전설에 속하는, 쥐들에 관한 이야기를 언급한다.("그러나 더 이상 아무것도 들리지 않는 밤, 사람들이 모자 핀으로 찔러 죽일 수 있는 실제의 쥐들만 발견되는 크고 황량한 구역이 있다…." ("Dali hurle avec Sade," *O.C.*, t. II, p. 115.) 만약 이러한 추정이 회고적 환상에 기인한다면, 그것은 바타유 자신에 의해 유지된다는 사실을 인정해야 한다. 사실 바타유는 「쥐 이야기(Histoire de rats)」에서 성도착적인 시나리오를 채택하게 된다. 이는 가장 투명한 가면, 미지의 가면을 쓰고 있는 프루스트 같은 작가에게 익명성, 즉 X라는 문자를 부여하기 위해서다.(*O.C.*, t. III, p. 122.)

88 M. Proust, *Du côté de chez Swann (À la recherche du temps perdu)*, Gallimard, 1955–1956, t. I, p. 61.

89 다음을 참조. Jacqueline Risset, "Théorie et fascination," *Paragone*, n° 260, octobre 1971 (*L'invenzione e il modello*, Bulzoni, 1972에 재수록됨.)

90 787년 제2차 니케아 공의회에서는 성상 파괴론자들을 비난할 때 이 문제에 관한 교회의 입장을 분명하게 표명했다. "종교적 이미지의 구성은 예술가들의 영감에 맡겨져 있지 않다. 그것은 가톨릭 교회와 종교적 전통에 의해 제기된 원칙들의 영역에 속한다. 오로지 예술 자체만이 화가에 고유한 것이고, 종교적 이미지의 구성은 하느님 아버지에 고유한 것이다." 다음을 참조. J. Gimpel, *Les bâtisseurs de cathédrales*, éd. du Seuil, 1958, p. 99.

91 뱅상 드 보베(1184–1264)는 중세 스콜라철학자이자 수도사이다. 그는 중세에 널리 읽혔던 작품인 『커다란 거울』의 저자로 알려져 있다.—옮긴이

92 에르빈 파노프스키(1892–1968)는 독일의 저명한 예술사학자로, 독일 미술사학의 전통 안에서 바르부르크 학파에 속한다. 작품의 의미를 분석하는 방법으로서 도상해석학을 제안했으며, 르네상스 미술과 뒤러 연구로 유명하다. 나치를 피해 미국으로 건너가 생애를 마쳤다.—옮긴이

93 1951년에 출판되었으며, 부르디외(P. Bourdieu)가 번역한 프랑스어판이 1967년 미뉘(Les Éditions de Minuit)에서 출간되었다. (이 책의 한국어판은 다음과 같다. 에르빈 파노프스키, 김율 역, 『고딕건축과 스콜라철학』, 한길사, 2016.—옮긴이)

94 E. Panofsky, *Architecture gothique et pensée scolastique*, trad. P. Bourdieu, Les Éditions de Minuit, p. 103.

95 성기 고딕(high gothic) 성당의 천장은 첨두형 아치(pointed arch), 즉 상부가

뾰족한 형태의 아치가 뼈대 골조(rib)와 결합해 가늘고 높은 천장을 형성한다. 이 뾰족한 아치 천장이 첨두형 볼트(궁륭, 둥근 천장)이다. 첨두형 볼트나 교차 볼트는 로마네스크 교회에서 이미 출현하고 있었다. 이들 요소를 일체화하고 극단적으로 발전시켜 고딕 특유의 천장 구조와 골조 체계가 만들어진 것이다.— 옮긴이

96 평면(plan)은 단면과 전혀 다르다. 평면은 건축 용어로 건물을 지면에서 평평하게 잘랐다고 할 때 드러나는 벽체나 기둥, 창 등의 투영도이다. 단면은 지면에 수직으로 잘랐을 때 나타나는 부위이다.— 옮긴이

97 E. Panofsky, *Architecture gothique et pensée scolastique*, trad. P. Bourdieu, p. 93.

98 라틴어 표현 'modus operandi'는 직역하면 작동 방식이지만, 흔히 범행 수법을 가리키곤 한다.— 옮긴이

99 E. Panofsky, *Architecture gothique et pensée scolastique*, trad. P. Bourdieu, p. 89.

100 삼위일체의 각 위격인 성부와 성자, 성령을 말한다.— 옮긴이

101 "일반적으로 유추는 서로 다름이 뒤섞인 닮음 혹은 부분적인 닮음이다. 그것은 완전한 닮음과 완전히 서로 다름 사이의 중도를 지킨다. 그것은 신학적인 영역의 각 단계에서 발견되고 있다. 신학자들은 신과 피조물들에게 적용된 동일한 이름들이 완전히 동일한 의미를 지니지 않으며, 또한 유한한 것과 무한한 것에 공통된 **특성**들이 제각기 다양한 비율로 존재한다는 사실을 끊임없이 주장한다. 그들은 수수께끼를 풀기 위해 많은 유추들을 이용한다. 그러므로 유추는 신학적인 지식, 언어 혹은 추론에 의해 이루어지는 가장 빈번한 방식들 중의 하나이다." (다음에서 발췌. A. Chollet, "Analogie," A. Vacant, E. Mangenot, E. Amann, *Dictionnaire de théologie catholique*, Paris, 1930, t. I.)

102 다음의 재판본에서 인용. Georges Bataille, *L'expérience intérieure (Somme athéologique* I), p. 16. (*O.C.*, t. V, p. 18.)

103 위의 책, p. 64. (*O.C.*, t. V, p. 60.)

104 위의 책, p. 80. (*O.C.*, t. V, p. 73.)

105 Georges Bataille, "Marcel Proust," *Critique*, n° 31, décembre 1948.

106 Georges Bataille, *L'expérience intérieure (Somme athéologique* I), p. 77. (*O.C.*, t. V, p. 70.)

107 Georges Bataille, "Architecture," *Documents*, n° 2, mai 1929. (*O.C.*, t. I. p. 171.) 여기서 바타유가 너무 속단한다고 생각한다면, 프랑스 문화부 장관이자 아카데미프랑세즈의 회원인 모리스 드뤼옹(Maurice Druon)에 의한 선언문을 참조할 수 있을 것이다. "나는 도시의 쇠퇴라 불리는 것의 원인들 중 하나가 우리의 도

시에 신전과 궁전과 조각상들이 없기 때문이며, 또한 인간 존재의 중요한 권리들(신앙, 사상, 의지)을 나타내는 모든 것이 없기 때문이라고 진정으로 확신한다. 한 도시 문명의 활력은 이 문명이 건설할 수 있는 위엄있는 기념비들로 측정될 수 있을 것이다."(『르 몽드(Le Monde)』에 게재된 보르도의 예술·과학·문학 아카데미의 1973년 5월 선언문.)

108 Georges Bataille, *La part maudite*, éd. de Minuit, 1949, p. 59.

109 Georges Bataille, "L'Amérique disparue," in *L'art précolombien. L'Amérique avant Christophe Colomb*, 1928. (*O.C*, t. I, p. 153.)

110 위의 글, p. 152. 바타유에게 질식할 것 같은 건축물로는 또 다른 예가 있다. 예를 들어 봉건적인 성, 즉 질 드 레의 성이 그러하다. 『에로스의 눈물』의 삽화에서 바타유가 묘사한 성의 폐허는 사드 후작 성의 그것, 그리고 '피의 백작부인' 바토리 에르제베트 (Báthory Erzsébet)의 성의 그것과 유사할 것이다.(Georges Bataille, *Les larmes d'Eros*, pp. 162-163; *O.C.*, t. X, pp. 619-620.) "이 성들은 거대한 바위덩어리들이었고, 그 내부의 후미진 곳은 접근할 수 없거나 무덤들만큼이나 깊이 묻혀 있었다."(*La tragédie de Gilles de Rais*, J.-J. Pauvert, 1965, p. 66.) 또 다른 예는 '파라오의 무덤처럼' 레닌의 미라를 수용하고 있는 '붉은 광장의 무덤', 즉 혁명의 무덤이다.("Le fascisme en France," *O.C.*, t. II, p. 209.)

111 다음을 참조. D. Hollier, "Le matérialisme dualiste de Georges Bataille," *Tel Quel*, 25; Ph. Sollers, *Le toit*, in *Logiques*, éd. du Seuil, 1968; J. Kristeva, "Bakhtine, le mot et le roman," in *Séméiotikè*, éd. du Seuil, 1970.

112 로마인이 갈리아인이라고 부르던, 알프스 너머(현재 프랑스 지역)에 살던 켈트족의 한 부류를 지칭한다.— 옮긴이

113 "Le cheval académique," *Documents*, n° 1, avril 1929. (*O.C.*, t. I, p. 160.)

114 위의 글, p. 161.

115 위의 글, p. 160.

116 위의 글, p. 163.

117 Georges Bataille, "Architecture," *Documents*, n° 2, mai 1929. (*O.C.*, t. I, p. 171.)

118 "L'Apocalypse de Saint-Sever," *Documents*, n° 2, mai 1929. (*O.C.*, t. I, p. 166.)

119 위의 책, pp. 167-168.

120 위의 책, p. 166. (대중적인 상황문학은 중세의 시대적 상황 속에서 봉건 영주 및 기사의 무용담을 서사시로 읊은 무훈시, 남녀의 사랑을 주제로 한 서정시로 구성되었다.— 옮긴이)

121 무훈시(武勳詩)는 1050년에서 1150년까지 프랑스에서 흥성한 봉건 문학이다.

중세 기사를 아름답게 표현한 무훈시는 주로 봉건 계급 남성들이 가장 큰 관심을 두었던 전투와 봉건 정치를 주제로 다루며, 그중 「롤랑의 노래(La Chanson de Roland)」는 무훈시의 최고 걸작이다.— 옮긴이

122 "L'Apocalypse de Saint-Sever," *Documents*, n° 2, mai 1929. (*O.C.*, t. I, p. 165.)

123 Georges Bataille, "Architecture," *Documents*, n° 2, mai 1929. (*O.C.*, t. I, pp. 171–172.)

124 카리아티드(caryatid)는 추상적인 형태의 기둥 대신 여인상으로 된 돌기둥이며, 지붕을 비롯한 상부구조를 지지하는 역할을 하는 수직적 요소다. 그리스 아테네에 있는 에레크테이온의 카리아티드가 가장 대표적인 예이다.— 옮긴이

125 샹틀루(1609-1694)는 십칠세기 고전 화가인 푸생(1594-1665)을 발견해낸 프랑스의 예술품 수집가이자 예술 후원자다.— 옮긴이

126 고대 로마의 도시였던 남프랑스의 님에 남아 있는 로마 신전. 원형이 가장 완전하게 보존된 로마 신전의 하나로 꼽힌다.— 옮긴이

127 예를 들어 다음과 같은 글이 있다. Georges Bataille, "Nietzsche et les fascistes," *Acéphale*, n° 2, janvier 1937. (*O.C.*, t. I, p. 463); 다음의 재판본에서 인용. Georges Bataille, *Le coupable (Somme athéologique* II), pp. 28, 30. (*O.C.*, t. V, pp. 260–261.)

128 Georges Bataille, "Le problème de l'Etat," *La critique sociale*, n° 9, septembre 1933. (*O.C.*, t. I, p. 334.)

129 Georges Bataille, "Métamorphoses," *Documents*, n° 6, novembre 1929. (*O.C.*, t. I, p. 209.)

130 '이유(離乳) 콤플렉스'를 언급하면서, 라캉은 일련의 모성적인 이마고로 승화된 회귀 속에서 동시에 건축의 산물들(주거는 '출생 전의 장소'의 상징적인 반복에 지나지 않기 때문에)과, 동질화하고 동화하는 체계적이고 전체주의적인 충동(융합, 조화, 일치)이 드러내는 매우 추상적인 이데올로기적 입장들을 서로 만나게 한다. "심지어 승화된 어머니 젖가슴의 이마고는 우리의 주체를 위해 계속해서 중요한 정신적인 역할을 맡는다…. 만약 사람들이 이러한 것이 발견되는 가장 추상적인 형태를 규정해야 한다면, 우리는 그것을 이렇게 특징지을 수 있을 것이다. 모든 것이 하나의 존재에 완전히 동화되는 것. 다소 철학적으로 보이는 이러한 문구 속에서 우리는 인간의 향수들을 발견할 수 있을 것이다. 그것들은 보편적인 조화에 대한 형이상학적인 환상, 감정적인 융합의 수수께끼, 전체주의적 감시에 의한 사회적 유토피아, 그리고 탄생 이전에 사라진 천국에 대한 강박관념과 죽음에 대한 모호한 열망에서 벗어난 모든 것들이

다."("La famille," *Encyclopédie française*, t. VIII, *La vie mentale*, 1938.)

미로, 피라미드 그리고 미로

1 피콩(1915-1976)은 프랑스의 작가이자 예술 비평가이다. 그는 프랑스 문화부
   장관 앙드레 말로 밑에서 문학 예술국 사무총장을 지냈으며 '문화의 집(Mai-
   son de la culture)' 조직에 관여했다.— 옮긴이

2 Georges Bataille, "Le labyrinthe," première version, *Recherches philosophiques*, V,
   1935-1936. (*O.C.*, t. I, p. 436.)

3 Georges Bataille, "La mère-tragédie," *Le voyage en Grèce*, n° 7, été 1937. (*O.C.*, t. I,
   pp. 493-494.) 『그리스 여행(Le voyage en Grèce)』은 여행사 넵토스(Neptos)에
   의해 출판되었다. 어떤 안내서에 따르면, 이 회사는 다음 여행을 조직했다. "'여
   름 동안의 예술가들을 위한 파트리스 II 크루즈 여행', 상세한 설명서를 요구
   해 주십시오." 이전 호(6호, 1937년 봄)에는 로제 카유아(Roger Caillois)의 글
   이 실렸다. 「헬라스에 비친 그림자의 움직임. 미노스 문명 세계의 삶의 양식들
   (Jeux d'ombre sur l'Hellade. Styles de vie du monde minoen)」(『신화와 인간(Le
   mythe et l'homme)』(갈리마르, 1938)으로 다시 출판됨.) 고전시대 아테네 문명
   의 빛의 움직임과는 대조를 이루는 이 그림자의 움직임은 고고학에 의해 크레
   타섬에서 재발견되는, 시대에 뒤처진 어두운 그리스, 즉 또 다른 그리스를 자극
   했다. "파르테논 신전과 미노스 궁전은 둘 사이 공통의 척도를 받아들이지 않
   는다."
   　　　1937년 바타유는 넵토스의 서비스를 이용해 그리스를 여행할 생각을 했다.
   (1937년 5월 화가 앙드레 마송에게서 온 편지를 참조.) "네가 그리스로 떠나기
   전에 만나지 못해 유감스럽다." 그러나 그는 연인 로르(Laure)와 함께 시칠리
   아섬으로 갔다.(*O.C.*, t. V, pp. 500-501.) 이탈리아 여행 중에 그는 「오벨리스크
   (L'obélisque)」를 썼다.("나는 아주 긴 여행 중에 이 글을 썼습니다"라고 1937년
   8월 7일 장 폴랑에게 보내는 편지에 썼는데, 『므쥐르』에 그것을 발표하기로 되
   어 있었다.) 이 글은 이집트(오벨리스크와 피라미드)에서 그리스(헤라클레이
   토스와 소크라테스)와 로마(바로크 시대)에 이르기까지 지중해 연안에 축적
   된 모든 신화적인 층들을 예로 제시한다.
   　　　「어머니-비극(La mère-tragédie)」은 바타유가 디오니소스적인 묘사를 보여
   주는, 고대 연극에 관한 글이다. 여기서 디오니소스적인 묘사는 수단이 결코 목

적으로 간주될 수 없는 세계, 즉 수단의 부재가 목적이 되는 세계를 보여준다. "목적은 무엇인가를 쉽게 만드는 것이 아니다. 그것은 일상의 작업 속에서는 발견되지 않는다. 그것은 미로의 어둠 속에서 파악된다."

4 아리아드네는 신화 속 크레타의 왕 미노스의 딸이다. 다이달로스가 지은 미로 는 왕이 나라를 비운 사이에 왕비와 수소 사이 통정의 결과물인 괴물 미노타우 로스를 숨기기 위한 것이었다. 미노타우로스의 먹잇감으로 아테네는 젊은이들 을 공물로 바쳐야 했다. 아테네의 왕자 테세우스는 괴물을 죽이기 위해 자원해 크레타로 간다. 그런 테세우스에게 반한 아리아드네는 그가 괴물을 죽인 후 미 로에서 빠져나올 수 있게 실타래를 준다. 입구에 묶어 놓은 실 덕분에 테세우스 는 미로에서 무사히 탈출할 수 있었다.—옮긴이

5 고르디우스의 매듭은 알렉산드로스 대왕이 칼로 잘랐다고 하는 전설 속의 매 듭이다. '대담한 방법을 써야만 풀 수 있는 문제'라는 뜻의 관용 표현으로 쓰이 고 있다.—옮긴이

6 Georges Bataille, *Le coupable* (*Somme athéologique* II), p. 16. (*O.C.*, t. V, p. 251.)

7 필리프 솔레르스가 사용하는 용어를 따랐다. 다음을 참조. "Le coupable," *Tel Quel*, 45, printemps 1971.

8 Georges Bataille, *Sur Nietzsche*, Gallimard, 1945, p. 27. (*O.C.*, t. VI, p. 23.)

9 Georges Bataille, *Le coupable* (*Somme athéologique* II), pp. 28-30. (*O.C.*, t. V, pp. 260-261.)

10 미로의 주제에 대해서는, 바슐라르(G. Bachelard)의 책 『대지 그리고 휴식에 대 한 몽상(La terre et les rêveries du repos)』(코르티, 1948)에서 풍부한 자료를 발 견할 수 있을 것이다.

11 베이컨은 자신의 『신논리학(Novum Organum)』에 '미로의 가는 실(Filum Labyrinthi)'이라는 부제를 달았다. 이 이미지는 또한 데카르트에게서도 발견 된다. G. Nador, "Métaphores de labyrinthes et de chemins chez Decartes," *Revue philosophique*, janvier-mars 1962. 라이프니츠에 관해서는 미셸 세르의 책을 참조. Michel Serres, *Le système de Leibniz et ses modèles mathématiques*, P. U. F., 1968, t. I, p. 11. "나는 생각의 실을 쉽고 확실한 방법이라 부른다. 우리는 마 치 미로 속에서 아리아드네의 실과 함께 있는 것처럼 망설임도 논쟁도 실수의 두려움도 없이 안전하게 길을 가기 위해 그 실을 따라갈 필요가 있다." (Louis Couturat, *Opuscules et fragments inédits de Leibniz*, Alcan, 1903, p. 420.)

12 Georges Bataille, *L'expérience intérieure* (*Somme athéologique* I), p. 80. (*O.C.*, t.V, p. 73.)

13 "La planète encombrée," *La ciguë*, n° 1, janvier 1958.

14 그리스 출신으로 파리에서 활동한 테리아드(1897-1983)는 예술과 철학에 대한 폭넓은 지식을 가진 예술비평가이자 편집자였다. 테리아드와 알베르 스키라는 1933년 초현실주의 경향의 잡지 『미노타우로스』를 창간했다. 조르주 바타유와 앙드레 마송은 테리아드에게 이 잡지에 '미노타우로스'라는 이름을 붙일 것을 제안했다. 테리아드는 이 잡지의 편집자이자 아트 디렉터로 활동했고 바타유는 이 잡지에 글을 기고했다.─옮긴이

15 1941년 바타유가 펴낸 성애 소설 『마담 에드와르다(Madame Edwarda)』를 암시한다.─옮긴이

16 야누스에 관해서는 다음의 책들을 참고할 것. G. Dumézil, *La religion romaine archaïque*, Payot, 1966, pp. 323-328, 397-400; A. Van Gennep, "Janus bifrons," *Revue des traditions populaires*, t. XXII, 1907; A. Van Gennep, *Manuel de folklore français*, t. I (vol. VII), Picard et Cie, 1958; P. Grimal, "Le dieu Janus et les origines de Rome," *Lettres d'humanité*, 4, 1945; R. Schilling, "Janus, le dieu introducteur et le dieu des passages," *Mélanges d'archéologie et d'histoire de l'École française de Rome*, 1960; L. A. Mackay, *Janus*, University of California Publications in Classical Philology, vol. XV, 1954-1961.

17 야누스의 어원은 로마 신화에 나오는 문(門)의 수호신으로, 이는 출입구를 뜻하는 라틴어 'ianus'에서 유래했다. 야누스는 두 얼굴로 입구와 출구를 감시하는 통행의 문의 신이자 연초에 시작을 주재하는 신이다. 리옹 에스 몽타뉴는 바타유 어머니의 고향으로, 여기에 언급된 어원에 따르면 '걸어서 넘어갈 수 있는 산'으로 풀이될 수 있다.─옮긴이

18 Plutarch, *Numa Pompilius*, p. 19.

19 크로노스는 시간의 신이고, 우라노스는 하늘의 신이다. 크로노스는 아버지 우라노스를 거세해 바다에 던져 버린다. 그가 아버지를 쫓아냈듯이 그 역시 제 자식의 손에 죽게 될 거라는 우라노스의 저주를 받게 된다.─옮긴이

20 로마 신화에 나오는 달과 사냥의 여신으로, 그리스 신화에서는 아르테미스라 불린다.─옮긴이

21 『죄인』의 미발표 원고 중에서. (*O.C.*, t. V, p. 523.)

22 아르키메데스는 움직이지 않는 한 점만 주어진다면 긴 막대기를 이용해 지구를 들어 올릴 수 있다고 주장했다. 여기서 비롯된 비유적 표현인 '아르키메데스의 점'이란 관찰자가 탐구 주제를 총체적 관점에서 객관적으로 지각할 수 있는 가설적 지점을 가리킨다. 확실한 지식의 궁극적 기초, 모든 지식을 떠받치는 궁

극의 토대를 의미할 때 사용되기도 한다.—옮긴이

23 바타유는 '아세팔(acéphale)'이라는 이름으로 된 비밀 결사를 조직하고 1936
년에서 1939년 사이에 같은 이름의 잡지를 펴냈다. 창간호의 제목은 '성스러운
음모(La conjuration sacrée)'이며, 표지는 앙드레 마송이 그린 아세팔로, 다빈
치의 유명한 인체 비례도인 〈비트루비우스 인체도〉(1490년경)를 차용한 것이
었다.—옮긴이

24 "La conjuration sacrée," *Acéphale*, n° 1, juin 1936. (*O.C.*, t. I, p. 445.)

25 "La conjuration sacrée," *Acéphale*, n° 1, juin 1936. (*O.C.*, t. I, p. 445.)

26 Georges Bataille, *L'expérience intérieure (Somme athéologique* I), p. 38. (*O.C.*, t. V,
p. 35.)

27 위의 책, p. 37.("말들, 말들의 미로, 말들의 가능성을 고갈시키는 무한함, 결국
말들의 생각지 못한 위험은 항상 변화하는 모래와 같다.") 또한 같은 책의 10쪽
을 참조할 것.("지껄임에서 나오는 허울뿐인 빛을 싫어할 수밖에 없는 어둠 속
에서 우리가 수다쟁이들 사이에서 길을 잃은 채") (*O.C.*, t. V, pp. 26, 10.)

28 코퓰러(copula)라고도 불리는 계사(繫辭)는 주사와 빈사와의 관계를 표시하
는 말로, 프랑스어 'être'와 영어의 'be' 등이 있으며, 우리말에서는 '-이다'와 같
이 빈사 속에 계사가 들어 있다.—옮긴이

29 Georges Bataille, *L'anus solaire, O.C.*, t. I, p. 81.

30 이때 'suis'는 'être' 동사의 일인칭 현재형이다.—옮긴이

31 M. Foucault, *Les mots et les choses*, Gallimard, 1966, p. 109.

32 J. Derrida, "Le supplément de copule," in *Marges*, éd. de Minuit, 1972, p. 243.

33 1938년 1월 22일 사회학회 강연. (*O.C.*, t. II, p. 318.)

34 위의 책, '사회학회'라는 제목의 마지막 강연. (*O.C.*, t. II, p. 370.)

35 「분열 생식(La scissiparité)」은 1949년 바타유가 『레 카이에 드 라 플레이아드
(Les Cahiers de la Pléiade)』에 발표하게 될 짧은 이야기의 제목이다. (*O.C.*, t. III,
p. 225.) 그러나 탄생과 죽음 혹은 생식과 소멸의 결합으로 성교의 진리를 구성
하는 (특히 육체들을 결합하는 상처를 실사화하고 계사의 범주 전환을 거부하
는) 분열 생식은 바타유의 분석들 속에 훨씬 더 일찍 등장하는 주제이다. 예를
들어 사회학회의 마지막 강연에서 그는 다음과 같이 쓰고 있다. "만약 내가 생
식기관이 없는 단세포의 생식을 고려한다면, 새로운 세포의 탄생은 전체가 완
전한 형태를 유지할 수 없는 데서 비롯되는 것처럼 보인다. 말하자면 분열, 즉
상처가 생겨나는 것이다."(*O.C.*, t. II, p. 369.) 이 주제는 또한 불멸의 형태와 부
모의 부재에 연결된 『저주의 몫』(p. 41)에 다시 등장한다. 그리고 다음과 같은

문구로 표현되며 『에로티슴』(p. 20)에도 등장한다. "본래의 하나가 둘이 된다."

36 상징의 어원은 고대 그리스의 'symbolon' 또는 'sumbolon'에서 온 것으로 하나를 둘로 나눠 가진 뒤 각각의 소유자가 두 개를 합쳐서 서로 신원을 확인하던 부절(符節)이나 할부(割符)의 의미로 사용되었다. 그러다 의미가 바뀌면서 표시, 기호 또는 이면에 무엇을 지시하거나 실제의 모양을 의미하는 형상으로 사용되었다. 어원을 근거로 해서 상징을 논리적으로 파악한다면, 질적으로 서로 다른 두 가지 이상이 어떤 유사성이나 공통점에 의해 연결되는 것이다.—옮긴이

37 Georges Bataille, L'expérience intérieure (Somme athéologique I), p. 64. (O.C., t. V, p. 59.)

38 Georges Bataille, "Le labyrinthe," premiére version, Recherches philosophiques, V, 1935–1936. (O.C., t. I, p. 433.)

39 Georges Bataille, L'expérience intérieure (Somme athéologique I), pp. 106–120. (O.C., t. V, pp. 97–110.)

40 Georges Bataille, "Le labyrinthe," premiére version, Recherches philosophiques, V, 1935–1936. (O.C., t. I, p. 436.)

41 Georges Bataille, L'expérience intérieure (Somme athéologique I), p. 108. (O.C., t. V, p. 98.)

42 Georges Bataille, "Le labyrinthe," premiére version, Recherches philosophiques, V, 1935–1936. (O.C., t. I, p. 435.) 『내적 체험』에 수록된 약간 다른 글, p. 108. (O.C., t. V, p. 98.)

43 위의 글. (O.C., t. I, p. 433.)

44 위의 글. (O.C., t. I, p. 434.) '자신의 미로'라는 표현은 1925년 4월 『초현실주의 혁명』 3호에 발표된 앙토냉 아르토의 「유럽의 대학 총장들에게 보낸 편지 (Lettre aux recteurs des universités européennes)」에 나타나 있다. "언어의 숱한 유희, 통사적 기교, 마술적 표현. 이제 발견되어야 하는 것은 마음의 위대한 법이다. 이 법은 하나의 법 혹은 감옥이 아니라 자신의 미로에서 길을 잃은 사람을 위한 안내서이다." 이 구절들은 아르토에 의해 씌어진 것이 아니다. 편지의 처음 두 단락을 쓴 레리스에 의해 작성된 것이다. (다음을 참조. A. Artaud, O.C. t. I, 1970, p. 439.)

45 Georges Bataille, L'expérience intérieure (Somme athéologique I), p. 112. (O.C., t. V, p. 102.) 이 구절은 「미로」의 최초의 판본에는 실려 있지 않다.

제왕절개

1 Georges Bataille, "L'œil pinéal" (4), *O.C.*, t. II, p. 41.

2 Georges Bataille, "Abattoir," *Documents*, n° 6, novembre 1929. (*O.C.*, t. I, p. 205.)
여기서 『에로스의 눈물』에 대한 짧은 글은 유년 시절의 추억이라는 간접적인
수단을 통해 고대의 희생을 연상시킨다. 말하자면 바쿠스[디오니소스]의 무녀
들이 '아이들이 없어' 새끼 염소들을 제물로 바칠 때 거행되는 희생을 연상시
킨다. 이는 오늘날 도살장에서 펼쳐지고 있다. "아이였던 나는 집 앞에서 도살
업자가 칼로 목 베어 죽일 때 불안에 떠는 새끼 염소들의 눈물을 보았다."(*Les
larmes d'Eros*, p. 73.)

3 Georges Bataille, "Bouche," *Documents*, n° 5, 1930. (*O.C.*, t. I, p. 237.)

4 『인간과 동물에 대한 애착(L'amitié de l'homme et de la bête)』에서, 바타유는
말의 동물성을 칭찬한다. 그러나 약 이십 년 전에 그는 말과 인간주의의 탄생
을 형태학적으로 연결시켰다. 이 글은 1947년 말에게 헌정된 잡지『포름 에 클
뢰르(Formes et Couleurs)』 1호에 실렸다. 특히 여기서 바타유는 시인(이카로
스?)에게 영감을 불어넣어 준 날개 달린 페가수스, 즉 (진짜 말이 아닌) 페가수
스와, 그보다 덜 학구적이기 때문에 진짜 말에 더 가까운 다다의 주장들을 비교
한다.
　　바타유는 다다 운동에 참여하지는 않았지만, 그에게 다다의 참조는 중요하
다. 1930년『도퀴망』 4호에 발표된「움직이려 하지 않음(Les Pieds nickelés)」
이라는 글에서, 그는 '인간 존재의 활동'과 관련해 다다 운동을 환기시킨다. 말
하자면 '우리의 지적 삶이 의존하는 견고한 구축'을 위해 이러한 활동이 '그 어
떤 말(言)에 의해서도 지칭될 수 없다'는 것이다.(*O.C.*, t. I, p. 233.) 그러나 이
러한 활동이 너무도 빨리 명명되었던 것은 진실로 유감스러운 일이다. 이러
한 제한들은 1937년 7월『아세팔』 3-4호에 발표된「니체 시평(Chronique ni-
etzschéenne)」에서 사라진다. 다다의 자유와 니체의 실천을 연결하는 이 글 속
에서 바타유는 다음과 같이 기술한다. "여러 해 동안 가장 재능있는 몇몇 사람
들이 그들의 지성을 산산조각나게 하려고 애쓰면서 지성 자체를 폭발시켰다고
생각하는 건 무엇을 뜻하는 것일까? 일반적으로 다다는 대수롭지 않은 실패로
간주된 반면, 다른 측면에서는 해방시키는 웃음, 즉 인간 존재를 변화시키는 계
시가 된다."(*O.C.*, t. I, p. 490.)
　　1929년 12월, 앙드레 브르통이『초현실주의 혁명』에 발표했던「초현실주의
제2선언」에 대한 반응이었던『시체(Un cadavre)』의 여러 서명자들은 이전의

다다주의자들〔리브몽 드세뉴(G. Ribemont-Dessaignes), 비트락(R. Vitrac), 바롱(J. Baron)〕이었다. 바타유는 다다 운동의 여러 시위들에 적극적으로 참가했던 테오도르 프라앵켈(Théodore Fraenkel)과 연관이 깊었다.

일반적으로 초현실주의의 지적 야망에 대항하는 바타유는 확실히 다다의 어리석음이라고 불리는 것을 위해 다다 운동에 더 높은 가치를 부여하기에 이르렀다고 말할 수 있겠다.

5 Georges Bataille, "Œil," *Documents*, n° 4, septembre 1929. (*O.C.*, t. I, p. 187.)

6 리트레(1801-1881)는 프랑스의 철학자, 언어학자이자 정치가이다. 그는 처음에는 의학을, 다음에는 고대어를 연구했다. 오귀스트 콩트의 제자인 그는『르뷔 드 필로조피 포지티브(Revue de philosophie positive)』의 창간을 통해 자신의 사상을 널리 알렸다. 그는 실증철학의 흐름에 전념했으며, 정치경제학, 철학, 심리학, 윤리학, 미학을 통합하면서 학문의 분류를 완성하려고 했다. 수많은 철학적 작업과 사전편찬 작업을 통해 그는 그의 대표 저작인『프랑스어 사전(Dictionnaire de la langue française)』을 출판했다.— 옮긴이

7 Georges Bataille, *La tombe de Louis XXX*, *O.C.*, t. IV, p. 154.

8 『불가능』에 재수록된「오레스테이아(L'orestie)」의 시「나는 죽은 사람들에게 달려든다(Je me jette chez les morts)」. (*O.C.*, t. III, p. 212.) (이때 혀가 흘러내린다는 표현은 '혀가 빠진다' '혀가 잘린다'를 뜻하며, '지나친 기쁨 / 손톱을 바꾸어 놓는다'는 '지나친 기쁨에는 고통이 뒤따른다'를 뜻한다.— 옮긴이)

9 Georges Bataille, *La scissiparité*, *O.C.*, t. III, p. 228.

10 Georges Bataille, *Le petit*, *O.C.*, t. III, p. 39.

11 Georges Bataille, *La scissiparité*, *O.C.*, t. III, p. 229.

12 Georges Bataille, "La mutilation sacrificielle et l'oreille coupée de Vincent Van Gogh," *Documents*, n° 8, 1930. (*O.C.*, t. V, p. 258.)

13 아낙사르쿠스는 알렉산더 대왕의 조언자였지만, 이 폭군을 모욕하여 죽임을 당했다. 제논도 폭군에 반대했다가 목이 잘려 죽었다고 한다.— 옮긴이

14 안젤라 다 폴리뇨(1248-1309)는 이탈리아 폴리뇨 출신의 성녀이다. 아시시의 프란체스코회의 영향을 받아 신비주의를 대표하는 성녀가 되었다.— 옮긴이

15 Georges Bataille, *L'expérience intérieure (Somme athéologique I)*, p. 133. (*O.C.*, t. V, p. 122.)

16 위의 책, p. 137. (*O.C.*, t. V, p. 126.)

17 Georges Bataille, "Le gros orteil," *Documents*, n° 6, novembre 1929. (*O.C.*, t. I, p. 200.)

18 위의 글, p. 204.

19 다음을 참조. Karl Abraham, "Limitaions et modifications du voyeurisme chez les névrosés," *O.C.*, trad. I. Barande, Payot, 1966, t. II, p. 19. "그들의 눈은 결코 문제되지 않았지만, 환자들은 마치 단 하나의 눈만이 존재하는 것처럼 자신의 생각을 표현했다…. 눈은 단지 단수로만 존재하는 기관을 대신한다…. 하나의 성, 하나의 아버지, 하나의 태양, 그리고 이러한 사실로 인해 '하나의' 눈이 존재한다. 여기에 '하나의 신'이 덧붙여질 수 있을 것이다." 덧붙여 페렌치 산도르의 「눈의 상징성(Zur Augensymbolik)」을 참조. (Ferenczi Sándor, *Psychanalyse*, *O.C.*, t. II, p. 66 : "(짝으로서의) 눈은 고환을 나타낸다.")

20 다음 저서에 인용된 마티스의 말을 참고. M. Pleynet, "Le système de Matisse," in *L'enseignement de la peinture*, éd. du Seuil, 1971, p. 72.

21 Georges Bataille, "La mutilation sacrificielle et l'oreille coupée de Vincent Van Gogh," *O.C.*, t. I, p. 264.

22 위의 글, p. 267. '신석기시대'는 선사시대의 시대 구분에 아직 익숙해지지 않았던 바타유에 의해 사용된 말이다.

23 Georges Bataille, "Bouche," *Documents*, n° 5, 1930. (*O.C.*, t. I, p. 237.)

24 위의 글, p. 238.

25 「송과안 관련 자료」의 주석들. Georges Bataille, "L'œil pinéal," *O.C.*, t. II, p. 417.

26 Georges Bataille, *L'érotisme*, p. 17. (*O.C.*, t. X, p. 17.)

27 쾌락원칙과 현실원칙을 넘어서 향락의 문제는 수수께끼들 중의 하나인데, 이 원칙들 앞에서 정신분석에 대한 과학적 열망은 혹독한 시련을 겪는다. 르클레르(S. Leclaire)의 다음과 같은 말을 참조. "쾌락의 질서는 기관의 질서에 대응해 그리고 그 자체로서 체계의 요소들의 간격을 자극하는 소리에 의해 실제로 나타난다. 그것은 엄밀히 말해서 파괴를 구성한다." (Serge Leclaire, *Psychanalyser*, éd. du Seuil, 1968, p. 69.)

28 『에로스의 눈물』의 서문 중에서. (*O.C.*, t. X, p. 577.)

29 Georges Bataille, *L'érotisme*, p. 117. (*O.C.*, t. X, pp. 106-107.)

30 프랑스어 에로티슴(érotisme)은 일반적으로 영어의 에로티시즘(eroticism)으로 그 개념이 사용되고 있다. 따라서 바타유의 책 제목에서만 프랑스어식으로 표기했다. — 옮긴이

31 아시리아 장군 홀로페르네스가 유대인 도시 베툴리아를 함락시키기 직전, 항복할 수 밖에 없는 상황에 이르렀을 때 신앙심 깊은 과부 유디트는 도시를 구하기 위해 나선다. 유디트는 아름답게 치장하고 거짓 투항하여 홀로페르네스의

환심을 산 뒤 만취한 그의 목을 베어 돌아온다. 루크레티아는 로마 귀족 콜라티누스의 아내로 매우 정숙했다. 로마 왕의 아들 섹스투스가 그녀의 정숙함을 믿지 않자 콜라티누스와 내기를 한다. 내기는 콜라티누스의 승리로 끝났지만, 그녀에게 마음을 빼앗긴 섹스투스는 협박하며 겁탈하려고 한다. 루크레티아는 남편과 가문에 보복할지 모른다고 염려하여 몸을 허락했고, 남편과 브루투스에게 자신의 겁탈 사실을 알린 뒤 가슴에 비수를 꽂아 자결한다.—옮긴이

32 Georges Bataille, *Les larmes d'Eros*, p. 234. (*O.C.*, t. X, p. 627.)

33 H. Claude, A. Borel, G. Robin, "Une automutilation révélatrice d'un état schizomaniaque," *Annales médico-psychologiques*, 1924, I, pp. 331-339.

34 이 주제에 관해 인용된 참고 자료들을 참조. (*O.C.*, t. II, p. 444.) 바타유는 말년에 자신이 정신분석을 받지 않았다면 글을 쓰지 않았으리라는 사실을 알게 된다. 인터뷰를 하는 동안 마들렌 샵살에게 진술한 내용을 살펴보자.

"— 당신은 정신분석 받는 것을 시도해 본 적이 있나요?

바타유: 네, 하지만 나는 정통적이지 않은 방식으로 정신분석을 받았습니다. 단지 일 년 동안만 받았기 때문입니다. 좀 짧긴 했지만, 정신분석을 받았기 때문에 매우 병적인 존재로부터 변모하게 되었는데, 그때 나는 비교적 생존 가능한 사람의 상태에 있었습니다.

— 흥미로웠나요?

바타유: 매혹되었고 실제로 자유로워졌습니다.

— 작품을 쓰면서도 해방감을 얻지 않았나요?

바타유: 그렇게 생각하지 않습니다. 그 이유는 쉽게 설명됩니다. 말하자면 내가 썼던 첫번째 책, 즉 내가 당신에게 말하고 있는 그 책은 정신분석을 받은 후에 쓸 수 있었습니다. 자유로워진 뒤 말입니다. 그리고 내가 글을 쓸 수 있었던 것은 단지 그런 식으로 해방감을 얻은 것이라고 말할 수 있을 것 같습니다."

〔M. Chapsal, *Quinze écrivains* (Entretiens), Julliard, 1963, pp. 14-15.〕

또 하나 지적하자면, 바타유는 자신의 책의 복사본마다 번호를 붙인 권을, 가능하다면 1권을 보렐에게 보내는 것을 결코 잊지 않았다.

결국 우리는 『C 신부』의 시작을 알리는 '편집자의 말'이 '문학적 치료'로 끝난다는 사실을 기억해야 한다. "내가 미쳤다고 생각해 의사를 만나러 갔다…. 그는 나에게 정기적으로 올 것을 제안했다. 나는 받아들였다. 내 이야기를 글로 쓰고 정신 치료가 있을 때마다 가져갔다. 그것은 정신 치료의 핵심적인 요소였는데, 그게 없었다면 견디기 힘들었을 것이다."(*O.C.*, t. III, pp. 250-251.)

35 Georges Bataille, *Le coupable*, *O.C.*, t. V, p. 517에 수록된 주석. (또한 다음을 참

조. Georges Bataille, *La tombe de Louis XXX*, *O.C.*, t. IV, pp. 165-166.)

36 『불가능』의 3부에 재수록된 「오레스테이아」 속 「신전의 지붕(Le toit du temple)」 중에서. (*O.C.*, t. III, p. 203.)

37 G. W. F. Hegel, "L'art symbolique," *Esthétique*, t. III, pp. 104-105.

38 그리스어로 호모이오스(όμοιος)는 '유사한' '동질의'라는 의미를 지니며, 라틴어 '호모(homo)'의 어원이 된다.

39 'entendement'는 칸트철학에서의 '오성'과 구분해 지성이라 써 준다.—옮긴이

40 "천체로서의 지구는 그 자체가 차갑고 빛나지 않는다는 점에서 실제 별과는 다르다." "빛(rayonnement)의 부재, 즉 차가움으로 인해 지구의 표면은 일반적인 소진 운동처럼 보이는 '전체적인 운동'에 내맡겨진다." Georges Bataille, "Corps célestes," *Verve*, vol. I, n° 2, printemps 1938. (*O.C.*, t. I, pp. 517, 518.)

41 Georges Bataille, "La valeur d'usage de D.A.F de Sade," *O.C.*, t. II, p. 60.

42 밑그림이 마른 뒤 투명 또는 반투명의 물감을 엷게 칠해 화면에 윤기와 깊이 및 색조의 섬세한 변화를 주는 유화 기법.—옮긴이

43 J. Derrida, "La philosophie a toujours tenu à cela : penser son autre," *Marges*, éd. de Minuit, 1972, p. 1.

44 Georges Bataille, "La valeur d'usage de D.A.F. de Sade," *O.C.*, t. II, p. 62.

45 위의 글, p. 63. (또한 프로이트의 저서 『쾌락 원리의 저편(Jenseits des Lustprinzips)』을 참조.)

46 트리스탕 차라(1896-1963)는 루마니아 출신의 프랑스 아방가르드 시인이자 수필가, 행위 미술가이며, 기성 예술 체제에 반대하는 다다이즘 운동의 창시자 중의 한 사람이다.—옮긴이

47 Georges Bataille, "Figure humaine," *Documents*, n° 4, septembre 1929. (*O.C.*, t. I, p. 183, 그리고 주석을 참조.)

48 André Breton, *Second manifeste du surréalisme* (1930), *Manifestes du surréalisme*, J.-J. Pauvert, 1962, p. 154. 이러한 야심이 주체 그 자체를 구성하는 『연통관(Les vases communicants)』에서, 대립의 일치는 무엇보다도 꿈과 각성 사이의, 현실과 상상 사이의 일치이다.

49 사실 바타유는 브르통의 이런 표현에 동의하게 되었다. 예를 들어 『문학과 악(Le littérature et le mal)』에서 그는 에밀리 브론테(Emily Bronte)에 관해 이 표현을 인용한다.(그러나 '높은 곳과 낮은 곳'을 기이하게 망각하면서 그렇게 한다.) 그리고 "길은 거의 중요하지 않다. 오로지 점만이 중요하다"는 식으로 브르통의 표현을 논평한다.(Georges Bataille, *Le littérature et le mal*, Gallimard,

1957, p. 29) 같은 책에서, 그는 장 주네(Jean Genet)에 관해 그것을 새롭게 인용하고 거기서 '절대적인 힘에 대한 최상의 접근 중 하나'(p. 226)임을 인정한다.

『문학이란 무엇인가?(Qu'est-ce que la littérature?)』에서, 사르트르는 두세 번 되풀이해 바타유를 소개하면서 그가 재능 없고 뒤떨어진 초현실주의자임을 환기시킨다.("양차대전 사이에 문학은 겨우 살아 있을 뿐이다. 즉, 조르주 바타유의 불가능한 것에 관한 비평은 초현실주의의 최소한의 특성도 지니고 있지 않다.") 불가능한 것에 대해 말하자면, 사르트르는 그것의 성격을 명확히 하기 위해 '불가능한 것, 혹은 꿈과 각성, 현실과 허구, 객관적인 것과 주관적인 것이 혼동되는 상상의 점'이라는 브르통의 표현을 이용한다.

50 Georges Bataille, *Histoire de l'œil*, *O.C.*, t. I, p. 34.

51 Georges Bataille, "La structure psychologique du fascisme," *La critique sociale*, n° 10, novembre 1933. (*O.C.*, t. I, p. 350.)

52 Georges Bataille, *L'érotisme*, p. 43. (*O.C.*, t. X, p. 40.)

53 Georges Bataille, "L'absence de mythe," *Le surréalisme en 1947*, Maeght, 1947, p. 65.

54 Georges Bataille, Compte rendu d'un choix de "*Pages mystiques* de Nietzsche," *Critique*, octobre 1946, n° 5, p. 466.

55 Georges Bataille, "L'apprenti sorcier," *N.R.F.*, juillet 1938, n° 298. (*O.C.*, t. I, p. 525.)

56 Georges Bataille, "La notion de dépense," *La critique sociale*, janvier 1933, n° 298. (*O.C.*, t. I, p. 319.) 이 제목에서 '관념(notion)'은 개념(concept) 또는 이데아(idée)에 대립된다. 낭비라는 개념은 없다. 관념이라는 '개념'(?)의 사용은 바타유가 1932년 9월 『라 크리티크 소시알』 6호의 어떤 단평에서 인용했던 장 발의 책, 『헤겔 철학에서의 불행한 의식』을 참조한다.(*O.C.*, t. I, p. 299.) 나중에 마치 개념과 동의어인 것처럼 관념이라는 개념을 사용한 그는 '관념 자체를 넘어서 관념을 깨우치는 것'에 대해 말할 것이다.(Georges Bataille, "Discussion sur le péché," *Dieu vivant*, n° 4, 1945, p. 123: "언어는 일치의 개입을 초래하는 진술들로 이루어지기에 결핍된다. 낭비할 과도한 금액이 있기 때문에, 이익을 위해서가 아니라 낭비를 위해 낭비할 수밖에 없는 순간부터 우리는 일치의 차원에 더 이상 제한되지 않는다. 우리는 관념 자체를 넘어서 관념을 깨우칠 수밖에 없다." *O.C.*, t. VI, p. 350.) 따라서 낭비는 관념을 넘어서 관념을 깨우치며 스스로의 일치를 받아들이지 않는다. 낭비는 비논리적인 차이이기 때문이다. 낭비라는 관념은 그 자체를 넘어선 열린 관념이다.

〔바타유가 「낭비라는 관념」을 집필할 시기에 알렉상드르 쿠아레(Alexandre Koyré)의 고등연구원(Hautes Études)에서의 강의 '박학한 무지와 모순의 일치(Docte ignorance et coïncidence des contradictions)'를 들었기 때문에 내가 여기서 인용하는〕『박학한 무지(De docta ignorantia)』에서, 니콜라우스 쿠자누스(Nicolaus Cusanus)는 불평등이 평등으로 환원되는 것으로서의 낭비에 대한 억압을 계산적이기보다는 계수학적으로 표현한다. "과잉을 제거하면, 우리는 평등해질 것이다." "과잉의 제거를 통해 불평등이 평등으로 환원될 수 있는 것은 분명하다." "그 결과 평등은 영원하다." 이런 문구들은 또한 바타유가 낭비라는 관념, 다시 말해서 과잉이라는 관념으로 연구하려고 한 것인데, 낭비는 그저 단순히 과잉을 제거하는 것이 아니며 과잉의 생산은 환원 불가능한 불평등을 생산하게 될 것이다. 따라서 무엇인가가 '영원'하다면, 그것은 평등이기보다는 오히려 불평등이 될 것이다. (*La Docte ignorance*, chap. VII, *Œuvres choisies de Nicolas de Cues*, trad. M. de Gandillac, p. 74.)

57 포틀래치는 원시사회에 존재하는 무조건적인 증여 혹은 선물을 말한다. 이해 관계에서 떠난 듯 보이는 포틀래치는 증여로도 볼 수 있는데, 모스는 이런 증여에 의해 상대에 대한 우월성이나 지배관계가 생긴다고 말한다.—옮긴이

58 마르셀 모스(1872-1950)는 프랑스의 사회학자이며 그의 증여, 희생, 마술에 대한 연구는 레비스트로스(C. Lévi-Strauss)의 구조주의 인류학에 큰 영향을 미쳤다. 그의 대표작 『증여론(Essai sur le don)』은 증여라는 독특한 교환의 관습에 주목해 증여가 사회를 유지시키고 결속시키는 힘이며, 서로 주고받으며 되돌려주는 행위가 내포하는 함의를 밝혔다. 모스는 선물이 상호적 교환의 관계 내에서 존재하며 증여한 쪽의 권력 내지 우위를 입증한다고 주장했다. 바타유는 모스의 이론으로부터 많은 영향을 받았다. '답례'의 의무를 강조한 모스와 달리 바타유는 순수한 '소모'에 집중했다.—옮긴이

59 『증여론』의 이 문구를 바타유가 「낭비라는 관념」에서 인용했다. (*O.C.*, t. I, p. 310.)

60 Georges Bataille, "L'œil pinéal" (1), *O.C.*, t. II, p. 22.

61 Georges Bataille, "L'œil pinéal" (4), *O.C.*, t. II, p. 46.

62 샤를 드 브로스(1709-1777)는 십팔세기 프랑스의 저술가이다. 1760년 출간된 저서에서 그는 그리스의 다신교를 페티시즘을 통해 설명하려고 시도하면서 페티시즘이라는 말을 역사적으로 처음 사용했다.—옮긴이

63 조르주 캉길렘(1904-1995)은 과학철학 및 의학철학과 인식론에 기여한 프랑스 철학자이다. 그는 인간 주체성을 강조하는 사르트르의 주체철학과는 다른

역사, 인식, 개념, 존재에 대한 사유를 발전시켰다. 대표 저서로는 『정상과 병리 (Le normal et le pathologique)』가 있다.—옮긴이

64 G. Canguilhem, "Histoire des religions et histoire des sciences dans la théorie du fétichisme chez Auguste Comte," *Etudes d'histoire et de philosophie des sciences*, p. 86.

65 「송과안 관련 자료」의 주석들. Georges Bataille, "L'œil pinéal," *O.C.*, t. II, p. 416.

66 Georges Bataille, "L'œil pinéal" (1), *O.C.*, t. II, p. 23.

67 사회학회는 1937년 11월부터 1939년 7월까지 파리에서 활동한 지성 집단으로, 학술공동체를 만들기 위해 바타유가 창안했다. 로제 카유아, 미셸 레리스, 앙드레 마송, 알렉상드르 코제브 등이 함께했으며, 사회과학을 연구하고 확산시키는 데 기여했다.—옮긴이

68 Georges Bataille, "Hegel, l'homme et l'histoire" (1), *Monde nouveau Paru*, n° 96, février 1956, p. 32, note.

69 Georges Bataille, *L'érotisme*, p. 174.

70 Georges Bataille, "Hegel, l'homme et l'histoire" (1), *Monde nouveau Paru*, n° 96, février 1956, p. 27.

71 Georges Bataille, "L'amitié de l'homme et de la bête," *Formes et couleurs*, 1947, n° 1.

72 Georges Bataille, *L'érotisme*, p. 176.

73 Georges Bataille, "Métamorphoses," *Documents*, n° 6, novembre 1929. (*O.C.*, t. I, pp. 208–209.)

74 이때 '비결(Sésame)'을 직역하면 '참깨'인데, 『아라비안 나이트』의 「알리바바와 사십 인의 도둑」 이야기에서 문을 열기 위한 주문인 '열려라 참깨'에서 유래된 표현이다.—옮긴이

75 프랑스어 'tache'는 독일어 단어 'Zeichen'에서 비롯되었다.—옮긴이

76 페트루스 베르코리우스는 십사세기에 살았던 중세의 성직자이자 작가로, 신화 예술 및 설교에 관한 저작 등을 남겼다.—옮긴이

77 Georges Bataille, *L'expérience intérieure* (*Somme athéologique* I), p. 141. (*O.C.*, t. V, p. 129.)

78 접촉은 언제나 위협에 연결되어 있다. 접촉하는 육체는 언제나 온전한 상태로 되돌아오지 못할 위험이 있다. 접촉의 위험으로 인해 경험주의에 제기된 문제들에 대해서는 다음을 참조. Alain Grosrichard, "Une expérience de psychologie au XVIIIe siècle," *Cahiers pour l'analyse*, n° 2, mars-avril 1966, 2e éd., p. 103. "객관적으로 알기 위해 육체와 접촉해야 한다면, 이런 접촉은 나의 육체에 치명적일

수 있다. 객관성의 요구는 동시에 죽음으로 위협하기 때문이다."

79 바타유에게 '내적 체험'은 송과안이라는 상징과 이질성의 과학에 대한 사유가 완결적으로 나타나는 것이다. 이는 지성의 영역을 넘어서는 이질성의 영역인 맹점이 그에게 중요하게 부각되는 이유이기도 하다. 이 맹점은 지성으로서는 도달할 수 없는 어떤 불가능의 지점, 지식의 철학이 아닌 비지식의 체험이 일어나는 장소이다.—옮긴이

80 아테네 전성기(페리클레스 시대)의 놀라운 지적, 문화적, 사회적 발전을 이른다.—옮긴이

81 Georges Bataille, *L'érotisme*, p. 12. (*O.C.*, t. X, p. 12).

82 라이프니츠는 공간을 설명하기 위해 모나드(Monad)라는 개념을 만들어냈다. 모나드는 세계를 구성하는 최소 단위의 실체를 의미하며, 라이프니츠 철학의 중심 개념이다. 그에 따르면 실체가 활동할 수 있는 존재를 형성하는 데는 부분이 필요하며, 이 부분은 전체를 구성하는 적절한 요소이다.—옮긴이

83 Georges Bataille, "Le non-savoir," *Botteghe Oscure*, XI, avril 1953, p. 25.

84 Georges Bataille, "L'apprenti sorcier," *O.C.*, t. I, p. 526. 과학은 참되고도 보잘것없다. 이 두 속성의 결합에는 우연이라고는 없다. 특히 이 경우에 결합이 인간에게 어떤 의미를 지닌다면, 이는 진리를 열망할 수 없는 허구와 과학을 대립시키는 데 소용된다. 이러한 고발을 통해서 우리 문화가 지식과 예술에 전통적으로 부여한 역할들을 재분배하기 위한 실마리를 읽어내자.

85 Georges Bataille, "Sommes-nous là pour jouer ou pour être sérieux?" (II), *Critique*, n° 51–52, août-septembre 1951, p. 735.

86 Georges Bataille, *L'expérience intérieure* (*Somme athéologique* I), p. 129. (*O.C.*, t. V, p. 119.)

87 Georges Bataille, "De l'existentialisme au primat de l'économie" (II), *Critique*, n° 21, février 1948, p. 136.

88 Georges Bataille, "Sommes-nous là pour jouer ou pour être sérieux?" (II), *Critique*, n° 51–52, août-septembre 1951, p. 741.

89 Georges Bataille, "Plan," *O.C.*, t. II, p. 388.

90 Georges Bataille, "L'œil pinéal" (1), *O.C.*, t. II, p. 23.

91 이 제사들 중 첫번째는 「사드의 사용가치」(1)에 달린 주석이며(*O.C.*, t. II, p. 61), 그 두번째는 그 이전의 진술을 보여준다.(*O.C.*, t. II, p. 424, n. 12.)

92 파르메니데스는 고대 그리스의 철학자로, 서사시 『자연에 관하여(On Nature)』를 썼다. 그는 서사시에서 '이 모든 것은 도대체 무엇인가, 그것을 어떻게

알게 될 것인가'를 다루었다. 진리에 대해 설명하면서 나온 유명한 말 "있는 것은 있고 없는 것은 없다"로 알려져 있다.—옮긴이

93 하나의 이데아는 원형(참된 실제)으로서의 이데아이고, 여럿의 이데아는 원형을 모방한, 유사한 이데아를 뜻한다.—옮긴이

94 Platon, *Parménide*, trad. A. Diès, Budé, 1923, p. 60.

95 '형체 없는(aeidès)'이라는 지위는 사람들이 (이데아의 세계에 접근하면서) 감각적 세계를 넘어섰으며, 또한 감각적 세계에 남아 있으면서 더 이상 시각의 영역에 속하지 않는 무엇인가와 접촉하기 시작했다는 것을 동시에 나타낼 수 있다. 보이지 않는 세계는 때로는 머리로 이해할 수 있는 것으로, 때로는 만져서 알 수 있는 것으로 이해될 수 있다.

96 『필레보스』는 쾌락에 대해 논의하는 윤리적인 작품으로 보이지만, 그 외에도 플라톤 철학에서 매우 무거운 주제들인 형이상학과 존재론, 철학적 탐구 방법이 복잡하게 얽혀 있다. 이 작품에서 플라톤은 대화라는 특정한 형식으로 자신의 철학을 펼쳐 나간다. 쾌락주의자와의 대결이 생생하게 제시되며, 양쪽 입장에 대한 검토와 이에 대한 대화 상대자의 논리적·감정적 반응까지도 묘사된다.—옮긴이

97 Platon, *Philèbe*, trad. A. Diès, Budé, 1941, p. 91.

98 플라톤의 『고르기아스』는 소크라테스가 고르기아스, 폴로스, 칼리클레스와 '설득의 기술'에 관해 논쟁하는 대화록이다. 연설술이 주제이면서도 도덕과 행복의 문제가 유기적으로 연결되어 있고, 논쟁을 세 명의 대화 상대자가 차례로 넘겨받으며 그 폭과 깊이를 심화시키는 형식을 취한다.—옮긴이

99 Platon, *Gorgias*, trad. L. Robin, éd. de la Pléiade, t. I, p. 412.

100 Georges Bataille, "La valeur d'usage de D.A.F. de Sade," *O.C.*, t. II, p. 64.

101 이 절대 비교급은 최악과 관련해 이미 다음의 책에서 환기되었다. Denis Hollier, "La tragédie de Gilles de Rais au 'Théatre de la cruauté," *L'Arc*, n° 44, 1971, p. 80.

102 Georges Bataille, *Sur Nietzsche*, Gallimard, 1945, p. 104. (*O.C.*, t. VI, p. 85.)

103 위의 책, p. 111. (*O.C.*, t. VI, p. 90.)

104 위의 책, p. 150. (*O.C.*, t. VI, p. 124.)

105 Georges Bataille, *Le coupable (Somme athéologique II)*, Gallimard, 1961, p. 151. (*O.C.*, t. V, p. 355.)

106 공통의 척도는 어떤 은유밖에 없다. 바타유는 「인간의 형상」에서 같은 행위에서의 이 은유를 드러내려고 하고 '공통의 척도의 부재'를 (어떠한 전환도 없이)

서술하려고 하며, 다른 '인간 실체들'이 그들 사이에 갖는 '관계의 부재'를 '구체적 표현'을 통해 나타내려고 한다. 말하자면 한 개인에서 다른 개인으로, 한 세대에서 다른 세대로 이어지는 '소위 우리 본성의 연속성'을 드러내려고 하며, 또한 인간이 우주 속에서 '자신'의 자리를 갖기를 바라는 인간중심주의를 드러내려고 한다. 바타유는 이렇게 기술한다. "자아의 현존처럼 환원될 수 없는 어떤 현존이 이해 가능한 우주 안에서 자신의 자리를 갖지 못하고, 이 외부의 우주가 은유의 도움으로 오로지 자아 속에서 자신의 자리를 갖는 것은 당연한 일이다." (O.C., t. I, pp. 182-183.) 은유가 공통의 척도가 될 수 있는 것은 은유적인 공통의 척도 이외에는 다른 것이 없기 때문이다. 조금 앞에서, 바타유는 자신의 정신적 대성당인 『신학총서』와 함께 건축적 은유의 체계를 상기시켰다. 인간과 인간을 둘러싸는 것 사이에 공통의 척도가 있다는 생각은 '토마스 학설과 현재의 과학이 동시에 빚지고 있는 이 비천한 지적 탐욕'의 산물에 지나지 않는다.(p. 182.)

107 Georges Bataille, "La 'vieille taupe' et le préfixe sur dans les mots surhomme et surréaliste," O.C., t. II, p. 108.

108 제라르 주네트(1930-2018)는 프랑스의 문학이론가이다. 그는 동시대의 동료들과 함께 구조주의 비평에 몰두했으며, 문학비평에 수사학적 어휘를 재도입했다.—옮긴이

109 Gérard Genette, "La rhétorique restreinte," Figures III, éd. du Seuil, 1972, p. 39에서 재인용. 또한 은유의 문제에 관해 다음을 참조. J. Derrida, "La mythologie blanche," Marges, éd. de Minuit, 1972, pp. 289-291("유추는 은유 중의 은유이다"). 바타유에 관해서는 다음을 참조. R. Gasché, "L'avorton de la pensée," L'Arc (n° Bataille), 44, 1971, p. 15.

110 모리스 엔(Maurice Heine, 1884-1940. 프랑스의 작가이자 편집자로, 사드 후작을 재발견해 그에 관한 글들을 발표했다. 프랑스 작가들 중에서 사드를 진정한 위치에 올려놓아야 한다고 가장 먼저 주장했다.—옮긴이)에 의해 1933년 5월 『혁명을 위한 초현실주의(Surréalisme au service de la révolution)』의 5호에 게재되었다.(이후 다음의 책에 재수록. Maurice Heine, Le Marquis de Sade, Gallimard, 1950, p. 95.)

111 Georges Bataille, Les propositions contenues ici..., O.C., t. II, p. 74.

112 이 문구들은 다음의 책에서 발췌되었다. Gilbert Lély, Sade, études sur sa vie et sur son œuvre, Gallimard, 1967, pp. 218-219. 이 문구들이 생겨난 구절 전체를 인용할 필요가 있다.

"그러나 지각이상의 자연스러운 이야기인 『소돔의 120일』에서 사드가 선구자로서의 그의 재능을 보여주었다 할지라도, 그리고 고상한 문학적 가치와 무관하게 그의 많은 심리적이고 성적인 관찰들이 이런 장르에서의 걸작으로 간주된다 할지라도, 중요한 잘못이 여러 곳에서 이 작품의 교육적인 가치를 위태롭게 만들고 있음에 주목해야 한다. 말하자면 우리는 극단에 이른 분변 애착의 정신이상을 위해 저자가 남겨 두는, 지나치게 과장된 곳을 말하고자 한다. 실상 소설 자체나 혐오스러운 행위의 사례를 굳이 헤아리지 않더라도, 역사가들이 지적한 괴이한 이야기들 육백 가지 중에 절반 이상이 자율적이거나 다른 정열과 연결되어 배설물을 섭취하는 모습을 보여준다. 그런데 (페티시즘과 동시에 사도마조히즘[가학피학증]에도 속하는 것으로 보이는) 시각적, 후각적 혹은 촉각적으로 분변을 좋아하는 것이 비교적 흔한 이례라면, 유사해 보이지만 광적으로 분변에 애착하는 것은 가장 드문 성도착증에 포함될 수 있을 것이다. 크라프트 에빙의 구백 페이지 분량의 자료집에서 단 한 차례 언급된 그것은, 사드 후작이 관찰하고자 했던 것과는 무관한 영역, 즉 무엇보다 정신적 소외의 영역에 속한다. 따라서 『소돔의 120일』에서, 끔찍한 일탈의 근거 없는 우위는 있음직함과 자주 충돌하며, 본질적으로 성애를 표현하는 다른 뉘앙스들이 있음직함을 대신했다. 게다가 이와 같은 잘못에서 비롯되는 단조로움과 혐오감 이외에도, '오로지 처형될 여자들과' 관계하기를 바라는 시체성애증의 경우처럼 가장 충격적이고 놀라운 경우들조차, 사드가 중요한 성적 도착에 부가해야 한다고 생각했던 분변 애착의 요소 때문에, 일반적 특성을 상실하게 된다."

또한 페이지의 아래쪽에 있는 주석은 다음과 같다. "사드 후작의 유령이 교령 원탁 장치를 통해 납시어 『소돔의 120일』에 대한 우리의 감정, 요컨대 우리가 어떻게 이 작품을 발견했는지를 묻는다면, 우리는 자신의 손님이 저녁 식사를 잘했는지를 알고 싶어 하는 아버지 위뷔의 질문에 보르뒤르 대장이 '똥을 제외하고는 매우 잘 먹었습니다'(「위뷔 왕(Ubu roi)」의 1막 4장 중에서)라고 대답하듯이 유령에게 대답할 것이다." 기이하게도, 「초현실주의 제2선언」에서 브르통은 이와 똑같은 「위뷔 왕」의 구절을 이미 상기시켰다. "자리가 말하는 '너절한 걸레'가 그의 접시에 떨어져서, 바타유 씨가 몹시 매혹되었다"고 그는 기술한다. 나중에 인용될 똥의 철학자에 관한 주석은 이런 고찰을 참조하게 한다.

이런 유형의 글에 있는 단 한마디도 사드의 어휘에 속하지 않는 것은 제법 주목할 만한 일이다. 여기서 과학 용어는 매우 정확하게 말해서 반분변학적 기능을 지닌다. 이보다 더 반역적인 번역이란 없다. 즉, 분변학에 관한 말들은 전환될 수 없는 것이다. 그러나 프로이트의 작품에서 사드의 텍스트를 읽으려는 계획과 사드를 분변학의 선구자로 삼으려는 계획에는 사드 텍스트의 어휘론적 승화가 내포될 것이다. 라캉은 이렇게 기술했다. "설사 성도착의 분류에 비추어 본다 할지라도, 사드의 작품이 프로이트의 작품을 예견하는 일은 가장 빈번하게 되풀이되는 문학의 어리석은 짓 중 하나이다." 이는 「사드와 함께 칸트를 (Kant avec Sade)」의 첫번째 문장이다.(Jacques Lacan, "Kant avec Sade," *Écrits*, seuil, 1966, p. 765.)

여기서 사드 텍스트의 두 가지 '사용' 사이 우리가 방금 드러냈던 차이를 지나치게 깊이 조사할 필요는 없다. 그러나 렐리가 바타유의 작품에 대해 특별히 평가하지 않는 것처럼 보인다는 점을 지적해 두자. 이는 사드의 글들을 비평하는 제한된 영역을 바타유의 작품이 넘어서기 때문이다. 이 경우에는 바타유가 사드와 소통하는 것을 고려하지 않은 채 모리스 엔의 문채(文彩)를 드러내야 할 것이다. 그러는 동안 『사드 후작(Le Marquis de Sade)』(갈리마르, 1950)이라는 제목으로 엮은 모리스 엔의 모음집에 대해 렐리가 쓴 서문을 참조해야 할 것이다.

113 André Breton, *Second manifeste du surréalisme* (1930), Manifestes du surréal-isme, J.-J. Pauvert, 1962, p. 218. 또한 다음을 참조. Karl Marx, *Différence de la philosophie de la nature chez Démocrite et Épicure*, trad. J. Ponnios, éd. Ducros, 1970, p. 236.

114 Georges Bataille, "Arrivé ici…" *O.C.*, t. II, p. 85.

115 페렌치 샨도르(1873-1933)는 헝가리의 정신분석학자이다. 그는 정신 발달과 병리에 심각한 영향을 끼치는 실제 유아기의 외상과 '언어의 혼동'(아동의 온화한 애착과 성인의 성적 욕구 사이의 혼동)의 영향을 인식하는 것의 중요성을 연구했다.—옮긴이

116 S. Ferenczi, "Mots obscènes" (1911), *O.C.*, Payot, 1968, t. I, p. 128.

117 Jacques Lacan, "D'une question préliminaire à tout traitement possible de la psy-chose," *Écrits*, Seuil, 1966, pp. 391, 535.

118 자비에르 고티에(1942-)는 미레유 불레르(Mireille Boulaire)의 필명이다. 프랑스의 저술가로 1971년 초현실주의에 대한 선구자적인 페미니즘 비평 『초현실주의와 성(Surréalisme et sexualité)』을 펴냈다.—옮긴이

119 X. Gauthier, *Surréalisme et sexualité*, Gallimard, 1971, p. 216.

120 Georges Bataille, "Le Surréalisme au jour le jour," *Change*, 7, 1970, p. 93. "나는 브르통이 나에 대해 가졌던 혐오감을 이해한다. 나는 그것을 원치 않았던가? 나

는 정말 성적 편집광이 아니었던가?"

121 Georges Bataille, "Dali hurle avec Sade," *O.C.*, t. II, p. 113.

122 브르통이 말하는 정신의 자동 현상은 '마음의 순수한 자동 현상'을 지칭하는 것
인데, 이는 인간의 정신세계가 논리, 이성 그리고 의식적인 통제의 모든 제약으
로부터 자유롭게 벗어날 수 있다는 믿음을 전제로 한다.— 옮긴이

123 이 책의 일부는 『악마에 홀리기(Les possessions)』라는 제목으로 구성되었다.
책의 머리말 전반부에서는, '끊임없이 동요되지 않고 망상을 마음대로 정복하
는 것'이 시적으로 훈련된 사람의 능력에 달려 있음을 브르통과 엘뤼아르가 입
증하려 했다고 말하고 있다. 이에 대해 필리프 오드앵(Philippe Audoin)은 다
음과 같이 주장한다. "간단히 말해서 초현실주의는 결코 광기와 뒤섞일 의도
를 가지고 광기라고 부르는 것에 가까이 다가간 적이 없다."(G. Durozoi et B.
Lecherbonnier, *Le surréalisme*, Larousse, 1972, p. 122에서 재인용.)
    이 책과, 더불어 처음 몇몇 페이지에서부터 변명의 의도가 명백히 드러나
는 필리프 오드앵의 책에 대해 말하면, 1929년 바타유와 브르통을 대립시켰
던 논쟁으로 인해 초현실주의가 겪었던 단절에서 비롯되는 침묵을 두려워해
야 한다. 뒤로주아(G. Durozoi)와 르셰르보니에(B. Lecherbonnier)는 「초현
실주의 제2선언」이 단절의 배경 위에서 씌어졌음을 상기시킨다.〔그러나 그들
은 아르토, 마송, 데스노스(R. Desnos)만을 열거한다.〕 그들은 또한 『시체(Un
Cadavre)』라는 책자를 지적한다.(그러나 그들은 거기에 협력한 사람들의 어떠
한 이름도 드러내지 않는다.) 책자를 읽어 보면, 바타유와 브르통이 개인적으
로, 그리고 이데올로기적으로, 격렬하게 대립했다고 생각되지는 않을 것이다.
「초현실주의 제2선언」에 대한 오드앵의 요약은 바타유의 이름을 솜씨 좋게 피
해 간다. 이때 브르통이 '바다에 던져 버렸던' 사람들 중에서는 '아르토, 랭부르
(G. Limbour), 마송, 수포(P. Soupault), 비트락 등이 열거되었다. 바타유의 이
름은 나중에 대수롭지 않은 논쟁을 할 때 등장할 것이다. 브르통은 순결을 주장
했으며, "의심쩍은 것, 저열한 것과 타락한 것에 대한 호의를 비난하는 바타유
를 공격한다."(Ph. Audoin, *Breton*, Gallimard, 1970, pp. 196-197.) 1929년부터
1930년까지의 사건들에 대한 그의 이야기 속에서도 이와 같은 신중함이 엿보
인다. 「초현실주의 제2선언」에 논설을 썼던 이전의 초현실주의자들은 브르통
에게 모욕적인 책자를 바치는데, 책자의 '시체'라는 제목은 1924년 아나톨 프
랑스(Anatole France)의 죽음을 찬양했던 출판물에서 차용한 것이다.(위의 책,
p. 29.)
    1930년 브르통은 엘뤼아르와 함께 「정신착란의 시뮬라시옹」을 발표했다.

1929년 그는 바타유와의 논쟁으로 인해 단절의 시뮬라시옹을 기술했던 것으로 보인다.

124 André Breton, *Second manifeste du surréalisme* (1930), *Manifestes du surréalisme*, J.-J. Pauvert, 1962, pp. 217-219.

125 게자 로하임(1891-1953)은 헝가리 출신의 미국 정신분석학자이자 인류학자이다. 그는 정신분석학을 최초로 문화의 해석에 시도한 인류학자로 간주된다.—옮긴이

126 Georges Bataille, "Le gros orteil," *Documents*, n° 6, novembre 1929. (*O.C.*, t. I, p. 204.)

127 Georges Bataille, "Dali hurle avec Sade," *O.C.*, t. II, p. 113.

128 Georges Bataille, "Note sur 'Conformismes freudiens, d'Emmanuel Berl'," *Documents*, n° 5, 1930. (*O.C.*, t. I, p. 241.)

129 위의 글, p. 242.

130 Georges Bataille, "L'esprit moderne et le jeu des transpositions," *Documents*, n° 8, 1930. (*O.C.*, t. I, p. 273.) 1929년 9월 『도퀴망』 4호에 게재된 자코메티(A. Giacometti)에 관한 레리스의 글을 참조. "예술작품의 영역에서 사람들은 진정한 페티시즘의 욕망에 응할 수 있는 어떤 대상들(그림이나 조각)을 거의 발견할 수 없다."

131 「근대정신과 전환의 놀이」에 관한 주석. (*O.C.*, t. I, pp. 623-624, n. 4.)

132 범죄는 말해져야 한다. 비밀스러운 범죄는 범죄가 아니다. 그러나 범죄는 그 모든 것에도 불구하고, 고백을 통해 스스로를 배가시키면서 말해져야 한다. 고백은 범죄를 줄이지 못한다. 반대로 고백은 범죄를 강조한다. 다음을 참조. Th. Reik, *L'Impulso a confessare*, trad. ital., Feltrinelli, 1967.

133 「근대정신과 전환의 놀이」에 관한 주석. (*O.C.*, t. I, p. 624, n. 5.)

134 크라프트 에빙(1840-1902)은 독일, 오스트리아에서 활동한 심리치료사이며, 빈대학과 그라츠대학에서 가르쳤다. 그의 책 『성적 정신병』은 인간의 성적 행동의 유형으로 페티시즘, 사디즘, 마조히즘, 동성애에 대해 다루고 있다. 크라프트 에빙의 방법과 저서는 또한 융이나 프로이트에게 영향을 미쳤으리라 평가되고 있다.—옮긴이

135 장 베르니에(1894-1975)는 프랑스의 저널리스트이자 저술가이다. 이차대전 전에 초현실주의 운동과 관련해 개입했으며, 바타유와의 논쟁으로 유명하다.—옮긴이

136 Georges Bataille, *O.C.*, t. II, pp. 625-628.

137 Georges Bataille, "Compte rendu de la *Psychopathia sexualis* de Krafft-Ebing," *La critique sociale*, octobre 1931, n° 3. (*O.C.*, t. I, p. 275.) 크라프트 에빙은 (자신이 프로이트와 대립되었던) 초현실주의의 색인 중 '읽지 마시오' 목록에 실려 있다. 바타유는 크라프트 에빙을 읽었고 그에게서 성도착의 여러 사례를 차용했다. 예를 들어 그가 「나는 …를 할 수 있다고 생각하지 않는다(Je ne crois pas pouvoir...)」라는 글에서 인용하는 '오십 세 남성'이 그중 하나이다.(*O.C.*, t. II, p. 219.)

138 푸리에의 특징은 성적 관계를 사회의 조화와 유토피아에 주요한 요소로 간주하고 성도착이나 동성애를 그 수단으로 이해한다는 점이다. 여기서 '푸리에 유형의 유토피아'는 억압된 (성적) 욕망의 해방이라는 유토피아를 지칭함을 짐작게 한다.—옮긴이

139 Georges Bataille, "L'œil pinéal" (1), *O.C.*, t. II, p. 22.

140 Georges Bataille, "La valeur d'usage de D.A.F. de Sade" (2), *O.C.*, t. II, p. 72.

141 Georges Bataille, "La langage des fleurs," *Documents*, n° 3, janvier 1929. (*O.C.*, t. I, p. 176.)

142 그러나 인간 신체의 부위를 설명하는 전통적인 순서는 머리에서 발로(a capite ad calcem) 진행된다. 이것이 어쨌든 갈리앵(J. Galien)이 기준으로 삼았던 (어떤 위계와 연결되는) 순서였다. 캉길렘은 내장으로부터 시작하는 다른 방식을 지적한다.(Georges Canguilhem, "L'homme de Vésale dans le monde de Copernic: 1543," *Etudes d'histoire et de philosophie des sciences*, Vrin, 1968, p. 29.) 배와 머리의 갈등은 온갖 종류의 모순으로 가득하다. 머리에서 시작한다면 송과선을 볼 수 있다는 데카르트의 편지를 기억해 두자.

143 토머스 바르톨린(1616-1680)은 덴마크의 해부학자이다. 신학자이자 해부학자인 아버지 카스파르 바르톨린(1585-1629)의 해부학 저서를 개정했으며, 이는 이후 해부학 교과서로 널리 사용되었다. 그는 인체의 림프 체계의 발견으로 유명하며 저온 마취의 발전에도 공헌했다.—옮긴이

144 Caspar and Thomas Bartholin, *Anatomia*, Lugdunum, 1631, p. 356.

145 Georges Batialle, "Le Jésuve," *O.C.*, t. II, p. 14.

146 이는 전적으로 미셸 레리스의 견해이다. "이 소설에서 하나의 일화, 즉 『디르티』의 이야기가 살아남았다."(Michel Leiris, "De Bataille l'Impossible à l'impossible *Documents*," *Brisées*, Mercure de France, 1966, p. 258.)

147 헤겔은 『정신현상학』에서 다음과 같이 기술했다. "말의 본래 의미에서 시작의 긍정적인 실현은 동시에 이 시작에 대한, 다시 말해서 이 시작의 일방적인 형

태(이런 형태에 따라 시작은 즉각적이거나 목적으로 존재한다)에 대한 부정적인 행위이다. 실현은 체계의 토대를 구성하는 것에 대한 반박으로 간주될 수 있다."(G. W. F. Hegel, *Phénoménologie de l'esprit*, trad. Hyppolite, t. I, p. 22.)

148 이는 또한 레미 드 구르몽(Rémy de Gourmont)의 작품 제목으로 사용되었는데, 그것은 고전적인 라틴어가 아닌 신비주의적 라틴어이다. 바타유는 자신이 『랭스의 노트르담 대성당』을 쓴 시기에, 그리고 파리의 국립고문서학교를 다닐 시기에 레미 드 구르몽의 작품을 애독서로 삼았다.(『조르주 바타유 전집』제I권에 포함된 단평(p. 611)을 참조.) "교회 라틴어라는 경멸적인 이름으로 알려진 라틴어는 호라티우스의 라틴어보다 좀더 매력적인 것처럼 보이며, 이들 금욕주의자의 영혼은 이기주의적이고 교활한 늙은 통풍 환자의 영혼보다 관념성이 풍부하다. 사람들이 신앙을 가지고 있든 그렇지 않든 간에, 오로지 신비주의 문학은 우리의 엄청난 피로를 해소하는 데 적합하다…."(Rémy de Gourmont, *Le latin mystique*, Crès, 1913, p. 5.) '음악과 성가에 열중한' 질 드 레의 감수성을 자극한 '동성애 천사들의 목소리'는 교회의 라틴어를 통해서 들려온다."(Georges Bataille, *La tragédie de Gilles de Rais*, J. J. Pauvert, 1965, pp. 43, 74.)

149 Georges Bataille, *Manet*, Skira, 1955, p. 71. 〈올랭피아〉가 부정하는 '이 세계'는 종교의 세계이다.

150 Jacques Lacan, "Remarque sur le rapport de Daniel Lagache," *Écrits*, Seuil, 1966, p. 665.

151 Georges Bataille, "Bouche," *Documents*, n° 5, 1930. (*O.C.*, t. I, p. 237.)

152 플라톤은 『소피스트』에서 이미지를 두 종류로 구별한다. 하나는 형상(이데아, 모델, 참된 실재)을 받아들이는 모상이며, 다른 하나는 형상을 받아들이지 않는 허상이다. 이때 모상은 형상을 모방하며 형상과의 내적 유사성으로 정당성을 부여받은 좋은 이미지인 반면, 허상은 형상을 거부하며 형상과 아무런 유사성도 없는 나쁜 이미지이다.—옮긴이

153 다음을 참조. G. Deleuze, *Logique du sens*, éd. de Minuit, 1969, pp. 292–298; P. Klossowski, "Le simulacre dans la communication de Georges Bataille," *Critique*, n° 195–196, août-septembre 1963.

154 Georges Bataille, "L'art primitif," *Documents*, n° 7, 1930. (*O.C.*, t. V, p. 252.) 이 기억은 『명상의 방법(Méthode de méditation)』(『반신학총서』, 제1권, p. 228)에서 다시 떠오를 것이다. "나는 게으름과는 거의 관련이 없었다.(오히려 나에게는 지나친 활력이 있다고 생각한다.) 하지만 열세 살(?) 때, 반에서 가장 게을

리 공부하는 사람이 누구인지 친구에게 물었더니 그건 바로 나였으며, 중학교 전체로 바꿔 물어봐도 역시 나였다. 그때 나는 받아쓰기를 하지 못했기 때문에, 학창 생활을 힘들게 만들었다. 선생님이 말한 처음의 말들은 내 펜으로 쉽게 씌어졌다. 나는 내 학습 노트에 쓴 것을 보았다. 빠르게 휘갈겨 쓸 뿐이었다. (나는 쓰는 것처럼 보이게 할 수밖에 없었다.)(O.C., t. V, p. 210.)

155 Georges Bataille, *Méthode de méditation, L'expérience intérieuve (Somme athéologique* I), Gallimard, 1954, p. 219. (O.C., t. V, p. 203.)

156 바타유에게 제쥐브는 예수(Jésus)와 디오니소스의 수액(Sève)이며, 화산 베수비오(Vésuve)와 여신 비너스(Vénus)이다. 그리고 데카르트의 '나는 존재한다(Je suis)'이다. 그는 "'제쥐브'는 정신 속의 관념을 빼앗는 에로틱한 움직임의 이미지"라고 썼다.―옮긴이

157 Georges Bataille, "L'œil pinéal" (4), O.C., t. II, p. 41.

158 Georges Bataille, "Le 'Jeu lugubre'," *Documents*, n° 7, décembre 1929. (O.C., t. I, p. 211.)

159 카를 아벨(1837-1906)은 인도-유럽어 및 하미토-셈어 사전학에 대한 연구를 쓴 독일의 문헌학자이다. 비교문헌학을 주로 연구했으며 그의 논문 「본래 말의 정반대 의미(Über den Gegensinn der Urworte)」는 프로이트나 데리다에게 영감을 주었다.―옮긴이

160 헤겔이 『논리학』에서 언급한 내용(『논리학』 1권의 1부 1장을 끝내는 주석)을 참조. "어떤 언어가 대립되는 두 결정을 나타내기 위해 하나의 동일한 말을 사용하는 것을 발견할 수 있을 것이다. 사변적 사유는 그 자체로 사변적 의미를 지니는 말들을 언어 속에서 발견할 때 기뻐할 수밖에 없다…. 어떤 것이 그와 반대되는 것과 통일성을 이루도록 함으로써만 그것을 폐기할 수 있다." (G. W. F. Hegel, trad. Jankélévitch, Aubier, t. I, p. 102.)

161 Jacques Lacan, "La signification du phallus," *Écrits*, Seuil, 1966, p. 692.

162 장 조제프 구(1943-)는 프랑스의 철학자이다. 그는 한때 데리다, 푸코, 크리스테바 등과 함께 잡지 『텔 켈(Tel Quel)』 그룹으로 활동했으며 미국의 여러 대학에서 강의했다. 『화폐(메달) 연구』는 그의 대표작으로, 그는 돈과 언어 사이의 구조적 동일성에 주목했으며 문학과 철학에서의 다양한 화폐적 은유를 재해석했다.―옮긴이

163 자한기르(1569-1627)는 아버지 악바르가 원정을 떠난 동안 반란을 일으켜 스스로 황제의 자리에 올랐다. 그 과정에서 악바르의 절친한 친구이자 조언자를 암살했다. 이후 제국의 적들을 격파하고 영토를 확장했으며 예술의 후원자를

자처하면서 그의 시대에 무굴제국의 독특한 회화양식이 자리잡게 되었다.—
옮긴이
164 J.-J. Goux, "Numismatiques I," *Tel Quel*, 35, automne 1968, pp. 76-77. 다음의 책
에 재수록됨. *Freud, Marx. Economie et symbolique*, éd. du Seuil, 1973, p. 68.
165 Georges Bataille, "La structure psychologique du fascisme," *La critique sociale*, n°
10, novembre 1933. (*O.C.*, t. I, p. 355.)
166 보리스 수바린(1895-1984)은 프랑스의 마르크스주의자, 공산주의자, 저술가,
저널리스트이다. 우크라이나 키예프 유태계 태생으로, 어린 시절에 프랑스로
이주했다. 그는 젊은 나이에 사회주의운동에 뛰어들었으며 공산당 국제 조직
코민테른(comintern)에 참여하고, 프랑스공산당의 창립 회원으로 활동했다.
반스탈린주의 노선을 견지했으며 사회역사연구소를 창립하고 잡지 『라 크리
티크 소시알』을 간행했다.—옮긴이
167 Georges Bataille, "La structure psychologique du fascisme," *La critique sociale*, n°
10, novembre 1933. (*O.C.*, t, I, p. 363.)
168 Georges Bataille, "L'œil pinéal" (4), *O.C.*, t. II, p. 43.
169 Georges Bataille, "L'œil pinéal" (3), *O.C.*, t. II, p. 39.
170 Georges Bataille, "L'œil pinéal" (4), *O.C.*, t. II, p. 46.
171 Georges Bataille, *L'anus solaire, O.C.*, t. I, p. 81.
172 규칙적으로 사용되는 여성형 관사 'la' 대신 남성형 관사 'le'를 'copule' 앞에 사
용했음을 의미한다.—옮긴이
173 Georges Bataille, "Qu'est-ce que le sexe?," *Critique*, n° 11, avril 1947, p. 372. 라캉
은 「남근의 의미작용(La signification du phallus)」에서 이렇게 기술했다. "이
시니피앙(남근)은 성적 결합 속에서 파악할 수 있는 실재적인 것의 가장 두드
러진 형태로, 이 말의 글자 그대로의(활자 인쇄) 의미로서 가장 상징적인 무
언가로 선택된다고 말할 수 있다. 그것이 (논리적인) 계사나 마찬가지이기 때
문이다."(Jacques Lacan, "La signification du phallus," *Écrits*, Seuil, 1966, p. 692.)
174 카를 아브라함(1877-1925)은 프로이트의 제자로, 초기 정신분석학의 발전에
큰 기여를 한 독일 정신분석학자들 중 하나이다.—옮긴이
175 Karl Abraham, "Limitations et modifications du voyeurisme chez les névrosés,"
O.C., éd fr., t. II, p. 18.
176 Georges Bataille, "La valeur d'usage de D.A.F. de Sade," *O.C.*, t. II, pp. 55-56.
177 필리프 솔레르스(1936-)는 프랑스 작가이자 비평가이다. 1960년에 그는 아방
가르드 잡지 『텔 켈』을 창간했다.—옮긴이

178 Georges Bataille, *O.C.*, t. II, notes, p. 419.

179 Georges Bataille, "L'œil pinéal" (1), *O.C.*, t. II, p. 35.

180 첫번째 표현('비논리적인 차이')은 「낭비라는 관념」(*O.C.*, t. I, p. 319)에, 두번째 표현('설명할 수 없는 차이')은 「파시즘의 심리적 구조」(*O.C.*, t. I, p. 345)에 나타난다.

181 Georges Bataille, *Sur Nietzsche*, Gallimard, 1945, p. 75. (*O.C.*, t. VI, p. 60.)

182 Georges Bataille, "De l'existentialisme au primat de l'économie" (II), *Critique*, n° 21, février 1948, p. 136.

183 Georges Bataille, *Le bleu du ciel, L'expérience intérieure (Somme athéologique I)*, p. 101. (*O.C.*, t. V, p. 92.)

184 다음을 참조. André Masson, *Entretiens avec Georges Charbonnier*, p. 80.

185 Georges Bataille, *O.C.*, t. III, notes, p. 560.

186 Georges Bataille, *Le bleu du ciel, O.C.*, t. III, p. 395. 『내적 체험』의 판본에서 이 경구는 백사 페이지에 있다. (*O.C.*, t. V, p. 95.)

187 Georges Bataille, *Sur Nietzsche*, Gallimard, 1945, p. 155. (*O.C.*, t. VI, p. 127.)

188 트랑트(trente)는 프랑스어로 숫자 삼십을 의미한다. 따라서 이때의 트랑트는 트렌토(Trento)의 프랑스어 발음이 아닌 로마 숫자 삼십(XXX)의 의미로 보아야 한다.—옮긴이

189 Georges Bataille, *L'expérience intérieure (Somme athéologique I)*, p. 101. (*O.C.*, t. V, p. 92.)

190 다음의 프랑스어판에 번역, 수록된 프로이트의 「본래 말의 정반대 의미(Des sens opposés dans les mots primitifs)」를 참조. S. Freud, *Essai de psychanalyse appliquée*, Gallimard, 1971, p. 59. 현재의 언어학은 아벨의 주장을 받아들이지 않는다. 다음을 참조. E. Benveniste, "Remarques sur la fonction du langage dans la découverte freudienne," *Essais de linguistique générale*, Gallimard, 1966, p. 81. "이것이 바로 라틴어 사케르의 이중의 의미, 즉 '성스러운'과 '저주받은'일 것이다. 여기서 이 관념의 양면성은 우리를 더 이상 놀라게 할 수 없을 것이다. 성스러운 것의 현상학에 관한 많은 연구들이 그것의 근본적인 이원성을 일반화했기 때문이다. 중세에는 왕과 나병 환자는 둘 다 글자 그대로 '건드릴 수 없는 사람들'이었다. 그렇기 때문에 사케르가 모순적인 두 의미를 지니는 것은 아니다. '성스러운' 대상의 면전에서 대립되는 두 태도를 결정지은 것은 문화적 조건이다." (다음을 참조. E. Benveniste, *"Profanus et profanare," Collection Latomus (Hommage à Georges Dumézil)*, n° 45, 1960.)

바타유는 프로이트의 이 글을 분명히 읽었다. 그의 페이지들(7 Aa f° 39)에
서 발견된 다음 메모가 이를 잘 증명한다. "말들의 양면성에 관해서는 다음 책
에 실린 아벨의 「본래 말의 정반대 의미」에 관한 페렌치 샨도르의 비평을 읽을
것. Fr. S., *Jahrbuch für psychoa- und psychopath. Forschungen*, vol. I, 1910. "

191 S. Frend, *Essai de psychanalyse appliquée*, Gallimard, 1971, p. 65.

192 Georges Bataille, "Le bleu du ciel," *L'expérience intérieure (Somme athéologique* I),
p. 102. (*O.C.*, t. V, p. 93.) 이 문장은『하늘의 푸른빛』의 세번째 경구이다.

193 1940년에 출간된 앙드레 마송의 전시 카탈로그에 실린 「별을 먹는 사람들」은
조르주 바타유의 전집 I권(p. 567)에 재수록되었다.

194 Georges Bataille, *Histoire de l'œil*, *O.C.*, t. I, p. 44.

195 Georges Bataille, "Les présages," *O.C.*, t. II, p. 270.

196 이 전시회의 초대장은『조르주 바타유 전집』I권의 주석들(p. 613)에 수록되
었다.

197 Georges Bataille, *O.C.*, t. II, notes, p. 443에서 재인용.

198 바르셀로나 근교의 거대하고 기괴한 바위산으로, '몬세라트(Montserrat)'는
'톱니 모양의 산'이라는 뜻을 지니고 있다. 톱으로 썬 듯한 거대한 바위 기둥들
이 기묘한 형상을 이루고 있다고 해서 붙여진 이름이다. 성당에 검은 목각 성
모상이 있는 수도원은 나폴레옹의 침입 때 수난을 당했다. 건축가 가우디(A.
Gaudi)의 디자인에 영감을 주었다고 전해지는, 지역의 유명한 관광지이기도
하다.—옮긴이

199 Georges Bataille, "Les présages," *O.C.*, t. II, p. 267.

200 위의 글, p. 269.

201 다음을 참조. A. Koyré, *Etudes galiléennes* (1935-1939), Hermann, 1966.

202 조르다노 브루노(1548-1600)는 중세 이탈리아의 사상가, 철학자이다. 그는 교
회의 가르침에 반하는 '무한 우주론'과 '지동설'을 믿었다. 지구가 태양 주위를
도는 행성일 뿐이라는 코페르니쿠스적 우주론에서 나아가 우주는 무한하고
밤하늘의 별들이 모두 행성이며 태양은 그 가운데 하나에 불과하다고 주장했
다.—옮긴이

203 A. Koyré, *Etudes galiléennes* (1935-1939), p. 178.

204 기저 유물론은 바타유가 관념론에 맞서 싸우는 주요 무기이다. 그는 무엇보다
도 물질, 즉 모든 유물론적 사고가 만들어내는 것을 존재화해서는 안 된다고 주
장한다. 바타유는 이렇게 썼다. "대부분의 유물론자들은, 모든 정신적 실체를
없애려고 했으나, 위계적 관계가 특히 관념적인 것으로 특징짓는 사물의 질서

를 설명하기에 이르렀다. 관념론적 형태의 물질에 대한 집착에 사로잡혀 있음을 깨닫지 못한 채, 죽은 물질을 기존 질서의 위계의 맨 위에 올려놓은 것이다." ("Le bas matérialisme et la gnose," *Documents*, n° 1, 1930.) 일반적인 유물론, 특히 변증법적 유물론은 근본적으로 관념론적이다. 바타유가 말하고자 하는 물질이란 우리가 상상조차 할 수 없는 것이며, 그가 '비정형'이라는 항목에서 말하듯이, '어떤 의미로도 자신의 자격을 갖지 못하고 거미나 지렁이처럼 어디에서나 으깨'지는 것이다. 바타유에 따르면 물질은 유혹하는 쓰레기(찌꺼기)이며, 이 쓰레기가 비열한 행위를 내포하기에 우리 안에 있는 가장 유치한 것에 호소한다. 따라서 바타유는 높고 낮음의 차이를 혼동시켜 모든 기초를 흔드는 능동적인 기저 물질의 개념을 중시한다.—옮긴이

205 Georges Bataille, "Le bas matérialisme et la gnose," *Documents*, n° 1, 1930. (*O.C.*, t. I, p. 225.) 데리다는 바타유 읽기의 관점에서 제안하는 어떤 글에서 다음과 같이 쓴다. "'물질'이라는 시니피앙은, 그것의 재기입이 물질을 새로운 근본 원리로 삼는 것을 금하지 못할 때만, 그리고 이론적 퇴보를 통해 시니피앙이 '초월적 시니피에'로 재구성될 때만 나에게 문제적인 것처럼 보인다."(J. Derrida, *Propositions*, éd. de Minuit, 1972, p. 88.)

206 Georges Bataille, "Le bas matérialisme et la gnose," *Documents*, n° 1, 1930. (*O.C.*, t. I, p. 225.)

207 마르틴 루터는 종교개혁의 문을 연 신학자이다. 루터의 『탁상 담화』는 그가 식탁에서 신학자들과 함께 신앙과 교리 문제에 관해 나눈 대화를 주제별로 정리한 책으로, 널리 알려진 역사 사실들을 비롯한 다양한 지식과 위로, 조언, 예언, 교훈을 전한다.—옮긴이

208 시라노 드 베르주라크(1619-1655)는 프랑스의 극작가, 소설가이다. 도발적이고 독창적인 작가로서 그의 작품 세계는, 기성의 도덕과 성적 제약에 반발하고 자유를 추구하는 호색문학에 속한다. 코가 큰 것으로 유명했던 그는 그의 이러한 외형 및 일생을 모티프로 한 동명의 극의 주인공으로도 잘 알려져 있다.—옮긴이

209 G. Genette, "Une poétique structurale," *Tel Quel*, 7.

210 G. Genette, "L'univers réversible," *Figures*, éd. du Seuil, 1966, p. 20.

211 원래 찌그러진 진주라는 뜻의 바로크(baroque)는 단정하고 고전적인 르네상스와 비교해 괴이하다는 의미로 붙인 경멸적인 명칭이다. 일반적으로 역사상의 특정 시대나 예술 양식을 지칭하지만 정형에서 벗어난 경향을 의미하기도 한다.—옮긴이

212 Georges Bataille, *L'expérience intérieure (Somme athéologique* I), p. 67. (*O.C.*, t. V, p. 62.)

213 위의 책, p. 102.(이 문장은 『하늘의 푸른빛』의 경구들 중 하나이다.) (*O.C.*, t. V, p. 93.)

214 Georges Bataille, "L'obélisque," *Mesures*, 15 avril 1938. (*O.C.*, t. I, p. 502.) 니체의 『즐거운 지식』의 단락 125에서 발췌함. 바타유는 신을 믿지 않는 사람들에게 그들이 신을 죽였다는 것을 알리는, '몰상식'이라는 이 텍스트를 자주 참조할 것이다.

215 원래 제왕절개는 어머니가 분만하기 전 사망할 경우 복부를 절개하여 아이를 살리는 수술로 시작되었는데, 프랑스어로는 '세자리엔느(césarienne)'라고 한 다. 로마 제왕인 율리우스 카이사르는 이 수술로 출산되어 카이사르라는 이름 으로 불렸고, 스키피오 아프리카누스도 제왕절개로 태어났다고 전해진다. 하 지만 카이사르와 제왕절개에 대해서는 여러 가설이 있다. 플리니우스는 카이 사르 가문의 조상 가운데 제왕절개로 태어난 사람이 있어 그에게도 '자궁을 절 개해 나온(ab utero caeso)'이란 뜻으로 카이사르라는 성이 붙었다고 주장했다.

216 프랑스어로 '장르(genre)'는 문학, 예술에서의 그것뿐만 아니라, 철학에서의 유(類), 생물로서의 종(種), 성별 등을 아우른다.

217 G. W. F. Hegel, *Encyclopédie des sciences philosophiques*, trad. Grandillac, Gallimard, 1970, pp. 241-242(§250). 바타유는 레몽 크노(Raymond Queneau)와 공 동 집필한 글 속에 이 내용을 인용한다. "La critique des fondements de la dialectique hégélienne," *La critique sociale*, n° 5, mars 1932. (*O.C.*, t. I, p. 279.) 이는 "'개 념을 실현할 수 없기에 철학에게 한계를 제시한' 것이 바로 자연이었다는 사실 을 헤겔 자신이 지적하는" 데 신경을 썼다는 점을 알리기 위해서이다. 사실 이 단락의 큰 주제는 자연에 대한 정의를 구성하는 개념의 외재성이다. 이 외재성 은 자연의 산물이 표시되는 우연성 속에 표명된다. 일종의 '이질학'의 체계를 나타내는 이 우연성의 다른 예들 중에서, 헤겔은 기형들과 더불어 순진한 크루 크의 주장('그가 쓰는 펜'을 그저 추론하는 어려운 일을 철학이 해내길 바란다 는 요청)을 통해 글쓰기의 주체를 환기시킨다.

218 Georges Bataille, "Les écarts de la nature," *Documents*, n° 2, 1930. (*O.C.*, t. I, p. 229.)

219 Georges Bataille, "Le paradoxe de l'érotisme," *Nouvelle N.R.F.*, n° 29, mai 1955, p. 836. 이 글은 폴린 레아주(Pauline Réage)의 『O 이야기(Histoire d'O)』에 바쳐 졌다.

220 Georges Bataille, "L'inculpation d'Henry Miller," *Critique*, n° 3-4, août-septembre 1946, p. 380.

221 Jacques Roger, *Les sciences de la vie dans la pensée française du XVIIe siècle*, Armand Colin, 2e éd., 1971, p. 362에서 재인용.

222 니콜라 말브랑슈(1638-1715)는 프랑스의 철학자이자 성직자이다. 당대 이성주의 철학과 신의 섭리를 결합하고자 했다. 그는 영혼의 관념과 육체의 움직임 사이의 일치는 두 계열 사이에 신에 의해 확립된 연결에서 비롯된다고 생각한다. 이 평행론에 따르면 신은 우리의 이해의 관념을 직접 생산하고, 우리 육체에서 일어나는 일에 간접적으로 행동한다는 것이다. 육체는 영혼을 지배할 수 있는 능력이 없기 때문에 우리의 지식은 영원한 관념과 관련이 있다는 것이다.—옮긴이

223 지구의 생명체가 외계의 별에서 유입된 종자에서 발생했다는 설.—옮긴이

224 존 힐(1716-1775)은 영국의 식물학자, 의사, 저술가이다. 1750년에 존 힐은 에이브러햄 존슨(Abraham Johnson)이라는 가명으로 쓴 소책자 '성교 없는 해산(Lucina sine concubitu)'을 왕립학회에 보냈다. 이 소책자에서 그는 '여자는 어떤 남자와 성관계를 갖지 않고서도 임신할 수 있다'는 것을 증명했다. 실상 이 소책자는, 왕립학회가 존 힐이 학회 회원 후보자가 되는 것을 거부한 데에 대한 복수의 글이다.—옮긴이

225 제목을 직역하면 '성교 없는 해산'이 된다. 이때 '해산'을 의미하는 루키나(Lucina)는 로마 신화 속 해산의 여신의 이름에서 비롯되었는데, 여신 루키나 역시 남녀의 결합 없이 탄생했다.—옮긴이

226 Jacques Roger, *Les sciences de la vie dans la pensée française du XVIIe siècle*, p. 382.

227 위의 책, p. 295.

228 위의 책, p. 304, n. 329.

229 콘스탄테인 하위헌스 주니어(1628-1697)는 네덜란드 황금시대의 시인이자 작곡가였던 콘스탄테인 하위헌스(Constantijn Huygens, 1596-1687)의 아들로, 저명한 물리학자, 천문학자인 크리스티안 하위헌스(Christiaan Huygens, 1629-1695)와 형제이다. 이들은 네덜란드의 지성인 가문으로 정치와 외교 분야에서 활동했으며 현미경을 발명한 레이우엔훅의 후원자였다.—옮긴이

230 Jacques Roger, *Les sciences de la vie dans la pensée française du XVIIe siècle*, p. 181.

231 P. Bayle, *Nouvelles de la République des Lettres*, juillet 1684.

232 다음의 서문 중에서. M. du Rondel, *Histoire du fœtus humain recueillie des Extraits de M. Bayle*, Leiden, 1688.

233 Jacques Roger, *Les sciences de la vie dans la pensée française du XVIIe siècle*, p. 317.

234 위의 책, p. 318에서 재인용.

235 장 발(1888-1974)은 프랑스의 역사학자, 시인이자 철학자이다. 파리대학교 교수를 지냈으며, 1930년대에 프랑스에 헤겔 사항을 도입한 사람들 중 한 명이었다. 저서로『헤겔 철학에서의 불행한 의식』『키에르케고르 연구』『형이상학개론』등이 있다.

236 La Mettrie, *L'homme machine*, éd. J.-J. Pauvert, 1966, p. 90.

237 다음의 책에 인용된 흄의 문장. G. Deleuze et A Cresson, *Hume*, P.U.F., coll. "Philosophes", p. 63.

238 Georges Canguilhem, "Le concept et la vie," *Etudes d'histoire et de philosophie des sciences*, Vrin, 1968, p. 336.

239 여기 서술된 내용은『임신의 개념』에 나오는 과거의 왜곡된 인식을 나열한 것으로, 지금의 과학적 지식과는 맞지 않다.—옮긴이

240 시스트롱의 한 신부는 그러한 봉변의 희생자가 되었을 것이다. Jacques Roger, *Les sciences de la vie dans la pensée française du XVIIe siècle*, Armand Colin, 2e éd., 1971, pp. 188-189.

241 위의 책, p. 188.

242 Karl Abraham, "L'imitations et modifications du voyeurisme chez les névrosés," *O.C.*, trad. I. Barade, Payot, 1966, t. II, p. 39.

243 다음을 참조. K. Abraham, "L'éjaculation précoce," *O.C.*, trad. I. Barade, Payot, 1966, t. II, p. 62; S. Ferenczi, "De la portée de l'éjaculation précoce," *O.C.*, t. I, p. 17.

244 Georges Bataille, *Histoire de l'œil*, *O.C.*, t. I, p. 45.

245 Georges Bataille, *Madame Edwarda*, *O.C.*, t. III, p. 13.

246 다음의 주석에서 재인용. Georges Bataille, *Madame Edwarda*, *O.C.*, t. III, p. 491.

247 Georges Bataille, *O.C.*, t. II, p. 392.

248 '콩트르 아타크'는 바타유가 브르통과 화해하고 초현실주의자들의 동조를 얻어내면서 결성한, 반민족주의, 반자본주의, 반민주주의를 지향하는 단체의 이름이다.『콩트르 아타크, 혁명적 지식인들의 투쟁 연맹(Contre-attaque, union de lutte des intellectuels révolutionnaires)』은 1935년부터 1936년까지 바타유와 브르통의 협력으로 만들어진 메모장 형식의 책이다. 이 책에서 그들은 통치자들이 권력과 자본주의에 봉사하는 노예들이며, "그들에겐 죽음만이 있을 뿐이다"라고 주장했다.「노예들에겐 죽음을!(Mort aux esclaves!)」「거리에서의 인

민전선(Front populaire dans la rue)」「자율적인 농민운동을 위하여(Pour un mouvement paysan autohome)」「경제 계획(Les plans économiques)」 등의 글들이 실려 있다.—옮긴이

249 Georges Bataille, "Déclaration du Collège de Sociologie sur la crise internationale," *N.R.F.*, n° 302, novembre 1938. (*O.C.*, t. I, p. 539.)

250 Georges Bataille, *L'expérience intérieure (Somme athéologique I)*, p. 10. (*O.C.*, t. V, p. 9.)

251 Georges Bataille, *Le coupable (Somme athéologique II)*, Gallimard, 1961, p. 7.

252 Georges Bataille, *Méthode de méditation*, *L'expérience intérieure (Somme athéologique I)*, p. 219.

253 멜라니 클라인(1882-1960)은 빈 태생의 유태계 정신분석가로, 정신분석을 받다 스스로 분석가가 되었다. 그녀는 어린이의 정신분석과 치료 기법을 고안했으며 영국으로 건너가 활발히 활동했다. 프로이트의 영국 망명 후 그녀의 이론은 아나 프로이트(Anna Freud, 1895-1982)의 이론과 충돌했으며 양 진영의 논쟁을 야기하기도 했다.—옮긴이

254 Mélanie Klein, "Contribution à la théorie de l'inhibition intellectuelle," *Essais de psychanalyse*, trad. M. Derrida, Payot, 1968.

255 다음을 참조. Serge Leclaire, *Psychanalyser*, chap. II, Seuil, 1968.

256 Alexandre Kojève, *Introduction à la lecture de Hegel*, Gallimard, pp. 387-388. 바타유에 의해 이 구절들은 다음에 인용되었다. Georges Bataille, "Hegel, l'homme et l'histoire," *Monde nouveau paru*, n° 97, février 1956, p. 5.

257 G. W. F. Hegel, *Phénoménologie de l'esprit*, trad. Hyppolite, t. I, p. 284. 〔요릭은 셰익스피어(W. Shakespeare)의 「햄릿(Hamlet)」에 나오는 해골로, 무덤을 파는 일꾼에 의해 꺼내진 어릿광대이다.—옮긴이〕

258 Georges Bataille, *La tombe de Louis XXX*, *O.C.*, t. IV, p. 159.

259 크루크(1770-1842)는 헤겔과 동시대를 살았던 독일 철학자이며 작가다. 자신의 저서에서 헤겔과 셸링(F. W. von Schelling)의 관념론을 비판한 바 있다. 그는 독일 관념론의 자연철학으로부터 자신의 펜을 추론하기 위해 셸링에게 대답을 요구했다. 그것은 새로운 관념론 철학에 대한 거의 경험론적 반론의 일부였다. 그렇게 함으로써 그는 지각적으로 실재하는 것이 일반적 개념에서 논리적으로 알려질 수 있다는 생각에 이의를 제기했다. 이는 헤겔에게 비판적인 반응을 유발하여 특이한 지식의 문제를 다루게 했다.—옮긴이

260 다음을 참조. J. Wahl, *Le malheur de la conscience dans la philosophie de Hegel*

(1929), P.U.F., 1951, p. 17.

261 Georges Bataille, "De l'existentialisme au primat de l'économie" (1), *Critique*, n°
19, décembre 1947, p. 523.

262 위의 글, p. 518. 과학에 의한 주체의 배제는 '성스러운 신'이 완성되는 「에로티
슴의 역설」에서 바타유가 상세히 설명하리라고 생각한 문제들 중 하나다. 그가
남겨 놓은 초고에서, 우리는 특히 다음 구절을 읽을 수 있다. "과학은 대상에 주
어진 관심, 모든 관심이다. 주체의 과학은 존재하지 않으며 존재할 수도 없다."
담론의 주체를 문제 삼는 것은 (과학적 의사소통에 대립되는 의미있는 생산으
로서) 글쓰기 행위에 대한 정의 그 자체이다. "글을 쓰는 나는 내가 쓰기 때문
에 내게 일어나는 것을 의식한다. 이런 설명은 개인적으로 나를 문제 삼는데,
나의 삶 전체는 그 순간에 결말을 갖는다. 그것은 나라는 주체와 무관한 객관적
인 견해가 아니다. 내가 지금 글을 쓰는 것은 나의 삶이며, 주체 그 자체이며 다
른 어떤 것도 아니다." 바타유는 이 두 담론 중 하나와 다른 하나 사이 양자택일
을 거부한다. 이는 바로 주체를 배제하는 담론에서 주체를 다시 문제 삼는 것이
다. "원칙적으로, 예술작품과 마찬가지로 철학과 무관한 것은 없다. (…) 적어
도 원칙적으로는 그러하다. 왜냐하면 나는 모든 것의 비일관성을 똑같이 잘 반
영하는 작품의 완성을 철학적 토대의 완성과 연결시키려는 욕구를 느낄 수 있
기 때문이다." (*O.C.*, t. IV, notes, pp. 396-397.)

263 Georges Bataille, *Madame Edwarda*, *O.C.*, t. III, p. 15.

264 Georges Bataille, *Manet*, Skira, 1955, p. 71.

265 Georges Bataille, "Informe," *Documents*, n° 7, décembre 1929. (*O.C.*, t. I, p. 217.)

266 E. Panofsky, *Essais d'iconologie*, trad. fr., Gallimard, p. 228.

267 Georges Bataille, *Manet*, Skira, 1955, pp. 70-71.

268 위의 책, p. 74.

269 Georges Bataille, *Le coupable (Somme athéologique* II), Gallimard, 1961, p. 69.

270 Georges Bataille, *Méthode de méditation, L'expérience intérieure, (Somme
athéologique* I), p. 216.

271 Georges Bataille, *Manet*, Skira, 1955, p. 67.

272 Georges Bataille, *Madame Edwarda*, *O.C.*, t. III, p. 31. (이야기와 관계 없는 어떤
판에서, 이 주석은 오로지 마지막 한 페이지를 차지했다.)

273 Georges Bataille, "Le supplice," *L'expérience intérieure (Somme athéologique* I), p.
71. (*O.C.*, t. V, p. 65.)

274 여기서 '동음이의'는 두 책의 제목인 'Madame Edwarda'와 'Ma mère'의 동일한

첫 음절 'Ma'를 의미하는 것으로 추정된다.—옮긴이

275 다음에서 주석으로 제시되었다. Georges Bataille, *O.C.*, t. I, p. 653.

276 Georges Bataille, *Ma Mère, O.C.*, t. IV, p. 183. 또한, 『내 어머니』의 대화 속에서 '알다'라는 말과 같은 의미의 동사들이 빈번하게 사용되고 있음과 그 극적인 강렬함을 주목해야 한다. "그녀는 말한다. 너는 너무 어려. 너에게 말해서는 안 되지만, 너는 결국에는 의아하게 생각해야 해. 네 엄마가…."(p. 184) "나는 네가 내가 혐오스럽다는 것을 알아야만, 또 그 사실을 알고서도 나를 사랑할 경우에만 네 사랑을 원해."(p. 185) "내가 어떤 혐오스러운 존재가 될 수 있는지 너는 결코 알 수 없을 거야. 네가 그것을 알기를 바라. 나는 나의 추잡함을 좋아해."(p. 186) "나는 그녀에게 말한다. 나는 아프지 않아요. 알고 있었어, 라고 그녀는 말한다."(p. 191) "나는 너의 생각을 간파하고 있어, 라고 그녀는 여전히 말한다."(p. 192) "요전 어느 날부터 너는 나의 취약함이 어디까지 이르는지를 알고 있어. 이제 너는 욕망으로 인해 우리가 취약함에 이르는 것을 알게 될 거야. 하지만 너는 내가 무엇을 알고 있는지를 아직 알지 못하고 있어…"(p. 197) "너는 정말 알고 있고 네 대답은…"(p. 208) "나는 피에르가 그것을 알기를 바라…. 레아, 나는 그 애가 세상물정에 밝아지게 하고 싶어…. 나는 이번에야말로 네가 그것을 알기를 바라…. 레아, 나는 행복해. 나는 네가 그것을 알기를 바라. 나는 가장 나쁜 엄마거든."(p. 211) "나는 내가 무엇을 원하는지 알고 있어, 라고 그녀는 빈정거리며 말한다…. 나는 내가 무엇을 원하는지 알고 있어, 라고 그녀는 되풀이해서 말했다. 정신 나간 듯이 나는 말한다. 나는 엄마가 무엇을 원하는지를 알고 싶어요, 라고. 나는 그것을 알고 싶고 엄마를 사랑하고 싶어요."(p. 213)

277 위의 책, p. 213.

278 Piera Aulagnier-Spairani, "Le 'désir de savoir' dans ses rapports à la transgression," *L'inconscient*, n° 1, janvier-mars 1967, p. 121.

279 Georges Bataille, *L'Abbé C.*, *O.C.*, t. III, p. 353.

280 Georges Bataille, *Ma Mère, O.C.*, t. IV, p. 185.

281 위의 책, pp. 235–236.

282 위의 책, p. 222.

283 위의 책, p. 236.

284 Georges Bataille, *O.C.*, t. IV, notes, p. 399.

285 Georges Bataille, *La part maudite*, ed. de Minuit, 1949, p. 41.

286 Georges Bataille, "A propos de *Pour qui sonne le glas?* d'Ernest Hemingway," *L'Espagne libre*, Calmann-Lévy, 1945, p. 120.

287 "A propos de Pour qui sonne le glas? d'Ernest Hemingway," *L'Espagne libre*, Paris: Calmann-Levy, 1945, p. 120; *O.C.*, t. IX. p. 26.

288 나폴레옹 3세는 멕시코 사태에 개입해 오스트리아 합스부르크 왕가의 막시밀리안을 황제로 내세웠다. 그러나 프랑스 군이 철수하면서, 군주를 원치 않던 멕시코인들에 의해 그는 총살되었다. 나폴레옹 3세의 외교적 실책이 낳은 이 충격적인 사건을 비판하려는 의도로 마네는 사형 집행을 기록화의 형식으로 남겼다.—옮긴이

289 Georges Bataille, "Sade," *La littérature et le mal*, p. 119. (*O.C.*, t. IX, p. 270.)

290 Georges Bataille, "Kafka," *La littérature et le mal*, p. 161. (*O.C.*, t. IX, p. 270.) 〔카프카는 친구 막스 브로트(Max Brod)에게 남긴 유언에서 자신의 모든 원고를 태워 버리라고 부탁한다. 유언을 따르지 않은 브로트로 인해 카프카의 문학은 세상에 남겨지게 되었다.—옮긴이〕

291 Georges Bataille, *Le coupable (Somme athéologique II)*, Introduction, Gallimard, 1961, p. XIV. (*O.C.*, t. V, p. 242.)

292 이 인용은 『죄인』의 초판(1944, p. 174)에서 발췌되었다. 재판에서는 약간 수정되었다.(위의 책, p. 164.)

293 Georges Bataille, *L'érotisme*, p. 292.(*O.C.*, t. X, p. 258.)

294 Georges Bataille, "Les mangeurs d'étoiles," *O.C.*, t. I, p. 565. 이 인용은 미출간 원고에서 발췌했다. 출간된 판본은 '어머니를 죽이는 일'을 언급하지 않은 채 단지 '죽이는 일'만을 언급한다.

295 Georges Bataille, "Le bleu du ciel," *L'expérience intérieure (Somme athéologique I)*, p. 102. (*O.C.*, t. V, p. 93.)

296 프랑스어로 공화국은 여성 명사이다. 더불어 들라크루아(E. Delacroix)가 그린 〈민중을 이끄는 자유의 여신〉은 프랑스 공화국의 표상이 됨으로써 프랑스 국민 전체의 통합을 표현한다.—옮긴이

297 Georges Bataille, "Le paradoxe de la mort et la pyramide," *Critique*, n° 74, juillet 1953, p. 639.

298 (다음 내용은 저자가 1989년 출간된 영문판에 덧붙인 주석이다.—옮긴이) 이 책은 거의 이십 년이 다 되어 간다. 책을 다시 읽으며, 적어도 한 번 이상, 이 책을 내가 썼다고 어떤 감정 없이 주장하는 게 어느 정도나 가능할까 의아해했다. 그 감정이란 내가 저자의 지위를 받아들인다는 것인데, 실상 (독자로서) 그 지위가 내가 받아들일 만한 게 아니라는 느낌이다. 나는 바타유가 자신이 죽은 후에 남겨 놓은 원고를 흥분 속에서 탐색하면서(지금까지도 그 전율이 느껴진

다) 꽤나 빠른 속도로 책을 썼다. '대주교의 (…) 것처럼,'이라는 문장은 그 원고 더미 중 하나에서 발견했는데, 편집자로서 내 기억이 옳다면, 그것은 바타유의 가장 초기 원고로서 별도의 용지에 수기로 인용부호 없이 거칠게 씌어진 것이었다. 나는 그것을 인용문이라고 기억하지 않지만, 또한 내 귀에는 바타유의 문장으로 들리진 않았다.(문장 첫 부분에서의 구두점 없는 크레센도, 휴지에 이르러 주절의 신속한 끝맺음. 그리고 어떤 맥락상의 참조의 부재는 말할 것도 없다. 이 대주교는 누구인가? 또한 그의 연인은 누구인가?) 훗날 나는 『피, 관능과 죽음에 대하여(Du sang, de la volupté et de la mort)』의 한 장에서 이 문장이 언급되는 일화를 발견했다. 그 책에서 모리스 바레스(Maurice Barrès)는 그 문장을 루이 14세의 퇴위 말기에 기록관이었던 생시몽으로부터 빌려 왔다고 말한다. 파리 대주교가 '그의 친한 친구', 즉 레디기에르(Lesdiguières) 공작부인을 콩플랑(Conflan)에 있는 그의 정원에서 맞이했을 때, "그들 둘이 걸어가면 정원사가 멀찌감치 거리를 두고 따르며 그들의 발자국을 갈퀴로 지우곤 했다."(Maurice Barrès, *Du sang, de la volupté et de la mort*, Plon, 1921, p 101.) 그런데 그 문장 자체는 바레스나 생시몽에게서 발견되지 않는다. 그렇다면 결국 그것은 바타유의 손에서 비롯되었단 말인가?

역자 해설
철학의 구축과 반건축

건축과 철학

왜 서구적 사유의 전통에서 건축은 그렇게 자주, 지속적으로 소환되어야 했을까? 멀리 플라톤에서 근대의 데카르트, 칸트, 헤겔, 하이데거, 데리다에 이르기까지, 서구 철학사에서 사유를 펼치기 위한 수단으로 건축이 동원되고 있음을 목격하게 된다. 건축이 철학 체계의 모델로서 특권적 지위를 지니고 있었음을 부정할 이는 별로 없을 것 같다. 철학사에서 건축은 은유이자 표상(재현)으로서 지대한 역할을 담당해 왔다. 이는 철학이 건축을 통해서 사유했다는 뜻이며, 동시에 자신의 활동을 사유의 구축, 그러니까 일종의 건축 행위로 간주했다는 뜻이기도 하다. 이런 사실은 지반(ground), 기초/토대(foundation), 구조(structure), 구축(construction), 건립/짓기(building), 지지(support)와 같은 건축 용어가 철학에서도 통상적으로 사용되는 데서 잘 드러난다. 마르크스의 유명한 상부구조와 토대(기초)로부터 구조주의라든가 해체(탈구축)에 이르는 주요 개념어 역시 건축에서 비롯한 것이다.

역사적으로 위대한 철학자라 불리는 사람은 대개 장대한 사유의 건축물을 지은 이들이다. 크고 복잡하면서도 견고하고 긴밀한 체계를 지니지 않고서 빼어난 철학이 되긴 어렵다. "체계 없이 철학을 한다는 것은 학문이라 할 수 없다"[1]고 헤겔은 말했다. 서구 철학사, 특히 형이상학의 역사는 그러한 사유 체계를 구축해 간 역사라 보아도 별 무리가 없을 것이다. 이때 철학자는 사유의 집을 짓는 건축가, 곧 관념의 건축가가 된다. 한 시대의 위대한 철학은 그 시대의 탁월한 철학자가 특유의 건축술로 건립한 기념비적인 건축물에 비유할 수 있을 것이다. 동시에 그것은, 그 건축술의 한계와 약점을 간파한 후대 철학자에 의해 훼손되고 해체되거나 혹은 수리, 개조되어 재구축될 대상이기도 했다.

그렇다면 서구 철학의 건축에 대한 이러한 흠모 내지 선호가 무엇때문인지 한번 생각해 볼 필요가 있다. 건축이 철학의 상상적 동반자가 된 것이 그저 당연한 일은 아니다. 현실의 건축, 즉 집짓기나 지어진 건물 자체는 철학과 직접적인 관련이 없다. 오히려 플라톤은 하층 계급의 육체노동인 건설 행위를 경멸했다. 가장 물질적이면서 실용적이고, 현장 상황에 영향받는 건축은 고상한 철학의 정신이 깃들 곳이 아니었다.[2] 그런데도 플라톤은 철학자를 건축가로 비유했다. 서구 철학은 특이하게 건축이란 영역에 관심을 두었고 또한 집착했다. 그건 아마도 건축이 갖는 모종의 속성이 철학의 주목을 끌었기 때문일 것이다. 건축(물)이 지닌 안정성, 부동성, 완결성, 통합성, 항구성, 그리고 무엇보다 구축의 결과인 체계와 질서가 철학이 지향해야 할 이념이어서일 것이다. 나아가 기념비적인 건축에서 발견되는 초월성과 숭고미는 철학이 갖추고자 한 이상이었는지 모른다. 어쩌면 철학은 신전이나 영묘와 같은 기념비적 건축물을 둥지 삼아 문명과 공동체가 거주하는

1　우도 티이츠, 노선정 옮김, 『헤겔』, 생각의나무, 2009, p. 138.
2　사유에 종사한 플라톤 같은 이가 시민으로 살기 위해서는 노예나 노동자가 필요했다. 직업적 기술을 경멸하는 그리스인의 심성에 대해서는 헤로도토스도 『역사』에서 언급하고 있다. 거의 모든 외국인이 기술을 습득한 자와 그 자손을 미천하게 여기고 군인을 존귀하게 여기는데, 그리스인도 이런 습관에 물들었다는 것이다. 헤로도토스, 천병희 옮김, 『역사』, 숲, 2009, pp. 261-262.

모습을 은근히 부러워했을 수도 있다.

데카르트는 철학을 건축물의 건립에 비유했으며, 칸트는 "인간 이성은 본성상 건축술적이다"라고 주장하면서 '건축술'이란 체계들의 기술이라고 주장했다.[3] 추상적인 관념의 물리적 재현으로 건축이 호출되고 있는 것이다. 물론 여기서 건축(술)은 은유로 사용되고 있지만, 우리는 이 지점에서 철학의 욕망을 마주하게 된다. 서구 철학이 건축을 참조한 것은 건축적인 사유를 욕망했기 때문일 것이며, 그 과정에서 서구적 사유의 특성 역시 건축적인(architectonic) 것이 되었다. 한 예로 중세의 대성당을 생각해 보자. 단단한 지반 위에 기초를 놓고 작은 돌들(부분)을 쌓아 올려 거대한 전체 구조를 이루는 대성당은 그 압도적인 현전이 기적과도 같아 보는 이를 매료시킨다. 대성당과 같은 담론/논리 체계를 생산하는 일이야말로 철학자의 목표였으며 책무이기도 했다.(토마스 아퀴나스의 스콜라철학은 파노프스키에 의해 고딕 대성당에 비유되었다.) 그러므로 철학의 담론은 기본적으로 구축적인 성격을 띠게 되며, 이때 철학함은 건립(짓기)의 동의어가 된다. 여기서 우리는 철학과 건축 사이에 모종의 친근성을 목격한다. 이 책, 『반건축』 저자의 주장을 빌리면 건축은 '원구조(archistructure)'이며 체계의 체계로서 메타적인 지위를 점한다. 마치 철학이 학문의 학문으로 스스로를 주장해 온 것과 다를 바 없다.

그러나 서구 철학이 건축을 사유의 동반자로 삼은 것은 이런 이유에서만은 아니었다. 철학은 건축을 매개로 세계를 상상하고 존재를 사유하고자 했다. 혹은 건축을 거울 삼아 세계를 독해했고 존재를 설명했다. 그리고 찾아낸 공통의 속성 역시 건축적인 것, 즉 구조와 질서와 위계였다. 세계의 구조는 곧 건축의 구조였던 것이다. 아니, 건축의 구조

---

3 임마누엘 칸트, 백종현 옮김, 『순수이성비판 2』, 아카넷, 2006, p. 956.

가 세계의 구조였다. 건축과 세계의 구조적 상동성으로 인해 건축은 세계를 판독하고 해석하는 유효한 텍스트로 간주되었다. 세계의 비밀 혹은 본질이 내장되어 있는 장소로서 건축은 실재를 담은 가장 강력한 사물이자 '돌로 된 책'이었다. 세계 인식의 창인 건축 덕분에 세계는 비로소 이해 가능한 모습을 띨 수 있었다. 거기서 세계는 합리적이고 전일적인 모습으로 자신을 드러냈다. 철학이 건축을 불러내 참조하고 유추에 활용한 까닭은 건축이 존재와 세계의 본질을 담지하고 있다고 보았기 때문이다.

철학과 건축 사이의 이런 관계는 우연이 아니다. 서구에서 건축은 모든 예술의 어머니로 불렸고 가장 근본적인 예술로 간주되었다. 그것은 건축(建築)이라고 (잘못) 번역된 단어 아키텍처(architecture)에서도 분명하게 나타나 있다. 아키텍처의 'archi'는 아르케(arche)에서 비롯한 것으로, '처음, 근원' 원리, 제1의 뜻을 지니고 있다. 한편 tektōn(장인, 목수), tectonic(구조)와 연결되는 'tecture'는 테크네(techne)에서 비롯하는 것으로, 곧 제작(짓기)를 의미하며 자연의 생성 작용과 대조되는 산출 행위를 뜻한다. 사물이나 현상의 존재 근거, 그리고 생성과 창조의 제1원리를 뜻하는 그리스어 아르케가 사용된 데서 우리는 제작(짓기)로서 건축의 특별한 위상을 짐작하게 된다. 짓기로서 건축은 건립을 넘어서 시 짓기(poetry), 농사짓기(culture)를 아우르는 산출 행위로, 진정한 앎[知]을 수반하는 일이었다. 단순한 기예[術]가 아니라 근본적인 지식이 구비되어야 가능한 작업이 건축이었던 것이다. 그리고 무엇보다도 건축은 지상에 인간의 집, 즉 오이코스(oikos)를 짓는 일이자 삶의 세계를 세우는 일, 곧 '세계 만들기(world making)'였다.

하이데거가 짓기(Bauen)를 거주(Wohnen)와 동시적인 사태로 규정하면서 사유(Denken)와 불가분으로 연결 지은 것은 잘 알려져 있다.

'짓기'로서 건축은 물론 건립 행위이지만 동시에 거주를 발생시키는 사건이며, '땅 위에서 어떻게 살 것인가'라는 물음에 대한 부응이기도 하다. 짓기와 더불어 거주가 일어나며 우리는 거기에 터 잡아 살아간다. 장소의 발생이며 내부의 발생이고 또한 중심의 발생이기도 하다. 거주 없는 건축은 생각할 수 없고 또한 무의미하다. 게다가 오로지 주택만 집인 것은 아니다. 온갖 제도와 시설을 담은 건축이 모두 집이며 도시와 문명도 집이다. 사유 가운데 유추를 통해 집은 무한히 확장된다. 국가와 민족이 집인 건 우리의 마음이 거기에 거하기 때문이다. 세계와 자연, 심지어 집 우(宇), 집 주(宙)라는 한자에서 보듯 우주(宇宙)마저 집일 수 있다. '언어는 존재의 집'이라는 하이데거의 유명한 언명은 뒤집어 해석하면 집도 언어만큼이나 존재에 근본적인 것이라는 뜻이 된다. 거주 자체가 존재의 가장 기본적인 양태이기 때문이다. 집짓기로서 건축은 개인과 가정, 사회와 문명이 거주할 터전을 만드는 일로 공동체의 구축이기도 하다. 특히 기념비적인 건축의 건립은 사회와 국가와 문명의 건립과 같다. 집단적 가치를 담은 그곳에 공동체가 거하기 때문이다. 왜 건축이 '시원적인 제작(archē+tecne)'인지는 여기서도 잘 드러난다.

이렇듯 건축은 구축의 은유를 통해서, 세계 이해의 거울로서, 그리고 짓기와 거주를 통한 공동체의 설립으로 철학과 불가분의 관계를 맺어 왔다. 근대에 이르기까지 건축은 항상 형이상학의 동반자였으며 존재, 진리, 이성 그리고 동일성의 수호자였다. 서구 철학의 건축에 대한 유별난 관심과 애착에는 다 이유가 있는 것이다. 이러한 건축이 단순한 사물이나 예술 일반에 머무르지 않고 지식, 권력, 경제, 노동, 제도와의 심오한 관계 속에 존재함은 너무나 당연하다. 그 위상은 바벨탑의 신화가 말해 주듯 언어 정도만이 대등하게 비견될 수 있을 뿐이다. 건축의 구조, 공간, 형태는 결코 물리적인 대상에 머무르지 않았다. 신성, 초월, 이념, 습속, 의례, 욕망 등과 연관을 맺으면서 현실 삶에 개입하는 무엇이었다. 그리고 그 모두는 철학의 담론이 개입하고 영향을 미치고자 했던 영역이기도 하다. 어쩌면 건축은 실체로, 이미지로, 상징과 알레고리로 철학이 침투해 지배하려던 영토를 앞서 점유하고 있었는지도 모른다.

그러나 서구 철학이 건축을 동반자로 삼아 이론을 전개해 온 전통은 애초부터 심각한 문제를 배태하고 있었다. 그것은 건축의 특정한 측면을 주목해 보고 싶은 것만 보았다는 점과, 건축의 특정한 형식을 동원해 자신의 논리를 들이밀었다는 점에 기인한다. 서구 주류 철학이 희구해마지 않는 질서, 위계, 정합성, 총체성 등과 같은 이념, 그리고 공고한 토대(기초)에 근거하는 체계 구축의 욕망을 건축에 투사한 데 따른 결과였다. 나아가 국가와 문명의 건립 그리고 공동체의 결집에서 철학은 건축의 역할과 자신을 동일시하고자 했다. 주인 담론으로 군림하고자 하는 철학의 권력 의지가 건축을 자의적으로 불러다 소비한 것이었다.

실로 건축은 양면성을 지니고 있다. 기념비적인 건축이 보여주듯, 그것은 거의 항상 지배자의 편에 서며 민중의 피와 땀을 요구한다. 이데올로기 장치로서 건축은 지배 이념과 권력을 정당화하는, 설득과 회유의 가시적 수단이기도 하다. 표상 기능을 통해 건축은 체제의 정당성과 존속에 복무한다. 〔크고 인상적인 건물을 뜻하는 단어(edifice)와 '교화'를 의미하는 단어(edification)의 어휘적 인접성은 우연이 아니다.〕 더 중요한 것은 억압과 은폐의 장치로서 건축의 사회문화적 기능이다. 그것은 권위와 신성의 허구성을 감추고, 동일성을 강요하며, 타자성을 배제한다. 따라서 건축의 위대한 성취 이면에는 항상 폭력이 도사리고 있다. 바타유를 인용하자면, 기념비는 공포와 두려움을 야기하고 침묵을 강요한다. 모든 불온한 요소를 억누르면서 존엄과 권위의 논리를 내세우는 것이다.

기념비적 건축은 이성과 계산, 계획과 노동, 절약과 비축의 산물이지만 동시에 실용적인 목적을 떠나 그 자체를 목적으로 세워지기에 소모, 탕진이기도 하다. 쓸모를 초과하는 잉여이자 과잉의 장소로서 그곳엔 예외 없이 권력의 욕망이 깃들어 있다. 바타유의 이론을 빌리자면, 기념비는 생산이나 생식을 위한 소비와는 다른 순전한 낭비(dépense)가 구현되는 곳이다. 기념비가 신성한 것은 거기에 바친 희생에 의해서이다. 그 제단에는 생명과 재물이 봉헌된다. 기념비의 건립은 제의이며 일종의 카니발이다.

바타유가 건축의 기원을 주택이나 신전이 아닌 감옥에서 찾은 것은 건축이 지배와 억압의 장치이자 길들이는 공간이기 때문일 것이다. '사회의 초자아를 표상하는 심급'으로서 건축은 우리에게 사회와 문화의 본질이 무엇인지 가르쳐 준다. 건축이 공동체의 건립이라면 우리 모두는 그곳에 갇힌 수인이다. 언어가 감옥이라면 건축 또한 감옥이다. 우리는 그곳에 거주하면서 동시에 수인이 된다. 나아가 바타유는 건축의 의인론(anthropomorphism)적 은유를 비판하면서 인간 자신의 형상을, 즉 육체, 나아가 존재 자체를 감옥으로 간주한다. 건축이 감옥이라면, 그리고 인간 존재와 문화가 감옥이라면, 문제가 되는 것은 그곳에서의 (안온한) 거주가 아닌 거주, 그리고 자유와 해방이 될 것이다.

더불어 지적해야 할 것은 건축의 은유가 담당해 온 역할, 즉 토대, 구조, 거주라는 삼항 체계와 관련해 존재의 형이상학이 안고 있는 문제이다. 철학에 의한 건축의 소환은 건축이 표상하는 구조적 안정성을 형이상학의 구축에 활용하려는 의도 외엔 다른 설명이 불가능하다. 칸트는 형이상학을 단단한 지반 위에 놓인 안정된 기초의 상부에 세운 건축물로 묘사했다. '지반, 기초, 건물'의 위계적 구조로 형이상학이 비유되고 있는 것이다. 칸트의 획기적인 비판 작업은 그 스스로 밝혔듯 사유의 구조에 기초를 다시 혹은 새로 놓으려는 시도였다. 칸트는 형이상학의 건축물이 근거 없는 독단 위에 급하게 세워졌기 때문에 무너져 버리고 잔해만 남았다고 주장했다.[4] 과거 형이상학 체계의 지반의 부실함을 확인하고 그 구조가 하중을 지탱하는 능력을 재검토하는 데서 칸트의 비판은 시작됐다. 그에 따른 청산과 정지 작업, 그리고 '온전한 건축술적 기획'으로 칸트는 철학의 토대를 다시 정초하고자 했다. 그의 말을 빌리면 "모든 사물이 그 위에 놓일 수 있는 것, 모든 존재를 위한 지반으로서 거기에 항상 있는 것"을 찾고자 한 것이다. 이는 다른 건축의 가능성을 모색하는 일로서 철학의 구조물을 새로 세우는 작업이 된다. 이렇게 보면 데카르트로부터 비롯한 근대 형이상학의 전통을 존재의 근거가 되는 지반을 (재)설정하려는 일련의 노력들의 연속으로 규정해도 별 무리가 없을 것이다. 이는 서구 철학의 존립이 '지지와 세움'이라는 건축적 논리(구축)에 기대어 가능했다는 뜻이 되며, 건축적 은유가 하나의 은유를 넘어서 근본적인 은유인 이유가 여기에 있다.

그런데 철학이 반복적으로 건축의 은유를 동원해야 했던 것은 철학 내부의 문제, 즉 토대의 불안정성 때문이었다. 하이데거는 서구 형이상학의 철학적 건축술이 지닌 본래적 한계를 지적한다. 그는 형이상학이 서 있는 지반의 조건을 드러냄으로써 그 한계가 건축적 은유를 필연적으로 요구하고 있음을 보여주었다. 존재하는 모든 것의 근거를 탐구하는 사유 활동으로서 형이상학의 과제가 그 토대를 놓는 일이라 할 때, 그가 수행한 것은 그 구조의 구조(성)를 심문하는 일이었다. 그것을 통해 그가 발견한 것은 지반(Grund)이라는 근거의 부재함, 곧 심연

4 앞의 책. pp. 204, 221.

(Ab-grund)이었다. 철학적 건축술은 구축이라는 표상 작용을 통해 그 하부, 즉 토대가 부재함을, 다시 말해 '지반 없음'을 가리는 역할을 담당했다. 건축이 토대의 무근거를 은폐하는 알리바이로 동원된 것이다. 하이데거에 의한 형이상학의 해체는 철학의 담론이 왜 건축을 필요로 했는지 가르쳐 준다. 마크 위글리는 "철학이 스스로를 건축으로 표상하고 건축으로 번역하면서 그 번역 가운데 스스로를 생산해 왔다"고 지적한다.[5] 그러므로 은유로서 건축은 철학의 한계를 감추지만 한편으론 그것을 폭로하고 있기도 하다.〔이런 철학의 유한성, 철학의 무능이 반건축 담론의 바탕이자 출발임은 쉽게 납득이 된다. 반건축은 이런 (은폐된) 철학의 문제와 한계를 지적하고, 그것의 작동 기제나 불가능성을 폭로하는 작업이라 볼 수 있을 것이다.〕

그러나 체계와 질서의 지킴이로서 건축에 대한 철학의 이해와 암묵적인 긍정은 '다른' 건축의 존재를 생각해 볼 때 그 근거 없음이 여지없이 드러난다. 미궁/미로(Labyrinth)의 전설과 바벨탑의 신화, 그리고 피라미드의 현존이 그것인데, 이들 예외적인 건축은 철학적 건축술이 처음부터 가정했던 이상을 마구 흔들어 버리는, 위험하기 짝이 없는 '건축 이야기'이다.

길을 찾을 수 없고 빠져나갈 방도가 없는 공간인 미로는 인간 존재가, 우주와 세계가, 그리고 언어가 미로적 구조임을 지시한다. 더불어 세계의 본질이 무질서이며 불가해한 것임을 암시한다. 미로는 포착되지 않는 공간이며 알 수 없는 공간이기에 불안과 공포와 고독의 공간이기도 하다. 반인반수의 괴물 미노타우로스가 도사리고 있는 미로에서 거주는 애초에 불가능하다. 비행에 의한 탈주가 가능할지 모르지만 이카로스의 추락이 암시하듯 탈출(초월) 또한 어려워 보인다. 미로의

5   Mark Wigley, "The Translation of Architecture, the Production of Babel," *Architecture Theory since 1968*, ed. K. Michael Hays, The MIT Press, 1998, p. 661.

출구 없음은 희망 없음이다. 정위(orientation)가 가능하지 않은 미로
는 필연적으로 타자의 공간일 수밖에 없다. 거기서 우리가 바랄 수 있
는 것은 기껏해야 아리아드네의 실, 즉 지식을 구해서 생존하는 일 정
도일 것이다.

바벨탑의 신화는 철학이 모델로 삼아 온 완전한 건축의 불가능성 혹
은 붕괴의 필연성을 말하고 있다. 신이 거하는 하늘에 도달해 신과 동
등해지고자 하는 바벨탑 프로젝트는 인간의 말이 하나였기에 가능했
다. 그러나 인간의 오만은 신의 노여움을 초래했고 신은 단일 언어를
흩뜨려 바벨탑의 건립을 좌절시켰다. 바벨탑의 붕괴 혹은 미완성은
(이상적) 건축의 시도가 지상에서 실패할 운명임을 가리키며, 아울러
번역이 불필요한 단일 언어(보편 언어)가 지상에서 가능하지 않음을
뜻한다. 바벨탑의 신화는 건축을 언어와 결부시키면서 지식과 권력,
욕망이 긴밀히 연루되어 있음을 가르쳐 준다. 바벨탑 건립의 실패는
지상에서 철학이 계속 존립할 조건을 제공하지만, 한편으론 체계의 한
계와 불가능성을 입증하는 것이기도 하다.

파라오의 영원불멸을 상징하는 피라미드는 모든 무덤을 대표하는
건축물이다. 소멸에 저항하면서 그것은 사천오백 년간 현존하고 있다.
육중한 돌로 가득 채워진 피라미드는 실은 텅 비어 있는 건축물이다.
왜냐하면 그것은 부재의 건축이기 때문이다. 피라미드의 신비는 그것
이 죽음의 건축이지만 정작 죽음에 대해서는 아무것도 말하지 않는다
는 데 있다. 인간의 최대 난제이자 실재인 죽음은 알 수 없는 것, 말할
수 없는 것, 표상 불가능한 것이다. 죽음을 덮고 가리면서 침묵 가운데
피라미드는 비존재(non-being), 비의미(non-sense)를 지시한다. 일종
의 기념비(monument)이자 추념물(memorial)로서 그것은 기억의 영
속화를 위한 것이지만 정작 아무것도 언표하지 못한다. 그것의 현전
(presence)은 묵언 가운데 부재(absence)를 재현(re-presence)하면서

서 있다. 그것은 판독이 불가능한 기호이다.

그리고 마지막으로 폐허가 있다. 바벨탑의 붕괴 이후엔 폐허가 남을 것이다. 모든 건축물은 언젠가는 무너질 운명이다. 존재의 유한성과 덧없음을 증거하는 폐허는 인간 공동체 및 문명의 쇠락과 상실의 흔적으로 잔존한다. 건축의 타자로서 폐허는 건립의 궁극적 숙명, 그리고 구축/제작의 허망함과 체계의 한시성을 암시한다. 고대로부터 건축은 시간에 저항하는 가장 유효한 수단이었다. 바타유는 건축의 본질은 '시간을 무효화하는 것'이라고 갈파한다. 그러나 폐허는 시간의 공포에 대한 저항이 얼마나 부질없는지 적나라하게 보여준다. 역사가 자연으로 돌아가는 곳이며 공간과 시간의 변증법이 멈추는 곳인 폐허 앞에서 건축적인 사유가 제자리를 찾기는 쉽지 않다. 구축의 욕망이 무화하는 폐허야말로 또 하나의 (건축 아닌) 건축이다.

위의 (비)건축들에서 우리는 건축, 언어, 존재, 철학의 상관성을 읽는다. 미로, 바벨탑, 피라미드는 건축에 대한 상식을 여지없이 배반하는 공간이다. 그런 이유로 건축적이고자 하는 철학의 소망에 회의적인 의문을 제기한다. 여기서 제기되어야 할 문제는 철학의 '건축적임'에 대한 편견 어린 이해이다. 실상 철학이 말하는 건축은 현실 건축이 아니라 관념 속의 건축, 이념화된 건축일 뿐이다. 철학이 기념비와 같은 플라토닉한 건축에서 발견한 이상과 달리 세속의 건축은 결코 순수하지 않다. 생각만큼 견고하지도 않고 안정적이지 못하며 항구적이지도 않다. 그것의 건립은 항상 상황과 우발성에 좌우된다. 구조를 건축의 본질로 가정하는 철학의 (구축주의적) 관점은 건축에 대한 하나의, 특수한 종류의 이해에 불과하다.

건축에서 구조만큼이나 본질적일 수 있는 장식을 배제하거나 무시하는 습성도 그런 맹목에서 비롯한다. 흔히 장식은 구조 다음에 따라오는 부차적이고 부가적인 것, 혹은 과잉의 것으로 간주된다. 그러나 적어도 건축의 역사에서 구조와 장식은 대등하거나 대립적인 것이었다. 구조 대 장식이라는 구도에서 볼 때, 구조 이외의 것들을 괄호 치기를 통해 억압하고 배제하면서, 구조를 본질로 간주하고 나머지를 비본질로 취급하려는, 서구의 환원주의적 사고를 목격하게 된다. 이는 건축에 대한 편향적 이해에서 기인한 것으로, 세계와 사물에 대한 이분법적 관점, 본질로 간주한 것을 우월한 위치에 두고 나머지를 열등한 것으로 위계 지으려는 태도, 나아가 잉여를 타자화해서 억압하고 배제하려는 입장으로 나타나는데, 철학의 건축술에 내재한 고질적 습성이라 하겠다.

건축 내적 관점에서 보자면 전통적으로 재현 기능을 담당한 것은 전통적으로 구조가 아니라 장식이었다. 우리는 구조가 노출된 백색 파르테논을 찬미하지만 원래 거기엔 청, 녹, 적의 도료가 짙게 발라져 있었고 신화와 역사를 묘사한 조각이 부착되어 있었다. 구조는 그 위의 장식을 덮기 위한 배경에 머물렀다. 근대 이래로 장식은 잉여로 치부되고 부도덕, 부정직으로 폄하되었다. 하지만 장식은 '장식을 위한 장식'에 그치지 않는다. 삶과의 연관이라는 측면에서 보면 장식은 더 큰 전체, 문화와 관계를 맺고 있다. 아돌프 로스는 장식을 무조건 죄악시하지 않았다. 삶과 유리된 장식을 비판했을 뿐이다. 가다머(H. G. Gadamer)는 건축술 자체가 본질상 장식적이라고 주장한다. 구조 대신 주름을 거론하면서 들뢰즈(G. Deleuze)는 저평가되었던 바로크 건축의 펼침에 주목한다.

반건축적 사유

반플라톤, 반헤겔로 대표되는 철학에서의 반건축적 지향이 두드러지게 등장하기 시작한 것은 인간 이성이 세계와 인간의 삶에 깊숙이 침투해 장악한 근대에 들어서였다. 그 선두에 니체가 있었음은 잘 알려져 있다. 근대적 합리성에 대한 저항으로 극단의 성애와 향락을 추구한 사드의 아나키즘도 유사한 범주에 넣을 수 있을 것이다. 이 책의 바타유를 위시해 현전의 형이상학을 비판하는 해체의 철학자 데리다, 생성과 차이의 철학자 들뢰즈, 시뮬라크르와 시뮬라시옹의 철학자 보드리야르, 이들의 정향과 전략은 저마다 다르지만 서구 주류 철학의 건축술에 대항하는 반건축적인 성격으로 한 지붕 아래 모을 수도 있을 것이다. 이들 외에도 건축적인 사유에 동반하는 남성(남근)중심주의를 비판한다는 점에서 페미니즘 철학 역시 동일한 범주에 넣을 수 있을 것이다. 전혀 다른 영역에 속하지만 체계적인 사고로 철학하는 데 비판적이었고, 언어 이론의 건립 대신 실천으로서 '사용'을 강조한 (후기) 비트겐슈타인의 경우도 반건축이라는 측면에서 주목해 볼 만하다. 또한 보편적 논리 대신 우연과 모순을 강조하는 아이러니스트 리처드 로티(Richard Rorty) 역시 유사한 입장으로 지목할 수 있을 것이다. 실로 서구 철학의 전통이 '건축에의 의지'를 견지하는 한, 반건축을 수반하는 것은 불가피해 보인다.

견고하고 안정돼 보이는 구조 체계에 내재한 치명적 결함을 지적해 그것의 붕괴 가능성과 근거 없음을 지적하는 데리다의 해체의 전략이 서구 형이상학의 건축적 전통에 대한 내부로부터의 비판이라면, 구조의 정태성과 경직성을 주목하고 구축/제작 대신 생성, 그리고 건축(수목 구조) 대신 리좀을 말하는 차이의 철학자 들뢰즈는 바깥에서의 타격이라고 볼 수 있다. 바타유의 반건축은 이들과는 사뭇 다르다. 반건축으로서 바타유의 글쓰기는 합리적 집짓기를 모범으로 삼아 온 서구의 오랜 담론 관습에 대항하는 효과적인 책략으로 제시된다. 동일성 대신 이질성을, 논리학 대신 분변학을 전략으로 택하는 바타유의 글쓰기는 철학이 말하지 않거나 외면해 왔던 타자를 도입함으로써 이성을 궁지로 몰아가고 똥 먹인다. 그의 반건축은 위계적 질서의 영역 바깥에 있으면서 말과 논리와 체계를 초과하는 것, 더럽고 비천한 것을 도입해 합리적 사회가 옹호해 온 생산과 비축을 비판하면서 다른 경제를 제안하고 있다.

기원에 주목하자면, 우리는 철학자-건축가의 시조 격인 플라톤과 동시대에 이미 반건축적인 철학자를 발견한다. 광장에서 공공연히 똥오줌을 누고 자위를 해 정액을 뿌린 디오게네스가 바로 그였다.(바타유의 비정형과 분변학을 대변하는 듯하다.) 소크라테스의 또 다른 계보를 잇는 견유학파에 속한 그는 말(논리) 대신 몸(행위)으로 철학하기를 실천했다. 사람들 앞에서의 자위는 자연(퓌시스)을 숨길 필요가 없다고 전하는 행위였다. 명문 귀족 출신에다 번듯한 주택에 살고 있는 라이벌(?) 철학자 플라톤과 달리 그는 집이라 부를 수도 없는 통에 사는 홈리스였다. 통이 함의하는 안온한 거주에 대한 거부와 이동 가능성은 그의 반건축적 태도와 무관해 보이지 않는다. 플라톤의 관심은 (이상) 국가라는 견고한 집의 건립이었다. 하지만 그 집은 이성에 의존하면서도 노예제(타자)에 의해 지지되어야 하는 취약한 것이었다. 반면 디오게네스는 폴리스(도시 국가) 안에 있으면서도 바깥(코스모폴리탄)에 속한 자였다.[6] 그는 국가 질서에서 벗어나 다른 지점에서 보고자 했다. 어쩌면 이런 디오게네스를 바타유의 선취로도 볼 수도 있을 것이다.

아이러니한 것은 서구 형이상학이 칸트와 헤겔에 의해 가장 위대하고 장대한 관념의 건축물을 쌓던 시기에 건축은 일대 위기에 처해 있었다는 사실이다. 건축이 동결된 음악이라 불리고(괴테) 베토벤의 교향곡이 그 건축적인 구성으로 찬양받던 시기에, 정작 건축 자체는 하

6 가라타니 고진, 조영일 옮김, 『철학의 기원』, 도서출판b, 2012, pp. 198, 211.

강하고 있었다. 우주, 자연, 신성과 맺은 오랜 유대가 끊어지면서 사회와 문화를 지탱하던 건축의 힘은 현저히 약화되었다. 비트루비우스 이래 절대적이고 보편적이라 간주됐던 고전 건축의 원리는 근대 세계의 도래와 함께 권위를 상실했다. 건축은 우월적 지위를 잃고 자율적인 예술로 자리매김해야 했다. 건축의 강력한 아우라가 사라지면서 건축은 조형예술의 한 가지로 전락했다. 빅토르 위고는 『파리의 노트르담』에서 '건축의 죽음'을 선언했다.[7] 일개 조형물이자 매체로 존립하게 된 건축은 그 존재 형식으로 말미암아 열등한 것이 되었다.

기계 복제 시대에 생산방식의 혁명은 모든 사물의 운명을 바꾸어 놓았다. 인쇄 매체인 종이책이 그 가벼움과 대량생산으로, 물질적 제약에 매여 있는 건축을 압도했고 대체했다.[8] 〔바타유는 건축의 지배력을 약화시키는 매체로 책 대신 회화를 든다. 서구 예술을 지배해 온 고전적 전통의 바탕에 깔려 있는 '건축적 골조'가 근대에 들어 인상파 회화 (마네의 〈올랭피아〉)의 출현에 의해 현저히 약화되었다는 것이다.[9]〕 헤겔은 정신이 물질에 갇혀 있는 건축을 가장 낮은 단계의 예술로 지목했다. 건축의 강함이 역으로 약함의 원인이 된 것이다. 건축은 자기 정체성을 바꿔 가면서 생존을 도모해야 했다. 근대에 들어 건축은 기능에 부응하는 합목적적인 존재로, 사회 개선의 도구로, 프로그램과 디자인의 실천으로, 그리고 기호, 이미지, 텍스트로 자기를 규정해야 했다. 실로 근대의 총아인 책과 기계는 건축에게 버거운 상대였다. 여

---

7 "책은 정녕 건축물을 죽이려한다." "단단하고 영속적인 돌로 된 책은 훨씬 견고하고 항구적인 종이 책으로 대체되었다." 빅토르 위고, 김영한 옮김, 『노틀담의 꼽추』, 청목, 2001. pp. 117, 114.

8 Neil Levine, "The Book and the Building," Robin Middleton, *The Beaux-Arts*, The MIT Press, 1982, pp. 138–173.

9 조르주 바타유, 차지연 옮김, 『라스코 혹은 예술의 탄생 / 마네』, 워크룸, 2017, pp. 239, 276.

기에 이미지와 시뮬라크르가 합세했다. 영상과 가상의 시대에 건축은 참을 수 없는 무거운 존재임을 부인하고 깃털처럼 가벼운 것이 되고자 했다.(하지만 실제로는 자신의 빈곤을 노출할 뿐이었다.)

이제 건축은 외부를 참조하지 않고서는 스스로를 생산하지 못하는 처지가 됐다. 지난 세기말, 건축계를 풍미한 '해체주의' 건축의 대두는 철학의 담론을 (일방적으로) 건축의 형식으로 옮기는 작업이 디자인의 주된 방법이 되었음을 고하는 사건이었다. 철학자를 인용하는 것이 유행이 되었고 푸코, 데리다, 들뢰즈가 회자되었다. 그들만큼은 아니지만 바타유도 현대 건축의 아방가르드들에게 적지 않은 영향을 주었다. 파리 라 빌레트 공원의 설계자인 추미는 바타유로부터의 받은 영감을 힘주어 언급했다. 광기, 욕망, 주름, 탈구축 같은 용어들이 건축 이론에 난무했다. 집짓기는 건축적 글쓰기, 즉 일종의 텍스트 생산으로 간주되었다. 혹은 짓기를 통해 개념을 가시화하는 작업쯤으로 여겨지기도 했다. 그 과정에서 실물(실체)을 만드는 일인 건축이 이미지 제작이 되었다. 실재의 지지자에서 시뮬라크르의 산출자로 역전이 일어난 것이다.

하지만 이런 상황 속에서도 건축을 통해 사고하고 구조로 건축을 보려는 사유의 습성이 약화된 것은 아니었다. 체계적 담론만을 철학으로 용인하고 그 외부를 배척해 간 과정이 철학사였다면 주류 철학을 지배하는 것은 여전히 이성의 건축술로서의 철학이라 하겠다. "건축으로서 철학은 붕괴했다"고 료타르는 선언한다. 그러나 알랭 바디우는 "어떤 방식으로든 건축적이지 않은 철학을 생각할 수 있는가?"라고 묻는다.[10] 철학의 사유는 구축적일 수밖에 없고, 구축적인 작업이어야 한다는 입장이 과연 종식될 수 있을지 의문이다. 체계 없는 철학은 철학일

10   알랭 바디우, 서용순 옮김, 『철학을 위한 선언』, 길, 2010, p. 41.

수 없고, 그것이 모든 이론 혹은 학문에도 동일하게 적용되는 조건이라면 더더욱 그렇다. 이에 더해, 해체 같은 반건축적인 입장조차 건축을 의식하고 비판한다는 점에서 전적으로 건축에서 자유롭지 못한 것이 아니냐는 주장도 있을 수 있다. 철학에 의한 건축의 지속적 소환이 철학에 내재하는 궁극적 한계와 무관하지 않다면, 철학이 반건축을 표방할 때 건축을 대리 표상하는 다른 대상을 필요로 하리라는 것은 쉽게 수긍된다. 그때 드는 의문은 다음과 같다. 은유, 번역, 비약 없이 과연 철학만의 자율적인 담론 구축이 가능한가, 그리고 수사(rhetoric)의 언어를 배제한 순수한 논리의 언어만으로 철학의 건립은 가능한가.(엄밀성/투명성이라는 철학의 이상에 반하는 바타유의 미로적 글쓰기는 그에 대한 비판으로 읽힌다.)

건축과 관련해 또 하나 생각해 봐야 할 것은 비서구인인 우리가 보유한 '다른' 건축술의 전통이다. 그것이 대문자 'A'로 시작되는 '건축(Architecture)'이 아님은 두말할 필요도 없다. 동아시아 문명의 목조 건축술은 구축적이기보다 '조립적인' 것이었고, 강한 것이기보다 썩고 불타 사라지기 쉬운, 연하고 약한 것이었다. 서구적 관점에서 보면 '비건축적'이라고 할 만한 동아시아의 '약한 건축'이 이 시대에 새로운 사유의 건축술을 제공할 가능성은 없는지 한번 고민해 볼 법하다. 특히 생태주의적, 여성주의적 사유와 관련해 시사하는 바가 적지 않을 것 같다.

『반건축』과 바타유

바타유 연구서이자 그의 글쓰기에 관한 책인 드니 올리에의 『반건축』은 문학비평서이면서 철학서이며, 건축이론서의 성격을 띠고 있기도 하다. 『반건축』이라는 책 제목은 조금 오해의 소지가 있다. 마치 건축과 관련된 텍스트로 비칠 수 있는 것이다. 이 책의 프랑스판 제목은 '콩코르드 광장의 점령'인데, 생소하고 이해하기 어려워, 대신 다가가기 쉽고 책 내용을 제대로 포착하고 있다고 생각되는 '반건축'을 한국어판 제목으로 택했다. '반건축'은 바타유의 사상과 글쓰기의 지향성을 잘 드러내는 말이며, 나아가 저자가 바타유를 통해 말하고자 하는 것을 함축하는 개념이기도 하다. 저자인 드니 올리에는 1942년생으로 현재 뉴욕대학에서 프랑스 문학, 사상을 가르치고 있다. 프랑스 베르사유 출신인 그는 뉴욕대학에 오기 전에 예일대학의 교수로 있었다. 잘 알려져 있다시피 예일대학은 미국 내 프랑스 철학과 문학, 그리고 포스트구조주의의 거점이었다. 1974년에 갈리마르에서 초판이 나온 『반건축』은 바타유에 대한 본격적인 연구서로서, 바타유의 사상과 문학에 대한 탁월한 해설이자 독창적인 해석으로 높은 평가를 받았다. 또한 올리에는 바타유 전집의 출간에 편집자로 기여하기도 했다. 여담이지만 그와 관련해 흥미로운 사실 하나는 현상학을 적용한 미술 비평으로 유명한 로잘린드 크라우스(Rosalind Krauss)가 그의 아내라는 것이다.

위반의 사상가 바타유의 세계로 독자를 안내하는 것은 건축을 전공한 필자의 능력을 넘어서는 일이다. 다만 『반건축』이 건축과 연결지어 바타유를 조명하고 있기에 그 부분과 관련된 몇 가지를 언급하고자 한다. 이 책은 한 작가의 사상을 해설하는 여느 책과는 사뭇 다르다. 우선 체계적인 논술 형식을 취하는 대신 단편들의 성긴 묶음으로 이루어져 있다. 올리에는 바타유가 남긴 적지 않은 책들에 대해 언급하면서 그가 사상을 체계화하거나 서사를 전개하는 데 별 관심이 없음을 지적한다.[11] 바타유에 관한 에세이인 이 책 역시 그러하다.

11 Denis Hollier, trans. by C. Porter, *Absent without Leave*, Harvard University Press, 1997, p. 69.

바타유의 글쓰기에 대한 비평적 탐구인 이 책에서 '반건축'은 그 수행을 위한 중심 개념으로 동원되고 있다. 올리에는 바타유가 도입한 글쓰기의 유희가 '반건축적'인 것이며, '비구축적인' 몸짓이라고 말한다. 건축이 상징하는 질서와 권위, 위계에 반하는, 그 토대를 잠식하고 파괴하는 몸짓으로서 바타유의 글쓰기는 서구적 사유의 전통 바깥으로 자신을 위치시키면서 말할 수 없는 것, 의미할 수 없는 것, 불가능한 것을 건드리고 있다는 것이다.

올리에가 바타유의 반건축적 사유의 기원으로『랭스의 노트르담 대성당』을 소개해 분석하고 있는 것은 의미심장하다. 헤겔 철학과 헤겔 미학의 건축관을 모른 채 쓴 이 글에서 바타유는 노트르담 성당을 프랑스의 상징이자 모성과 순결, 신앙과 안전의 상징으로 상정하고, 독일과의 전쟁으로 인한 처참한 파괴를 안타까워하며 복원을 촉구한다. 대성당의 '부정에 대한 부정'으로서 지양(Aufhebung)과 정반합의 도식을 (무의식 중에) 취하고 있는 이 글은 건축적인 구성을 지니고 있을 뿐 아니라, 건축의 사회적 역할에 대한 찬양이라는 점에서 친(親)건축적이다. 즉, 젊은 바타유가 쓴 생애 최초의 글은 '건축에 의해 상징되고 지지되는 거대한 이데올로기 체계'의 소산이었으며, 그것의 (무의식적) 추종이었다. 긴 침묵 끝에 바타유는 이 에세이에 반하는, 최초의 자기 글을 부정하는 글쓰기를 재개한다. 이후 그의 작업 전체는 그 텍스트를 (부인하고) 다시 쓰는 것이 되었다. '위계적인 동시에 위계를 만들어내는 구조'(건축)를 흐트러뜨리기 위한 바타유의 글쓰기는 감화시키고 교화하고자 하는(동시에 억압적이기도 한) 모든 것에 도발하는 반건축적 행위였다.

『도퀴망』에 실린 '건축' 항목에서 바타유는 인간의 질서는 건축적 질서와 밀접한 관계가 있다고 주장한다. 그는 건축은 사회의 실체를 표현하는 것이며, 초월적인 실재를 나타내는 기호라고 말한다. 하지만 건축은 동시에 사회의 실체를 은폐하기도 한다. 건축은 사회 질서를 반영, 재현하는 데 그치지 않는다. 그것은 사회 질서를 수호하고 구성하는 체계이다. 사회를 지속하고자 하는 욕망이 건축에 의지하게 한다. 사회 질서를 보장하고 강요하는 이데올로기적 생산 장치로서(바스티유 감옥의 점령은 '세계의 진짜 지배자'인 기념비적 건축에 대한 민중의 증오를 상징적으로 나타낸다) 건축은 '자신을 반영하는 거울에 비친 이미지에다 사회를 고착시킨다'는 점에서 (라캉의 용어를 빌리면) '상상계의 장소'이다. 건축물의 은폐 기능은 무덤, 그중에서도 기념비적인 무덤인 피라미드에서 잘 드러난다. 그것은 죽음이라는 가능할 수 없는 타자성을 회피하고 지연하는 방어 체계이다. 죽음을 은폐하는 피라미드의 건립은 '화석화된 체계'의 구축인데, 이러한 화석화는 바타유에게 지성의 본질 자체로 간주되며, 철학(그리고 과학, 법, 예술)이 건축의 등가물인 이유이다. 여기서 건축의 역할은 '죽음이 나체의 형태로 삶 속에 끌어들이는 미완성을 감추는, 어떤 형상을 제공하는' 일이다. 역사(시간)와 관련해 말하자면 이는 알 수 없고 두려운 미래를 지성과 계획으로 길들여 고정시키려는 시도이다. 바타유는 이런 건축적 프로젝트를 전면 거부한다. 그는 역사에 의미를 부여하고 진보를 사유하는 이성의 역사(헤겔주의적인, '미래에 대한 오래된 기하학적 개념') 대신 위반의 역사를 기술하고자 한다.

인간의 질서가 건축적 질서와 밀접한 관계가 있다면 바타유가 보기에 인간의 형상 역시 그러하다. 건축이 사회의 실체이듯 개인의 실체는 인간의 형상(얼굴)이기 때문이며, 인간의 이미지는 항상 건축의 이미지와 결부되기 때문이다.(우리는 여기서 머리 없는 인간인 아세팔을 떠올린다. 아세팔은 인간 형상의 사라짐이며 실체 없는 존재로서 자신이 괴물임을 발견하게 되는 '미로적'인 존재이다.) 이런 측면에서 볼 때, 인간 존재 자체가 건축이며 인간은 '건축적 도형수'라 할 수 있다. 이는 또한 건축을 공격하는 일이 바로 인간을 공격하는 일이 되는 이유이기도 하다. 건축의 도형수이길 거부하는 바타유의 반인본적 글쓰기는 '짐승 같은 잔학함을 향한 길'일지도 모른다. 바타유의 글, 특히 소설을 읽으면서 독자가 우선 주목하게 되는 것은 기존의 문학이나 철학에서 금기시해 온 지저분하고 천박하며 잔인한 내용과 말들일 것이다. 성애와 관련된 신체 기관과 배설과 관련된 기관에 대한 묘사 역시 마찬가지이다. 포르노와 별로 달라 보이지 않는 바타유의 글에는 똥오줌, 정액, 생리혈, 토사물, 피, 침처럼 몸에서 배출된 액체들, 절규와 흐느낌과 웃음, 쾌락과 공포가 계속 등장한다. 반건축적인 전략에서 의도적으로 도입된 그것들은 바타유가 그의 사전에서 '비정형(Informe)'이라 규정한, 제 형상을 지니지 못한 것들이다. 바타유는 모든 철학이 지향하는 목표는 존재하는 것에 '수학적인 외투'를 제공하는 것임을 지적한다. 외투는 형식, 곧 실재 세계를 형상화하는 작업을 가리킨다. '수학적인'이라는 수사는 엄밀하며 논리적이고 체계적이라는 뜻으로, 불투명한 세계 및 존재를 투명한 것(로고스)으로 환원하려는 '건축에의 의지'를 말한다. 바타유가 더럽고 역겨운 것들을 들이미는 의도는 그것들이 기성 철학의 한계, 다시 말해 세계를 설명하고 개념화하는 작업에 불가피하게 수반하는 한계를 노출시키기 때문이다.

1929년과 1930년에 걸쳐 바타유는 『도퀴망』에 동료들과 함께 「비평 사전」을 만들었다. 말의 의미를 고정시키고 말들의 질서를 체계화하면서 지식 생산에 기여하는 일인 사전편찬은 가장 건축적인 행위라 할 테다. 무엇보다 사전의 제작은 언어적 재현을 전제하지 않고는 가능하지 않기에 그러하다. 역설적으로 바타유는 「비평 사전」을 통해 그것의 성격을 뒤집는다. 위반을 통해 성찰케 하는 것이다. 바타유는 사전에서 말의 의미가 아니라 작용에 주목한다. 사전은 사물에 형태(의미)를 부여하면서 이론과 철학의 언어가 거주하고 증식할 토대/처소를 제공한다. '로고스의 이론적 공간'으로서 그곳은 지식의 권위가 객관적이고 안정적인 지위를 보장받는 장소이다. 사전의 그런 역할이 의미화할 수 없는 비정형을 제거함으로써 이루어지는 반면, 바타유는 자신의 사전 항목에 비정형을 도입해 건축과 대립시킨다. 그의 사전 그리고 글쓰기는 학술적 담론에 적합하지 않은 것, 형태가 없어 이름을 갖지 못한 것에 관한 것이다. 개념이 포착할 수 없고 관념의 그물로 건질 수 없는 것 혹은 괄호 안에 가두거나 누락시킨 것들을 불러들인다.

바타유에 따르면, "철학의 기능은 언어를 도구적 기능으로 제한하는 모든 이데올로기적 실천이 집결되는 곳, 바로 이론에 대한 지배력을 갖는데 있다." 따라서 이론의 영역에 벗어나면 배제되거나 아예 존재하지 않는 것이 된다. 한편, "모든 존재는 지성의 형식적인 코드에 의해 지배된다." 존재를 동일성 속에 가두려 하고, 교화하고 동화시키려는(즉, 지배하려는) 철학의 권력 의지에 바타유는 글쓰기로 저항한다. 이때 바타유의 글쓰기는 이론의 영역을 벗어나려는 몸짓, 이론에 대립하는 것으로서 실천의 양상을 띤다. 그러므로 그의 글쓰기에서 나타나는 이질학(hétérologie)은 이론이 아니며 에로티시즘은 성애학과 거리가 멀다. 이질학은 차이와 타자를 다루기 때문에 그러하며, 에로티시즘은 쾌락이 아니라 향락(jouissance)과 관련된 것이기에 그러하다. '똥의 철학자' 바타유는 글쓰기를 통해 차마 말할 수 없고 형언할 수 없는 것을 묘사하면서 '관념에 의해 표현될 수 없는 것의 장소, 방정식으로 표현될 수 없는 것의 장소, 즉 물질의 장소'로 우리를 이끈다. 집짓기에 대립되는 것으로서 바타유의 글쓰기는 '형식의 유혹'을 단호히 거부한다. 형식적 담론인 지식과 철학이 의미를 간직하려는 데 비해 그의 글쓰기는 개념화할 수 없는 비의미에 집착한다. 반건축적 실천으로서 그의 글쓰기는 언어 내부에 이름 붙일 수 없는 것에 대한 욕망의 연출이며, 실패와 타락을 무릅쓰는 일이다. 앎과 인식을 마구 흔들어

대는 그의 위반의 글쓰기는 위안을 주고 영혼을 채워 주는 만족스러운 읽기 대신에 독자를 동요와 불안과 고통으로 몰아간다.

일반적으로 글쓰기가 다 반건축적인 성격을 띠는 것은 아니다. 오히려 건축적인 것이 대다수이고, 건축적 글쓰기야말로 모든 글 '짓는' 이의 소망이라고 하는 게 더 옳을 것이다. 이 책에서도 나오듯 프루스트는 자신의 소설이 대성당의 구조를 닮기를 기원했다. 구성력(건축술)이 부족하다는 지적은 글을 쓰는 이에게 가장 큰 모욕이자 혹평이 될 테다. 그런데 바타유의 소설은 이야기를 장악해 가는 탄탄한 구조를 지닌 글들과 관련이 없다. 바타유는 그런 식의 글쓰기를 거부한다. 대신 책이라 부를 수 없는 책, 끝이 없는 미완성의 책으로 차이의 공간을 열어 보이려 한다. 달리 말하자면 건축을 사라지게 하면서 출현하는 부조화의 장소를 펼쳐 보인다. 사실 건축과 책은 '닫힌 체계의 증식'이라는 점에서는 동일한 구조를 지녔다. 양자의 상동성(지식 = 권력 = 매체)이 둘을 경쟁 관계로 만들었다고 볼 수 있다. 바타유의 책은 그런 구조를 해체한다. 존재가 의존하고 있는 모든 토대를 흔들어대는 그의 불온한 글쓰기는 철학/과학이 말할 수 없고 다가갈 수 없는, 이론 너머의 바깥을 넘본다.

욕망에게 길을 내주는 바타유의 글쓰기는 미로적인 성격을 띠는데, 아리아드네의 실을 찾아 미로를 탈주하려는 도정으로서가 아니라, 미로 공간에서 길을 잃고 헤매면서 끊임없이 이탈하는 도정으로서 그러하다. 그는 미로에서 벗어나게 해 주는 '지식의 실타래'를 욕망하지 않는다. 대신 기꺼이 미로에 갇히고자 한다. 미로는 바타유가 자신이 반인반수의 괴물인 미노타우로스임을, 즉 타자임을 발견하는 곳이다. 그런 미로는 안팎도, 경계도, 출구도 없는 공간이다. 방향과 위치를 알 수 없고 무질서와 혼돈이 지배한다. 미로의 공간은 위계가 없으며 무정부적이다. 머무를 수도 없고 나아갈 수도 없다. 그런데 생각해 보면 존재의 구조가 바로 미로적이다. "인간 존재는 미로 구조를 갖는다." 바타유는 「미로」라는 에세이를 썼고 수정해 『내적 체험』에 다시 발표했다. 거기서 그는 미로와 피라미드를 대비시킨다.

피라미드는 존재의 미로 구조를 벗어나기 위해서, 미로에서 벗어나기 위한 방편으로 건립되었다.(피라미드의 건립자가 바로 철학자, '이론의 실천가'들이다.) 피라미드의 꼭대기에서 우리는 존재의 전경을 포착할 수 있다고, 달리 말해 미로를 벗어나는 지도를 얻을 수 있다고 믿는다. 그러나 바타유에 따르면 그것은 '병적인 장난'이다. 철학자의 치명적 문제는 자신의 시각 기관의 맹점에 대해 무지한 채 자신의 봄(앎)을 맹신한다는 것이다. 철학자의 입장에 설 때, 그(철학자)는 존재를 관심의 대상으로 삼지만 (진정) 존재에 관여하기는 중단하는 오류를 범한다. 바타유는 주인과 노예의 비유를 든다. 주인은 한 가지 기능으로 규정되는 노예에게서 그 존재의 일부를 박탈한다. 그런데 그 기능이란 '존재의 일부'로서(만) 존재하는/가능한 것이다. 유사한 현상이 철학자에게 발생한다. 지식을 기능으로 수용하는 철학자는 존재를 지식으로 축소하면서 존재를 손상시킨다.(그때 존재는 빠져나간다.)

피라미드의 기획은 기만이고 헛된 짓이다. 그러나 바타유도 인정하듯 그릇된 길일지라도 그것은 갈 수밖에 없는 길이고, 노력한다고 피할 수 있는 것이 아니다. 피라미드의 은유는 인간 실존의 불가피한 숙명을 상징한다. 피라미드의 꼭대기를 향한 비행은 매번 이카로스의 추락으로 귀결된다. 피라미드의 정상은 헛것(환각)으로 상상계의 장소이다. 실로 피라미드는 '미로 자체의 산물에 불과하며 전적으로 미로에 속해' 있는 것이다. 바타유는 '미로 구조의 일부를 이루는 가짜 출구'를 믿지 않기에 탈주의 욕망 대신 미로를 긍정하고 거기서 길을 잃고 방황하는 위험을 감수한다. '미래에 대한 무지'(니체)를 좋아하기에 한치 앞을 알 수 없는 미로를 더듬어 나간다. 바타유의 글쓰기가 머리(이성) 아닌 몸으로서의 실천인 이유이다.

피라미드는 건축이 지닌 힘과 한계를 지시한다. 철학, 이론, 과학은 우리를 안심시키고 조화와 통일로 이끈다. 하지만 그것은 장악이자 지배이며 억압이기도 하다. 실체이자 개념인 피라미드는 '의미의 유일한 방향'을 강요한다. 반면 미로는 연결을 통해 문장을 만들면서 의미를 산출하지만, 스스로는 의미를 지니지 않는 계사(copule)이다. 그것이 실체(피라미드)를 생산하고 존재의 구성을 가능케 한다. 현실 세계에서는 피라미드가 우위를 점하지만 사실 그것은 미로에 연루되어 있다. "인간 존재의 미로 구조를 발견하기 위해서는 말의 반복되는 행로의 자취를 좇아가면 된다"고 바타유는 말한다. 이에 관해, 올리에는 다음과 같이 적고 있다. "언어는 미로를 구성하는데, (…) 존재가 필연적으로 언어에 의해 '매개되기' 때문에, 존재는 결국 언어의 존재가 된다. (…) 이 언어의 존재 속에서 '나의' 존재는 길을 잃는다."

나아가, 저자는 바타유의 글쓰기가 일종의 성애 행위라고 지적한다. 바타유는 자신의 글쓰기가 에로티시즘에 의해 지배받았다고 말했다. 섹스가 생식과 소멸 사이에 흔적으로서 차이를 만드는 것이라면 바타유의 글쓰기 역시 그러하다. 인간 존재가 거기에 몰입해 길을 잃는 위험한 행동을 무릅쓰게 된다는 점에서 에로티시즘은 미로와도 같다. 개체성의 상실이자 청결의 상실, 경계와 한계의 파괴인 에로티시즘은 '로고스의 이론적 공간을 해체'한다. 맹목적이고 불가해하기에 이질학에 속하는 에로티시즘은 모든 실체(피라미드)를 패러디로 나타나게 한다. 외설스러운 바타유의 글쓰기는 위반을 극한까지 탐색하는 향락의 글쓰기이다. 폭력적이고 잔인하며, 과잉과 극단, 공허로 점철된다. 올리에는 바타유의 글을 일러 돌(건축)로 만들어진 책이 아니라 살(chair)로 만들어진 책이라고 했다. 노동, 생산, 비축 대신 낭비와 탕진을 옹호하고, 죽음과 실재를 엿보는 바타유의 글은 존재의 한계에 대한 탐구, 불가능성에 대한 처절한 직시, 그리고 심연으로의 자발적 추락이다.

흔히 바타유 사상의 핵심은 이질학과 기저 유물론으로 일컬어진다. 이 책의 전반이 반건축이라는 관점에서 형식성을 위반하고 이질성을 산출하는 바타유의 글쓰기를 논하고 있다면, 후반은 그의 이질학적 글쓰기에 대한 구체적인 비평에 할애되어 있다. 저자의 말마따나 이론으로 설명될 성격의 것이 아닌 바타유의 이질학은 글쓰기의 실천으로 출현한다. 간단히 말해 이질학은 서구의 (건축적인) 동일성의 사상이 배제했던 것들을 도입해 변증법적 지양이나 재현 체계의 권위를 훼손하는 전략이다.

살덩어리의 현실로서 삶의 실재에 다가가기 위해 바타유의 이질학은 관념이나 이성과 대립되는 물질적인 것, 몸에 속한 것을 도입한다. 더럽고 천하며, 역겹고 끔찍해 차마 거론하기 어려운 것들, 그래서 저주받아 마땅한 것들, 철학이 짐짓 외면하고 간과해 왔던 것들은 이성을 초과하는 과잉이다. 그것은 기성 체제의 법과 권위, 합리성과 유용성이 억압하고 배제해 온 타자들이다. 이질학은 철학의 영토 내에 편입되지 않는 이들 타자를 불러내 철학의 무능을 폭로한다. 나아가 근대의 계몽적 이성주의와 사회, 문화, 경제, 그리고 예술이 지닌 (구축적) 본성을 뒤흔든다. 순수 이론적인 철학, 곧 고상한 정통 신학의 종언을 고하는 바타유의 급진적인 이질학이 불편하고 불순하며 위험한 이유이다. 이러한 위반의 글쓰기가 반철학의 성격을 띠고 있음은 쉽게 납득된다. 철학에서 존재는 항상 언어를 집으로 삼고 언어에 지지되는 존재(하이데거)였다. 반면 바타유의 미로적 글쓰기는 로고스로 포착할 수 없는 것, 존재의 언어로 닿지 않는 바닥을 건드린다. 여기에 반건축적 성향을 띠고 있되 여전히 철학의 영토에 머물고 있는 여느 철학자들과 바타유 간의 차이가 있다. 그의 글쓰기는 철학의 영토(언어)

바깥으로 스스로를 추방하는 실천이다.〔유사한 사례로 라캉을 지목할 수 있을 것이다. 상징계에 저항하면서 의미화되지 않는, 불가능한 것인 실재(le réel)에 주목하는 라캉은 바타유와 여러 측면에서 공통점을 지닌다. 두 사람의 반철학적 성향은 바타유가 문학을, 라캉이 정신분석학을 본령으로 삼기 때문이라고 추정된다. 건축과 연결해 보자면 현실의 건축은 라캉의 상상계(이미지) 및 상징계(언어)와 관련될 것이며, 로스가 '예술'이라 지목한, 죽음을 지시하는 묘지와 기념비는 실재계와 연결될 것이다. 하지만 존재의 결여와 인식의 한계를 드러내는 미로와 바벨탑이야말로 진정한 실재계의 건축이라 하겠다.〕

건축을 전공하는 입장에서 한마디 덧붙이자면 『반건축』은 건축이 무엇인지 말하는 시중의 흔한 책들과는 거리가 먼 텍스트이다. 대개가 물리적 구축을 통해 삶의 양식을 구성하고 공동체의 문화를 담는 건축의 역할을 조명하거나, 건축 공간이 가져다주는 선한 영향력을 강조하고 있다면, 『반건축』은 그 이면의 감춰진 차원을 드러내면서 인간 문명이 불가피하게 수반하는 한계와 모순, 역설을 주목하고 있다. 이 책은 건축에 관해 못 듣던 '다른' 이야기를 해 줌으로써, 건축에 대한 새로운 시각을 제공하고 나아가 문화와 실재 사이의 간극을 깨닫게 한다. 이 점에서 건축에 대한 무조건적인 긍정을 전제로 작업하고 있는 작가/건축가들에게 자신의 전공과 실천에 대해 다시 생각해 볼 귀한 기회를 제공하고 있다.

바타유

시대적으로 푸코, 데리다, 바르트에 앞선 사상가임에도 불구하고 바타유는 국내에서는 상대적으로 덜 알려져 있다. 최근 그의 저서와 소설들 일부가 번역 소개되고 있지만 그는 여전히 낯선 인물이다.[12] 미국에서조차 포스트구조주의와 연결해 바타유를 거론하는 경향이 있다고 저자는 서문에서 지적하고 있다. 그가 구조주의 이전의 작가인데도 말이다. 이는 바타유가 포스트구조주의를 대표하는 이들에게 미친 영향으로 인해 언급되거나 선구자쯤으로 이해되고 있다는 뜻일 테다. 우리의 경우도 프랑스 철학의 유행과 더불어 소개된 면이 없지 않다. 하지만 바타유에 대한 관심은 시간이 지나면서 여러 방면으로 확대되는 듯하다. 독창적인 작가이자 사상가로서 바타유 자체가 충분히 흥미롭고 연구되어야 할 대상으로 인식되어서다. 어쩌면 우리 사회가 이질성이나 타자성, 과잉에 대해 외면할 수 없는 상황에 처했거나 혹은 합리성으로 규정이 불가능한 사태들에 당면해, 바타유의 사유가 필요해졌는지도 모른다. 그런 측면에서 (늦었지만) 바타유를 다룬 이 책의 번역은 나름의 의미를 갖는다고 본다.

바타유의 글쓰기를 통해 그의 사상을 규명하는 이 책 『반건축』을 읽다 보면 그의 삶에 일어난 사건들이라든가 일화들, 그와 관련된 인물, 단체, 문헌 들을 도처에서 발견하게 된다. 바타유가 지어낸 생소한 개념어라든가, 저자가 인용하는 전문용어, 책과 글들 역시 산발적으로 등장한다. 저자는 바타유에 대한 독자의 사전 지식을 전제한 채 별다른 부연 설명 없이 서술하고 있다. 이는 가뜩이나 난해한 텍스트를 읽는 데 또 하나의 장애로 작용하는 듯하다. 따라서 원활한 독서를 위해 바타유의 생애를 간략히 소개하는 일이 도움이 되리라 생각한다.[13]

조르주 바타유는 1897년 프랑스 중부 오베르뉴 지역의 비용(Bil-

12 국내에서 바타유는 조한경, 차지연 등의 문학비평 전공자들에 의해 주로 번역, 소개되고 있으며, 현재 십여 종 출간되었다.
13 이하 내용은 이 책의 설명들과 바타유에 관한 여러 책들을 참고했다. 특히 다음 책에 실린 바타유 연보가 도움이 되었다. 조르주 바타유, 차지연 옮김, 『라스코 혹은 예술의 탄생 / 마네』, 워크룸, 2017.

lom)에서 태어났다. 1899년에 가족 모두 샹파뉴의 랭스로 이사했고, 그는 그곳에서 자라며 학교를 다녔다. 랭스는 파리 주변부를 칭하는 일드프랑스(Ile de France)에 인접한 도시로 성기 고딕 건축의 걸작으로 꼽히는 노트르담 대성당이 있는 곳이다. 랭스의 노트르담은 잔 다르크의 승리에 힘입어 역대 프랑스 왕들이 대관식을 올리게 된 유서 깊은 성당이다.(바타유의 첫번째 글 또한 이 건축물의 파괴와 재건에 관한 것이었다.) 바타유의 아버지는 매독에 걸려 그가 태어나기도 전에 이미 실명 상태였고, 급기야 1913년 즈음에는 정신착란에 따른 발작으로 거의 미쳐 버린다. 청소년기를 거치면서 바타유의 아버지에 대한 사랑은 깊은 증오로 바뀌었다. 그의 어머니 역시 우울증을 동반한 정신적 고통에 시달렸다고 한다.

1912년 열다섯 살 때 바타유는 다니던 고등학교를 그만둔다. 모범생과 거리가 멀었던 그는 또한 비사교적인 학생이었다. 1913년에 그는 랭스 남쪽의 에페르네(Épernay)에 있는 학교로 전학을 간다. 그곳에서 그는 친구의 영향으로 가톨릭에 관심을 갖게 되고 열일곱 살 때 가톨릭에 귀의한다. 이후 가톨릭을 떠나기까지 그는 칠 년 동안 독실한 신자였다. 1914년에 일차대전이 터지고 독일군이 랭스를 침공했을 때, 불구가 된 아버지를 놔둔 채 그는 어머니와 함께 외조부에게 피난을 간다. 1915년 아버지가 사망하고 장례식을 치루기 위해 바타유는 어머니와 함께 랭스로 돌아온다. 임종 당시 그의 아버지는 신부를 부르기를 거부했다.

일 년의 군복무를 마치고 1918년에 파리 국립고문서학교에 입학하기 전, 바타유는 신부 수업을 받기도 했다. 그러나 종교적 소명과 세속적 욕망 사이에 괴로워했다. 그가 글쓰기를 시작한 것도 이즈음이다. 비슷한 시기에 바타유는 니체를 읽기 시작한다. 1920년경이면 신앙은 쇠퇴하고 그의 여성 편력이 시작된다. 1922년에 바타유는 국립고문서학교를 졸업한다. 이런 학문적 배경으로 중세연구는 그의 주 전공이 되었다. 그가 평생 동안 공식적으로 지녔던 직함인 도서관 사서 역시 여기에서 비롯했다. 프랑스를 대표하는 사상가 상당수가 국립고등사범학교 출신이며 콜레주드프랑스에서 가르치거나 유수한 대학에서 교수로 있었던 것과는 대조적으로, 바타유는 평생을 공무원으로 살았다. 졸업 후 바타유는 스페인 마드리드에서 중세 문서학 연구에 집중할 기회를 얻는다. 그곳에서 투우사의 죽음을 목격하는데, 그 체험은 『눈 이야기』에 반영되는 등, 그에게 큰 충격을 주었다.

　1923년, 바타유는 그에게 큰 영향을 미친 프로이트를 읽게 되고 『증여론』으로 유명한 마르셀 모스의 수업을 듣는다. 다다이즘, 초현실주의 운동의 당사자들을 파리에서 만나고 교류를 갖는다. 이 책에도 나오는 미셸 레리스의 소개로 화가 앙드레 마송을 알게 되었으며, 여러 예술가들과 어울린다. 1925년에는 초현실주의 운동을 주도하던 앙드레 브르통과 조우한다. 브르통은 곧바로 바타유에게 반감을 보였고, 이후 둘은 불화 관계에 놓인다. 같은 해 바타유는 파리 정신분석학회의 아드리앵 보렐에게 분석을 받는다. 자신의 삶에 '결정적 역할'을 했다고 고백하는 '능지처참을 당하고 있는 중국인 처형수'의 사진도 보렐에게서 받은 것이었다. 그리고 1926년에 바타유는 사드를 알게 되는데, 사드는 바타유의 사상과 문학에 심대한 영향을 미쳤다.〔바타유는 사드의 적자로 불린다. 『에로티슴』에서 바타유는 '사드론'을 피력하고 있으며, 사드의 소설들에 서문을 쓰기도 했다. 이십육 년 동안 바스티유를 비롯한 감옥과 정신병동에서 갇힌 삶을 산 사드에게 수용소는 감금과 (상상적) 자유가 교차하는 역설의 공간, 절대 고독과 공포의 공간이었다. 건축의 기원이 감옥이며 육체와 형상에 갇힌 인간 실존이 미로 구조를 갖는다는 바타유의 자각은 사드의 의식을 확장한 것으로 볼 수 있을 것이다.〕

1928년에 그는 가명(로드 오슈)으로 첫 장편소설『눈 이야기』를 출간한다. 같은 해에 실비아 마클레스와 결혼한다. 그러나 결혼 후에도 그의 방종한 생활은 계속됐다.(이후 1934년 별거에 들어가며 1946년에 이혼한다. 그녀는 자크 라캉의 두번째 아내가 되었다.) 1929년에 바타유는 일군의 동료들과 함께 잡지『도큐망』을 발간한다. 이후 바타유는 여러 잡지의 출간에 관여한다.『라 크리티크 소시알』『아세팔』『크리티크』가 그것이며, 거기다 일련의 글을 발표한다. 1930년에는 어머니가 사망하는데, 그녀는 그의 소설과 자전적인 글에서 자주 언급되고 있다. 1931년에는 마송의 삽화를 수록한『태양의 항문』이 출간된다. 1932년에는 알렉상드르 코제브를 만나게 된다. 코제브는 고등연구원에서 헤겔의 정신현상학 강의를 주재했는데, 그의 헤겔 강의는 바타유, 라캉, 메를로퐁티를 비롯한 프랑스 지성들에게 지대한 영향을 미쳤다. 바타유의 헤겔 이해 역시 코제브를 경유한 것이었다. 1933년에는 모스의 연구에 바탕을 둔「낭비라는 관념」을『라 크리티크 소시알』에 게재한다. 이 시기에 바타유는 반파시즘과 공산주의에 경도되어 집필과 운동에 참여한다.

1935년에 바르셀로나에 마송과 함께 갔다가 이 책에서도 언급된 황홀경의 체험을 몬세라트에서 갖는다. 바르셀로나에선 마송과 매음굴도 부지런히 드나들었다. 밤새 술 마시며 노름과 유흥을 즐기는 방탕한 생활은 글쓰기와 마찬가지로 그의 삶의 일부였다. 같은 해 소설『하늘의 푸른빛』을 쓴다. 1936년에 바타유는 장 발의『철학적 탐구』에 실릴「미로」를 쓰는데, 이 글은 훗날『내적 체험』에 수록된다. 이 해에 바타유는 비밀결사 단체를 결성한다. 이 책에 여러 차례 언급되는 '아세팔'이 그것이다. 아세팔은 잡지 명이기도 한데, 바타유가 공동 편집장을 맡아 글들을 기고했다. 다음 해에는 숲에서 동료를 살해하는 비밀 의식에 관한 아세팔의 기본 강령이 만들어진다.(그의 글들에서 나타나듯 바타유는 희생 제의에 매료되어 있었다. 전언에 의하면 아세팔의 회원들은 각자가 인신공희의 희생자가 되는 것에 동의했다고 한다. 하지만 그 누구도 집행자가 되기를 동의하지 않아서 실행은 이루어지지 않았다고 한다.) 이즈음 그의 정부였던 초현실주의 사진가 도라 마르(Dora Maar)가 죽고 바타유는 크게 상심한다. 1939년, 이차대전이 발발할 무렵 아세팔의 동료였던 발트베르크의 처인 이자벨과 내연의 관계를 시작했고,『죄인』을 쓰기 시작하며 아세팔을 해체한다.

1941년에는『마담 에드와르다』가 또 다른 가명인 피에르 앙젤리크라는 이름으로 출간된다. 1942년에는『내적 체험』을 집필하고 이듬해에 출판한다.(『내적 체험』은 사르트르로부터 가혹한 비판의 대상이 되었다. 관련한 내용이 이 책에 나온다. 당시 프랑스 지성들에게도 이성으로 포착할 수 없는 것만 사유하고자 한 바타유는 이해되지 못하거나 불편한 존재였던 것으로 보인다.) 주저 중의 하나인『니체에 관하여』는 1945년에 출간된다. 이 해에 바타유는 이 년 전에 만난 다이아나라는 여성과 유서 깊은 지방 소읍인 베즐레에 정착한다.(러시아 왕족 아버지와 영국인 어머니 사이에 태어난 다이아나는 바타유 말년의 동반자가 된다.) 바타유는 잡지『크리티크』의 기획에도 착수해 첫 호가 나온 1946년부터 죽기 직전까지 잡지를 이끌었다. 서평지로 시작한『크리티크』는 동시대의 비중있는 문예 사상지로 인정받았으며, 바타유는 다수의 논문과 서평을 그곳에 발표했다. 1949년에는 그의 사상을 담은『저주의 몫』이 출간된다. 소설『분열 생식(La Scissiparité)』역시 1949년에 출간된다. 1951년에는 다이아나와 결혼하며, 다음 해에 (프랑스에서 가장 명예롭다는) 레지옹 도뇌르 훈장을 받는다. 1953년에는 사망의 원인이 되는 뇌동맥경화증이 발병한다. 1955년에 예술론이자 미술비평서인『라스코 혹은 예술의 탄생(Lascaux, ou la naissance de l'art)』과『마네』가 출간된다. 1957년에는『문학과 악』이 나오며『에로티슴』이 출판된다. 이 해에 육십 세 생일을 맞은 바타유를 축하하는 파티가 출판사들에 의해 개최되었다.

1960년 건강이 악화된 상태에서 『에로스의 눈물』을 집필해 다음 해에 출간한다. 1962년에는 『불가능』이란 제목으로 1947년에 쓴 글 세 편(「쥐 이야기(Histoire de rats)」「디아누스(Dianus)」「오레스테이아(L'orestie)」)를 재출간한다. 그 해 바타유는 파리의 아파트에 정착하지만 7월 9일 혼수상태에 빠져서 사망한다. 그의 나이 육십오 세 때였다. 그의 시신은 베즐레에 안장됐다. 사후에 『나의 어머니』(1966)가 출판되었고, 1970년부터 시작해 1988년에 열두 권의 바타유 전집이 완간되었다. 전집 첫 권에는 미셸 푸코의 "이제 우리는 안다. 바타유가 세기의 가장 위대한 작가 중의 한 사람이라는 것을"이라는 헌사가 실렸다.[14]

철학, 인류학, 미술, 사회학, 경제학 등을 아우르는 그의 사상은 에로티시즘, 죽음, 신비주의, 금기와 위반의 문제에 대한 극한에 이르는 천착으로 규정되곤 한다. 주목해야 할 것은 사상가이기 전에 문학가로서의 그의 위상이다. 사르트르에서 보듯, 철학자이면서 소설가인 것이 전혀 이상하지 않은 프랑스 문화계의 풍토지만 바타유에게 문학은 또 다른 의미를 지녔다. 바로 체계적인 이론화를 거부하는 그의 사상을 피력하는 수단이었다. 작가로서 그는 세상과 부딪히며 글을 써 나갔다. 잔인하고 외설적인 그의 이야기들은 상상의 것이지만 그의 현실 삶과 무관하다 할 수 없다. 위반으로 점철된 불가능한 그 이야기들은 그의 체험을 관통해 나온 것이었다. 바타유는 (사드처럼) 불온하고 위험한 작가였다. 그의 책은 사십 년 동안 가명으로, 그것도 제한된 판본으로 세상에 나올 수 있었다. 때론 검열받고 판금되기도 했다. 그럼에도 불구하고 그의 도발적인 문제 제기를 외면할 수 없는 까닭은 그의

---

14 Georges Bataille, *Œuvres complètes*, tome I-XII, Paris: Gallimard, 1970-1988. 〔Denis Hollier (Sous la direction), Michel Foucault (Préface)〕

글이 인간과 문화에 대한 심오한 통찰을 담고 있기 때문이다.

이 책의 번역은 프랑스 문화학 전공인 배영달 교수와 건축학 전공인 나의 공동 작업으로 이루어졌다. 1993년에 재판으로 나온 프랑스어 원서를 배영달 교수가 먼저 번역하고 내가 영어 번역본을 참조해 검토, 수정한 후에 그것을 다시 배영달 교수가 보완하는 과정을 수차례 거쳤다. 원서가 문학, 철학, 건축을 망라하는 학제적인 텍스트이기에 두 전공자의 상호 보완적인 기여가 요구되었다. 과거에도 나는 배영달 교수가 번역한 보드리야르의 『건축과 철학』에 해설을 쓴 적이 있었는데, 돌이켜 보니 그 일이 『반건축』의 공동 번역에까지 이르게 된 계기로 작용한 게 아닌가 싶다.

　읽어 보면 알겠지만 이 책은 결코 쉬운 책이 아니다. 내용도 간단하지 않거니와 여러 영역을 건드리고 있다는 점, 거기에 더해 프랑스 저자들에게서 자주 발견되는 난삽한 글쓰기에다 저자 특유의 문체와 모호한 표현, 게다가 그리스어 문장의 직접 인용 등으로 번역 작업은 만만치 않았다. 번역의 목표는 원서에 충실하되 가독성을 존중해서 한국어판만으로도 이해 가능한 책을 만들자는 것이었다. 당연할 수 있지만 달성하기 쉽지 않은 역자들의 바람이 얼마나 이루어졌는지는 의문이다. 이와 관련해 독자들의 애정 어린 지적을 부탁드린다. 참고로 말하자면 영어 번역본의 경우 프랑스어 원전의 상당 부분을 생략하거나 의역함으로써 사뭇 다른 책이 되었다.[15] 한국어 번역은 원서의 문장 하나라도 누락하지 않고 옮긴다는 방침으로 수행했다. 더불어 원저자 주에 더해서 상당량의 역주를 추가로 넣었다. 텍스트 곳곳에 등장하는 낯선 건축 용어나 개념, 원어에 대한 부연 설명이 독서의 부담을 조금이라

15　영미권 독자들의 손쉬운 접근을 고려해, 저자의 동의하에 편역본으로 기획 출판된 듯하다.

도 덜어 주었으면 하는 기대에서였다.

이 책의 번역을 추진하게 된 것은 독특한 내용 때문만은 아니다. 여러 분야의 전공자들에게 두루 흥미를 끌만한 저작이라는 판단에서였다. 하지만 원서의 그런 특성이 번역 작업에 상당한 시간을 잡아먹었고 역자들의 학문적 역량을 회의하게 했다. 독자의 기대에 부응할 좋은 번역이 되었는지는 의문스럽지만 세상에 나온 이상 아무쪼록 많은 사람들에게 유용한 책이 되길 희망해 본다. 덧붙여, 이 책을 내기까지 여러 사람의 공헌이 있었다. 특히 열화당의 이기웅 대표님과, 출판과 편집 과정 전반을 책임진 이수정 실장, 편집의 수고를 감당해 준 나한비 씨, 디자인을 맡아 준 오효정 씨에게 감사의 뜻을 표하고 싶다. 오랜 시간 기다리면서 한결 같은 믿음으로 인내해 준 출판사의 이해가 없었다면 이 책은 세상에 나올 수 없었을 것이다. 더불어 첫번째 독자였던 그 분들의 날카로운 질문과 지적이 없었다면 이 책은 훨씬 초라한 것이 되었을 것임을 밝혀 두고자 한다.

2022년 1월
강혁

찾아보기

ㅇ

드니 올리에(Denis Hollier, 1942-)는 프랑스 파리대학교에서 문학박사학위를 받은 후 작가, 편집자로 활동했다. 1993년 미국 예일대학교 불문학과 교수를 지냈으며, 현재 뉴욕대학교 프랑스문학 사상 문화학과에 재직하고 있다. 바타유 전문 연구자인 그의 주요 연구 분야는 이십세기 프랑스문학, 문학과 정치, 문학사 이론이다. 갈리마르에서 출간된『조르주 바타유 전집』과『미셸 레리스 전집』의 책임편집을 맡았고,『옥토버(Octorber)』지의 편집위원으로 있다. 주요 저서로『반건축: 조르주 바타유의 사상과 글쓰기(La prise de la Concorde: Essais sur Georges Bataille)』(1974),『사회학회 1937-1939(Le Collège de Sociologie 1937-1939)』(1979),『산문의 정치(Politique de la prose)』(1982),『결국 조르주 바타유(Georges Bataille après tout)』(1995),『예술가의 시련(Epreuves d'artiste)』(1996),『신, 여자(Dieu, la femme)』(2016) 등이 있다.

배영달(裵榮達)은 부산대학교 불어과를 졸업하고 한국외국어대학교 대학원 불어과에서 불문학 석사, 박사학위를 받았다. 파리4대학교, 브리티시컬럼비아대학교 초빙교수를 지냈으며, 한국프랑스학회장 및 한국프랑스문화학회장을 역임했다. 저서로『속도의 예술 초미학』『공간과 이미지텔링』『사유와 상상력』『보드리야르의 아이러니』『폴 비릴리오』『와인 인문학: 이탈리아편』 등이 있고, 역서로『사물의 체계』『불가능한 교환』『예술의 음모』『건축과 철학』『탈출속도』『정보과학의 폭탄』 등이 있다.

강혁(姜爀)은 서울대학교 공과대학 건축학과를 졸업하고 동대학원에서 석사 및 박사 학위를 받았다. 미국 매사추세츠공과대학교(MIT) 건축대학 방문연구원과 미국 신시내티 도시건축대학 객원교수를 역임했다. 월간『이상건축』의 편집 주간으로 잡지 발행에 참여했으며 독립기념관 이사와 부산국제영화제 이사 등을 역임했다. 건축 역사, 이론, 비평이 전공으로 다수의 논문과 역저, 공저가 있다. 근대성과 근대화와 관련하여 건축에서의 다양한 실천과 발현에 관심이 많다.

반건축 反建築
조르주 바타유의 사상과 글쓰기
드니 올리에   배영달·강혁 옮김

초판1쇄 발행일 2022년 4월 20일
발행인 李起雄 발행처 悅話堂
경기도 파주시 광인사길 25 파주출판도시
전화 031-955-7000 팩스 031-955-7010
www.youlhwadang.co.kr yhdp@youlhwadang.co.kr
등록번호 제10-74호
등록일자 1971년 7월 2일
편집 이수정 나한비 디자인 오효정
인쇄 제책 (주)상지사피앤비

ISBN 978-89-301-0736-5 93100